城市与区域管理丛书

西部地区现代服务业发展战略研究

——以云南西双版纳为例

Study on the Development Strategy of Modern Service Industry in Western China
——The Case of Sibsongbanna

薛 领 翁 瑾 洪国政 等/著

科 学 出 版 社
北 京

内 容 简 介

本书以云南西双版纳为典型案例，探讨我国西部少数民族地区现代服务业转型升级与西部民族地区跨越式发展的新途径。首先，系统阐述了西双版纳地区社会经济发展面临的主要困境，即先发劣势、资源陷阱和边缘效应三大锁定形成的路径依赖，进而提出转型升级的发展方略。其次，结合旅游与文化产业、商贸与流通产业和生产性服务业，综合运用定量和定性分析、规范与实证分析的科学方法，详细讨论了产业发展路径、区域治理结构、服务低效均衡等。最后，对战略实施的若干重要问题展开了专题讨论。

本书可供区域经济、产业经济、城市地理、城市经济与管理、城市与区域规划专业的学生和教研人员，以及城市和区域管理和决策部门的工作者阅读参考。

图书在版编目(CIP)数据

西部地区现代服务业发展战略研究：以云南西双版纳为例/薛领等著．—北京：科学出版社，2013.3
(城市与区域管理丛书)
ISBN 978-7-03-037022-8

Ⅰ.①西… Ⅱ.①薛… Ⅲ.①服务业-经济发展战略-研究-云南省 Ⅳ.①F719

中国版本图书馆 CIP 数据核字（2013）第 045780 号

丛书策划：侯俊琳　石卉
责任编辑：杨婵娟 / 责任校对：桂伟利
责任印制：徐晓晨 / 封面设计：无极书装
编辑部电话：010-64035853
E-mail：houjunlin@ mail. sciencep. com

科学出版社 出版
北京东黄城根北街 16 号
邮政编码：100717
http://www.sciencep.com
北京凌奇印刷有限责任公司 印刷
科学出版社发行　各地新华书店经销
*
2013 年 4 月第　一　版　开本：B5
2020 年 1 月第五次印刷　印张：18
字数：343 000
定价：79.00 元
（如有印装质量问题，我社负责调换）

“城市与区域管理丛书”编委会

总　　序

早在20世纪70年代，人们就提出了环境管理的理论体系。此后，地理学与管理学长期合作发展。1997年的东亚经济危机使人们认识到应对危机时区域政府责任重大，这就刺激了人们对经济的区域性特性深入认识和对区域的管理学性质的关注。这样，科学的一个重要发展——区域管理作为一个学科迅速地兴起。现在，在地理学领域，越来越多的学者，从管理学角度认识区域经济问题；在管理学领域，越来越多的学者认识到把管理学局限在企业管理或者商业管理的局限性。实际上，区域（城市、国家是区域的特殊类型）管理，往往具有不同于企业管理的原则和基本思想。当企业遭遇危机，企业可以采用所谓“减员增效”的措施来提高企业活力，把冗余的员工推给社会。可是当国家遭遇经济危机，国家领导人绝不可“减员增效”，而是要创造就业机会，为所有公民服务。最简化地说，企业管理目标是最大利润，区域管理目标是充分就业。在政策应用上，尽管原理上一致，二者往往背道而驰。实际上，管理学有一个词汇“governance”，在企业管理中，governance目前强调的是放松规制，强调市场机制的决定性作用，发挥对个体激励作用。在区域管理领域，governance正在被强调为法律的有效性和政府的主动性。国际上对2008年开始的经济危机的应对，被众多学者陈述为是一种governance，政府不再是把经济完全交给市场。企业管理学者和区域管理学者对governance理解的侧重点不同，反映了企业管理与区域管理思想的差异。在中文中，企业管理学家最初把governance翻译为治理，区域管理学家习惯把governance翻译为管治，这就反映了两个学科的视角差异。且不争论这个名词的翻译，事实说明，区域管理具有自己的管理学独特性和社会对它需求的必然性。因此，出版城市与区域管理学的理论与案例研究成果，是一件很有意义的事情。

目前，区域管理是一个庞大的学科体系。一般来说，第二次世界大战后兴起环境管理，在20世纪70年代就成为独立学科。此后，流域管理、资源管理、城市管理、增长管理、人口管理应运而生，丰富了区域管理。最近兴起的是城市和区域管治（governance），它强调通过一套程序、惯例、政策、法律、机构和社会组织来组织、管理及控制区域，这个过程不再关注单一的目标，而是关注众多目标并且注意平衡各利益相关方的利益。在最近一年，关于区域的经济管治和气候经济学管治被学者们多次提到，这代表着区域管理学的深入发展。总之，区域管理已经形成了有众多领域的生机勃勃的新学科。

在我国，2000年，科学出版社出版了王铮主编的“经济发展与地方管理丛书”；2001年，国家自然科学基金委员会把区域发展管理列为资助方向；同年12月，北京大学设立城市与区域管理系，开始招收区域与城市管理本科生，这些事件标志着区域管理在中国进入了一个系统发展的阶段。最近几年，闫小培、沈建法等对城市管治（governance）展开的大量研究，使得城市管理从城市运行管理与城市行政扩充到了区域的发展管理、公共服务管理、社会管理领域。王铮、李国平对区域知识管理做了一些起点性研究，提出了新的概念和思想；周国华等许多中国学者，针对中国突出的城乡统筹问题，进行了大量的实证研究，提出了一些新观点；而环境管理、资源管理更是硕果累累，区域管理在中国取得了丰富成果。我们希望通过这些理论、方法和案例的出版，推动区域管理的全面发展，同时显示区域管理学的独特性，促进更多的学者和青年学生投入到区域管理的理论研究和社会实践中。值得一提的是，由于城市管理在区域管理中具有特别的理论意义，应用意义突出，所以丛书突出了城市管理，命名为“城市与区域管理丛书”，虽然作为学科，称之为“区域管理学”已经意义充分。

王铮

2011年11月28日于中关村

前　　言

我国西部地区地域广阔、人口众多、自然资源丰富，发展潜力巨大，是国家的生态安全屏障和资源保障，在全国空间发展格局中具有举足轻重的战略地位。然而，由于自然、历史、社会等原因，西部地区经济发展相对落后，是我国实现现代化和全面小康社会的难点地区，迫切需要加快改革开放和现代化建设步伐。对此，国家实施了西部大开发战略。

西部大开发的范围包括重庆、四川、贵州、云南、西藏、陕西、甘肃、青海、宁夏、新疆、内蒙古、广西 12 个省（自治区、直辖市）。西部地区国土面积 685 万平方公里，占全国的 71.4%，总人口约 3.56 亿人，占全国总人口的 28.6%，其中少数民族人口约占全国少数民族人口的 75%。2010 年西部地区的生产总值仅占全国的 17.1%，人均 GDP 仅相当于东部沿海地区的 30%左右，农村贫困人口超过 5700 万。此外，全国水土流失面积的 80%在西部，每年新增荒漠化面积的 90%以上也在西部[①]。因此，西部大开发是面向 21 世纪的一项大战略、大政策。按照国家的总体部署，西部大开发共分三个阶段：第一是奠定基础阶段（2001～2010 年），重点是调整结构，搞好基础建设，建立和完善市场体制，培育特色产业增长点。第二是加速发展阶段（2011～2030 年），重点是巩固基础，培育特色，实施经济产业化、市场化、生态化和专业区域布局升级。第三是全面推进现代化阶段（2031～2050 年），重点是加快边远山区、农牧区开发，提高西部人民生产生活水平，全面缩小差距。

2013 年，我国西部大开发走过 13 周年，新一轮西部大开发的号角已经吹响。在这一轮的开发实践中，是照搬东部发展的既有模式，提倡西部地区无限制地承接东部产业转移，甚至把西部开发等同于资源开发，希望通过能源和矿

① 资料来源：左娅，朱剑红．2010. 十年崛起新西部——西部大开发 10 年成就综述之一．http：//finance. people. com. cn/GB/10703059. html［2010-12-28］

产资源的开采，以支撑西部地区经济社会发展，还是根据西部地区特有的资源禀赋，探索新的发展思路、模式和途径，实现可持续发展？是继续强调中央与地方政府财税优惠和政策照顾、地方政府之间的对口援助，还是通过优化治理结构，通过政策、法规上的激励和约束机制的设计，充分运用市场经济，将技术、资金、人才、社会意识等要素源源不断地动员到西部地区经济发展中去？带着这些问题，本书尝试以云南西双版纳州为例，以现代服务业为切入点展开探讨。

云南的西双版纳州是我国西南与东南亚接壤国家最多、距离老挝、缅甸、泰国等东盟国家最近、综合口岸优势最突出的边疆地区。当前，西双版纳进入到了经济快速发展的关键时期，也是区域产业结构升级和优化的重要变革时期，以及区域功能调整的重要转型期。在转变增长方式、扩充经济总量、提升区域竞争能力、实现地区经济一体化和构建泛亚大通道空间格局等大背景下，西双版纳进入到了新一轮的区域产业功能与布局的调整期和战略机遇期。在中国面向西南开放的桥头堡建设中，云南之南的西双版纳如何走出一条边疆欠发达地区跨越式发展的新路子？这是摆在我们面前的重大课题。“西双版纳州现代服务业发展战略研究”的提出是对西双版纳“后工业经济”跨越式发展的新探索，是西双版纳科学发展、和谐发展、跨越发展的内在驱动，也是新时期西双版纳地区社会经济发展和转型的必然要求，将对西双版纳未来经济持续发展和构建和谐社会产生重大影响，将对未来西双版纳在云南经济格局中的地位产生重要影响，将关系到云南桥头堡战略目标的实现程度。

2010 年在制定全州“十二五”规划时期，国家发展和改革委员会建议研究“后工业社会”问题，走出一条西部边疆欠发达地区跨越式发展的新路子。西双版纳州委六届十一次全会和州第七次党员代表大会都提出了“积极探索后工业经济跨越发展新路子”的思路和要求。州委、州政府提出组织若干课题小组，希望在探索走后工业经济跨越发展的征程中，能够产生出一批理论成果和实践成果。本书是西双版纳州探索走后工业经济跨越发展的首批立项研究项目。

我们成立了由北京大学中国区域经济研究中心、西双版纳财政局和复旦大学旅游学系三方共同组成的联合项目组，在西双版纳州各级领导的关心、指导和支持下，按照分工协作要求，开展研究工作。在研究方法上，项目在系统分解的基础上进行综合集成，充分发挥北京大学、复旦大学、西双版纳州财政局的协同合作，景洪市财政局配合的模式，共同展开西双版纳州社会经济的调研和综合研究工作。项目组全面检索和分析了西部开发、区域发展、服务经济、西双版纳和大湄公河次区域发展的有关文献和案例，并从发展经济学、空间经济学、产业经济学、制度经济学等不同视角展开了若干的专题研究，通过对橄榄坝（傣族园）的深度访谈、西双版纳工业企业生产性服务需求问卷的发放和分析，切实掌握第一手资料，确保对于战略问题及发展判断的准确性。在研究思路上，项目组以经济成长、内需驱动、社会转型、城镇化与工业化、区域经济一体化、科技进步和服务创新带来的新契机，以西部大开发、国家服务业发展、云南桥头堡建设的基本方略来确定西双版纳现代服务业战略发展的指导思想，并且面向国家和云南省发展的重大需求，围绕西双版纳在经济发展和转型时期所面临的矛盾与问题，重点探讨了西双版纳地区在服务业发展中的愿景、战略、步骤、重点领域、产业布局以及行动计划，力求通过一系列创新来优化地区资源配置，合理确定服务业产业定位和发展方向。在技术路线上，项目组目标导向与问题导向相结合，从西双版纳现代服务业发展战略的背景、条件、模式、路径等几个方面展开探索，理论联系实际，形成了一个综合性的、以服务业为切入的区域发展战略。项目组还凝练出了“先发劣势”“资源陷阱”“边缘效应”等西部地区发展的几个理论问题，并借由国家自然科学基金（项目编号：41071077 和 41001068）的支持，通过区域经济学的分析框架及现代系统科学的工具方法展开讨论形成研究成果。为完成本项研究工作，课题组先后多次奔赴西双版纳景洪、勐腊、勐海等市（县）调研，获得了一大批宝贵的一手资料，包括实地考察、问卷访谈等，为后续的研究奠定了坚实的基础，这里对给予调查研究及完成问卷的相关机构、企事业单位和个人表示衷心的感谢。

本书的研究得到了西双版纳州州委、州政府的大力支持，江普生书记、刀林荫州长和唐家华副州长等对课题研究工作高度重视，州财政局给予了开展研究的各项保障，景洪市财政局的李琼丽副局长、鲁艳萍书记多次陪同调研，勐腊县吕永和书记、勐海县岩三叫副县长等亲自接待，详细介绍情况，提供最新资料，在此一并致谢。课题组还赴普洱地区开展调查研究，受到普洱市市委书记沈培平、普洱市人大常委会主任丁艳波和普洱市人民政府秘书长李忠民同志的热情接待，深表谢意！

全书由薛领、翁瑾和洪国政共同确立框架，由各执笔者承担相应章节的研究和写作。第一章由薛领、吴春萍、洪国政执笔，第二章由高健岭、翁瑾、薛领执笔，第三章由师蕾、薛领执笔，第四章由薛领、揭懋汕、洪国政执笔，第五章由吴春萍、薛领、邓婷婷执笔，第六章由翁瑾、高健岭等执笔，第七章由薛领、吴春萍执笔，第八章由吴春萍、薛领执笔，第九章由翁瑾、薛领执笔。书中部分图表由吴春萍、李洪滨绘制，最后全书由李洪滨、吴春萍统稿、校阅。本书中的部分成果已公开发表。实际上，先后有多人参与了本书所涉及的研究工作，除执笔人外，主要有张晓章、王滔、王岭松、刀金海、王琴芬、周娜、黄勤红、杨小帆、马明草、刘露思、徐慰伟、刘霄泉、张林辉等。本书的出版得到科学出版社的大力支持，特别是杨婵娟编辑的倾力奉献，特此致谢！

本书文责自负，仅代表著作者的个人观点。本书尝试探讨我国西部地区现代服务业的发展，但由于理论水平与实践经验有限，难免存在肤浅与不足之处，全体著者诚恳希望得到广大读者的批评指正。

薛　领

2012 年 12 月

目　录

第一章 绪　论

第一节　西双版纳：关于经济增长与发展的辨析

西双版纳是中国西南边地与东南亚接壤国家最多、距离新兴工业化国家（泰国、马来西亚、新加坡、越南等）最通达、综合口岸优势最突出的地区。在中国面向西南开放的桥头堡建设中，云南之南的西双版纳，是边缘中的末梢，还是前沿中的前哨？是要经济增长，还是要经济发展？

一、西双版纳经济增长成就显著

作为罕有的一片低纬度、高海拔热带雨林区及我国边疆多个少数民族的聚居地，西双版纳拥有良好的生态、丰富的资源和独特的文化。新中国成立以来，其经济发展经历了一个从缓慢起步到快速繁荣的过程。20 世纪 60 年代起，国营农场的建立、橡胶的种植、现代糖厂的建设、甘蔗种植面积迅速增加等极大地促进了当地农业的发展。80 年代初，西双版纳被国务院批准为国家级风景名胜区，其抓住机遇，大力发展旅游业，较早成为了国内外知名的旅游景区。西双版纳以生态旅游为核心，以美丽而多样化的热带雨林自然景观、独具风情的少数民族文化景观吸引了全国乃至世界各地的游客。1990 年以来，随着对外开放的不断扩大和旅游需求的急剧增长，旅游业和对外经济贸易成为了西双版纳重要的经济增长点。新世纪以来的 10 多年间，西双版纳增长成就显著。

“十一五”期间，西双版纳的地区生产总值从 78 亿元增加到 161 亿元，年均增长 12.1%；地方财政收入从 3.6 亿元增加到 11.3 亿元，年均增长 25.3%；全社会固定资产投资从 141 亿元增加到 395 亿元，比“十五”末增长 1.8 倍（表 1-1）。各项主要经济指标均实现历史性突破，增幅位居全省前列。三次产业结构由“十五”末的 35.8∶22.9∶41.3 调整为 2010 年的 27.6∶29.6∶42.8，工业占 GDP 的比重增长明显。西双版纳以特色生物产业为核心，形成了天然橡胶、普洱茶、生物柴油、云麻产业、傣药南药、竹材、绿特食品等重点领域，2010 年生物产业总产值达 95 亿元。

表 1-1 西双版纳 2005 年与 2010 年主要经济指标比较

	2005 年	2010 年	年均增长率/%
地区生产总值/亿元	78	161	12.1
地方财政一般预算收入/亿元	3.6	11.3	25.3
地方财政一般预算支出/亿元	12.8	42.4	27
全社会固定资产投资/亿元	141	395	23
社会消费品零售总额/亿元	21.5	50.6	18.6
旅游总收入/亿元	24.4	80	26.9
农民人均纯收入/元	2172	4354	14.9

资料来源：《西双版纳傣族自治州国民经济和社会发展第十二个五年规划纲要（草案）》

在基础设施方面，随着投资不断加大，西双版纳的能源、交通、水利、通信、城市基础设施等的建设大为改善。“十一五”期间，交通建设累计完成投资 92.1 亿元，是“十五”的 6.5 倍，恢复开通了西双版纳至泰国曼谷、老挝万象和琅勃拉邦等国际航线，巩固发展了景洪至老挝乌都姆塞、缅甸南板，勐腊至老挝会晒、乌都姆塞、风沙里、南塔等周边国家和地区的公路客运线路和市场。西双版纳机场改扩建工程正在加快推进，泛亚铁路中段玉溪至磨憨段线路也已启动。同时，思小、小磨、景大、佛打、勐海至惠民高等级公路建成通车，使高等级公路里程达到 487 公里，到县（市）、口岸公路实现高等级化。水利建设累计完成投资 10.7 亿元，是“十五”的 1.8 倍。能源建设累计完成投资 90 亿元，是“十五”的 4 倍。城镇基础设施建设累计完成投资 21 亿元，是“十五”的 1.6 倍，城镇化率达到 39%，比“十五”末提高 6.8 个百分点。大沙坝水库等一批水利工程相继建成，勐宋水库等一批在建项目加快推进，黄草岭、曼满水库等一批项目开工建设，水利化程度提高到 47%。景洪电站投产发电，小黑江流域水电资源综合开发全面启动，景洪至墨江等一批骨干电网工程建成投入使用。①

对外经济贸易方面，全州大力推进“西双版纳开放活州战略行动方案”的实施，加强通道、基地、平台、窗口四个方面的建设，努力完成外贸、外经、外资、外游“四外”倍增计划，提高了全州的对外开放水平。对外经济贸易方面，2011 年，全州对外经济贸易总额完成 11.55 亿美元，是 2001 年的 5.4 倍；年外贸进出口额完成 10 亿美元，是 2001 年度的 8 倍；实际利用外资完成 500 万美元，比 2001 年增长 56.3%。口岸货运量完成 160 万吨，是 2001 年的 2.8 倍。凭借良好的地缘区位、口岸通道、亲缘人文优势，西双版纳积极与毗邻的老挝、缅甸、泰国等国家在贸易、旅游、航运、文化、会展、禁毒、教育、科技、卫生、人才资源、边

① 参见《西双版纳傣族自治州国民经济和社会发展第十二个五年规划纲要（草案）》

境治安、生态保护等许多领域开展合作并取得较快发展。2011 年，全州对外经济技术合作与投资额完成 5500 万美元，是 2001 年的 3 倍。①

二、西双版纳经济发展任重道远

经济增长固然也是经济发展的表现，但是增长的维度毕竟单一，经济发展往往包含了更为丰富的内涵。一个地区的经济发展是摆脱贫困落后状态，走向经济和社会生活现代化的过程，它既要求实现经济增长、充分就业、满足人们的基本需求，又注重环境的可持续性、社会和政治的民主和稳定、文化的多元和繁荣，以及为人的需求和发展提供多样化选择。

人们对“发展”的认识经历了一个过程。在 20 个世纪 50～60 年代，“增长”和“发展”往往被不加区别地使用，产出或产出的增长速度被视为衡量发展的基本尺度。当时的经济学家认为，所谓“发展”就是指一个原来长期处于停滞状态的经济转变为每年能够以 2%～5%增长的经济过程。那时人们普遍相信增长能够自动带来发展，至少两者不相矛盾。然而，虽然许多发展中国家在那一段时期出现了所谓的经济增长，但大多数民众的生活却没有显著的改善。事实证明，增长不能自动解决失业、贫困等社会经济问题。因此，人们逐渐认识到，增长仅仅是发展的基础。与增长不同，发展是一个多维度的概念，包含多方面的内容，而这些内容在相当程度上又是相互独立、缺一不可的，忽视发展的任何一个重要方面都会导致严重的社会问题，并最终损害经济增长。从 20 个世纪 70 年代起，发展被赋予了更加广泛的内涵，更加重视文化、制度、社会公平、环境资源等问题的解决，参见专栏 1-1。

专栏 1-1：对“发展”的理解

- 经济维度：经济增长，充分就业，满足基本需求
- 社会维度：社会的稳定、平等、民主
- 文化方面：文化的多元性和生动性
- 政治维度：赋权，宜于发展的治理和合作
- 机制与立法维度：分权化、健全立法及完善规章制度
- 人力资源维度：能力建设、价值观多元化
- 知识和技术维度：创新、乡土知识的保留
- 环境维度：可持续性，生物多样性

---

① 参见 2011 年《西双版纳傣族自治州“十二五”开放活动战略行动规划》

发展是硬道理，但硬发展没道理。重增长而轻发展，传统工业化、城市化的发展道路给西双版纳经济发展带来了诸多问题，要求我们重新审视西双版纳经济的“增长”与“发展”。

（一）发展模式不可持续，资源利用粗放

（1）由“交通型贫困”逐渐向“资源型贫困”转变。西双版纳的交通在过去很长时间里都较为落后，不仅高等级公路稀少，而且路况普遍较差。居住在山区、平坝地区的地方少数民族，村级公路多为羊肠小道。交通闭塞成为了尤其突出的问题：一方面导致农业生产成本大大增加，在一些偏远山区（如象明乡、易武乡），生产资料（如化肥、水泥、砖、石等）的价格常远远超过正常市场价格，这其中运费常占据几乎一半的价格；另一方面，交通闭塞加之通信状况落后造成市场信息滞后，茶叶等农产品常常积压在农民手中，带来很大的损失。因此，过去山区村寨的贫困属于典型的“交通型贫困”，即交通闭塞带来高额的运费成本，导致生产、生活的各方面成本提高（高雷等，2009）。

随着道路基础设施建设不断加强，特别是昆曼公路通车带来的交通便利化，以及随之而来的商业活动的频繁化，“交通型贫困”逐渐改善。然而，西双版纳山区森林大面积被开发，轮歇地逐渐变为永久性茶地、橡胶地。由于植被被破坏，水土流失严重，水资源缺乏、土壤肥力下降，进而导致资源匮乏，进一步增加了开发成本。同时，人们开发新开垦土地所带来的生产资料需求也大大增加，使贫困山区村寨脱贫致富更加困难。由“交通型贫困”开始向“资源型贫困”转变，这将成为今后贫困村寨脱贫致富的主要限制因素。

（2）资源利用粗放，生产效率低下。西双版纳凭借特殊的自然禀赋本来可以发展可持续的现代农业，基于热带雨林生态系统进行全方位立体开发，在保护原生生态的基础上，充分利用丰富的动植物资源，很好地发展医药、有机食品、生态旅游、自然科学研究等产业，构建一种不牺牲本地农民利益、不损害本土经济发展、不导致生态恶化的新生态经济模式。然而事实上，西双版纳走上了大规模、单一的作物种植，追求传统工业化的发展路道，资源利用粗放成为经济发展中存在的明显问题。以全要素生产率①为例，某种程度上，西双版纳的资源利用效率尚未达到云南省的平均水平。不妨以云南的数据作为参考，1978～2008年云南全要素生产率对经济增长的贡献为10.63%，而全国同期为21.95%，并且这一指标逐年降低（任佳，2011），说明全要素生产率对经济增长的贡献偏低。

---

① 全要素生产率是衡量资源利用效率和集约化增长程度的一个重要指标

（二）产业变化趋势不合理，内部结构亟待调整

第一，产业结构明显呈现出工业增加值占比增加，服务业占比减少的趋势。2000年，西双版纳的三次产业增加值占GDP比重分别为37.52%、16.31%、46.17%，到2010年该比例变为了27.62%、29.61%、42.77%（图1-1）。西双版纳的工业发展起步较晚，与其他工业先发地区相比，发展条件和水平已经存在较大的差距，且当地经济极大地依托于生态资源禀赋。当前的产业结构变化趋势对于西双版纳这样特殊的地区而言并不利于经济社会的全面发展。

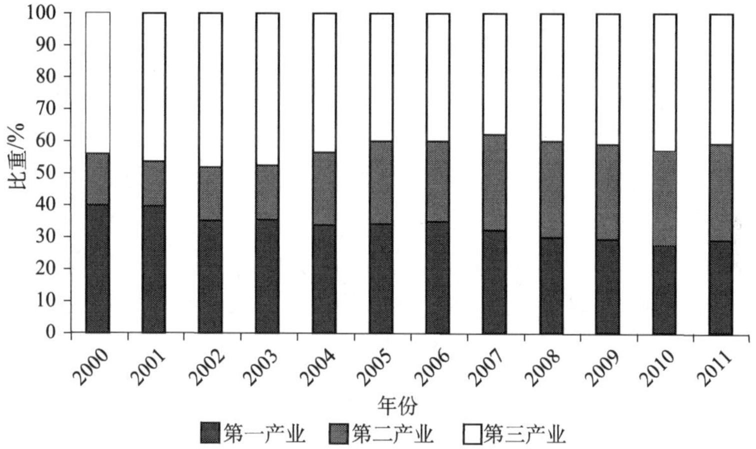

图1-1　西双版纳三次产业结构（2000～2011年）

资料来源：《西双版纳傣族自治州统计年鉴》（2001～2012）

第二，以资源型工业或以原材料生产为主，特色产业尚待发展壮大。西双版纳的工业结构比较单一，主要的工业部门包括铁矿采选业、精制茶、制糖业、建材、电力生产业、橡胶加工等传统产业，这些资源型工业在发展中，生产技术落后，研发创新不足，缺少新产品开发，面临着不同程度的生存和竞争问题。具有本地比较优势的特色产业（如傣药、生物柴油等）发展规模尚小，对经济的贡献较弱。

第三，外向型产业发展滞后，出口对经济拉动作用不明显。由于西双版纳州外向型产业发展滞后，没有培育相应的出口产业基地及出口产品，以致目前的对外贸易仅停留于过货贸易或转口贸易。昆曼大通道全线贯通后，虽然进出口大幅增加，但出口的货物以水果、蔬菜、百货、鲜花及机械设备为主，这些商品的产地是昆明周边地区，西双版纳本土产品少之又少。另外，由于当地企业规模较小，层次不高，因而大通道对西双版纳经济社会发展的拉动作用不大，贡献率不高，使区位、口岸、地缘人文优势不能转变为地方发展优势和经济

优势。

第四，旅游业低端锁定，而非高品质、差异化领先发展。西双版纳的旅游业起步较早，是经济的重要支撑。然而，近10年来，丽江、大理、香格里拉及四川九寨沟等旅游新热点兴起，西双版纳的旅游产品未及时更新换代，其以观光为主的旅游模式已经无法满足新的旅游需求，因此吸引力明显不如从前。旅游业的发展呈现低成本竞争，“优不胜、劣不汰”，大大影响了旅游服务的品质，损害了当地旅游业的名声，同时也削弱了经营者对市场前景的信心，严重危及旅游市场的发展。

（三）生态风险影响经济社会可持续性

西双版纳目前的单一工业化种植情况十分明显，在橡胶、香蕉、麻类、甘蔗、茶叶、澳洲坚果等单一作物的蚕食之下，地区生态环境已经面临严酷的挑战，风险突出。其中，橡胶大规模种植所带来的负面效应尤其值得重视。

周宗等人（2006）研究表明，20世纪50年代西双版纳的天然森林覆盖率约为70%～80%，而2006年全州天然森林面积为24.23万公顷，约占全州土地面积的12.68%。西双版纳林地覆盖率为59.26%，但森林质量下降，热带雨林功能降低已是不争的事实。州农业局的资料显示，2005年全州年平均气温比常年偏高1.1℃，勐海达19.4℃，勐腊达22.2℃，景洪达23.0℃，创下了“勐海追勐腊，勐腊赶景洪，景洪超元江”的年平均气温高记录。素以“雾日之都出好茶”著称的西双版纳，近年来代表温、湿的年雾日数骤减。2005年全州、勐腊雾日数为85天（最高的1965年为208天），勐海74天（最高的1959年为161天），景洪仅剩22天（最高的1954年为184天）（西双版纳州农业局，2006）。

从气候角度而言，森林是陆地生态系统的主要支柱和雾生存的资源库，森林减少是雾日减少的主要原因。气象观测资料表明（周宗等，2006），天然森林截留降水量比无森林地带多20%～30%，比经济林、橡胶林多3%～13%；年平均气温比无森林地带低0.6℃，比橡胶林低0.2℃；年平均相对湿度比无森林地带高4%，比橡胶林高3%；年蒸发量仅有橡胶林和旷地的1/3。橡胶扩大种植的影响在于，一方面导致了热带雨林面积的减少，另一方面，橡胶是吸水性植物，大面积种植会加剧干旱灾害发生，造成地面蓄水减少，降雨量减小，气温升高，加剧了生态灾害的频率和强度。气候的变化不仅影响到动植物的生长，而且让降雨显得更不均匀，干季（每年12月至次年5月）更加缺水，雨季则山洪暴发，干旱与洪涝更加频繁，一些农场和村寨溪流干季断水，不得不搬迁或另辟水源。

2005年西双版纳州政协提案“遏制我州橡胶面积盲目扩大高海拔种植已刻

不容缓（13号）”中写道：“从生态角度而言，森林植被是生态环境的基础，生物多样性是维系生态平衡的主体。在生态平衡良性环境中，多种植物比单一植物更具有生命力。西双版纳属生态环境脆弱区域，森林植被减少，单一的橡胶林面积增加，导致生物多样性锐减，还带来了农业生态灾害，导致各类新生病虫害滋生发展，橡胶阶蚧虫病害就是一个典型例子。胶林内‘青山无绿水，绿林鸟不飞’的异常现象不能不引起对现实生存环境空间质量的关注。”从老百姓长远的利益着想，随着橡胶林面积扩大，人畜饮水、生活生产用水日益紧张，影响农业发展。橡胶林内水质、空气环境对人体健康的影响已初现端倪。另外，近年来，由于大规模种植经济作物及城镇化，原始森林持续减少，西双版纳人与野生动物之间的矛盾日益突出，野生动物损坏庄稼、伤害人畜、破坏财产等频繁发生，给当地民众财产造成巨大损失，特别是近几年来人与野象之间争夺生存空间的冲突不断加剧。

可见，西双版纳已是盛名之下，难符其实，生态破坏将严重影响到经济社会的可持续性。

（四）城市发展丧失生态与文化特色

西双版纳的城市在发展中逐渐丧失掉原有的良好生态与文化特色。城市新区的规划建设沿袭了常规的城市化模式，大规模、快速而缺少地方特色的商业和住宅的开发，使得城市风貌变得单调和沉闷；城市化的商业布局、娱乐方式和产品，也使得整个城市基本上失去了热带雨林的丰富性；在城市文化特色的保存上，景洪不如泰国的清迈、老挝的琅勃拉邦。“从大佛寺的橡胶林底下，回望整个景洪城，满眼都是建筑脚手架和盖了一半的高楼。如果从另一面也就是前往昆明的老山路上俯瞰景洪，这个城市基本上没有任何热带和雨林特点，一个平庸的城市形制已经定型。”作为与西双版纳在生态、文化、地理、民族特质上非常相似的城市，“清迈没有像西双版纳一样丢失它的文化之魂：随处可见精美的寺庙、相对完好的古城形制、手工品的制作中心、结合当地生态特点的生活方式用品开发中心、国外各类非政府组织的活动中心和文化交流站、少数民族的生态展示等”①。

（五）人力资本严重短缺，劳动者素质偏低

由于民族众多、各民族历史文化传统不一、交通条件落后等原因，西双版纳的教育状况一直以来比较落后，尤其是山区少数民族接受教育的意愿并不强烈（图1-2）。在广大农村，厌学、辍学现象非常普遍。橡胶等经济作物种植的

① 周雷.2010.生态问题背后的认知危机.南风窗，(25)：34-35

高收益，更加强化了对教育不重视的想法，很多农户子弟因富失学。教育水平直接决定和影响着劳动者的素质，低教育水平使他们视野狭窄，无法到更广阔的市场上去参加竞争，无法克服小农心理，形成不了市场意识，不懂得积累、投资创业，难以成为经营管理和专业技术人才。

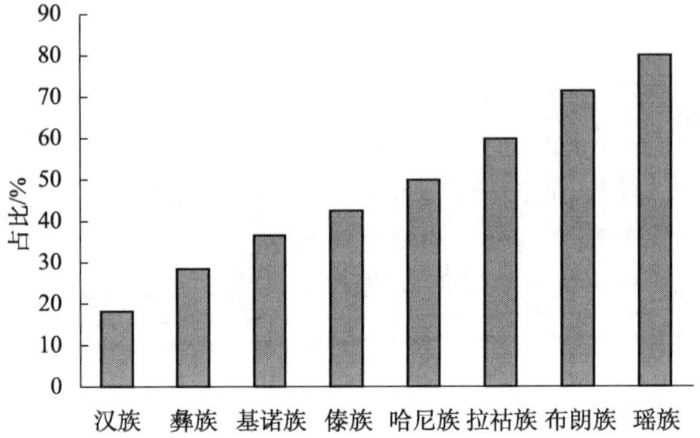

图 1-2　西双版纳居住的主要民族文盲、半文盲占同龄人口比例（2009 年）

资料来源：高雷等，2009

西双版纳人才奇缺，尤其是国际贸易所需的专业技术人才、服务人才和高级经济管理人才匮乏，使潜在的资源优势无法变成现实的经济社会发展优势。一方面，自我培养人才的能力和条件不足；另一方面，吸引外来人才的优惠政策，特别是为外来人才服务的功能还不完善。人才的匮乏直接导致全州为对外开放服务的各种法律、翻译等中介机构比较少，各种要素市场发育不全。教育和科技发展滞后，劳动者素质偏低已成为制约全州经济社会跨越发展的“短板”和影响对外开放跨越发展的瓶颈①。

（六）对外开放层次较低，产业承接竞争激烈

首先，西双版纳的对外开放还处于一个较低的层次。主要表现在：一是对外贸易管理体制和营运机制不够灵活。二是利用外资的规模小、水平低；外贸企业规模小、实力弱、支付能力低、适应国内、国际市场变化的能力差。西双版纳进出口以过境贸易为主，西双版纳原产的工业制成品品种单一，出口产品结构单一，进口商品的互补性不强；州内缺乏大企业，支柱产业单一，走出去发展的后劲不足；利用外资领域偏少、产业链短、配套能力差。三是

① 游启道. 2011. 浅析西双版纳桥头堡建设面临的问题和挑战. http：//www. bn888. com/New/ns-6567. html [2011-08-03]

对外经济技术合作主要集中在替代种植、承包工程和劳务合作方面，以技术和成套设备作股本投资办厂或 BOT、BOO[①] 等方式进行投资合作的项目很少，业务方式单一；外来投资在促进自主创新、产业升级等方面的作用尚不明显，对外开放和经贸往来对西双版纳州经济增长和产业结构调整的带动力不够大，经济与文化交流的平台缺乏实质性的内容和厚实的文化底蕴。四是基础设施建设严重滞后，磨憨口岸、景洪港、打洛口岸及“240”通道等基础设施都已适应不了形势发展需要；管理手段落后，没有建立现代信息服务网络。从产业情况看，基本上还停留于原材料的出售和低端产品的制造层次，以及传统的观光旅游阶段，外向化、国际化进程缓慢。

其次，接纳产业转移任务艰巨。近年来，东部地区加工工业开始出现生产要素供给趋紧、产业升级压力增大、企业成本提高、与资源环境约束矛盾日益突出的问题，“腾笼换鸟”成为必然。长三角地区出现产业转移步伐加快、空间不断拓展、由贸易型向投资型加速转变、规模和层次不断提升、转移内部化特征明显的特点。珠三角地区提出空间战略和产业战略，空间战略是大力促进泛珠三角地区西部发展，产业战略是推动珠三角产业结构的转变，大力发展重型工业、高新技术产业和服务业。有研究曾测算，到 2010 年，广东、上海、浙江、福建四省（市）需要转出的产业产值达 14 000 亿元左右（张继焦，2011）。这种产业转移大趋势给中西部各地创造了难得的机会。然而，产业承接争夺激烈：一是西部地区之间竞争，西部各个地都敞开大门迎接产业转移，比条件、比环境、抢客商、争项目，态势逼人；二是中部地区创造条件当仁不让，中部六省利用区位条件吸引客商，承接的办法、思路多于西部；三是东部沿海地区产业转移并非都想往西部地区转移，就地就近转移也是选择。可见，产业转移与承接过程实际已是一场激烈的“资源”竞争过程（图 1-3）。另外，东南亚国家也在利用低廉的成本优势，争夺我国东部沿海地区转移的产业。云南承接东部产业转移，既有突出优势，也面临竞争压力。从区域竞争的角度上看，西双版纳直接面临云南沿边 7 个市（州）的竞争与挑战。例如，近期云南省提出德宏傣族景颇族自治州要做好瑞丽重点开发开放试验区建设这篇“大文章”，使之成为桥头堡建设的重要突破口，为全省乃至全国沿边开发开放探索新的经验、路径和模式。

---

① BOT（Build-Operate-Transfer），是基础设施投资、建设和经营的一种方式，指政府授予私营企业（包括外国企业）以一定期限的特许专营权，准许其融资建设和经营特定的公用基础设施，并通过向用户收取费用或出售产品以清偿贷款、回收投资并赚取利润，特许权期限届满时，该基础设施无偿移交给政府。而 BOO（Building-Owning-Operation）由 BOT 衍变而来，主要区别在于，项目建成后，投资方对其拥有所有权，政府只是购买项目服务

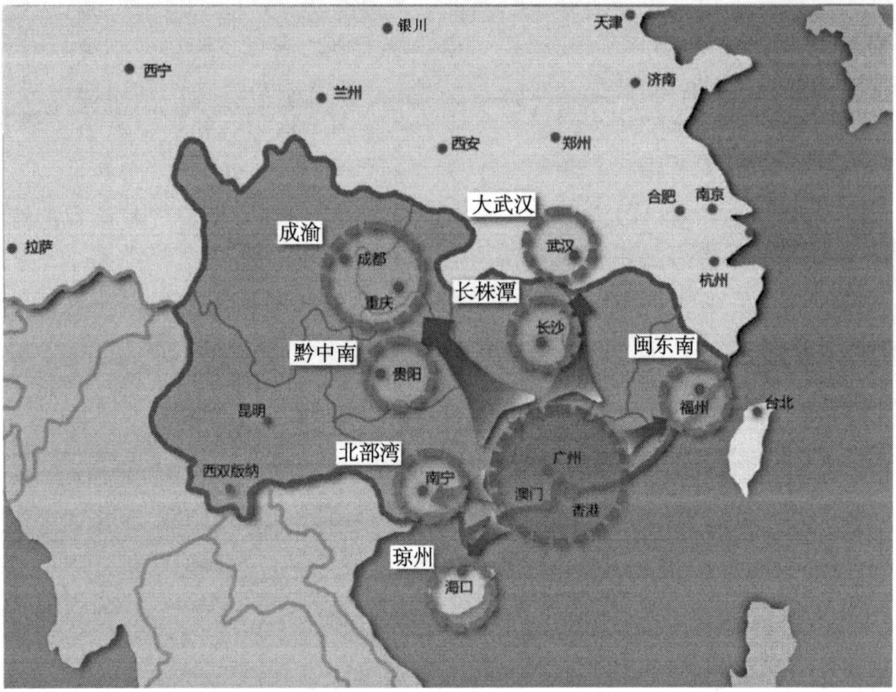

图 1-3 泛珠三角产业转移示意图

第二节 现代服务业：引领转型升级的龙头与引擎

如何走内涵式的发展道路，转变经济增长方式，提高自主创新能力，加强区域竞争优势？现代服务业将成为西双版纳新一轮经济成长的重要引擎和城市升级的主导方向。通过发展现代服务业，引领传统工业经济向新型工业化转变，以及以传统低端旅游业为主导的服务经济形态向全面、高端的城市经济、休闲经济、生态经济、循环经济及知识经济转变，从而实现全面、协调与可持续发展，是未来一个时期西双版纳发展的关键。

一、从传统服务业到现代服务业

（一）服务业内涵和分类

在不同的国家和地区、不同的历史时期，服务业内涵有一些差别。美国经济学家将服务业分为“广义”和“狭义”服务业，其中“广义”服务业是指所有不生产实物产品的经济部门，类似于中国和日本统计概念中的“第三产业”。这使得服务业成为一个除工农业以外无所不包的产业，甚至一些非经济范畴的政治活动也被包括在内，如政府部门、军队、公检法等。“狭义”服务业则不包括流通部门，如福克斯（Victor R. Fuchs）所研究的服务业包括商业、金融业、保险业、房地产业、财政部门和传统服务业，排除了交通业、通信业和公用事业。

在我国，服务业同样也有“广义”和“狭义”之分。“广义”服务业即第三产业，与国际上其他国家的概念类似，不过中国的“狭义”服务业则特指传统服务业，仅包括饮食、理发、洗染、照相、修理等生活性服务业。这种理解显然把服务业范围进一步缩小，削弱了服务经济在国民经济中的地位。1985 年，国家统计局正式启用“第三产业”一词。20 世纪 90 年代以后，为了与目前国际上通用的提法接轨，中央的主要文件开始使用服务业概念。另外，尽管第三产业与服务业概念有区别，但如果没有特别提及，本书一般将第三产业和服务业等同使用。

由于服务业包含的部门数量众多、类型庞杂，在实际中需要对其进行划分和界定，但是由于服务业内涵的不确定性，在服务业包含的产业部门这一问题上也存在多种划分标准。当代西方主流的服务业分类法是基于辛格曼(Singelmann，1978）提出的服务业的四分法，包括流通服务、生产者服务、社会服务和个人服务（表 1-2）。

表 1-2 辛格曼根据服务业的功能进行的分类

类别	主要部门
流通服务 (distributive services)	交通业，仓储业，通信，运输业，商业的批发和零售业（不含饮食业），广告业，以及其他销售服务
生产者服务 (producer services)	银行、信托及其他金融保险业，房地产、工程和建筑服务业，会计，出版业，法律服务，其他营业服务
社会服务 (social services)	医疗和保健业，医院、教育福利和宗教服务，非营利机构的服务，政府，邮政，其他专业化服务和其他社会服务
个人服务 (personal services)	家庭服务，旅馆，饮食业，修理服务，洗衣服务，理发与美容，娱乐和休闲，以及其他个人服务

资料来源：Singelmann，1978

这一分类反映了服务业内部的结构是由服务的不同性质与功能决定的。流通服务与生产者服务可看做是工业生产线的延伸，属于生产性服务；社会服务与个人服务则直接来源于消费者的需求，属于生活性服务。该分类理论有较好的实用价值，能够直观地反映各个市场主体的作用与功能，因此成为了当代西方主流服务业分类法（图 1-4）的依据，当前我国一些地区的服务业规划研究也大多参照此分类法。

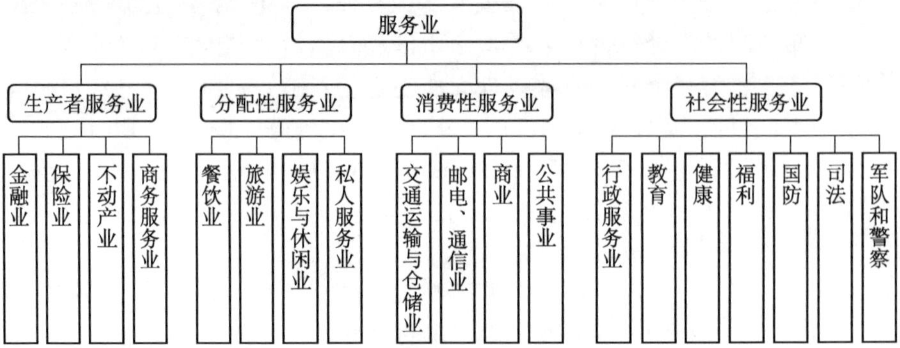

图 1-4 当代西方关于服务业的分类

（二）我国现代服务业的概念和特征

我国最早在1997年9月党的“十五大”报告中提出“现代服务业”这一概念。2000年10月，党的十五届五中全会关于“十五”计划建议中也提出“要发展现代服务业，改组和改造传统服务业”。目前“现代服务业”尚不是一个明确的概念，国民经济统计体系中也没有与之相对应的具体分类条目。在内涵与外延上，“现代服务业”与“知识密集型服务业”（knowledge-intensive business services）较为接近。可以认为，现代服务业是随着现代经济和社会活动的发展产生的，具有十分明显的时代特征。一种观点认为现代服务业是现代生产性服务业的同义词（徐国祥等，2004），认为现代服务业是在工业化高度发展阶段产生的、依托电子信息技术和现代管理理念而发展起来的知识密集型的生产性服务业。另一种观点则认为，现代服务业不仅包括现代生产性服务业，还包括经信息技术改造升级后的传统生产服务业和现代消费服务业（顾乃华，2007；刘重，2005；夏杰长，2008），它的关键特征是能够发挥较强的外溢作用，同时对于现代服务业概念的界定也有一些共识，即现代服务业是在工业化高度发展阶段伴随着科学技术进步特别是信息革命和高新技术对产业的渗透及在产业中的运用而产生的。

与传统服务业相比，目前一般认为“现代服务业”呈现出“三个高、三个新”的显著特征。其中，“三个高”一般指：高人力资本含量、高技术含量和高附加值。“三个新”指：新技术，主要指具有时代特征的新技术、网络技术，以及在它们基础上形成的现代服务业运作的信息平台；新业态，指由于高新技术作用和市场因素的影响，不断演化出来的新兴服务业业态；新模式，即新的增长方式和消费方式，这是产业结构升级的产物，也是现代服务业高附加值、低资源消耗、低环境代价的结果。这种新的服务方式，是服务提供者在技术创新、制度创新和管理创新的基础上产生的服务自身的一种创新。

总结发达地区的经验来看，现代服务业大致有四个特征：一是现代服务业伴随着技术革命与技术创新而成长；二是现代服务业伴随着制造业和城市经济的高度发达而壮大；三是现代服务业伴随着制造业相对优势下降而迈上主导地位；四是现代服务业伴随着市场经济体制完善而发展（王战，2005）。当然，对于我国西部地区的现代服务业，其演进特征有待进一步归纳和总结。

（三）服务经济发展的主要趋势

1. 产出比重持续上升

近年来，无论在中国还是在世界范围内，产业结构都在发生转变，三次产业在GDP中的比重发生了巨大变化。农业比重大幅下降，工业比重有所减少，最突出的表现为服务业比重超过了工业，甚至超过了工农业比重之和。从世界平均水平来看，20世纪80年代服务业就已占据GDP半壁江山。至1995年左右，服务业产出比重已经达到60%，并且其比重仍处于上升的趋势当中。由于我国服务业开始得较晚，发展速度也较缓慢。我国服务业增加值占GDP比重一直徘徊于40%左右，不仅远低于发达国家70%以上的水平，也远低于发展中国家45%左右的平均水平。尽管有统计原因，但我国服务业发展滞后，比重偏低，并不是工业化中期应有的正常现象，其中既有“发展阶段性”问题，也有“体制性政策性”制约因素。因此，我国服务业发展的突出问题并不在于总体水平上一般意义的“落后”，而在于产业的供需矛盾、内部结构的扭曲和失衡及区域分布的不均衡性。总之，不论是中国还是世界，服务业占国民经济产出比重或者服务业占就业比重均在上升。服务业在一国经济结构中的比重与服务业内部层次的高低，已经成为体现国家核心竞争力与综合实力的重要标志。虽然中国服务业发展的整体水平与世界仍有一定差距，但服务业在产业结构中的主导地位不会改变。

2. 服务业内部结构出现显著变化

当前，知识化、专业化趋势正在不断加强，服务业结构出现重大变化。一是金融服务业、专业服务业、信息服务业、研发及科技服务业等技术、知识密集型服务业迅速崛起为服务业的支柱产业。二是很多传统业态也不断运用新技术进行改造，技术含量和专业化程度提高，服务模式和经营模式不断创新。三是以知识创新为动力的知识经济正在取代传统的工业经济，服务业的内部结构也越来越多地体现知识经济的特征，突出地表现为知识信息密集的新型服务业成为发达国家经济的主要支柱。

3. 产业的战略地位日益增强

进入 20 世纪 90 年代后，服务业已经成为发达国家与发展中国家经济增长的主要力量。随着“后工业社会”的来临，有的学者担心以服务业为主导的经济结构会导致“产业空心化”现象。然而，这种以服务经济为主要产业的结构及服务业在国家发展中占据战略地位的趋势无法阻挡，其产业的贡献和拉动作用日益增强。从 1992～2011 年的数据中可看出，服务业的产业拉动率与产业贡献率在近 20 年里呈波动上升趋势（图 1-5）。特别是进入 21 世纪以来，服务业的产业拉动率与贡献率上升幅度最大，提高将近 10%，虽然在随后三年增长幅度迅速下降，但到 2008 金融危机前仍稳步上升。2010 年以后，服务业在经济结构中又重新焕发活力。

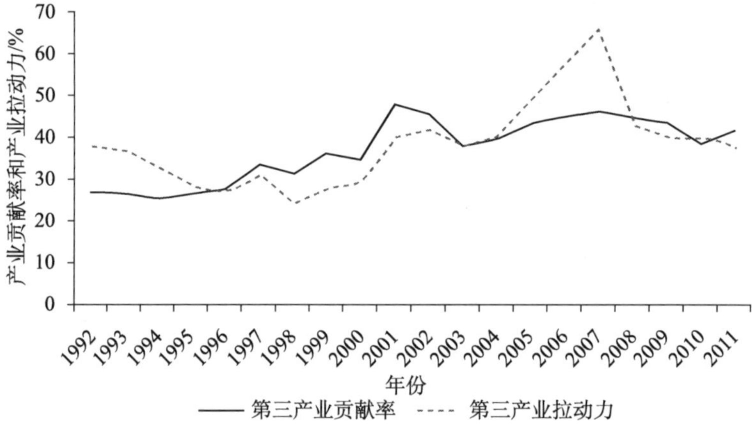

图 1-5 第三产业拉动率与贡献率变化情况（1992～2011 年）

注：1. 产业拉动率指 GDP 增长速度与各产业贡献率之乘积，产业贡献率指各产业增加值增量与 GDP 增量之比；2. 国家统计局对 2004 年 GDP 及历史数据进行了重新核算和系统的修订；3. 本图数据按不变价格计算

资料来源：中经网统计数据库

4. 服务贸易和外包进入高速发展时期

20 世纪 80 年代以来，一些发达国家逐渐把产业链中劳动密集型、技术含量低、附加值低的部分转移到发展中国家和地区，外包日益成为全球产业转移浪潮中的主要模式，而且随着国际分工的演进，代工的范围已经从传统的劳动密集型产品扩大到技术密集型产品，从最终产品发展到中间产品。新的服务部门和贸易形式不断涌现，越来越多的劳动者从实物生产转移到服务生产，服务贸易的比重将逐步赶上甚至超过货物贸易的比重，成为国际贸易的主要对象和内容。

二、西双版纳发展现代服务业意义重大

（一）发展服务业是我国一项长期重大战略

从我国发展的外部环境看，当前全球经济深度调整，外部需求短期内难以恢复到经济危机以前的水平。随着外需的收缩，曾经严重依赖外需拉动的中国经济减速的压力越来越大。同时，目前我国在工业化、信息化没有完成的情况下，又面临绿色科技领域的挑战。传统产业领域在节能减排的技术改造没有完成的情况下，就开始面临发展低碳经济的巨大压力。应对全球气候变化也增大了我国节能减排的压力。发达国家现在已开始在新的基础上发展新的产业，这不仅对我国传统产业领域增强竞争力提出了要求，而且对在新的产业领域争取新的市场和发展空间也提出了新的要求。从我国发展的内部环境看，产业规模扩张带来的产能过剩矛盾加剧，使我们很难再延续规模扩张性的模式。生产要素成本的上升要求我们逐步减少对低成本比较优势的依赖。资源环境硬约束强化，人口老龄化的到来，也对我国由传统劳动密集的优势向新的优势转变提出了新要求。

一直以来我国经济增长始终存在着两个主要的约束条件，一是对投资和出口的过度依赖，二是对要素高强度投入的过度依赖。经济增长主要靠外需拉动，内需结构不合理，投资与消费不协调，消费对增长贡献较低。在供给层面上，产能增加很快，但低附加值的制造业占比过大，自主创新能力相对滞后，技术创新和人力资本对经济增长贡献相对偏低。不转型、不调整，发展的空间就会越来越小，路子会越来越窄。党的十七届五中全会提出，在当代中国坚持发展是硬道理的本质要求就是坚持科学发展。以科学发展为主题，以加快转变经济发展方式为主线，是关系我国发展全局的战略抉择，要更多依靠现代服务业和战略性新兴产业带动，更多依靠科技进步，不断增强长期发展后劲。实际上，党的“十五大”报告中就提出要大力发展现代服务业；党的十五届五中全会关于“十五”计划建议中也提出“要发展现代服务业，改组和改造传统服务业”；党的“十七大”报告明确指出今后要发展现代服务业，提高服务业比重和水平，这为今后的经济建设指明了方向。党的“十八大”报告提出，必须以改善需求结构、优化产业结构、促进区域协调发展、推进城镇化为重点，着力解决制约经济持续健康发展的重大结构性问题。发展服务业，是我国产业结构优化升级的战略重点。另外，服务业与工业化是否结束没有直接的关系，我们不能因为工业化进程没有结束就否定服务业的发展。服务业不是工业出现之后才出现，服务化也不是工业化完成之后才开始。最后，服务业具有需求收入弹性高、发展潜力巨大、资源环境亲和的特点，是经济可持续增长的重要源泉。大力发展服务业不仅是解决民生问题、提高人民生活水平的重要途径，也是促进社会和

谐与进步、全面建设小康社会的必然要求，在经济增长贡献方面同样有着无可替代的作用。

（二）发展服务业是获取高附加价值，赢得区域竞争优势的重要途径

“微笑曲线”模型[①]分析了产业链在不同阶段具有不同的附加值。通常来说，产业链中间为劳动密集型的低端制造业，两边分别为附加值高的研发与设计、品牌与服务。“微笑曲线”理论对分析西双版纳的产业发展同样适用。当前，西双版纳主要生产资源依赖型产品，产品附加值较低，不仅体现在制造业上，而且体现在农业方面，如普洱茶、橡胶等具有当地特色的主要农产品并未形成较好的品牌，而旅游作为西双版纳经济的重要组成部分，虽然起步较早、发展迅速，并为本地赢得过较大的名气，但随着外部需求升级和竞争的出现，西双版纳的旅游并未能及时转型，而是停留在低端的观光型旅游之上。这些都使得西双版纳的产业整体处于了产业链最低端（图 1-6）。

发展现代服务业是西双版纳提升产业附加值的重要途径。对应于“微笑曲线”，西双版纳经济转型升级有两个方向：一是向产业链左端转移，通过研发创新获取和提升技术，对低附加值产品进行重新开发，从而提升其附加值，如普洱茶产业再造、橡胶精深加工，以及休闲型旅游产品设计等；二是向产业链的右端转移，通过地方营销，打造品牌，发展专业化物流等，提升产业附加值，如对西双版纳本地独具特色的少数民族文化资源重新进行整合和营销等。无论是往哪一个方向提升产业附加值，都离不开现代服务业的有力支持。

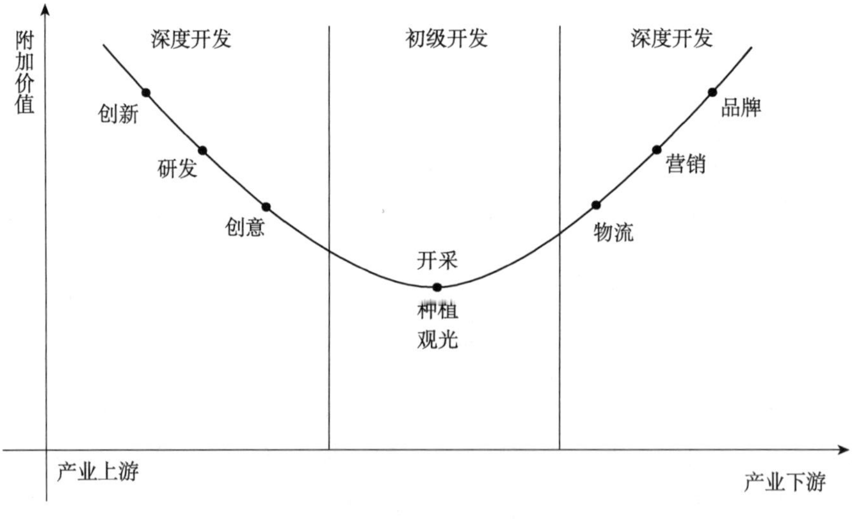

图 1-6　西双版纳产业“微笑曲线”示意图

---

① 由中国台湾施振荣先生在《再造宏碁：开创、成长与挑战》一书中提出

首先，现代服务业中的生产性服务业正是处于产业价值链的两端，对包括西双版纳在内的我国西部地区工农业结构调整和产业竞争力提升起着重要的作用。服务业不再是过去单一的以消费性服务业为主的格局，交通运输、仓储管理、现代物流、R&D、商务营销、贸易服务、金融保险等新兴的生产性服务业逐渐成为主导性服务产业。生产性服务业在制造业领域的作用已经从最初的辅助管理发展到管理支持再到最终的战略引导。因此，现代服务业有利于推动产业的转型升级，实现产业结构高级化，即向更有利于经济、社会发展的方向发展。

其次，发展现代服务业可以使西双版纳通过差异化发展战略提升区域竞争力。“微笑曲线”不仅表现了产业附加值的不同，还体现了不同的竞争形态。从区域竞争力的角度来看，一个竞争性区域的发展可以分为低成本驱动、报酬递增和知识驱动三个不同阶段。如果说过去西双版纳产业尤其是旅游业，基于低成本竞争战略而获得了区域竞争优势，那么今天在外部机遇与环境变化、需求升级、竞争加剧，同时内部环境和资源压力增大的情形下，低成本的老路则走不通了，必须采取差异化的竞争战略。为什么我们要走差异化的道路？因为差异化是垄断竞争的基础，垄断能够带来超额利润——这正是高附加价值的源泉，现代服务业是实现差异化的重要途径（专栏 1-2）。

专栏 1-2：现代服务业是实现西部地区差异化战略的重要途径

- “创新”带来的差异化
- “品牌”带来的差异化
- “创意”带来的差异化
- “营销”带来的差异化

……

（三）发展服务业是西双版纳转型升级必然道路

西双版纳作为云南的重要组成部分，是云南桥头堡建设的前沿阵地，肩负着西南地区转变增长方式、完善城市功能、提升区域竞争能力等重大使命，服务业将成为西双版纳新一轮经济成长的重要引擎和城市升级的主导方向。

因此，如何走内涵式的发展道路，转变经济增长方式，提高自主创新能力，加强区域竞争优势？如何从传统工业经济向新型工业化转变？如何从传统低端旅游业为主导的服务经济形态向全面、高端的城市经济、休闲经济、生态经济、循环经济乃至知识经济转变，形成现代服务业全面发展的产业格局，从而完成好桥头堡前沿的伟大使命，实现全面、协调与可持续发展？这些都是未来一个时期西双版纳发展的关键问题。

总之，经济发展的过程不仅是总量增长的过程，也是结构不断优化的过程。促进服务业兴旺发达已成为现代经济的一个重要特征和产业高级化的一个重要标志，是西双版纳提升经济运行质量，实现经济可持续发展的必由之路；是西双版纳缓解就业压力，实现跨越式发展的有效途径；是西双版纳应对“后危机时代”经济全球化挑战的客观要求；是西双版纳产业结构调整与优化的重要机遇；是西双版纳实现新型工业化的强大支撑；也是西双版纳提高区域竞争力的有效措施。这对于西双版纳实现可持续发展，实现区域经济的良性循环，具有深远而重大的意义。

第三节　篇章结构与主要内容

本书的研究内容从结构上可分为五个部分：绪论、理论探讨、总体发展环境与战略、产业分析与规划、实施保障策略等，共九章。

第一部分绪论，为第一章。本章从对增长和发展的辨识出发，分析西双版纳经济社会现状，在肯定其经济增长取得显著成就的同时，从经济发展的不同维度去衡量西双版纳存在的问题，具体包括发展模式、产业结构、城市生态、教育和人力资本积累及对外开放等方面。面对经济社会发展中矛盾和问题，基于对服务业内涵、发展趋势的客观认识，提出发展现代服务业是西双版纳提升产业附加值，提高区域竞争力，实现转型升级的引擎。

第二部分理论探讨，包括第二至第四章。该部分分别对西双版纳发展中呈现的先发劣势、资源陷阱和边缘效应三个关键性制约因素，从文化制度刚性、资源诅咒学说及空间格局不经济假说三个理论视角，透过现象看本质，深入分析其不同的形成机制和传导路径。其中，第二章对西双版纳文化制度刚性与旅游发展先发劣势二者的关系展开讨论。从发展经济学的角度讨论西双版纳旅游发展问题，分析了作为国内旅游业先发地区的西双版纳逐渐失去先发优势并在区域旅游竞争中陷入困境的原因，即率先发展带来的低水平发展模式由于文化制度刚性而无法更新，从而难以应对需求升级，形成“先发劣势”。研究指出，西双版纳必须通过旅游业的整体升级来打破原有低端发展模式并进行文化制度创新，灵活地响应新的外部需求，以“大推动”实现区域旅游的转型升级和可持续发展。第三章深入分析西双版纳橡胶种植与资源陷阱的问题。首先，对橡胶种植所引致的经济发展困境、可持续发展动力不足及社会生态负外部性等资源陷阱现象进行辨识；其次，从经济结构、制度、生态环境和人力资本四个方面阐释资源诅咒的传导路径，并在此基础上着重分析西双版纳可再生资源陷阱以人力资本和生态环境为核心的两个传导路径。通过分析得到，对于西双版纳，从人力资源和生态环境入手是破除西双版纳资源陷阱的关键。第四章着重分析空间格局不经济对西双版纳内生增长带来的阻滞。以空间经济的视角分析西双版纳需要将其放到云南省这一区域大背景下，故该章通过追溯云南发展历程、分析其当前面临的机遇和挑战，发现云南发展现状不容乐观，长期处于相对边缘化的格局中，并由此引致对西部空间格局不经济这一根本性问题的探讨，分析了空间格局不经济对西双版纳物质资本和人力资本积累、劳动分工的阻滞。

第三部分包括环境分析与发展战略，为第五章。首先，分析了西双版纳服务业现状特征和制约因素，并以 SWOT-PEST 为框架对分析了西双版纳发展现代服务业所面临的六大外部机遇和自身四大突出优势，从而明确未来一段时期西双版纳现代服务业的发展愿景、总体思路、发展定位、目标和战略，并提出西双版纳现代服务经济的总体部署和空间布局。在发展愿景上，本书提出西双版纳要按照后工业化的需求，挖掘前工业化的资源，形成超工业化的产品，服务不断变化的内外部市场，将西双版纳全州建设成为具有世界级品质的“澜湄枢纽，宜居傣乡”。在发展思路上，强调要深刻体会“快经济”与“慢经济”的协调统一，要紧紧抓住“大推动、现代化、可持续”三条发展主脉，重点面向“旅游者、创业者、投资者、居住者”四类群体。在发展目标上，提出发展“休闲享乐型经济”“流通枢纽型经济”“绿色导向型经济”“创新引领型经济”“优势集聚型经济”这五种经济形态，打造中国参与大湄公河次区域经济合作的桥头堡，成为休闲度假引领者、服务贸易先导区、商贸流通主阵地、治理创新试验田。在发展战略上，提出“微笑曲线”战略、区域营销战略、一体化战略、集聚成长战略、制度创新战略这五大战略。在产业部署上，提出形成生产性服务业和生活性服务业两轮驱动、公共性服务业作为基础和支撑的产业发展格局，重点做强旅游与文化产业群、创业与商务产业群、商贸与流通产业群、民生与公共服务产业群。

第四部分是产业分析与发展探讨，包括第六至第八章。分别对西双版纳旅游与文化产业，商贸与流通产业，生产性服务业的发展特征和问题进行深入分析，提出各自的发展思路和空间布局，并针对重点领域提出相关发展对策。其中，第六章着重讨论旅游与文化产业。该章针对西双版纳早期发展带来的旅游业低端锁定及由此形成的先发劣势，提出文化与旅游产业的发展使命为“打破低端锁定，实现整体升级”，构建国际化低纬度山地型旅游度假首选目的地、大湄公河次区域旅游枢纽、旅游经济与社会融合发展的先行先试区，提出实施“大推进”“差异化”“治理先导”和“文旅协同”四大核心战略以及实现“以现代性提升生态性和乡土性”。提出包括协调多元利益关系、构建服务型政府、完善公司加农户模式、协调央地关系与跨国治理在内的区域治理模式的创新和发展，努力成为全国“旅游经济与社会融合发展的先行先试区”。提出打造“一城两圈两轴”空间格局，全面推进目的地营销的PIPE模式，并将西双版纳文化资源划分为五大门类，提出西双版纳文化资源产业化开发的四大策略和十大工程。第七章重点对商贸与流通服务产业发展进行研究。在对商贸与流通产业发展现状和特征简要分析的基础上，提出要抓住中国—东盟自由贸易区建立和“桥头堡”战略实施机遇，积极构建两套商贸系统、努力完善四大服务功能，依托物流、商业、口岸和专业市场，将西双版纳打造成为大湄公河次区域既具有深厚的人文底蕴又兼备现代发展活力的区域流通中心地。第八章对创业、创新与商务服务业等涉及生产性服务业的领域展开研究。针对西双版纳生产性服务业存在的严重低效均衡问题，在对西双版纳工业主导产业定量分析基础上，结合云南省工业发展的领域和方向，对西双版纳工业发展进行综合评价，并提出西双版纳要紧紧依托大湄公河次区域的发展市场，以“金融服务、科技研发、专业服务、信息服务”四大生产性服务业为支撑，以面向主导产业、引领区域经济为重点，服务中小企业，鼓励创业创新，实现“规模、扎堆、溢出”三种效应，营建“智慧西双版纳”，以布局澜·湄生态商务区、景洪创业创新科技苑、云南西双版纳保健园区及磨憨商务园等为载体，打造功能比较完善、结构相对合理的现代生产性服务体系和区域创新体系。其中，作为研究的重要支撑，项目组对西双版纳重点工业企业展开生产性服务需求的问卷调查，涵盖了制胶、冶金矿业、进出口贸易、房地产开发经营和旅游服务等行业，并且针对物流、研发创新、金融、保险、技术服务、市场信息、财务审计及政府支持等展开了全面调研，为研究结论提供了重要基础和依据。

第五部分讨论战略实施的几个重要专题，为第九章。该章跳出产业看产业，从四个方面入手讨论现代服务业发展战略实施的几个重要课题：一是推动空间经济一体化，即要展开区划调整，加强空间管制，实施土地战略储备。该章还提出坚决开通三类直达航线，努力营建政策“特区”，积极推进区域一体化进程。二是破除资源陷阱，强调要加强人力资本的积累和引进，有效控制对橡胶的过度重视，推行必要的退胶还林。三是在创新文化、制度和治理方面，提出要积极培育创新与创业的地区文化，加强招商引资力度，鼓励创业创新，建设财政分成试点，完善政绩考核制度。四是进一步探讨地方营销，倡导节事、普洱茶等地方文化的深入挖掘，构建地方营销平台等。

第二章
先发劣势：外部需求变迁与本地文化-技术制度刚性

西双版纳作为国内旅游发展最早的地区之一，由资源禀赋带来的旅游业“率先发展”的确曾经带来过高速增长。然而由于与早期低端技术（旅游产业结构）匹配的制度限制了技术的提升，导致在外部市场需求不断升级的情况下，这种“先发”带来的锁定使旅游业低端发展模式无法及时更新，反而成为了旅游业发展的阻力，使“先发优势”逐渐转变为“先发劣势”。必须认清先发劣势产生的原因和机制，才能够寻求打破低端锁定的有效途径，实现西双版纳产业的升级。

第一节　西双版纳旅游产业的演进和特征

一、西双版纳旅游业发展的三个历程

西双版纳具有得天独厚的资源禀赋，其显著优势是早期旅游业起步和迅速发展的重要原因。首先，地处低纬度地区，西双版纳拥有国内罕见的热带气候和丰富的物产，保存着我国最大面积的热带雨林和热带季雨林，拥有丰富的动植物资源，是中国的动物王国、植物王国、森林生态博物馆和物种基因库。同时，作为一个多民族聚集地，主要聚居着傣族、哈尼族、拉祜族、布朗族、基诺族等 13 个少数民族，西双版纳有着非常多元的少数民族文化。早在 20 世纪 50～60 年代，西双版纳的美名就已蜚声海内外，受到了众多旅游者的青睐。1961 年 4 月，周恩来总理来到美丽的孔雀之乡——西双版纳，和各族人民共同欢庆一年一度的傣历新年泼水节。自此以后，西双版纳在全国乃至世界逐渐出名。20 世纪 80 年代初，西双版纳被国务院批准为国家级风景名胜区以后，知名

度进一步提高。可以说，高知名度为西双版纳的发展赢得了宝贵的无形资产。

作为云南省乃至全国旅游业发展起步最早的地区之一，以及我国旅游资源丰裕的三个重点旅游开发区之一，西双版纳逐渐形成了以热带自然景观、民族风情、普洱茶文化等为特色的旅游业。目前已开发的景区中，有 17 个国家 A 级景点（区），其中国家 4A 级景点（区）8 个。2010 年西双版纳年接待游客总数达 853 万人次，旅游综合收入超过 80 亿元。归纳起来，西双版纳的旅游业发展至今可以大致划分为三个阶段。

第一阶段：20 世纪 80 年代至 90 年代前期。这一阶段是西双版纳旅游业的崛起期。依托境内丰富的自然资源和少数民族文化资源，西双版纳于 1982 年即被列入首批国家级风景名胜区。经过 80 年代的发展，1990 年其游客接待总数约 40.6 万人次，旅游收入 77.84 万元。1990 年西双版纳机场的建成推动了该地区旅游业的发展，使其在 20 世纪 90 年代前期经历了一个快速增长阶段，并成为云南省内最重要的旅游目的地之一。

第二阶段：从 20 世纪 90 年代末到 2005 年。这一阶段，由于外部需求的升级和本地旅游产业结构的老化，在周边旅游竞争地不断崛起的强烈冲击下，西双版纳旅游业的增长速度相对缓慢。

第三阶段：2005 年至今，这一阶段，随着旅游业投入的不断加大和外部条件特别是政策和交通条件的大规模改善，西双版纳旅游业规模的扩张速度明显加快（图 2-1）。

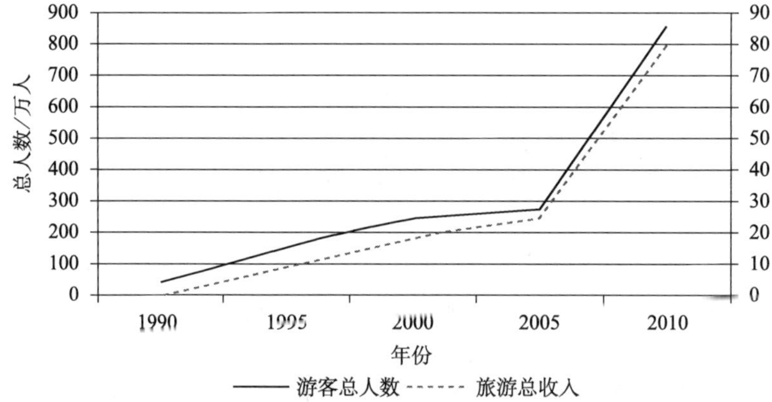

图 2-1　西双版纳接待游客总人数和旅游总收入（1990～2010 年）

资料来源：《西双版纳傣族自治州统计年鉴》（1991～2011）

纵观近 10 年西双版纳的旅游业数据，可以发现 2000～2005 年，旅游发展呈现出明显的停滞甚至回退的现象（图 2-2～图 2-4）。从综合收入情况来看，2003～2005 年增长率迅速下跌，并且 2001、2002 和 2005 年还出现了负增长的情况。

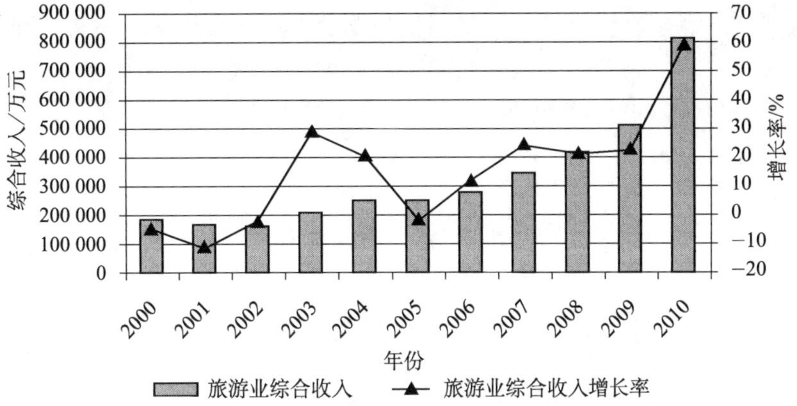

图 2-2　西双版纳旅游业综合收入及其增长率（2000～2010 年）

资料来源：《西双版纳傣族自治州统计年鉴》（2001～2011）

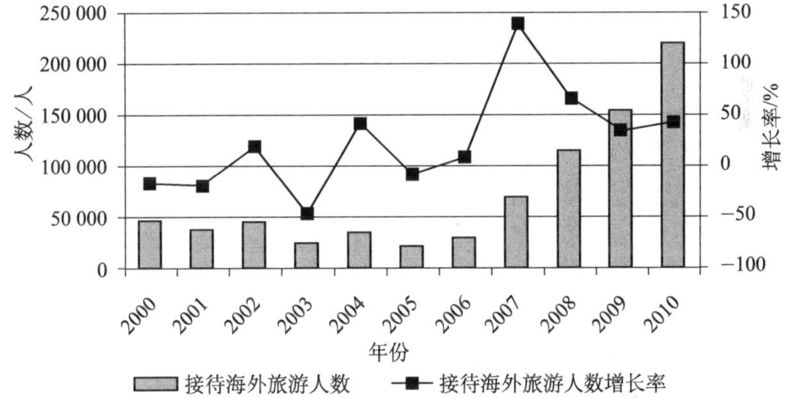

图 2-3　西双版纳接待海外旅游人数及其增长率（2000～2010 年）

资料来源：《西双版纳傣族自治州统计年鉴》（2001～2011）

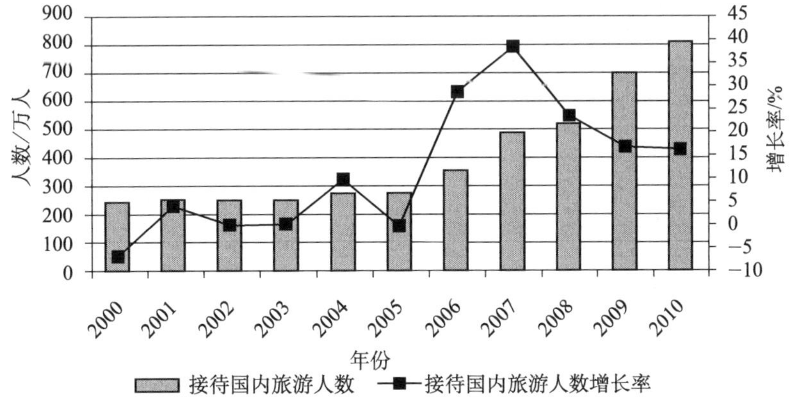

图 2-4　西双版纳接待国内旅游人数及其增长率（2000～2010 年）

资料来源：《西双版纳傣族自治州统计年鉴》（2001～2011）

从其接待游客数量上来看，问题更加明显。西双版纳接待海外旅游人数在2002～2009年，共出现了3次增长率下跌的情况；西双版纳接待国内旅游人数在2002、2005、2008、2009年，分别出现了增长率下跌的情况，并且二者在2002、2003和2005年均呈现负增长。

二、先发劣势：早期发展带来的旅游业低端锁定

（一）旅游发展以观光为主、产品低端

西双版纳旅游业不断增长的背后是一条艰辛的道路。从20世纪90年代后期开始，西双版纳始终处在与省内周边旅游目的地的激烈竞争中，并且暴露出自身旅游发展中观光为主、产品低端等一系列问题，主要包括如下几点。

（1）以观光产品为主：目前西双版纳的旅游产品以观光导向的团队旅游为主，基本上是围绕景洪周边几个主要景点的“到此一游”模式，游客逗留时间一般在两天以内。

（2）同质竞争激烈：旅游产品形式单一，地接社、餐饮、住宿等部门的内部竞争激烈。

（3）附加值低：旅游业内部的竞争方式以低成本竞争为主，缺乏差异化，旅游产品附加值低，利润空间有限，极大地制约了旅游业的进一步发展。

（4）旅游服务滞后：旅游配套基础设施非常薄弱，星级饭店拥有量处于省内相对落后的水平（表2-1）。

表2-1　云南6个市（州）星级饭店个数（2009年）

市（州）	昆明	丽江	迪庆	大理	西双版纳	红河
星级饭店数/个	211	77	31	92	46	50

资料来源：《中国区域经济统计年鉴》（2010）

（二）旅游人群低端锁定

旅游产品和旅游人群处于互相选择互相影响的循环中。西双版纳由于其低水平旅游产品长期没有及时更新，给旅游群体造成了低水平观光旅游的固定印象，因而旅游人群也在市场演化中被低端锁定，高端需求不足是严重问题之一。

（1）西双版纳人均旅游支出处于不变甚至缓步下降的水平。2008年，西双版纳旅游人均收入约685元，略高于全省（约630元），但远低于丽江（约1110元）、迪庆（约1040元）、大理（约770元）、昆明（约720元）等省内其他主要旅游地，也与我国城镇居民人均可支配收入变化趋势形成鲜明对比（图2-5）。

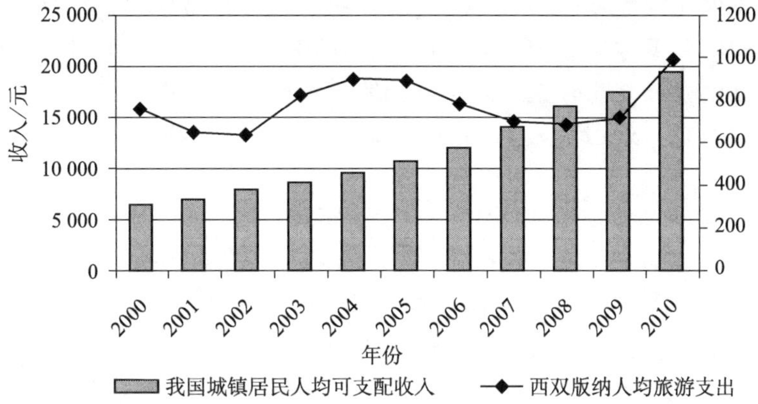

图 2-5　西双版纳人均旅游支出与我国城镇居民人均可支配收入变化趋势对比（2000～2010 年）

资料来源：《西双版纳傣族自治州统计年鉴》（2001～2011），《中国统计年鉴》（2001～2011）

（2）入境旅游接待规模出现负增长，与丽江、大理等地形成鲜明对比。入境游是高端旅游需求的重要指标。自 20 世纪 90 年代后期开始，西双版纳的入境旅游接待规模开始出现负增长，而丽江、大理等旅游地的入境接待规模则在超过西双版纳以后继续快速增长，呈现出强劲的发展势头（表 2-2）。

表 2-2　云南 6 个市（州）的旅游业比较（2010 年）

地区	接待入境旅游者人数/万人次	接待外国人/万人次	国际旅游外汇收入/万美元
昆明	86.06	66.64	24 252.0
丽江	61.14	42.11	20 200.0
迪庆	72.90	38.75	40 189.2
大理	40.75	20.52	12 917.0
西双版纳	21.70	20.70	8 617.0
红河	13.80	12.51	12 975.7

资料来源：《中国区域经济统计年鉴》（2011）

然而，上述问题都只是西双版纳旅游发展面临的表面问题，其背后的深层次原因是旅游业早期发展带来的低端结构锁定，使西双版纳旅游业早期发展时的先发优势，逐渐转化为“先发劣势”。

第二节　基于“技术-制度”的区域旅游发展模式

在新制度主义兴起的同时，代表资本主义大生产的福特制式微，新马克思主义学说也开始被经济学家重新重视，其代表是融合马克思政治经济学和凯恩斯主义的法国规制学派（regulationism）[①] 及其“技术-制度”模式理论，主要强调资本积累体制和调节方式的相互作用及其对一个地区经济发展的影响。与新制度主义相比，这类理论对国际区域经济学界产生了更加深远的影响。但迄今为止，运用“技术-制度”模式讨论区域旅游发展的研究却十分罕见。

“技术-制度”模式理论最初用来说明后福特制经济活动形成的加利福尼亚南部工业地理分布（Scott，1986；Scott，1988；Storper et al.，1989），在法国规制理论的框架下（Scott，2000），“技术-制度”模式理论强调技术与制度的互动与区域经济增长的关系。在这里技术是地区内社会生产与消费用以支持再生产的关系或产业结构，而制度则是一整套正式的与非正式的规则、文化习俗和行为规范的总和（翁瑾等，2004）。

在“技术-制度”模式中，产业的文化（一种隐性的制度和惯例）是与该地区特定的生产技术相适应的，而生产技术本身又包含着内部生产方式和市场需求的匹配。因此，技术内部的匹配、文化与技术的匹配共同构成了区域经济特定的发展模式。该理论进一步认为，技术革新往往面临着原有制度的阻碍，形成柔性技术与刚性文化制度间的矛盾。20 世纪中后期传统工业区（如德国鲁尔区、美国制造带等）的没落即缘出于此，而硅谷、“第三意大利”等地区的成功则正是由于其在大生产时期的边缘化带来了相对柔性的文化制度，进而支持了“灵活生产系统”的形成，使其能更加适应当代多变的市场需求（宁越敏，1995）。

“技术-制度”模式理论对西双版纳作为旅游业先发地区所面临的发展困境具有较强的解释力。一般认为，一个地区或企业能否获得和保持先发优势受到两种因素的影响：技术发展速度和需求更新速度（Suarez et al.，2005）。当一个地区的生产技术发展速度能够跟上需求更新的速度时，其先发优势是可以保持的。对旅游地而言，这意味着其必须不断通过更先进的产业组织提供更高端的旅游产品，以满足升级的需求。在云南省的旅游业区域竞争中，西双版纳在具有先发优势且与周边旅游地面临同样外部条件的状态下却未能实现技术与需求同步更新，导致后期发展的落后，其原因恰恰在于文化制度锁定导致的“技术-制度”不匹配。这种文化制度锁定来源于西双版纳旅游业的早期发展，并在后期阻碍了应对需求变化需要的技术升级，使西双版纳旅游业从最初的“先发优势”最终转化为“先发劣势”（图 2-6）。

---

① 又译“调节学派”

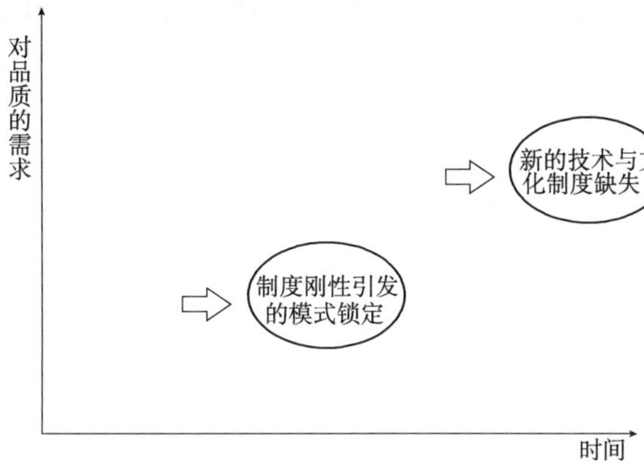

图 2-6 基于“技术-制度”模式理论的“先发劣势”示意

在我国旅游业发展的初期，较低的居民收入水平决定了低成本是当时重要的竞争优势。对西双版纳而言，虽然特殊的旅游资源为其早期发展观光旅游提供了先发条件，但观光旅游的发展也带来了激烈的行业竞争，并逐步形成了西双版纳适应早期观光旅游需求的、低成本导向的旅游业发展模式。这种低成本导向型旅游产业发展存在不断强化的自组织过程，其结果是造成西双版纳旅游业的低端锁定。

第三节 西双版纳旅游产业的文化-技术制度锁定效应

通过对西双版纳旅游业的“技术-制度”分析可以发现，西双版纳旅游业发展困境形成的逻辑在于：资源禀赋带来了先发的旅游需求，旅游业的生产技术为响应相对低端的先发需求而在低端锁定，锁定带来的文化制度刚性则在外部需求升级背景下对旅游业的进一步发展产生阻碍，即一条“先发—低端—落后”的区域旅游发展路径。

一、先发：资源禀赋带来的旅游业率先起步

资源禀赋促进了西双版纳旅游业的早期崛起，并带动了基础设施、城镇建设、交通、通信等旅游相关领域的大发展：1990 年景洪国际机场建成，成为云南省内仅次于昆明的第二大航空口岸。与此同时，西双版纳境内的餐饮、住宿等部门也逐步发展，形成了以接待团队旅游为主的接待设施。

由于西双版纳旅游业的发展要先于丽江、大理等云南省内的其他旅游目的地至少 5 年以上，西双版纳在 20 世纪 90 年代初其他目的地刚刚起步之际就已经拥有了在当时相对完善的旅游接待设施、成规模的旅游企业群体，以及相对成熟的旅游市场。这种“先发优势”贯穿于西双版纳旅游的早期发展中，使其在与周边目的地的竞争中处于领先地位。

二、低端：低成本驱动下旅游业低端技术锁定的形成

在我国旅游业发展的初期，较低的居民收入水平决定了低成本是当时重要的竞争优势。

20 世纪 80 年代至 90 年代初期，我国的旅游市场需求和旅游产品都相对低端，观光旅游是市场的主旋律。由于观光是旅游的一项最基本的活动，游客追求的是“到此一游”式的初级旅游体验，而当时较低的国民收入又限制了其消费能力，因此旅游部门通常只需为游客提供游览服务、基本的饮食和住宿。这导致旅游行业的竞争优势主要是通过特殊的旅游资源和低成本来获取的，旅游服务本身缺乏差异性，附加值较低。

对当时的西双版纳而言，虽然特殊的旅游资源为其早期发展观光旅游提供了先发条件，但观光旅游的发展也带来了激烈的行业竞争。由于需求对价格的敏感程度很高，低成本就成了重要的竞争手段，集中体现为景区开发后的门票经济和低成本的餐饮、住宿和旅游配套设施，并逐步形成了西双版纳旅游业适应早期观光旅游需求的、低成本驱动的生产技术模式。

然而，这种低成本驱动的旅游产业发展存在不断强化的自组织过程，并逐渐形成旅游业文化制度的刚性，其结果是造成西双版纳的旅游业在低端的锁定。

（一）旅游业低成本驱动的技术模式的形成

一方面，消费能力较弱的低端需求促使企业采用低成本策略吸引游客，倾向于通过缺乏差异化服务的简单观光和规模化生产降低成本。例如，提供更加简单、廉价的旅游服务，同时通过景区的观光化和旅游商品、纪念品生产的大规模工业化来持续降低成本。低成本意味着产品同质化。缺乏差异性的低附加值旅游产品必然引发激烈竞争，从而加剧了企业削减成本、压低价格的压力。低成本竞争还意味着产品的低端化。首先，旅游者的偏好是趋于多样化的，因此同质化本身即意味着低端化。其次，低成本驱动导致西双版纳的餐饮、住宿等旅游服务设施缺乏更新与升级的动力，造成当地旅游接待设施的规模与水平

始终保持在一个相对较低的层次。与此同时，为了争抢客源，大量企业不惜以低于成本的价格出售旅游产品，再通过“斩客”、强制购物收取回扣等其他方式维持盈亏平衡，进一步导致旅游服务质量的下降（图 2-7）。

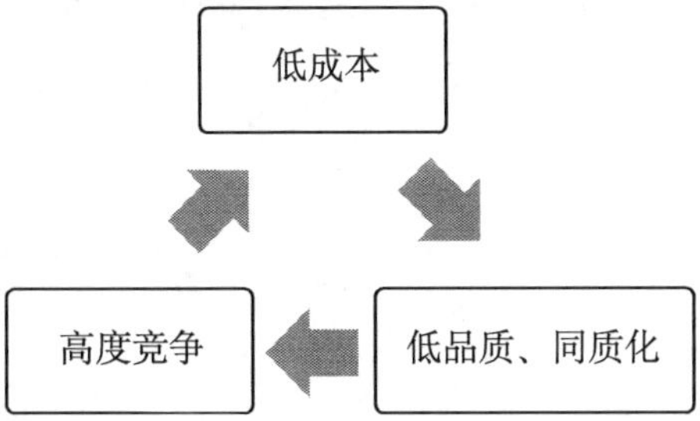

图 2-7　产业链低端化

另一方面，服务质量的下降、接待设施的落后和“斩客”等现象的出现强化了游客对低端旅游产品感知，强化了西双版纳作为“低端观光旅游地”的形象，使休闲度假等高层次旅游需求无法被导入，低端观光市场的定位被强化。这又进一步加剧了内部观光旅游企业间竞争的激烈程度，刺激新一轮低成本竞争的产生。

（二）与低成本匹配的文化制度

一方面，长期以低成本驱动的技术模式在西双版纳的旅游业内逐步形成了一种与之相匹配的地区文化与行业制度，企业以降低成本和价格作为提升竞争力的唯一手段（如景区的观光化经营、旅游商品的规模化生产、低价竞争等），而很少关注差异化及面向更高层次的旅游需求所能带来的竞争优势（图 2-8）。

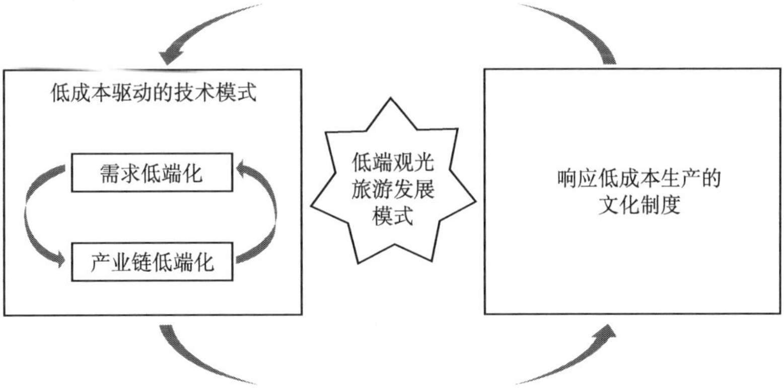

图 2-8　西双版纳旅游业的文化制度锁定

另一方面，西双版纳丰富的自然资源带来“资源诅咒”，使当地旅游业相对缺乏企业家精神，不利于产品和制度的创新，这一点将在第三章中展开详细的分析。

上述地区文化与行业制度强化了低成本驱动技术模式，同时也限制了差异化、精品化等其他旅游业技术模式的发展，使原有的模式走向低成本驱动的文化制度锁定。

三、落后：外部需求的升级和“先发劣势”的出现

随着国民经济的发展和人民生活水平的提高，我国的旅游需求开始升级，旅游者除了追求生态性和乡土性以外，开始关注现代性和以享受、体验为主的旅游活动，而旅游的主要形式则从传统的观光游逐步向休闲和度假转变，旅游者对价格的敏感度开始减弱，而对旅行质量和体验的敏感度不断增强。这种变化意味着西双版纳旅游的外部市场不再是最初的简单观光市场，而是在向高端旅游市场转移。但是，西双版纳由于长期处于旅游业的低端锁定中，无法对这种需求升级做出及时响应。

第一，西双版纳作为“低端观光旅游地”的形象已经为旅游者所普遍认知，其提供的旅游产品形式及旅游接待设施水平依然停留在观光为主、低成本导向的层次，缺乏高端度假产品和度假设施，以及能留住度假游客的相关产业（如休闲、娱乐、康疗等），无法满足升级后的旅游需求，使高端需求无法导入。

第二，高端需求的不足导致投资不足，高端项目无法导入，反过来限制了旅游业的高端化。发展休闲度假旅游涉及的基础设施升级、旅游项目开发等需要大规模的前期资金投入，而需求不足降低了投资者预期，使资本拒绝进入西双版纳参与旅游业与相关产业的升级，从而使原先的低端状态无从改变。

第三，长期低水平竞争逐步形成的地区文化与行业制度也阻碍了西双版纳旅游相关部门和企业对升级的需求做出及时的响应与改变，安于现状、缺乏企业家精神而愿意维持低成本竞争的状态。新制度的缺失不利于旅游企业和相关部门进入产业链高端和发展。

与此同时，丽江、大理等西双版纳周边的主要旅游竞争地由于不存在这种锁定或锁定程度较低，反而借此机遇大规模开拓高端市场，在吸引大量休闲度假旅游者的同时，注重旅游产品升级和高端设施的投入，通过高附加值的旅游产品实现了旅游收入和规模的迅速增长。这种变化也直接导致了云南省旅游业空间重心从 20 世纪 90 年代中期开始向西北部转移。图 2-9 是 1994～2011 年西双版纳、丽江和大理三地入境旅游接待人次的变化，一定程度上表明了西双版纳的吸引力逐渐落后于丽江和大理。

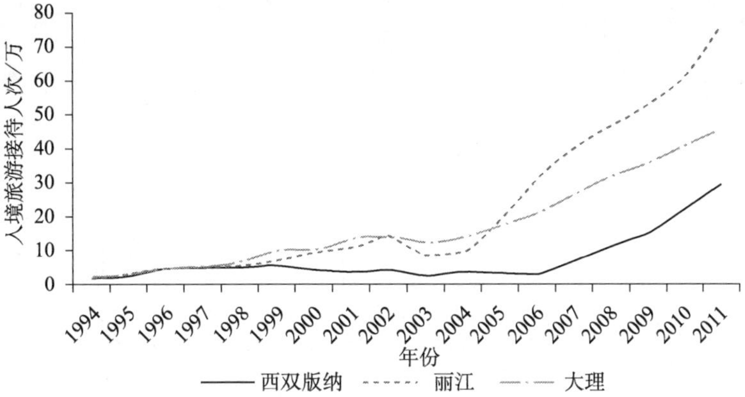

图 2-9　西双版纳、丽江、大理三地入境旅游接待人次比较（1994～2011 年）

资料来源：《云南统计年鉴》（1995～2012）

由此可见，在旅游需求升级的大环境里，文化制度锁定状态下的低成本导向型旅游业发展模式已经使西双版纳旅游发展初期的“先发优势”转变为一种“先发劣势”，阻碍了当地旅游业的进一步发展与升级。

综上所述，作为具有旅游资源比较优势且以观光为主的旅游地，西双版纳的“先发劣势”是我国旅游业先发地区中的一个典型，要克服“先发劣势”，必须打破低端锁定并及时进行文化制度创新，才能实现旅游业“技术-制度”模式的升级和可持续发展。在一种旅游业的“技术-制度”模式中，低端锁定一旦形成，利用单一手段将很难将其打破，因为产业中各种力量的相互作用会促使整个旅游系统自我复原。此时只有两种情况会导致锁定发生变化：一是外部条件发生重大改变，如交通、政策或需求的变化；二是对旅游及其相关产业技术和制度的全面整体提升。我国现阶段经济的发展为外部条件的改变提供了可能。对西双版纳而言，2008 年昆曼高速公路的通车已经对旅游业产生了显著的积极影响，要通过政府主导和企业参与，以大推进的方式导入外部资本和需求，聚焦休闲度假旅游，促进旅游产品的现代化、差异化和高端化，从而灵活地响应市场需求，实现旅游业发展的全面提升。

第三章
资源陷阱：丰裕的自然资源形成发展制约及其传导机制

第一节　西双版纳资源陷阱现象辨识

一、经济发展出现困境，可持续发展动力不足

（一）宏观经济发展走势与资源开发水平相背离

1. 橡胶业逐渐成为支柱性产业，部分地区还表现出依赖性特征

西双版纳地处北纬约 21°10′，东经 99°55′～100°50′，属于热带湿润区，自然条件优越，适合经济作物等附加值高的农作物生长。1904 年，德宏傣族土司刀印生从新加坡引入橡胶苗在盈江县新城凤凰山进行种植，云南由此开始了橡胶的生产种植。但由于生产技术低下和社会环境动荡的影响，橡胶业并没有得到良好的发展，新中国成立时，云南仅余约 100 株橡胶。至新中国成立后，橡胶作为国防物资得以引入西双版纳。1953 年 9 月，西双版纳正式成立特林试验场和橄榄坝分场，在金红和橄榄坝试种橡胶，并于 1956 年建立橡胶国营农场，开始大规模的橡胶种植工作。

改革开放后，受国家战略部署影响和直接经济利益引导，云南省、西双版纳自治州、景洪、勐腊、勐海等地人民政府分别出台了一系列政策扶植橡胶生产。在相关政策的有意识引导下，该地区的少数民族村寨大力种植橡胶，橡胶开始从国营橡胶农场走进民族村寨，橡胶种植业带来的经济利益也促进了民族村寨的发展。21 世纪 90 年代中后期，随着橡胶国际价格的上升，民营橡胶产业迅速发展，成为一些村寨的主导甚至唯一产业。虽然限于产业自身特点和土地

开发速度，但西双版纳的橡胶产量一直处于高速增长中（图 3-1）。中国科学院西双版纳热带植物园发表的报告称：2000 年以来，西双版纳新造橡胶林达 300 万亩[①]，全州橡胶林面积从 1988 年的 116 万亩增加到 615 万亩（李亚飞等，2011）。

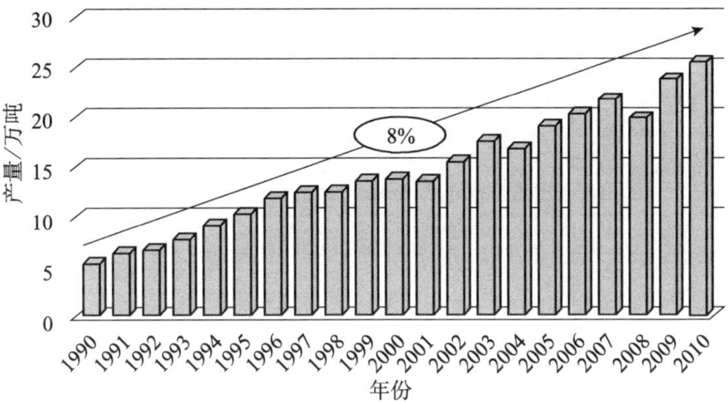

图 3-1　西双版纳橡胶产量及其平均年增长率（1990～2010 年）

资料来源：《西双版纳傣族自治州统计年鉴》（1991～2011）

作为一个农业大州，农业在西双版纳的经济体系中占据重要的地位。相对于其他农产品来说，橡胶种植的经济效益明显。无论从单位面积产值而言，还是从投资收益率而言，橡胶种植在农业中都具备不可取代的优势（图 3-2）。

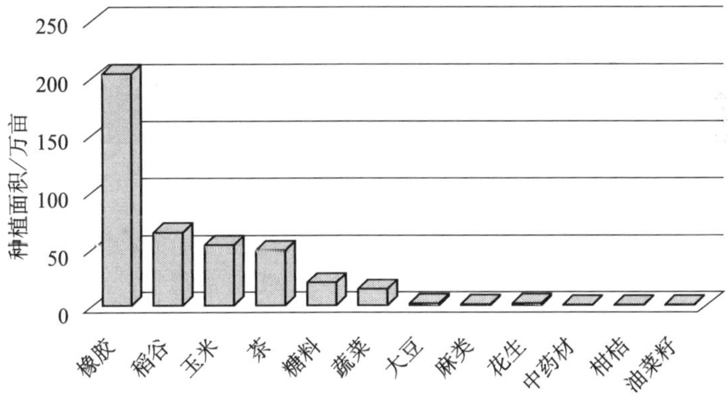

图 3-2　西双版纳不同农作物种植面积比较（2009 年）

资料来源：《西双版纳傣族自治州统计年鉴》（2010）

在橡胶的适种区，当地人对橡胶种植的依赖性逐渐加强，橡胶种植成为一

① 1 亩≈666.7 平方米

些村寨的绝对主导产业。即使是一些非橡胶产业，其利润来源也与橡胶相关。

以西双版纳橡胶的重点产区勐腊县为例。勐腊县从 1960 年开始种植橡胶，种植面积 1400 亩，之后种植面积和年产量都迅速增长，受橡胶价格上升影响，产值成倍增长（表 3-1）。从产值看，勐腊全县 2010 年农业现价总产值 259 326 万元，其中橡胶现价产值 159 326 万元，占农业现价总产值的 62%。从农民人均纯收入看，全县 2010 年农民人均纯收入 3663 元，其中橡胶收入占1459元，占农民人均纯收入的 39%橡胶已经成为了勐腊县农业产值最大的农作物，与其他农作物相比可以发现，橡胶是收益最为可观的农作物（图 3-3）。

表 3-1　勐腊县橡胶种植和收益情况（1960～2010 年）

年份	种植面积/万亩	开割面积/万亩	干胶产量/吨	当年产值/万元
1960	0.14	0.0059	0.45	0.3
1970	5.92	0.3300	74.4	44
1980	17.34	3.03	1 751.7	976
1990	51.79	23.56	17 543	12 609
2000	98.43	46.92	53 592	45 553
2010	196.9	103.89	119 068	159 326

资料来源：由西双版纳州统计局提供

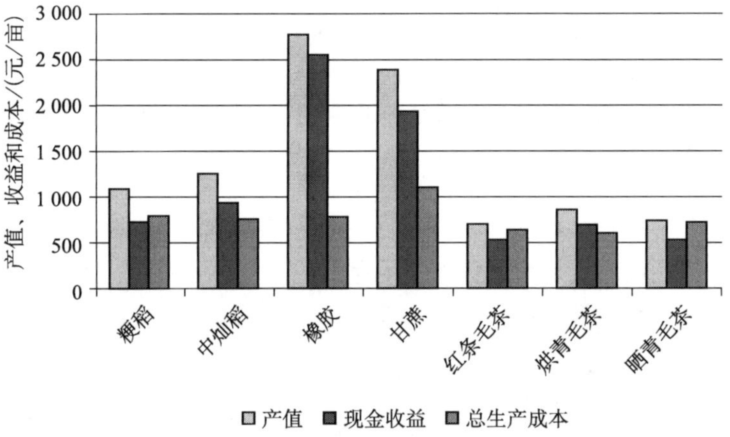

图 3-3　勐腊县主要农作物成本收益比较（2010 年）

资料来源：根据《西双版纳傣族自治州统计年鉴》（2011）数据计算

事实上，除了橡胶种植的直接收入，西双版纳当地的畜牧业等相关产业也受橡胶种植的重大影响。当地喂养牲畜的饲料由橡胶籽和玉米粉按 3∶1 的比例混合构成。虽然从统计数据的角度看畜牧业与橡胶种植无关，但实质上受橡胶种植的直接影响。另外，橡胶种植在农业服务业中也占重要的位置，是外来务工人员的另一重要收入来源。虽然橡胶地归当地人使用，但人们多不愿意亲自收捡橡胶籽，而是在橡胶籽脱落的季节，去沿途抢购由外地人在胶林里收捡的橡胶籽。

2. 经济发展水平相对落后，与橡胶业形成鲜明对比

近 10 年来，西双版纳的经济总量获得了一定程度的增长，人民的生活水平也普遍得到提高。然而，西双版纳的人均 GDP 不仅本来就处于落后状态，且与全国平均水平之间的差距呈加大的态势。尽管随着西部大开发的推进，西部的经济受到政策的扶持和推动得到空前的发展机遇，但西双版纳仍然处于发展的边缘区，即使仅与西部省份比较，西双版纳的经济发展速度也相对落后（图 3-4、图 3-5）。

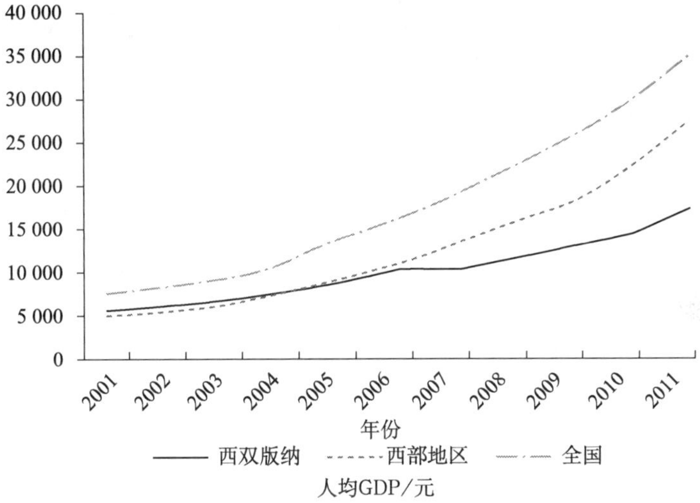

图 3-4　全国、西部地区和西双版纳人均 GDP 增长情况对比（2001～2011 年）

注：西部省份指西藏、贵州、陕西、宁夏、四川、青海、云南、新疆、甘肃、重庆

资料来源：《西双版纳傣族自治州统计年鉴》（2002～2012），《中国统计年鉴》（2002～2012）

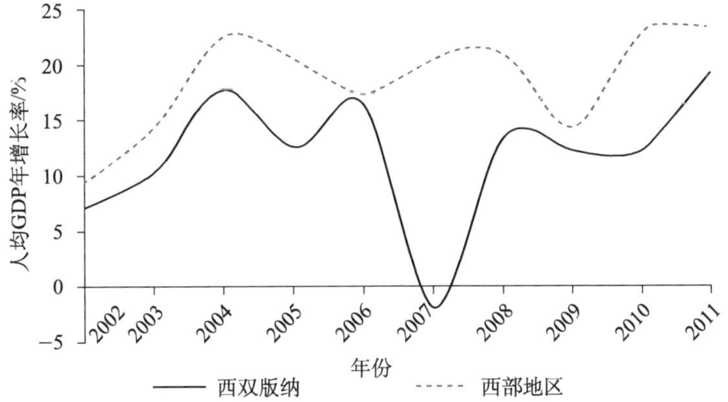

图 3-5　西部地区和西双版纳人均 GDP 增长率（2002～2011 年）

资料来源：《西双版纳傣族自治州统计年鉴》（2003～2012），《中国统计年鉴》（2003～2012）

西双版纳的发展状况相对落后不仅体现在增长速度上，同时还表现在产业结构的变动上。服务业占 GDP 的比例是经济发展水平的标志之一，从下图可以看出，中国城市化水平的提高与服务业占比呈显著的正相关关系（图 3-6）。

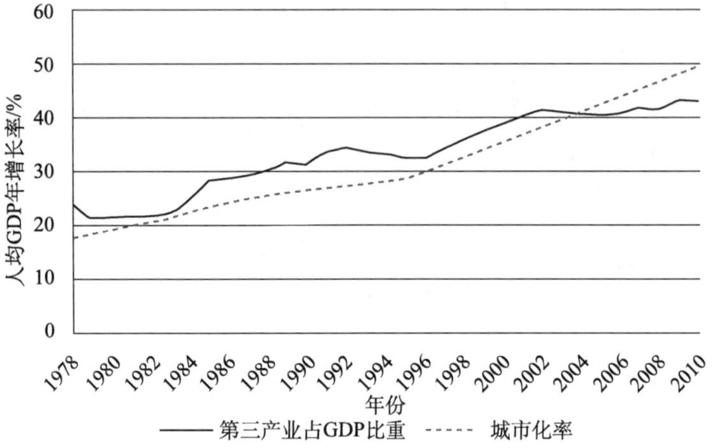

图 3-6　中国历年城市化率与第三产业占 GDP 比重

资料来源：《中国统计年鉴》（1979～2011）

西双版纳发展服务业具有独特的比较优势，服务业发展基础良好。因为其特殊的自然条件和地理位置，西双版纳具有独占性的旅游资源，具有发展边境贸易的先天优势，以及发展物流产业的通道性区位优势。因此，虽然无论是从国家层面、云南省的层面还是西双版纳州的层面，都将服务业作为西双版纳的重点发展产业，其中，旅游业是西双版纳的支柱性产业。然而，正如前面已经提到过，2000～2010 年，西双版纳的三次产业增加值占 GDP 比重从 37.52∶16.31∶46.17 变为 27.62∶29.61∶42.77，第三产业增加值占比不断下降，并且处于继续下降的态势。

（二）人力资本水平相对落后，且缺乏提升动力

1. 劳动生产率水平增长缓慢，一些部门甚至处于下降状态

当代人力资本理论将人力资本看做是经济增长中的最主要的决定力量。人力资本和技术累积是经济可持续增长的源泉和动力，逐渐成为主流学者认可的事实，也是衡量地区发展水平的重要指标。劳动生产率正是衡量地区人力资本水平的重要指标，是预测地区未来经济发展水平的重要依据。

对比近 10 年西双版纳与全国在第一和第三产业（农业和服务业）两个产业的劳动生产率，如图 3-7、图 3-8 所示（以增加值为计算指标）。2000 年，西双

版纳的劳动生产率与全国平均水平持平，农业甚至高于全国水平。但被认为是西双版纳的优势产业的农业，劳动生产率处于缓慢的增长态势，逐渐落后于全国水平。类似的情况在服务业中表现更为明显。2005～2010 年，全国服务业平均劳动生产率的复合增长率高达 16%，而西双版纳几乎处于停滞状态，仅为 3%，除去通货膨胀因素，西双版纳服务业的劳动生产率甚至出现了下降。

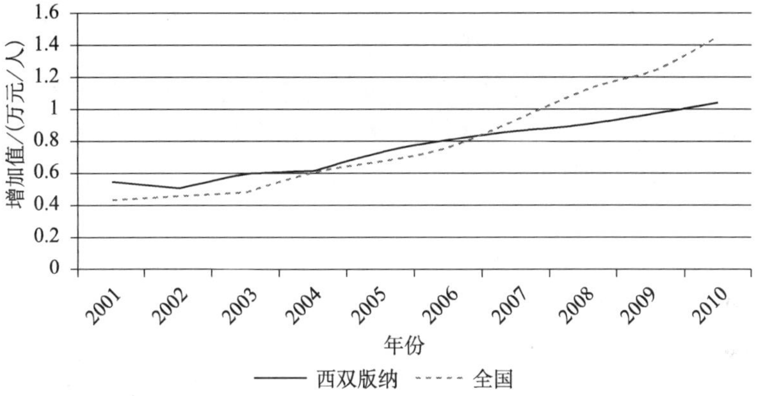

图 3-7　2001 年以来西双版纳与全国农业劳动生产率比较

资料来源：《西双版纳傣族自治州统计年鉴》(2002～2011)，《中国统计年鉴》(2002～2011)

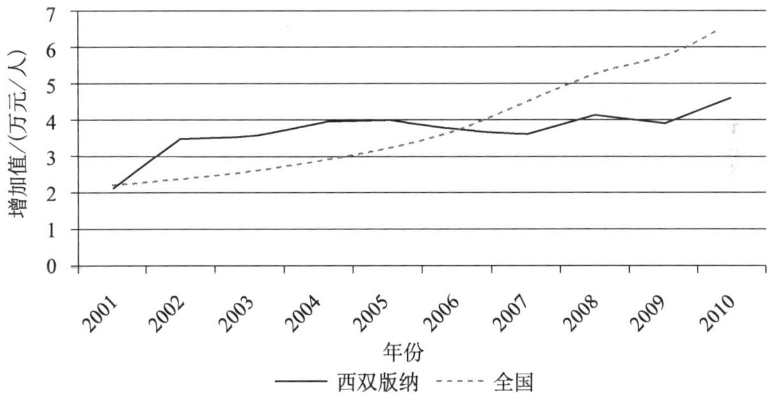

图 3-8　2001 年以来西双版纳与全国服务业劳动生产率比较

资料来源：《西双版纳傣族自治州统计年鉴》(2002～2011)，《中国统计年鉴》(2002～2011)

其中，由于橡胶是西双版纳最重要的农产品，可以通过对橡胶种植业劳动生产率的分析对农业劳动生产率的变化情况进行解释。1994～2007 年，国际市场生胶价格暴涨 900%以上。自 2000 年以来，橡胶价格也处于波动中不断上升的状态，2000 年干胶价格为 1.2 万元/吨，至 2011 年 2 月创下 4.3 万元/吨的历史记录，平均成交价也在 3 万元以上。然而，农业劳动生产率的年复合增长率仅为 8%，增长水平远低于价格变动。即，从人均产出的角度来看，与服务业的发展状况类似，随着时间推移西双版纳农业的边际劳动生产率不但没有得以提升，反而有下降的趋势。

2. 橡胶业严重影响劳动力结构，使本地人力资本处于低水平均衡

西双版纳劳动力结构随着橡胶的种植发生了显著的变化，无论是人口数量还是人口组成，都深受橡胶种植的影响。橡胶种植从业人员主要有以下几类人群：

（1）在国家政策引导下，被国营农场的橡胶种植直接引入的大量外来劳动力。云南农垦历史上最大规模的人口集中迁入，是 1959 年底至 1960 年初及 1960 年底至 1961 年初分两次迁入的三万“支边”湖南移民，有学者也将其称为“橡胶移民”。农垦农场建场之初，植胶场由军队转业复员官兵和各地招收的工人所组成，随着 60 年代这些支边青年的迁入，西双版纳也迎来了大量的外来劳动人口。

农场发展吸引来的人群成为该地区的重要人口来源，并形成了独特的迁徙胶农文化。西双版纳是傣族和哈尼族占人口绝大多数的地区，新中国成立后直到 60 年代都几乎没有什么汉族传统。大规模的农垦开发为西双版纳迁入了大量汉族移民，这些移民主要是来自南下部队及湖南（祁东、醴陵）、云南（思茅）的农民，他们带来了他们各自家乡的生活习俗、文化传统、心理认知甚至方言土语，开始在西双版纳建立起不一样的生活图景。但这批人的主要身份是战士和农民，本身的文化素质并不高。

（2）随着农户个体种植规模的日益扩大，大批老挝、越南及四川的劳动力受到吸引进入西双版纳。由于橡胶吸引了本地劳动力，水稻等粮食作物一度出现无人顾及的现象，大量外地劳动力涌入从事粮食生产。随着橡胶林所有者家庭收入的提高，橡胶种植劳动输入方式不断改变，从自行种植到忙季雇用短工种植，部分家庭开始实施雇用长工种植甚至以转租分成的方式经营橡胶生产，又吸引了大批人群在西双版纳从事橡胶种植。

然而，由橡胶种植引入的外来人口受教育水平和综合素质均处于相对落后的水平。虽然他们的劳动输入提升了本地的生产总值，但对人力资本存量的影响较小，无法提升劳动生产率。他们的收入水平一般低于当地人口，消费能力有限，难以对当地经济起到促进作用。

3. 教育财政支出不足

西双版纳在教育投入上，存在严重的资金不足（图 3-9）。地方财政用于教育的支出仅能确保教师工资的发放，教育基础设施的建设和改善资金很少，导致学校危旧改造拖滞、教学设施等配套水平低，尤其是职业教育，需要更多的

支撑条件，但由于投入严重不足，基础设施薄弱，实训基地匮乏，人才培养质量大打折扣，制约了职业教育的发展。

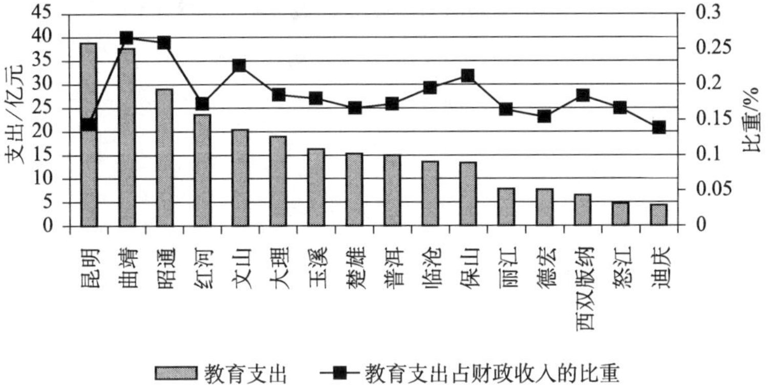

图 3-9 云南 16 个市（州）2009 年教育支出及其占财政支出的比重

资料来源：《云南统计年鉴》(2010)

综上，由于橡胶种植业所需投入的技术水平较低，其对人力资本积累产生了严重的负面效应。

（三）产业链延伸不足，附加值过低

天然橡胶之所以从国家层面受到高度重视，是因为它是重要的工业原料，被列为战略性的生产物资。国务院办公厅于 2007 年印发了《关于促进我国天然橡胶产业发展的意见》（国办发［2007］10 号），进一步明确了天然橡胶是重要的战略物资和工业原料的战略定位，提出到 2015 年，国内天然橡胶年生产能力要达到 80 万吨以上，境外生产加工能力达到 60 万吨以上的目标。由于橡胶具有优良的绝缘性、隔水性、可塑性及回弹性，经过适当处理后还具有耐油、耐热、耐寒、耐酸、耐压、耐磨、耐碱等特性，在生活、生产中随处可见天然橡胶制成品的身影，如交通运输的轮胎，工业中的传送带、运输带、耐酸和耐碱手套，医疗卫生行业所用的外科医生手套、输血管、避孕套，日常生活中使用的雨鞋、暖水袋、松紧带，农业上使用的排灌胶管、氨水袋，气象测量用的探空气球，科学试验用的密封、防震设备，国防上使用的飞机、坦克、大炮、防毒面具。从对橡胶的需求量来看，天然橡胶的主要下游行业为轮胎和胶带胶管。

由于缺少对橡胶种植条目的投入产出统计，暂根据云南省 2007 年的投入产出表的橡胶制品条目，分析橡胶种植可能对社会经济产生的影响。橡胶制品业对林业的需求绝大部分为天然橡胶，因而可将表中的林业投入当做天然橡胶投入。另外，为了更清晰地显示投入的结构，此处将投入低于总投入 1%的条目省略。从表 3-2 中可以看出，每一个单位的橡胶投入，将带动约 11 个单位的总投

入进行橡胶制品生产，产生约5个单位的增加值，并直接拉动约2个单位的劳动支出。

表 3-2 云南橡胶制品业投入情况表（2007年）

橡胶制品业中间投入	生产者价格/万元	林业投入1单位所带动的其他产业投入值/万元
第一产业合计	5 077	2.05
林业	2 482	1.00
农、林、牧、渔服务业	2 595	1.05
第二产业合计	16 204	6.53
煤炭开采和洗选业	389	0.16
棉、化纤纺织及印染精加工业	3 021	1.22
纺织制成品制造业	838	0.34
印刷业和记录媒介的复制业	315	0.13
基础化学原料制造业	525	0.21
合成材料制造业	2 366	0.95
专用化学产品制造业	691	0.28
日用化学产品制造业	329	0.13
橡胶制品业	493	0.20
塑料制品业	500	0.20
金属制品业	458	0.18
废品废料	3 864	1.56
电力、热力的生产和供应业	1 088	0.44
第三产业合计	5 892	2.37
道路运输业	1 453	0.59
装卸搬运和其他运输服务业	383	0.15
批发业	1 225	0.49
零售业	510	0.21
房地产开发经营业	339	0.14
卫生	986	0.40
中间投入合计	27 173	10.95
劳动报酬	4 884	1.97
生产税净额	3 754	1.51
固定资产折旧	1 378	0.56
营业盈余	1 245	0.50
增加值合计	11 261	4.54
总投入	38 434	15.49

资料来源：根据《2007年云南省投入产出表》数据计算

然而，虽然西双版纳的橡胶种植在国内处于无可替代的位置，其橡胶下游工业却并没有得到充分的延伸和长足的发展。2010年西双版纳干胶年产量已达28万吨，产值25亿元，成为国内最大的橡胶园，而橡胶制品工业的发展却远远落后于橡胶种植业。以橡胶制品业中最重要的橡胶轮胎为例，2009年，全国共生产橡胶轮胎外胎65 601万条，而西双版纳仅生产了1384万条。

正如西双版纳州州委常委、景洪市市委书记陈学刚所指出的："虽然西双版纳橡胶产业从数量上看已成一定规模，但其产业规模与获得的经济效益不对称。只有进一步进行相关产业结构调整，加快科技转化能力，才能为全市橡胶产业发展提供新的机遇。要不断进行天然橡胶产品的优化，开发橡胶制品加工业，增加产业附加值，延长橡胶产业链，进而形成全州天然橡胶种植、初加工综合利用，精深加工协调发展，效益最大化的产业经营格局。”①

（四）热钱涌入，使良性金融环境受到威胁

1. 高回报率使得进入西双版纳的资本大量流入橡胶产业

不可否认，橡胶种植业的迅速发展吸引了众多大型企业集团的进入，为西双版纳带来了巨额的投资，提升了本地的财政收入水平。随着西双版纳在中国橡胶种植业中扮演了越来越重要的角色，众多企业集团纷纷进驻西双版纳，谋求战略发展。中国中化集团公司（中化橡胶）、西双版纳天正贸易有限公司（天正贸易）、高深集团有限公司（高深集团）、云南云锰集团有限公司（云锰集团）、西双版纳众联橡胶有限公司（众联橡胶）、际华集团股份有限公司（际华集团）及一些零售企业，都纷纷从各个渠道进入西双版纳橡胶产业。其中，国内唯一以橡胶种植为主业上市的海南天然橡胶产业集团股份有限公司（海南橡胶）利用超募资金投资设立西双版纳海胶投资有限公司，从而拓展海南岛外橡胶产业资源，搭建云南业务平台，通过发展天然橡胶原料收购、加工、销售业务，逐步控制云南橡胶资源，提升公司的橡胶业务竞争力。海南橡胶在西双版纳的运作平台——西双版纳海胶投资有限公司注册资本达到 1.5 亿元。同时，海南橡胶控股的海垦现代物流有限责任公司（海垦物流）还投资 3800 万元，重组并控股云南陆航物流服务有限公司，从而配合海南橡胶挺进云南的战略，为其在云南建立天然橡胶产品生产和收购基地提供完备的物流仓储服务做准备。

与橡胶种植相配套的金融服务也成为当地金融机构的开发重点。由于橡胶种植后有 7～10 年的培植期才进入收割阶段，普通的贷款模式对橡胶种植贷款并不适用。一方面，中国银行、中国农业银行、国家开发银行等在西双版纳的分支机构纷纷针对西双版纳橡胶种植的情况进行研究，提出创新的金融产品进行试验。积极推动发展多样化的小额信贷产品、农村消费信贷产品、林权抵押贷款、基于订单农业与保单的信贷产品，依托垦区天然橡胶产业和其他林产业，重点推进林权抵押贷款业务发展，把推动橡胶林木林权抵押贷款作为金融支持重点（马咏洪等，2012）。另一方面，政府也在金融改革中发挥了重要的作用。西双版纳州银监局以中国农业银行（农行）和农村信用合作社（信用社）两家机构为试点，大胆创新，突破林权抵押贷款评估模式，降低贷款融资成本。其

① 黄雪莲. 2008. 实现西双版纳天然橡胶产业又好又快发展的思考. 中国热带农业，1：12-13

中，农行对林权抵押贷款内部评估的限额为 100 万，信用社的限额为 30 万，随着辖区内橡胶林业的发展及林权抵押贷款先试先行工作的积极推进，地方也正在探索金融助推林业发展的有效模式。

然而，进入西双版纳的资本总量有限，在橡胶种植业获得高度关注的情况下，如果政府不加以引导，其他产业通过市场配置获得投资的几率将相对减少。橡胶种植业在本地的产业关联作用相对较低，从而降低了整体经济系统的资本使用效率。

2. 随着橡胶价格的上涨，围绕橡胶的投机行为剧增

作为战略性物资，天然橡胶供不应求的局面在世界范围内时常出现。2011 年 2 月，橡胶售价突破历史高位，每吨干胶达到 4.3 万元。由于国内房地产、股市等投资途径受压，橡胶价格急剧攀升，一些个人投资商将目光投向胶林和天然橡胶市场。其中，有看好市场潜力的长期投资者，也有围绕价格波动炒买炒卖的投机热钱。

倒卖胶地的现象在种植区普遍存在。目前，早年就购买橡胶土地资产的人群，获得了可观的收益。橡胶地的价格与地理位置、生长的橡胶树的情况、是否开始割胶相关，可以从橡胶树的价格对胶地价格进行估计。2008 年价格低迷时，一棵开割的橡胶树约售 200 元，2009 年以后可以卖到 600 元以上。2011 年，位置较好的胶地可以卖到 2 万元/亩以上。在 2007 年前就开始大量囤积橡胶地的投资者，随着 2009 年橡胶价格的上涨，个人资产迅速累积，并引起了众多投机商的关注，省内矿产主、发达省份的商人纷纷进入西双版纳。虽然没有官方统计数据，但在访谈中某民营橡胶企业老板表示，在西双版纳炒橡胶的热钱不低于 500 亿元，以至于政府机关流行着这样的顺口溜："正科、副科，不如橡胶树栽几棵；正处、副处，不如两棵老茶树。"在实地调研的过程中则有在胶地中务农的打工者表示："胶地的老板已经换了好几个了，也不知道是谁。"每年橡胶收获的季节，来西双版纳炒卖生胶的投机者更是活跃在林间，加大了当地市场价格波动。

作为国际性物资，橡胶价格受国际宏观经济影响，波动已经超过其他产品。随着热钱的涌入，胶农的收益更加不稳定。虽然居民的平均收入水平大幅提升，但幸福感并没有明显改善。"现在有钱几万块钱过一年，没钱的时候一万块钱过几年"，日进斗金的收入并没有给他们带来安全感。

二、对生态和社会风气的负外部性

（一）生态平衡受到严重威胁

作为一个凭借生态环境要素发展起来地区，西双版纳的旅游业和生态产业占据着主导地位，良好的自然生态环境是其可持续发展的根本保障。西双版纳

曾经是全国热带雨林生态系统保存最为完整的地区之一，在这片不到国土面积0.2%的土地上有占全国1/4的野生动物和1/5的野生植物物种资源。然而，随着橡胶价格不断走高，橡胶林的种植和发展已经远远超过了西双版纳地区的生态承受限度，伐林种橡胶树的现象也日益严重，大面积的热带雨林早已斑驳不堪。据有关部门统计，1976～2003年，该地区大约有67%的热带雨林被开垦成橡胶种植园。此外，甘蔗、云麻等经济作物也被大规模种植，占用了大量原生土地。受橡胶等种植业的影响，当地的生态环境持续恶化。

1. 水土流失严重，且陷入恶性循环

大片的橡胶林破坏了西双版纳地区森林涵养水源和防风固沙的能力，造成了该地区雾日逐渐减少。雾日的减少又造成了水分的流失，使得森林难以从雾气中吸收更多的水分，而这些水分又是植物成长所必需的，即雾日的减少破坏了森林生态系统的正常循环，并造成了森林生态系统的严重退化。

由于气候和地理等因素，西双版纳地区土层较薄，很容易造成水土流失和沙化。橡胶林的地表径流量远大于雨林，相同降雨量的条件下地表径流量橡胶林是雨林的数倍，使雨水对土壤的冲刷量也大大提高，进一步加剧了生态雨林的退化。该地区的森林面积减少和毁坏及森林植被覆盖面积减少又进一步加剧大气循环不平衡的状态，使雾日进一步减少。这一传导机制致使西双版纳的生态环境进入恶性循环。

在实地调研中，不少当地居民表示村寨多次遭遇地下水位降低、泉水断流的情况。然而，为了提高产量，西双版纳的胶林一再突破禁忌，在高纬度、高海拔和高坡度的地域违规种植，致使水土流失现象不断加重。据相关报道，勐腊县关累镇的橡胶已经种到了海拔1200米的山上。

2. 物种平衡遭到破坏，部分生物种群发生恶性变化

为了让橡胶产出效率提高，胶农动用严重影响生态平衡的广谱类吸传导型灭生性除草剂除草，让胶地内除橡胶树之外寸草不生，不和橡胶树来争抢营养和水分。在橡胶种植20年以后的土地上，基本不再生长其他任何植物。生物多样性遭到破坏，系统的退化或崩溃导致外来物种的入侵和病虫害增加的倾向大大增加。杜杰等人（2008）研究了自然林到人工种植园地下生物种群变化，结果表明，橡胶林使蚯蚓的群落结构发生了变化，本地蚯蚓的繁殖受到抑制，被原产南美的无为海蚓取代。该物种自我维持能力很强，当温度和湿度适合的情况下，可以达到每平方米四五千条。夏威夷的研究结果表明，当该种群达到每平方米800条时，会由于其特殊的分泌物，使土壤结构从疏松变为板结，并增加约20%的二氧化碳排放。

3. 开始显现地方性的气候变化

雨林消失之后的生态后果已经逐渐显现，热带植物园的专家马友鑫认为：

“地理信息系统监测表明，大规模的橡胶种植已经影响了这个地方的气候，10 年内平均温度升高了 0.4～0.5℃。这种气候变化不是区域性的，只是地方性的，毗邻的普洱、临沧并没有同步，大气环流都是一样的，如果大气环流改变，那各地都一样。这种地方性的改变是由于本地区土地覆盖及太阳能量的收入变化。这个地方以前雾很浓、很多，现在雾日比以往减少很多。”[①] 生态环境受到破坏，不仅影响人民的生活，还对当期和未来的经济发展造成严重的不良后果。将在本书后面的章节中给予进一步分析。

（二）社会风气随橡胶种植业的发展处于下降态势

1. 赌博现象普遍存在，成为一系列的社会治安问题的根源

由于外来人口解放了当地的劳动力，而橡胶收入颇丰，本地人口也缺乏外出工作的动力。除了农忙时季，聚众赌博成了当地重要的娱乐项目，赌博筹码也极具地方特色——参与的人身边放上胶桶，谁输了谁就舀胶给对方，一晚的输赢交易额常常可以达到上万元。聚众赌博所导致的社会治安问题已经引起了各界的关注。

以下是作者在西双版纳调研时收集的部分与当地村民访谈内容：“我们在前往缅甸边境的路途中经过一个傣族寨子，半大的孩子们围在一起赌钱，他们的父母们在干活。在一群盖新房的老乡中，有位中年男子告诉我们，他家租了 1500 棵橡胶树出去，3 年收的租金是 18 万，但钱已经不在了，除了日常生活费，儿子买了车到处玩乐、赌博。胶树明天该砍了，重新种下后要等 7 年才能割胶。问他们年轻人一个月花多少钱，盖房子的老乡们七嘴八舌，有的说三四千，有的说两三千，不论是多少，这个数字在那么偏远的地方都已经是天文数字了。他们还说，寨子里有 3 个女人因为赌博输光了胶树而离了婚。另外，在景洪还听到更好笑的事情，有人坐在胶树下面赌博，输了就舀胶水付账。”

2. 因橡胶相关利益产生的冲突时有发生

西双版纳地区因为自然条件优越，人们的生存压力小，因而民风淳朴，热情好客。然而近年来，橡胶种植业的发展使人民的贫富差距变大，邻里关系变复杂，产生了一系列由于利益不协调而出现的冲突。例如，由于橡胶林地收入丰厚，因为争地而发生的打架斗殴现象时有发生。随着劳动力缺失问题的加剧，短工价格不断提升，还出现了一系列因为争抢劳动力发生争吵斗殴的现象。

综上，伴随着橡胶种植业这一高度依赖光热等可再生自然资源的产业高速发展，资源陷阱在西双版纳的经济发展和社会环境两个方面都显现出一系列不容忽视的问题。此外，很重要一个影响是，虽然从表面来看，旅游业的发展主

---

① 马友鑫．2008．西双版纳热带雨林区：橡胶林种植下的危机．中国国家地理，4

要得益于其丰富的自然资源，其遇到的困境也与资源丰裕和资源开发无关，之后本书还将讨论到，旅游业的发展困境正是资源陷阱的突出表现之一。

第二节 资源诅咒学说及其影响效应

一、资源诅咒的提出和引入

（一）资源促进经济发展学说

从资本累计的角度，根据西方经济学的经典模型，生产函数可表述为 $Q=f(L, K, N)$，其中 L 为劳动力，K 为资本，N 为土地及自然资源，产量与各个自变量呈正相关关系。即，自然资源越丰裕，生产可能性边界应该越高，产量越多，经济增长越快。产生于20世纪40年代的发展经济学从发展中国家如何获得经济增长的角度探讨了自然资源对于经济增长的作用。Nurkse（1967）、Rostow（1960）均认为自然资源是国家收入来源的基础，可以通过提供国内市场和投资资金，增加资本累积，进而推动国家经济的发展，促进工业化的发展。因而，资源丰裕国家充分发挥比较优势，发展资源密集型产业，将有助于经济的发展。尤其是当人力资本稀缺时，自然资源将成为核心的竞争要素，在经济增长中发挥更重要的作用。

从政府职能的角度来看，资源丰裕的国家政府更容易获得财政收入，因而更有能力提供公共产品、保障经济的发展。实证研究表明，20世纪70年代以前，资源显著地推动了经济的发展，美国、加拿大等国的经济增长均是很好的例证。

（二）资源诅咒的提出和引入

1988年，Gelb（1988）等人撰写了世界银行报告《石油横财：祝福还是诅咒》，文中探讨了石油资源丰裕的6个国家潜在的石油资源被浪费的现象，较早分析了资源诅咒现象。随后，Auty（1993）正式提出“资源诅咒”（resource curse）的概念，自此，大量的学者使用人均耕地面积、能源储量、资源租在GDP中的比重等不同的资源丰裕指标，对资源丰裕阻碍经济增长的资源诅咒现象做出了理论研究和实证研究。其中，非洲如刚果、南非、赞比亚、利比亚等国家，拉美如墨西哥、委内瑞拉、智利等国家，亚洲如沙特阿拉伯、伊拉克、科威特等国家的资源诅咒现象被实证研究所论证。在国内的研究中，赵奉军（2004）

较早引入资源诅咒的概念，并对山西煤炭资源丰富和经济塌陷的事实进行分析。随后，资源诅咒引起了学术界和政策制定部门的广泛重视，一些学者以矿产资源的基础储量占全国总储量的比重、能源工业产值占工业产值的比重等指标，对资源诅咒现象进行分析和实证研究，证实资源诅咒命题在省际水平成立（徐康宁等，2006；邵帅等，2009）。归纳起来，资源诅咒的论述可分为如下几个层面。

（1）资源丰裕降低经济增长率。经验数据表明，20世纪70年代以后，资源富足国家的人均GDP开始衰减。1960～1990年（理查德·奥蒂，2006），资源贫乏国家的人均收入增长速度比资源富足的国家快2～3倍，1965～1998年石油输出国组织国家同期人均GNP下降1.3%，有大的采矿部门的国家人均GDP平均每年下降约1.1%，矿产资源丰裕国家的经济表现一直处于相对落后的行列之中。Sachs和Warner（1995；1997；1999）选取95个发展中国家作为样本，回归结果显示，资源型产品出口占GNP比重每提高16%，经济增长速度将下降1%。

（2）资源丰裕加剧贫富差距。研究表明，亚洲资源丰裕国家前20%富有人群与后20%贫穷人群的收入比值为9.9，同期资源贫乏国家这一个比值为6.5；类似的非洲资源丰裕国家该比值为10.7，而资源贫乏国家中该比值为8.1（Birdsall et al.，1999）。同时，实证表明，资源丰裕不仅会加剧贫富人群的收入差距，同时会加剧地区间的不平等（Ross，2001）。

（3）资源丰裕引发社会问题。研究表明，资源丰裕的国家相对更容易引发国内冲突甚至内战（Collier，2004），出现生态环境恶化等问题。

（三）相对资源诅咒

虽然主流的研究成果大多支持资源诅咒的观点，然而资源诅咒并非在所有的国家发生，资源诅咒的传导机理也存在广泛的争议。部分学者通过研究影响资源诅咒发生的条件，提出“相对资源诅咒”或“条件资源诅咒”（conditional resource curse）的假说，即资源诅咒现象只有在某些条件下才成立。

1. 资源诅咒是否发生与经济发展阶段有关

实证结果表明，20世纪70年代以前，资源在国家经济的工业化进程中扮演了重要的角色，澳大利亚、美国、加拿大、英国、德国等国家的经济增长和资本积累与其拥有的丰裕的自然资源息息相关（Stevens，2003）。资源诅咒呈现强烈的时间相关性，与经济发展阶段有关。在工业化初级阶段及以前，本地自然资源对开展工业化起到重要的作用，因而最早进入工业化进程的国家都拥有丰富的自然资源。因此，在工业化早期，丰裕的资源有利于经济发展，不存在资源诅咒现象。随着经济发展，到了工业化中期并伴随着国际贸易的发展，本地自然资源对经济发展的束缚逐渐减弱，可以依靠资源进口开展工业生产，核心竞争要素从资源拥有量转为技术、人力资本等，资源等初级产品出口附加值降低，经济增长开始进入下行通道；此时资源诅咒现象开始出现。到了后工业化阶段，高新科技产业和现代服务业成为经济增长的主要贡献部门，这些产业对资源的需求依赖程度更低，一些依赖丰裕资源的国家因为没有动力进行产业升级而导致经济增长逐渐放缓，在世界经济贸易中处于劣势地位，资本积累速度降低，形成恶性循环。

2. 资源诅咒是否发生与资源丰裕程度相关

Caselli（2008）[①] 提出，只有当资源禀赋高于临界值，同时人力资本处于落后水平时，资源诅咒才会发生；当资源禀赋低于临界值，资源供给对经济发展呈现正作用。Mehrara（2009）以石油为例，提供了可参考的丰裕度阈值：当石油出口国的石油收益增长率低于18%时，石油资源促进经济增长；当石油收益增长率高于18%时，石油资源与经济增长的关系为负。后面将阐述资源诅咒传导机制，表明当资源丰裕度低于某一阈值时，将降低居民对未来的预期，因而避免了由于资源丰裕而带来的低储蓄率、低教育投入、低制度效率等问题；反之，则容易出现资源诅咒现象。

3. 资源诅咒是否发生与资源分布特点相关

自然资源可根据其分布特点分为“点资源”（point resources）和“散资源”（diffuse resources）（Auty，2001）。“点资源”主要指煤、石油、天然气等分布集中的矿产资源，“散资源”主要指农产品。“点资源”及种植园资源产出和财政收入较为集中，常导致政府治理能力的降低，尤其是国际性战略物资（如石油等）则可能导致国内冲突的增加，这些因素都将减缓经济增长，因而更易出现资源诅咒（Isham et al.，2005；Murshed，2004）。

4. 资源诅咒是否发生与制度质量有关

制度质量是资源诅咒发生与否的决定性因素（Mehlum et al.，2008）。在制度质量较低的国家中，资源丰裕会大大提升寻租的动机，降低企业家从事生产的激励，导致掠夺性开发以提升权力阶级占有资源和财富的数量，但会降低总收入（Mehlum et al.，2006），使经济增长不可持续，进而随着资源的逐渐衰竭进入衰退通道。Polterovich（2008）指出，资源开发初期的制度质量将对是否形成诅咒效应产生关键的影响。

5. 资源诅咒是否发生与人力资本存量有关

人力资本水平低将导致资源丰裕国家丧失利用资源提升竞争力、进而实现快速可持续增长的可能性，发生资源诅咒现象。Maloney等人在研究拉丁美洲资源丰裕国家的发展中提出，人力资本和科技设施投资不足，阻碍了改造和利用国外先进技术能力的发展。反之，高水平的人力资本可以避免资源诅咒现象

---

① Caselli F. 2008. Power struggles and the natural resource curse. LSE research online，working paper. http：//eprints. lse. ac. uk/4926/ ［2008-12-20］

的发生（Lederman et al.，2007）。Bravo-Ortega 等人（2007）计算了人力资本的阈值，认为当25岁以上人群平均受教育年限大于9.36年时，资源对经济增长呈现促进作用。

二、资源诅咒传导路径研究

自然资源作为重要的生产要素，从经典的经济模型出发，应该对经济增长起到促进作用。但实证结果显示资源诅咒并不是个别案例，资源诅咒学说已经成为经济学较为成熟的结论之一。众多学者对其产生机理和内在传导机制进行了研究。可以根据主导因素分为以下四个方面。

（一）经济结构诅咒

1. 路径依赖——非可再生资源消耗和退出壁垒

自然资源丰裕容易导致主导产业依赖。经济发展的过程是一个产业结构演进的过程，而产业演进过程的实质是主导产业随资本积累和技术进步重新选择、变换和优化的过程。自然资源丰裕的地域，支柱产业以资源为依托，在一定的时间内可以提供足够的社会财富和政府财政基础，导致企业和政府都失去产业更迭和升级的动力，从而陷入依赖资源的发展路径。然而，自然资源多具有不可再生性，一旦被消耗完毕，经济困境便会随之而来。

资源密集型产业有退出的高壁垒这一特点，导致非可再生资源消耗完毕后的产业转移困难。首先，资源型产业的设备具有专用性，如用于煤炭开采的设备难以转移用于其他产业。其次，资源型产业的人才具有专用性。其从业人员存在文化水平低、专业技能强但难以适应其他产业技术要求的特点，产业转移后再就业困难。同时，资源密集型产业的初期固定投入规模巨大，停止生产面临巨大的沉没成本，这些都加剧了资源型产业的路径依赖（图3-10）。

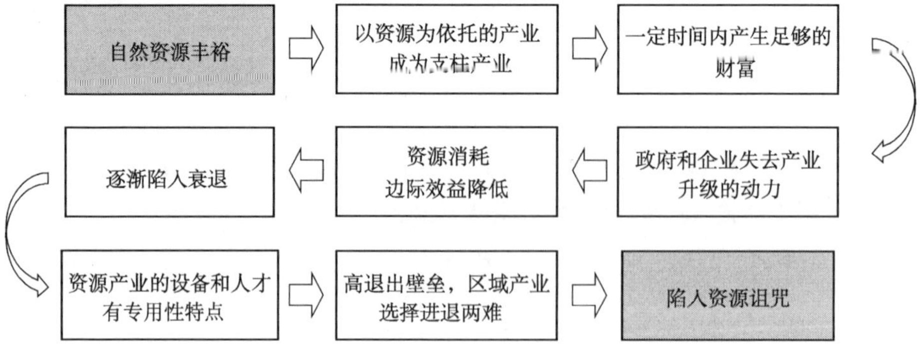

图3-10 路径依赖导致资源陷阱问题

2. “荷兰病”——挤出效应、溢出效应、支出效应

20世纪50～70年代，荷兰大规模发展石油、天然气开采工业，短时间内获得了快速发展，但资源产业的急剧膨胀造成了传统的制造业部门萎缩，经济增长出现去工业化。这一现象被称为“荷兰病”。Corden等人（1982）建立了荷兰病模型，揭示了初级产品生产部门产生的支出效应和资源转移效应，使资源丰裕地区陷入资源诅咒。自此，众多学者建立模型，对荷兰病进行推理和论证，主要方法有两部门内生增长模型，引入自然资源、制造业、非贸易品的三部门和人力资本、物质资本两类生产要素的SW模型（Corden，1984；Matsuyama，1992；Sachs et al.，1995）。其中，鉴于Sachs和Warner（1999）在分析资源诅咒现象上的开创性贡献，他们提出的研究方法被称为SW模型。该模型将经济增长设为被解释变量，资源丰裕度为最基本的解释变量。并逐渐在回归方程中加入制度、经济开放程度（经济一体化程度）、物质资本积累、商品价格冲击等变量，观察这些变量对资源诅咒现象的产生及程度的影响。回归检验表明，自然资源的丰裕度与经济增长之间存在显著的负相关性。在Sachs等人的研究基础上，后续学者从两个方面对荷兰病的研究做出了推进。其一，在实证研究中，根据研究对象选择不同的度量资源丰裕度及相关影响因素的变量。其二，对荷兰病效应进行了分解和细化，将荷兰病产生机理分解为“挤出效应”“溢出效应”和“支出效应”（Larsen，2006）。

“挤出效应”指资源产业自身对经济的刺激作用较少，又由于较高的投资回报率和工资率，吸引劳动力、资本和技术向本部门转移，而挤出制造业等其他产业，进而使地区缺乏产业升级和结构调整的动力（图3-11）。首先，资源部门具有“飞地属性”。20世纪50～60年代，跨国企业在资源丰裕国家广泛发展开采业，法律允许将资源初级产品用于出口，而将资源收益转移回国。但是资源部门的前后联系少，产业本身较少刺激其他经济部门增长（Amuzegar，1982），当资源收益转移被法律保护时，资源开发对国内其他产业几乎没有带动作用（Levin，1960）。其次，资源产业的投资回报率和工资率都较高，又能够给政府部门带来丰厚的财政收入，在收益的刺激下，资本、劳动力和技术都在市场配置下向资源产业倾斜，对制造业等产业产生了强烈的挤出效应，甚至出现了去工业化、产业结构倒退的现象。

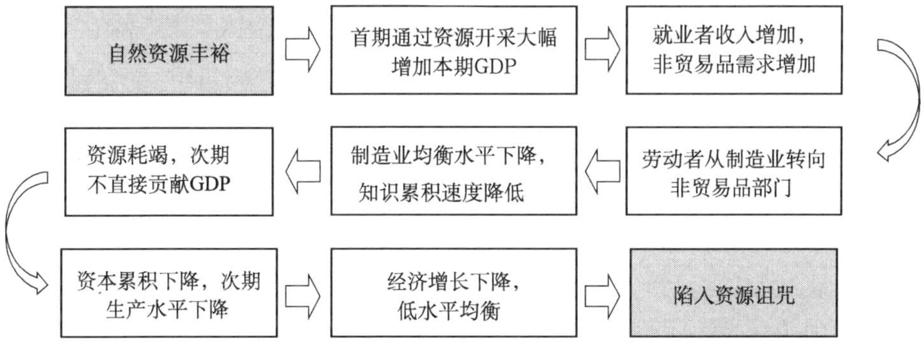

图3-11　挤出效应传导机制

“溢出效应”指资源密集型产业对技术要求低，其技术溢出水平远低于制造业贸易品部门。技术提升是提升边际效益的关键要素，以资源为主导产业的地区长期处于低技术研发水平，进而导致低产出和低增长，经济增长缓慢。

“支出效应”指由于资源新发现或资源价格急升，资源出口剧增引起本国货币升值，进而导致制造业出口下降和非贸易品成本上升。

3. 贸易条件易变性——价格波动引起资源诅咒

资源密集型产业提供的产品多为初级产品，而初级产品的价格波动往往较大，受国际环境影响严重（图 3-12）。随价格波动，国内需求产生较大的变动，进而影响财政收入，并导致宏观政策的变化。不稳定的宏观政策与主导产业效益的波动，使经济产生大起大落的状况，造成经济缺乏长期稳定增长的动力（Auty，2001）。

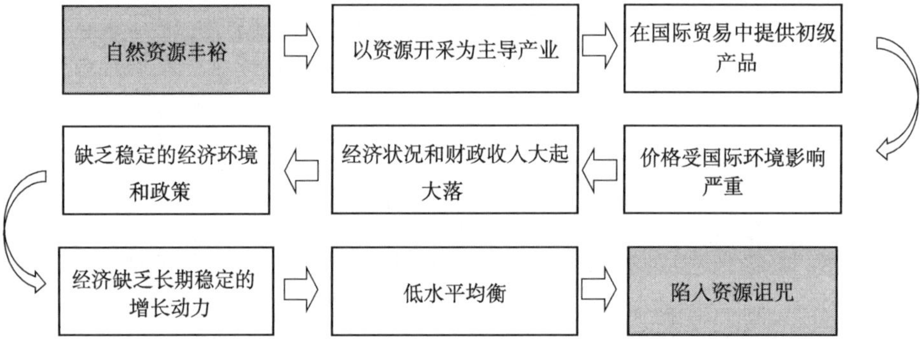

图 3-12　贸易条件易变性导致资源诅咒

4. 物质资本储蓄过低

资源丰裕地区的物质资本储蓄率常处于低于合理状态的水平。其原因可以从个人、生产部门、政策导向三个方面讨论。首先，由于资源开发带来了大量的财富，降低了个人储蓄的意愿。财富的易得性使个人对未来消费缺乏危机感，因而不具备为跨期消费而积累的愿望（Gylfason et al.，2003）。其次，资源在国民收入中所占的比例过大，生产部门因资源开发获得了大量的财富，物质投资需求和利率都随之降低，进而降低了储蓄率，使经济缺乏进一步发展的动力（Rodriguez et al.，1999）。最后，政府部门通过资源开发获得丰裕的财政收入，缺乏进行产业结构调整和升级的动力，从政策层面维持了低储蓄率水平。

储蓄欲望低、投资不足使制造业无法实现规模效益，相比资源产业的高回报率，又会进一步降低制造业投资，使制造业发展进入恶性循环，加速了投资转移（Gylfason，2001a）。

（二）制度诅咒

一些学者认为，制度不完善是产生资源诅咒的主要原因之一，制度的质量和自然资源共同决定着资源诅咒的产生（Hodler，2006；Andersen et al.，2008；Bulte et al.，2005）。

首先，制度不合理使资源丰裕所蕴涵的经济租无法被遏制，加剧了寻租现象的产生，造成社会和经济的效率低下。Torvik（2002）通过寻租模型探讨了资源诅咒现象。资源丰裕导致经济租，围绕经济租产生众多寻租利益集团。作为国家资源掌控方的执政机构获得寻租集团的资金等行贿，有动机保护寻租集团的利益。如果没有好的制度对双方进行监管，就会导致社会腐败、官僚现象严重，当权者的主要目的不再是发展国家经济，而是使自身获得的资源租金最大化，进一步加剧社会资源的浪费。从政者受到资源租金的激励，为了获得更多的财富分配权，会积极获取寻租机会，积累个人财富，利用财富参与竞选。一旦竞选成功，则进入新的寻租期。

同时，坏制度无法对生产企业实现正面的激励。在资源丰裕的国家，企业家可以通过生产和资本积累获取财富，也可以通过寻租占有资源收益（图3-13）。即企业家面临两个选择，一是进行制造业生产获得积累和财富，二是通过寻租获得财富。处于坏制度的情况下，企业家进行生产的欲望不足，转而通过投入关系资本进行寻租，以低成本获得财富，导致生产水平降低，影响经济增长。

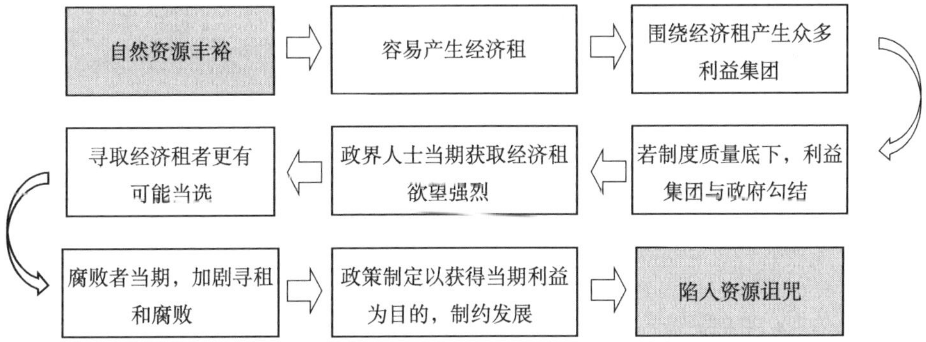

图3-13　资源丰裕导致制度诅咒

（三）生态环境诅咒

资源产业在提供大量社会财富的同时，对生态环境造成了巨大的压力，具有很强的负外部性（图3-14）。随着开发，资源储量消耗殆尽，无法继续创造社会财富。与此同时，环境往往已经遭受了严重破坏，尤其是对煤、石油气、天然气等矿产资源的开发，会使资源城市变得不适合人类居住或高端产业进驻，丧失可持续发展的机会（王高辉，2010）。

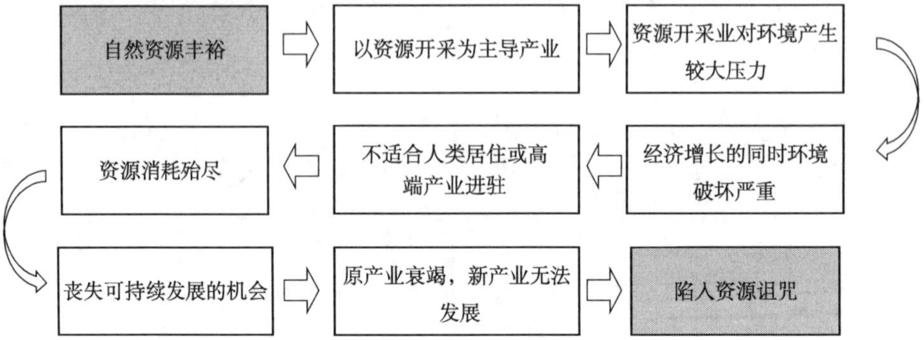

图 3-14 生态环境诅咒传导机制

（四）人力资源诅咒

无论是实证研究还是理论推演，都证明人力资源因素是资源诅咒发生的重要原因之一。

根据内生经济增长理论，人力资本存量达到一定的阈值，是工业发展和技术进步的基础。Gylfason（2001b）通过实证研究发现，自然资源与教育投入、入学率、教育年限等变量表现为负相关关系。这主要是由于资源丰裕的国家中，支柱产业多为自然资源的开采和初级产品的生产。这些产业对劳动力技能的要求较低，因而政府对教育的投入动机不足。从个人的角度来看，接受教育的水平与个人所能获得的财富之间没有显著的相关关系，因而资源丰裕地区的文化对教育的重视程度往往低于以制造业或现代服务业为主导的地区。资源丰裕地区的教育投入低，导致人才积累处于较低水平，影响研发和技术积累，使当地的产业缺失升级的动力，随着产业规模的增加，逐渐由规模经济转为规模不经济。

第三节 可再生资源陷阱现象传导机制解析

众多研究从不同的角度解释和说明非可再生资源陷阱的传导机制，基于第二节的研究综述，针对西双版纳所呈现的资源陷阱现象，本节对可再生资源资源陷阱的传导机制进行分析。这里以人口子系统为传导核心，图 3-15 给出对资源丰裕地区资源、人口、经济三大子系统互相影响的分析框架。

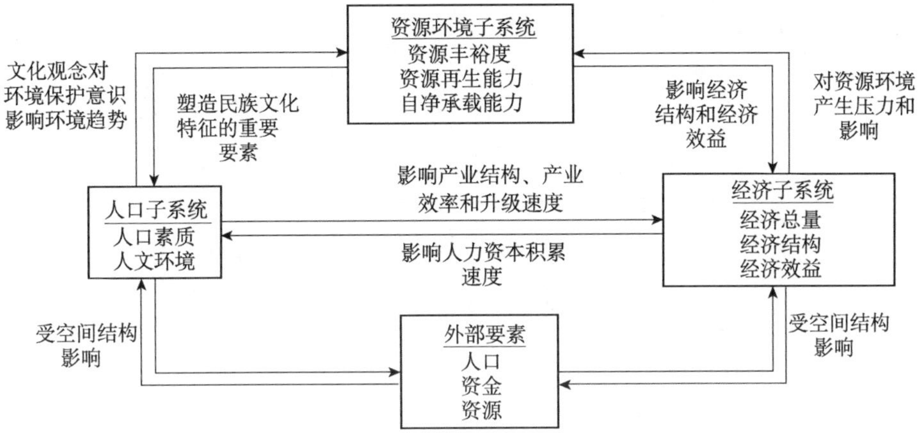

图 3-15　资源丰裕地区资源、人口、经济三大子系统互相影响

一、以人力资本存量不足为核心传导要素的路径依赖

由上一节综述可知，对于矿产等不可再生资源部门，路径依赖是产生资源陷阱现象的核心原因。由于人才和固定投资难以被转化为其他部门所用，随着资源的枯竭，经济系统也将走向衰退。事实上，在可再生资源部门，路径依赖同样存在，且以人力资本累积存量不足为核心传导要素。

（一）橡胶种植业的路径依赖使其面临发展瓶颈

1. 产业发展面临天生的瓶颈限制

西双版纳的橡胶种植产业依赖当地特有的土壤、光热资源。从表面上看，由于土地的可再生性，并不会产生资源枯竭现象。但事实上，限于单位面积产出和可利用土地面积都有天生的瓶颈，橡胶种植业面临天生的发展瓶颈限制。

首先，橡胶种植的土地生产率难以提高。虽然可以通过改进种植技术和苗木培植，从一定程度上提升橡胶单位面积的产出水平，然而，提升空间极其有限。由于在橡胶种植中，土地和光热投入是最重要的影响要素，从近几年的产出水平来看，橡胶亩产不断地波动变化，而波动原因主要归于当年的天气变化。以长期来看，单位亩产一直围绕平均值波动。如图 3-16 所示，橡胶种植的单位亩产不但没有上升，反而有略微下降的趋势。

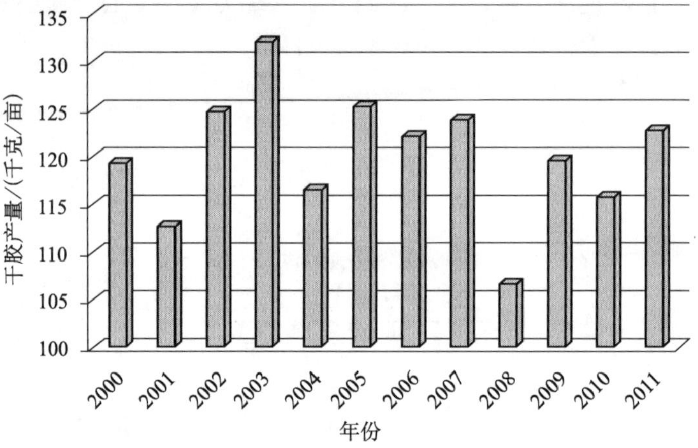

图 3-16 西双版纳每亩开割面积的干胶产量（2000～2011 年）

资料来源：作者根据农业部数据整理

其次，土地资源有限。经过数十年的发展，西双版纳适宜橡胶种植的土地已经开发殆尽。橡胶种植的发展面临两个选择，继续砍伐天然热带雨林，扩大种植面积；或者放慢开发速度，加大保护力度。如果选择继续快速开发土地，西双版纳已经非常脆弱的生态系统将面临进一步的挑战，甚至导致“可再生资源不可再生化”，使当地环境逐渐不再适合橡胶种植。如果选择放慢开发进程，则橡胶种植产业的发展速度将长期受到限制。

在单产难以提高和投入土地面积有限的双重限制下，橡胶种植业的瓶颈显而易见。

2. 橡胶种植地区的人力资本存在强烈的路径锁定

1）从业人员缺乏更换职业的能力和动力

一方面，从业人员缺乏专业的基本技能和素养。由于橡胶产业是一种劳动力密集型产业，且以手工劳动为主，橡胶生产所需的教育投入相对较小，经过简单的培训即可以达到要求，学历的高低对橡胶生产的影响甚微。根据金璟（2006）的研究成果，对拥有学历人数和橡胶产量进行回归分析，拥有学历人数的高低对橡胶产业促进作用的估计系数统计不显著。从事橡胶种植业的从业人员文化水平普遍较低，专业技能强但难以适应其他产业技术要求的特点，使得即使在政府引导下，创造了新的劳动岗位，橡胶种植从业人员的重新就业也十分困难。

另一方面，当地人从橡胶种植中尝到了甜头，获得了高额的收入，使他们没有更换职业的动力。由于橡胶种植具有传辈的特点，随着人口的自然增长，单位面积从事橡胶生产的劳动力数量将处于上升态势，这将对当地的劳动生产率水平的上升造成极大的阻碍。

2）教育观念的落后导致下一代受教育水平的落后，使下一代人进一步锁定在缺乏知识要求的橡胶种植上

在橡胶种植区，人们的教育意识和教育理念相对落后，没有对文化教育给予足够的重视。为了刨除地域文化对人们消费习惯的影响，这里仅对云南省内部的教育意识的差异进行了探究。图 3-17 为 2009 年云南各市（州）农民人均消费总支出和文化教育与娱乐消费支出占比的情况。根据恩格尔的观点，当人均收入和消费总额扩大，人们对非必需消费品的支出比例应随之加大。然而，西双版纳的人均消费支出在云南省高居前三位，在文化教育上的支出比例却比消费水平类似的楚雄低 1.8%。如图 3-17 所示，还有保山、德宏、普洱、文山、临沧等地的文化教育支出比例远低于消费水平类似的地区。事实上，除了保山外，这些地区正是橡胶及其他经济作物种植的重要产区。

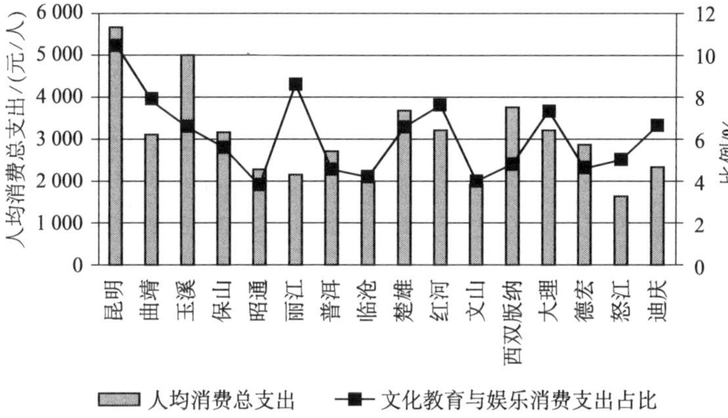

图 3-17 云南各市（州）农村居民的人均消费总支出、文化教育与娱乐消费支出比例示意图（2009 年）

资料来源：《云南统计年鉴》（2010）

从统计结果来看，橡胶产业发达的区域，在文化教育支出的水平上相对落后，侧面验证了当地的教育意识水平落后。实地考察中所搜集到的情况也与这一统计结果反映的情况类似。胶农对种胶技术和天然橡胶行情变动给予了较多的关注，村寨中的技术人员、会查看行情和分析变动趋势的人受到重视，但对基础教育反应冷淡。在访谈的过程中，由于橡胶种植为当地人带来了丰厚的经济回报，而所需要的文化水平较低，本地居民对子女受教育的重视程度明显不足。甚至有居民表示："给我打工种胶的上的学还比我多呢，还不是一样给我打工。"

3. 受产业瓶颈和人力资本低端锁定的双重影响，出现可再生资源陷阱现象

前面分析得出，橡胶业已经成为西双版纳的支柱性产业，一些地区甚至已经出现产业结构对橡胶业的依赖。由于其回报率高，政策引导和市场自发行为都助推了

橡胶业的蓬勃发展。人们普遍将橡胶种植作为西双版纳具有核心竞争力的优势产业。

在各级政府出台的一系列优惠政策中，有如下一些重要的鼓励政策支持本地和外来投资者投资发展橡胶林的开发与生产：

（1）橡胶林承包期可以定为30～40年。现在，除农垦系统所属的国营农场以外，其他橡胶林均已划定到户，并通过签订《橡胶林地使用合同书》给予法律保护。

（2）橡胶林地可以自由转让。只要林地的承包户同意，经村民小组、村民委员会和乡镇人民政府批准，即可按原使用合同书向外来投资者转让其橡胶林地的经营权。

（3）允许租赁户再次转租转包，并同样予以政策法律保护。

（4）既允许承包现有橡胶林地，也允许承包荒山荒地，形式灵活。

（5）橡胶树生长期满，需要更新换代，砍伐不受限制。

其中，第（2）、（3）条使资本进入橡胶种植业成为可能，而第（4）、（5）条促使橡胶产业大规模扩张。

然而，由于橡胶种植产业难以借助技术升级提升单位产出率，而种植总面积有限，故存在天然的产业瓶颈，同时人力资本低端锁定，难以为产业升级转型做出贡献，最终陷入经济体系低端均衡。

综上，通过下图的分析对逻辑进行了整理（图3-18）。

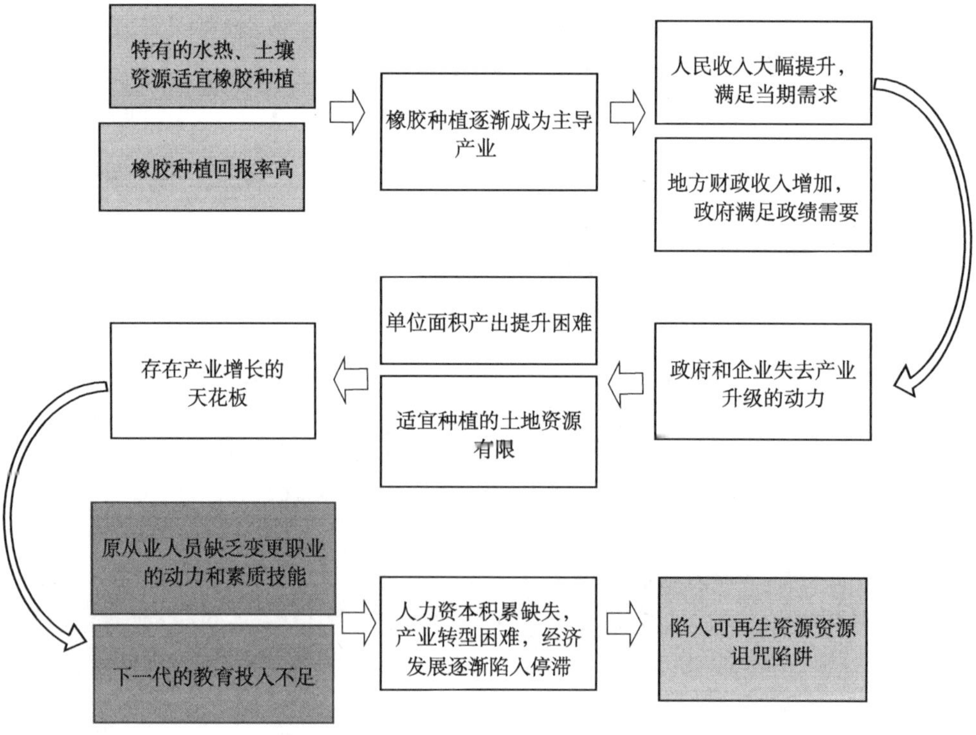

图3-18 传导机制——以人力资本存量不足为核心的路径依赖

（二）资源丰裕造成的人力资本存量不足制约旅游业发展

传统的区域发展理论认为，要素禀赋、规模经济带来的区域竞争优势具有空间上自我强化的特征。随着经济活动不断在中心地区的集聚，先发地区自身的优势不断得以积累和强化，从而进入良性循环。这一理论在旅游业中也得以验证。20 世纪 80 年代以来，旅游业在北京、上海、珠三角等起步较早的地区显现出明显的发展优势，旅游经济在区域中不断集聚加强。然而，西双版纳尽管拥有好的资源禀赋条件和先发优势，却在激烈的市场竞争中陷入困境，逐渐失去原有优势，市场份额不断下降，并被其他地区赶超。

西双版纳旅游业发展滞后，人力资本水平过低是出现先发劣势的根源，并阻碍旅游业跳出资源陷阱。从旅游产品和形态水平的升级的角度，这一现象产生的根本原因正是旅游创新人才不足。近年来，旅游创新受到政府部门、专家学者和业界的广泛关注。旅游创新依赖于创新型人才、创新型企业和革新性政府三大层面。其中，创新型人才是旅游业发展的根本依托，决定了旅游产业升级创新的成败。旅游人才可分为如下三个层次：具有专业技能的旅游从业人员；具有市场意识和现代化管理能力的旅游企业经营管理人；既有扎实的理论功底、了解世界及国内旅游实时动向，又深入了解西双版纳风土人情、文化特征、资源禀赋条件的高素质旅游规划人才。

与从业人员技术积累不足的情况类似，资源丰裕致使当地创业精神不足，缺乏企业家形成氛围，出现优秀本地旅游企业的几率较低。由于独特的资源优势，当地人仅仅通过种植橡胶、外包橡胶园、租赁或转卖土地就可以轻松获取财富。教育水平不足又使他们对高端的消费方式和消费途径认识不足，因而也没有进一步进行财富积累的动机。长此以往，在西双版纳的部分村寨形成了安于现状、好逸恶劳的文化氛围。虽然闲适的生活节奏大大提升了本地人的幸福感知程度，但对提升经济发展水平造成了不利的影响。长期低水平竞争下逐步形成的行业文化和制度使西双版纳旅游相关部门和企业对升级的需求没有做出及时的响应与改变，旅游企业安于现状、缺乏企业家精神而愿意维持低成本竞争的状态。

人力资本水平过低，又使大型项目落地对产业的推动作用造成了不良影响。为了改善西双版纳的旅游形象，西双版纳政府围绕把西双版纳建设成为国际化的旅游胜地、中国面向东盟的桥头堡和国际旅游集散地的目标，提出以推进旅游重大（重点）项目建设作为转变旅游业发展方式、推动旅游“二次创业”的关键措施，作为旅游业转型升级的重要支撑，希望能够将观光型旅游转变为休闲度假旅游，吸引新的目标客群。仅 2009 年，西双版纳州旅游重大（重点）项目建设就完成投资 22.42 亿元，实现年度投资计划的 129.6%，占当年全州固定资产比例的 1/4。目前，全州新建、在建的旅游重大（重点）项目达 50 个，总投资超过百亿元。政府的大力推进吸引了国内外资本、知名实力企业集团，其对投资高级旅游饭店和高级旅游景区项目建设产生浓厚的兴趣，给西双版纳的旅游转型带来了良好的势头。虽然在政府的带动下，投资规模的扩大对西双版纳旅游业和相关产业发展起到了良好的推动作用，有望形成规模效应，促进产业升级转型。但如果不能解决人力资本存量不足的问题，资本大推进所产生的效应将大打折扣。旅游从业人员的专业技能很有可能成为提升服务层次的瓶颈。

旅游资源丰裕的地区集中在景洪市和勐腊县周边县乡，这两个地区同时也是橡胶的重要产区。新投资项目的劳动力从来源上可分为本地劳动力、原有旅游服务行业从业人员、外来新入迁的人口。

一是本地劳动力。拥有土地，收入稳定。对于低端服务岗位，由于其没有经济压力，且已经形成了固有的相对安逸的生活习惯，没有在旅游行业打工的动机。对于相对高端的服务岗位，则由于橡胶种植业对教育和从业人员素质的要求较低，在当地形成了对文化教育重视程度不足的氛围。村寨人口整体文化水平较低，无法适应高端旅游服务的需要。例如，村中几乎找不到懂外语和国际通用行为规范的劳动力。在访谈过程中，作者还发现许多无法使用普通话流畅交流的从业人员。原有的旅游服务人员，技能相对落后，不能满足高端服务的需要。

二是原有从业人员。西双版纳依旧吸引原有的客户群，低端旅游产品无法被直接更新，需要提高成本获取已经有相对稳定工作的劳动人员。同时，他们的从业技能和综合素质无法满足高端服务的需要。在上岗前需要接受系列入职培训，原有的从业习惯将影响对新知识技能的吸收，从侧面提升了企业运作的成本。

三是外来新迁入的从业人口。橡胶种植业和观光旅游业是西双版纳的两大标签，外部人口迁入的目标职业多以这两个行业为主。由于橡胶种植业的高收益率，雇主可以接受更高的工资水平，对旅游业的雇工成本造成压力。高端的从业人才，则需要较高水平的配套设施和生活环境进行吸引，这是一个需要长期发展的过程，需要政府和企业的共同努力，以及当地文化氛围层次的提升。

资源丰裕引致的人力资本存量不足不仅从产业内部制约了旅游业的发展，

同时作为共同投入生产要素，还链接了橡胶业和旅游业的发展（图 3-19）。

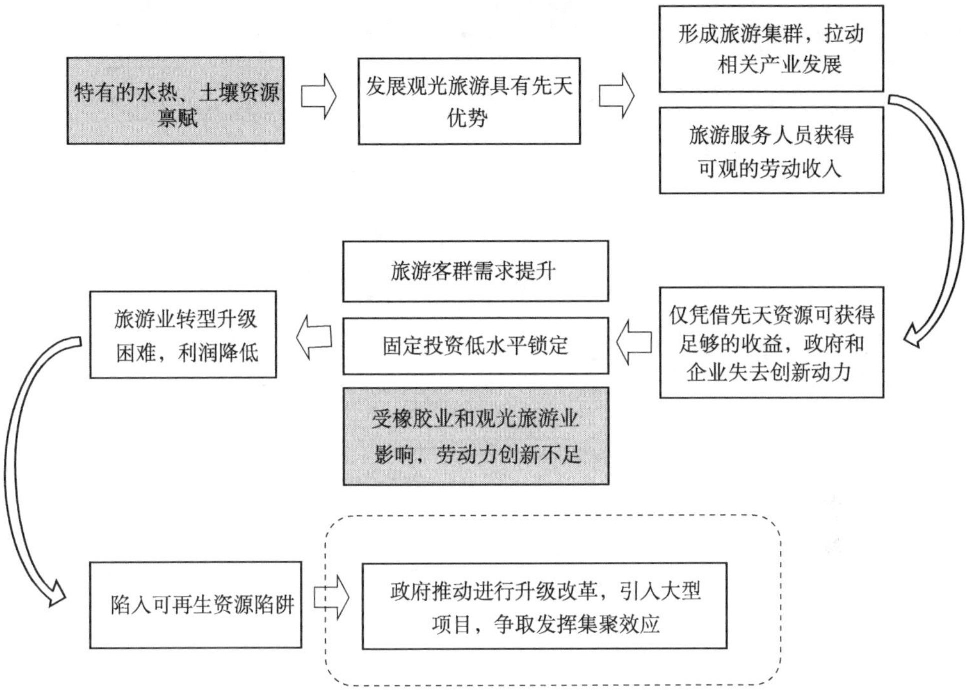

图 3-19　资源陷阱现象在旅游业中的传导机制

（三）资源丰裕引致的人力资本水平过低对经济体系影响的系统分析

通过对橡胶业和旅游业的分析，可以看出，自然资源丰裕在提供发展基础的同时也影响人力资本水平，如果不采取合理的措施和引导，将导致资源产业甚至经济体系的发展瓶颈，出现资源陷阱现象。其中，以人力资本存量不足为核心因素的路径锁定是发生资源陷阱现象的重要传导路径。由于人力资本是各产业发展的共同要素，可对其做出系统化的总结，用以说明产业间的相互影响。

在图 3-20 中，作者总结了资源系统通过橡胶业和旅游业对人口系统的相互影响。可以看出，自然资源丰裕水平过高，使当地产业严重依赖于资源，将导致人力资本存量不足和增长率下降，进而使经济发展陷入困境。

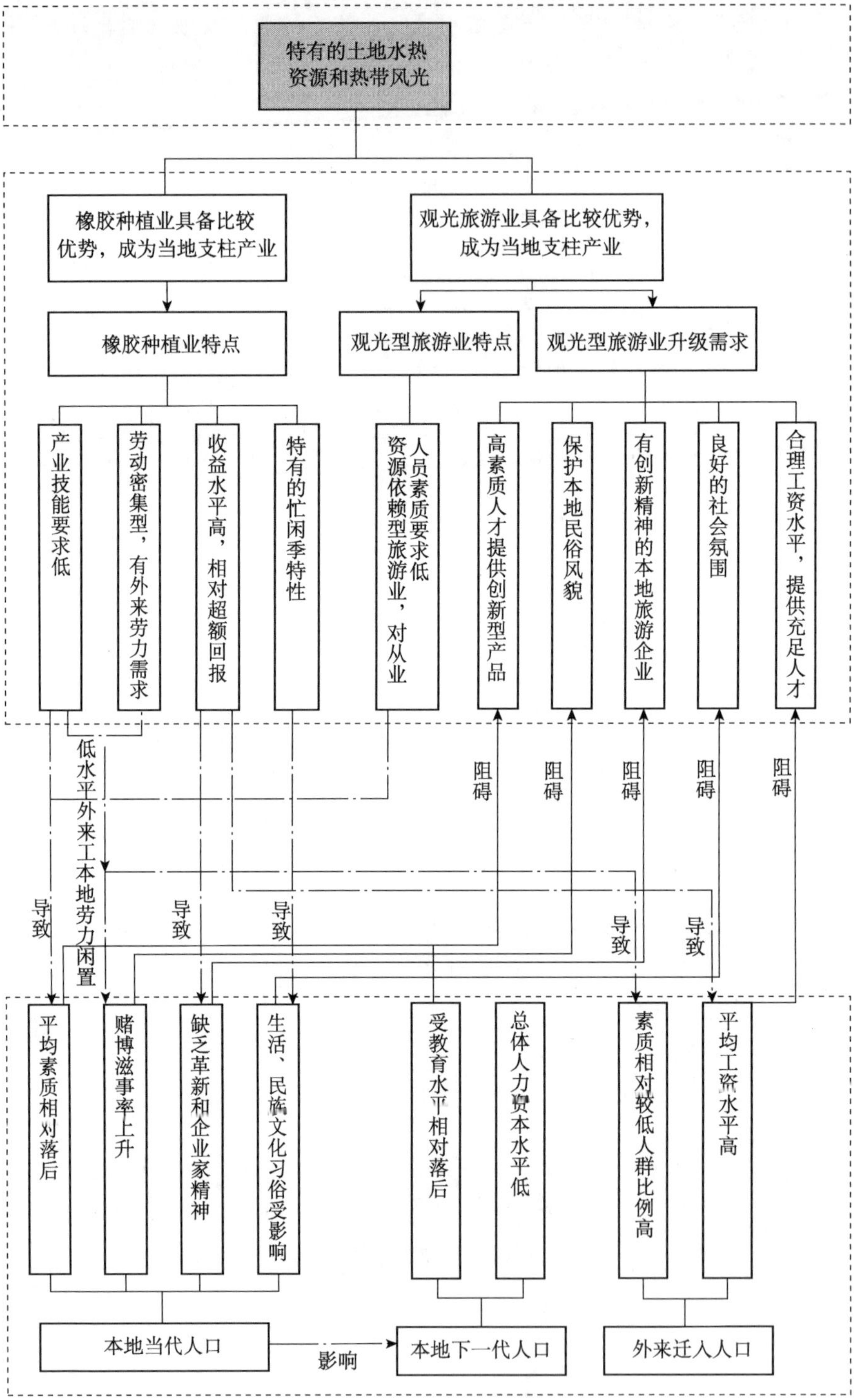

图 3-20 人力资本不足导致资源陷阱问题的系统分析

二、以环境水平下降为核心要素的传导路径

（一）生态环境下降造成的经济体系发展困境

与矿产等非可再生资源类似，西双版纳的橡胶种植业在提供大量社会财富的同时，对生态环境造成了巨大的压力。本章第一节中，我们已经分析了橡胶种植产业对生态环境产生的恶劣影响，西双版纳的生态环境压力增大，出现了生态失衡的预兆。生态资源本身正是橡胶种植业的生产要素，如果不加以保护和限制，会对产业自身造成严重的负面影响。从橡胶产业内部来说，生态质量的下降将影响产出效率，在橡胶业本身出现生态资源诅咒现象，甚至比矿产资源面临的更严重的问题。

从外部性的角度来说，生态环境的下降将导致更为严重的后果。一方面，西双版纳的支柱产业旅游业本来就严重依赖自然风光，由于西双版纳旅游业尚未完成升级转型，未加入民族文化、养生休闲等附加要素，如果橡胶业的无序发展影响到旅客对自然环境的体验，将使旅游业受到严重的打击。生态环境处于脆弱状态，已经对旅游者的直接体验产生了不良影响。根据随机访谈和小样本调查，高达 1/3 的游客认为西双版纳地区的生态环境保护差强人意，还需继续加强，且多数游客认为西双版纳地区的自然生态环境弱于旅游宣传，与期望值存在一定的心理落差。这对以自然环境为首要竞争要素的西双版纳旅游业来说，是一个值得引起警戒的信号。另一方面，高端服务业、高技术产业等多以智力资本密集型为主要特征，从业人员对生活环境要求较高，生态环境的优良程度将成为他们迁入西双版纳的重要考虑因素。通过图 3-21 可以直观表现生态环境下降对经济体系造成的影响。

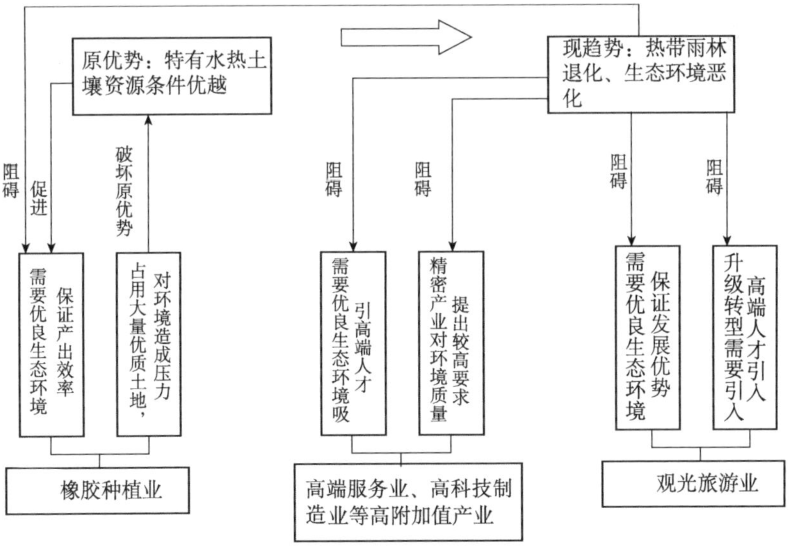

图 3-21 生态环境下降引致资源陷阱现象的发生

综上，如果不加以控制，以生态环境诅咒为核心的资源陷阱现象可能对西双版纳的可持续发展造成严重影响。

（二）社会环境水平下降使经济发展进一步面临挑战

社会环境为经济发展提供重要的软环境，而资源部门的过度开发对社会环境造成了不良影响。

一方面，如前所述，橡胶种植业由于存在超额回报，对民风和社会治安产生了不良影响。赌博现象普遍存在，成为一系列的社会治安问题的根源，因橡胶相关利益产生的冲突时有发生。另一方面，也对当地的民族文化等非物质财富造成了一定程度的威胁，将致使旅游业等相关产业的发展受到阻碍。以民族节日为例，橡胶种植的季节性对一些重要的民族文化造成了影响。“红石红密”和“耶苦扎”曾经是阿卡人最隆重的民族节日，但由于“红石红密”一般在2月底3月初举行，处于橡胶生产的准备管理工作期间，胶农们需要进行胶带翻新等工作，这一期间的工作关系到当年的橡胶种植管理、产量，进而影响到收入。“耶苦扎”处于7月底8月初，正是橡胶产量最高的时节，耽误一天的生产可影响高达数千元的收入。这两个节日由于与橡胶的生产节奏相冲突，逐渐被当地人所遗忘。然而“嘎汤帕”则日益隆重，从原本的4天延长到现在的15天，处于农闲季节是该节日日益受到重视的重要原因之一。

第四章
边缘效应：空间格局不经济与内生增长阻滞

第一节 云南桥头堡：是前沿还是边缘

西双版纳的发展离不开云南省的发展。云南经济存在的问题西双版纳同样存在，云南发展的战略机遇西双版纳同样拥有。只有深刻理解云南区域经济“低、慢、退、弱、小”的特征和“边缘—前沿”局势，才能更好地为西双版纳把脉未来。

一、云南的地位先升后降

（一）云南区位、通道和贸易的历史演变

云南地处亚洲的中心位置，北回归线横贯其南部，具有沿边、沿江的区位特征，作为我国唯一能从陆路通过东南亚直接沟通印度洋沿岸国家的省份，是我国西南对外开放走向东南亚、南亚的门户和通道，这些客观上奠定了云南在中国西部特别是大西南对外开放格局中的战略地位。在中国对外交往和贸易的历史上，云南长期发挥着内陆门户的重要作用，在中国与邻国的经济和文化交流上做出了重要贡献。

1. 茶马古道与贝币之路的繁荣

由于地缘因素和族缘关系，自古以来，滇西北地区就与西藏、川边等地区有着密切的联系，茶马古道早在汉唐时就是云南、四川与西藏之间的古代贸易通道，而且还延伸至不丹、锡金、尼泊尔、印度，直达西亚、西非红海岸，近

代以来更是形成了一个滇、藏、川三省与印度、缅甸之间的“大三角国际贸易圈”。这个贸易圈内有两条主要的贸易路线，一条是康藏区域的地方特产汇聚云南后，和茶叶等滇产物资一起，或由滇越铁路经越南出海走向国际市场，或是经缅甸出海，然后部分物资经印度运往国际市场，茶叶等物资从印度继续北上运送至西藏或是更远的青海等地。另一条则是云南的物资北上至藏区芒康，与从康定出发的物资汇聚后转向拉萨，从拉萨南下至印度然后运到国际市场（图 4-1）。

图 4-1 以茶马古道为基础的内外贸易路线示意图

茶马古道与贝币之路表明，云南从来不是中国对外交流和商贸的末梢，而是中国与东南亚、南亚交往的前沿阵地。[①] 1942 年刊印的《云南经济》总结说：“云南地居边陲，号称山国，然自前清宣统二年滇越铁路完成后，遂成西南之重要门户，进出口货物由此而转运各省者不少，一时万商云集，市面繁

① 林文勋．2010．再论云南国际大市场的构建．思想战线，4（36）：41-46

荣……抗战以后，进出口货物多取过昆明，以致向不为人注意之边省，顿成后方交通中心。加以中原人物，相继来滇者，肩摩相接，人口既增，消费亦大，各种商业，骤见繁荣，以素称经济衰落之省区，竟亦入于战时景气状态。”近代统治殖民统治与战乱推动了云南的扭曲开放，使之成为战时前沿，战略地位空前提高。

2. 滇越铁路：中国第一条陆路大通道

云南所谓的“十八怪”中就有“火车不通国内通国外”一说，表明云南在20世纪初是我国对外开放的一个前沿——尽管国门是被动打开的。《云南通志长编》记载：从“清宣统间，滇越铁路筑成，以丛山僻远之省，一变而为国际交通路线。匪[①]但两粤、江、浙各省之物品，由香港而海防，海防而昆明，数程可达。即欧美之舶来品，无不纷至还（沓）来，炫耀夺目，陈列于市肆矣”。这说明产生了较好的良性互动，从而形成了一个极具活力的国际大市场。正是这个国际大市场，使云南具备了作为中国对外交往前沿与枢纽的能力。文献记载和考古发现均证实，西南地区经云南腹地很早就有通往东南亚、南亚的交通线。

滇越铁路是云南第一条铁路，是法国在中法战争后为了增强陆上通达性、开辟贸易快速通道而筹划修筑的环北部湾的铁路，被西方媒体誉为“世界三大工程奇迹”之一，见图4-2。1910年建成后，铁路运输权和管理权一直控制在法国手中，直至1946年3月，法国放弃在华治外法权及特权，铁路路权才正式回归中国。通过掌控铁路运输权和管理权，法国开始了对云南地区的一系列资源掠夺；通过对铁路进行经营和投资，追求最大化经济利益。云南本地工业和农副业生产遭到严重破坏，发展受到遏制，加速了城乡自然经济的解体，造成人民生活日益贫困。尽管法国殖民者力图通过滇越铁路控制云南的对外交通命脉，垄断云南的商业，然而，作为近代交通运输工具和文化传播工具的滇越铁路也促进了云南商业尤其是对外贸易的繁荣，使昆明由内贸型城市向外贸型城市转化；为引进先进的设备、技术和人才创造了条件，推动了昆明工业的发展；还带来昆明市政建设、消费时尚、思想观念等一系列的改变。

首先，从空间格局上看，滇越铁路改善了云南的区位条件。云南由于地理环境所限，交通阻隔，很难与其他地区沟通交流。历史上，昆明与内地往来依靠驿运，主要运输路线有滇黔、滇川、滇桂三条大道，行程一般在数十天。昆明和国内沿海地区及国外往来主要是陆路转水路，沿红河南下至越南海防，或再转香港至国内沿海地区，行程两个月以上。滇越铁路通车后，由昆明乘火车

---

① 匪：非

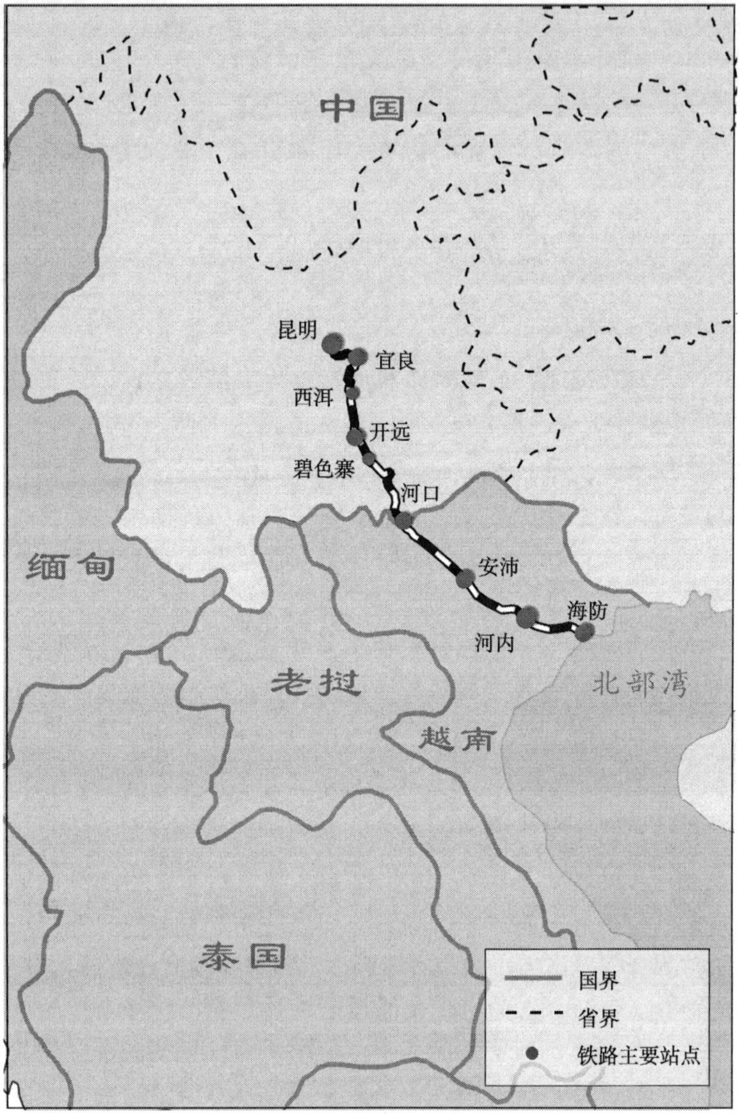

图 4-2 滇越铁路示意图

直达越南海防只需 23 小时，7 天可达香港，9 天可到上海。由此可见，滇越铁路的修建使得曾经交通闭塞的云南与外界的距离大大缩短。交通通达性的提高，为区域内外要素、人力资源的流通提供了重要的途径，给当地带来了发展的机遇。与此同时，滇越铁路不仅影响云南，也对西南诸省的对外贸易产生影响，由于川、黔、藏等省的产品很多经由该路出口，而经云南进口的货物又有不少运往这些省。以滇越铁路为依托的云南对外贸易已经广泛辐射到四川、贵州等西南省份，对西南地区经济起到了一定的促进作用。

其次，滇越铁路的开通，推动了工业化，带来了技术及人力资本。1912 年 4 月，民间筹资兴办的水电事业石龙坝水电站竣工发电，为中国水力发电揭开了序幕，成为中国水力发电的先导。水电站的发电机组（德国西门子水电机器）经轮船从德国运至越南海防，再由火车运至昆明站，其中滇越铁路的建成通车起到了重要的作用。发电技术的引进使得云南的工业化得到了进一步的推进。滇越铁路建设及其后的水电站建设，为云南引入了一批优秀的技术人才，同时云南也培养起了自己的人才。

最后，滇越铁路的通车促进了云南对外贸易的发展。人挑马驮的驿道运输方式被取代，批量运输成为现实，对外贸易就从小额贸易向批量贸易发展。滇越铁路的终点在越南海防港，使得云南的出口产品可以转运至世界各国。与此同时，滇越铁路使得滇越之间经贸频繁，增进了两地商品、设备、人员的互补性，促进铁路沿线工业发展。随着云南进出口贸易的增长和贸易范围的扩大，不仅进出口商品种类大大增加，商品结构也开始发生变化，再加上大量先进设备、技术的引入，带动云南本地一些加工工业的发展，产业结构得到了优化。滇越铁路通车后，第二、第三产业得到了迅速发展。云南出口的一些初级工农业品转变为经过初、精加工的产品。云南的近代化也在一定程度上得到进一步发展。

除了滇越铁路外，第二次世界大战后期连通中国西南与缅甸、印度、孟加拉国的史迪威公路也对地区经济往来与合作产生了一定的积极作用，促进了区域之间的资金、人力和物力的交换。

3.20 世纪后半叶：日益边缘化的发展格局

新中国成立以后，国家划分沿海和内地，大量基础投资向东北、华北及西北倾斜（表 4-1）。20 世纪 60～70 年代国家向“大三线”地区实施“战略转移”，其重点是四川、湖北、陕西、河南和贵州（图 4-3）。

由于当时政治、经济、地理等多种原因，云南的对外开放处于封闭和停滞期，仅有极少部分的边境群众进行零星地、时断时续的互市贸易。

表 4-1　全国基础建设投资在大区域间的分配（1952～1975 年）

时期	沿海/%	内地/%	
		总计	其中“三线”地区
“一五”（1953～1957 年）	41.8	47.8	30.6
“二五”（1958～1962 年）	42.3	53.9	36.9
调整时期	39.4	58.0	38.2
“三五”（1966～1970 年）	30.9	66.8	52.7
“四五”（1971～1975 年）	39.4	53.5	41.1
1952～1975 年	40.0	55.0	40.0

注：沿海、内地合计不等于 100.0，因为少数单位的部分投资不便按地区划分。统一购置的运输工具等不分地区的投资未划入地区内

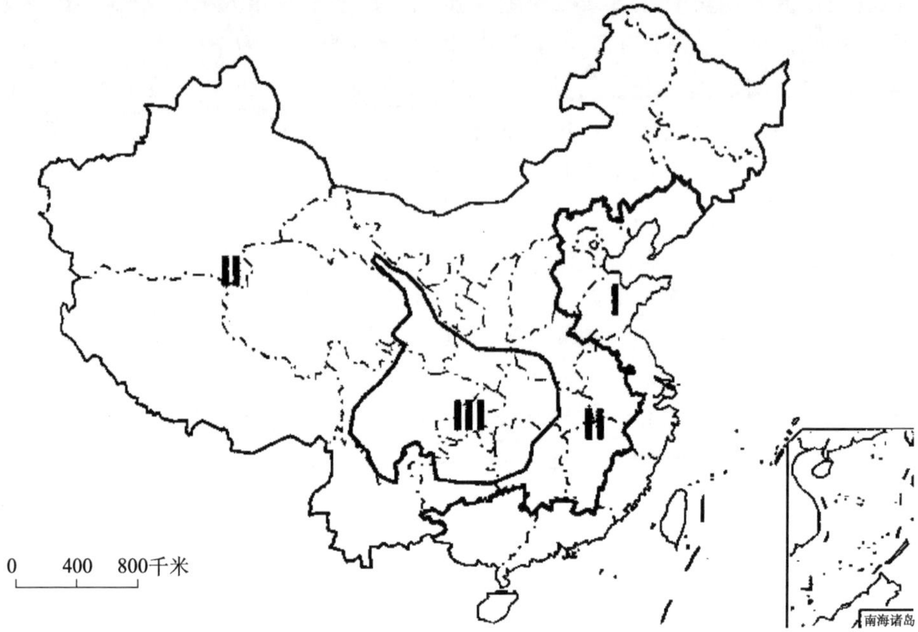

图 4-3 中国一线、二线、三线地区的划分示意图

资料来源：作者根据资料图片绘制，见 http：//eblog. cersp. com/UploadFiles/2008/1-30/130865661. bmp

改革开放以后，沿海优先发展，东部地区逐渐成为了我国经济发展的核心地带，而云南的边民互市、边境贸易开始发展起来，建立了一批边贸商行。进入 90 年代，国家全面实施沿海、沿江、沿边开放战略，云南也提出“立足亚太，搞活周边，打开南门，走向南亚”的战略，边贸活动和对外交流进一步活跃。近 10 年来，随着“中国—东盟自由贸易区”的建设和“泛珠三角”区域经贸合作的深入，云南省的战略地位得到一定提升。

总的来看，经过一个多世纪的发展，云南逐渐演变为我国一个集“山、边、民、穷”为一体的边陲省份，经济总量还没有上亿，人均 GDP 远落后于全国平均水平。从全国排位看，云南 GDP 居于第 24 位，人均 GDP 排第 30 位，这对人口在全国排第 12 位、面积居第 8 位的云南来说并不相称。

（二）云南的现状不容乐观

进入“十二五”以来，云南经济和社会快速发展，人均 GDP 迈向 3000 美元，经济实力增强，社会面貌发生深刻变化，面临难得的发展机遇。首先是烟草、矿产、电力、旅游、生物五大支柱产业快速发展，带动 GDP 和人均 GDP 的增长；二是以交通、能源、通信、水利等为重点的基础设施不断改善，工业化水平不断提高，城市化进程明显加快；三是对外开放取得明显进展，中国—

东盟自由贸易区的建立和大湄公河次区域经济合作的开展，为云南参与国际区域经济合作提供了便利条件，有利于扩大外贸规模和提高外资利用水平。尽管云南的经济社会发展取得明显成绩，但同时应清醒地认识到，当前云南经济社会发展还存在不少问题，面临严峻挑战。云南的人口多、底子薄、基础弱、人均收入不高、产业结构不合理、产业层次较低、综合竞争力不强，区域发展态势严峻，主要表现在以下几个方面。

1. 总体经济实力弱，发展较慢且极化效应显著

近年来云南社会经济发展水平较快，但综合实力有限，区域竞争力不强，在全国仍处于相对落后的地位，与东部沿海及西部部分省份相比，差距呈拉大趋势。

从总量上看，根据《中国统计年鉴》（2012），比较除港澳台地区之外的31个省（自治区、直辖市）的GDP，云南以8893.12亿元排第24位。这与排名第一的广东的53 210.28亿元相差近5倍，与排名第二的江苏的49 110.27亿元也相差4.5倍。即使和地理上毗邻的四川（21 026.68亿元，排名第8）、广西（11 720.87亿元，排名第18）相比，云南的GDP仍有较大差距。

国际货币基金组织（International Monetary Fund，IMF）公布数据显示，2011年中国人均GDP排名世界第89位，人均GDP为5414美元。根据《云南统计年鉴》（2012），2011年云南人均GDP为19 265元，按年末汇率（人民币对美元汇率中间价收于6.3009元/美元）折合约3057.5美元。2011年中国人均GDP为35 081元，云南人均GDP仅达到中国人均GDP的54.9%，与京、津、沪8万元人民币以上的人均GDP相比差距更加显著。

近年来，云南经济经历了止跌、回升、加快发展的阶段，但相对来说经济增长速度仍然不高。2006年云南GDP比上年增长11.6%，2007年增长12.2%，2008年增长10.6%，2009年增长12.1%，2010年增长12.3%，2011年增长13.7%，创近年来新高。相比之下，2011年四川和贵州的生产总值都比上年增长15%，重庆比上年增长16.4%（表4-2）。

表4-2 云南、四川、广西、重庆、贵州GDP 增长率（2006～2011年）

地区	2006年	2007年	2008年	2009年	2010年	2011年
云南	11.6	12.2	10.6	12.1	12.3	13.7
四川	13.3	14.2	9.5	14.5	15.1	15
广西	13.6	15.1	12.8	13.9	14.2	12.3
重庆	12.4	15.9	14.5	14.9	17.1	16.4
贵州	12.8	14.8	11.3	11.4	12.8	15

资料来源：《中国统计年鉴》（2007～2012）

同时，云南城乡二元结构特征明显，县域经济发展很不平衡，全省经济大部分集中在滇中（包括昆明、玉溪、楚雄、曲靖四个主要城市），尤其是昆明地区。2011年云南省GDP为8893.12亿元，滇中地区GDP达6000多亿元，其中

昆明达2509.58亿元。人均GDP昆明达38 831元，是全省平均水平19 265元的2倍，极化效应日趋显著。

2. 产业结构不合理，呈现“去工业化”趋势

从云南的三次产业结构比看，2000年为22.3∶43.1∶34.6，2005年为18.9∶41.7∶39.4，2009年为17.3∶41.9∶40.8，可以看出第二产业不仅没有增加反而有下降趋势。2011年，云南三次产业结构为16.1∶45.6∶38.3，与云南临近的四川的三次产业结构为14.2∶52.4∶33.4，重庆为8.4∶55.4∶36.2，广西为17.5∶49.0∶33.5。云南第一产业占的比重偏高，第二产业占的比重偏低，产业发展不足，特别是工业总量小，导致竞争力弱。

2011年，云南全年全部工业增加值3205.85亿元，比上年增长17.6%；规模以上工业增加值2753.64亿元，增长18.0%。在规模以上工业中，轻工业增加值1245.65亿元，增长17.9%；重工业增加值1507.99亿元，增长18.0%。但是从工业行业结构上看，规模以上工业中，矿产业增加值占相当大比例；烟草制品业增加值938.05亿元，增长17.5%；电力、热力的生产和供应业增加值290.53亿元，增长18.3%。云南的工业化多以资源型产业为主，高新产业不强，发展缓慢甚至出现倒退现象。

近年来，云南产业结构呈现出逆向调整的态势，突出表现在工业发展中，采掘工业与原材料工业等资源型工业比重大，高技术产业产值比重却大幅度下降，资源型工业的重要性在强化。可以说，西部大开发以来，云南走的仍是一条“卖资源”的传统路子，最近10余年的高速增长，也主要是资源型重化工业的快速扩张所起的主导作用所致。产业发展的层次趋向低级化和单一化，经济发展对采矿业和资源型产业的依赖愈来愈大，呈现“粗放式”发展的态势，不利于可持续发展。资源的加工深度和综合利用程度低，是与产业结构演化的一般趋势背离的，这进一步造成了产业结构的升级和转型困难。这种产业发展层次低，采掘和原料工业比重大，产业链条短，加工深度和综合利用程度低的退化趋势，可以称之为去工业化趋势（deindustrialization）。

同时，由于重化工业对劳动吸纳能力有限，而城镇化水平滞后，导致区域内就业机会增长相对缓慢，新增加的就业岗位严重不足，大量的农村剩余劳动力不能实现就地转化，出现所谓工业化和城市化脱节的情况。

3. 规模经济小，基础设施差，发展后劲不足

首先，云南的GDP总量小，不具有规模优势。此外，云南不仅固定资产投资规模偏小，而且存在投资结构不合理、基础产业投资不足、基础设施欠账多等问题，使得云南发展后劲不足，资源和区位优势的发挥受到较大限制。2011年全社会固定资产投资规模达到7109.70亿元，比上年增长27.4%。分三次产业看，第一产业投资282.16亿元，第二产业投资2222.24亿元，第三产业投资

4605.3亿元。规模以上固定资产投资（不含农户）5927.01亿元，增长27.6%，而广西全年全社会固定资产投资10 143.45亿元，四川为15 141.6亿元，重庆为7631.80亿元，云南的投资规模与之相比存在较大差距。

其次，云南作为中国面向西南开放的“桥头堡”，现有的交通等设施还比较落后，与桥头堡建设的要求差距甚大，原因在于：一是高等级公路基础薄弱。云南交通运输以公路为主，大部分社会运输量依靠公路，但由于投入不足、建设滞后，全省高等级公路远低于全国平均水平。二是交通建设投入严重不足。由于经济欠发达，而且县域发展极不平衡，财政投入有限，配套资金少，融资难度大。三是建设与管养成本高。云南山区面积广大，地形、地貌复杂，施工难度大，需投入资金本来就多，加之自然灾害频发，维修、保养成本高。交通的落后严重影响了云南外向型经济的发展，主要表现在城市化水平低，交通运输体系尚不完善，电力、环保、能源、水利、信息等基础设施落后。

4. 对外开放程度不高，辐射能力不强

与全国其他省份相比，云南开展对外交往和对外经济合作的能力还不强，对外经济技术合作和对外交流大多集中在周边国家，与其他国家的交往很少，经济外向度依然很低，对外开放带动全省经济社会又好又快发展的能力不强。从经济外向度来看，我国已达60%以上，云南只有14%左右，昆明也只达43.1%。2011年，全国实际利用外资金额总额为1176.98亿美元，而云南仅为17.38亿美元，占全国的比重不到1.5%。全国货物进出口总额为36 418.6亿美元，云南省进出口贸易总额仅为160.53亿美元，仅占0.44%。

另外，云南创业发展环境不佳，不仅影响对外开放，也造成了招商引资机制的障碍。从跨国公司进驻数量看，世界500强企业入驻云南的不多，昆明也仅有15家，外资经济占全省经济的比重较小。相比之下，四川和广西在外贸规模、利用外资等各个方面均超过云南。云南还缺乏一批具有竞争力的外向型骨干企业、龙头企业，开拓国际市场的能力较弱。

5. 科教水平整体落后，内生增长能力有限

云南整体教育水平落后，人才缺乏，特别是与桥头堡建设相关的外经贸人才、业务骨干、专业技术人才和企业家就更为稀缺。2011年云南普通高等学校64所，专任教师2.95万人，在校学生48.76万人。四川共有普通高校94所，普通高校在校学生113.9万人，广西人口与云南差不多，但普通高等学校在校生达60.01万人，比云南多。

2011年，在地方财政一般预算支出中，教育支出为483亿元，仅占到16.5%，与GDP之比仅为5.4%。2011年，我国共投入研究与试验发展（R&D）经费8687亿元，比上年增加1624.4亿元，增长23%，R&D经费投入

强度（与GDP之比）为1.84%，比上年的1.76%有所提高。然而，云南省的R&D经费为56.1亿，R&D经费与GDP之比为0.63%，仅高于内蒙古、西藏、新疆和海南，位列全国倒数第5，与发达国家和地区的3%左右相比差距更大。

同时，在科学研究与试验发展经费投入中，科技资源未得到有效整合，基础研究、应用研究支出所占的比重很低，原始创新能力严重不足，自我积累能力弱。2011年，云南专利申请数为7150项，比上年增长26.7%，其中批准数为4199项，增长9.8%。然而四川专利受理量为49 734项，批准量为28 446项。

6. 要素禀赋与资源环境存在硬约束

云南土地面积虽然大，达39.41万平方公里，但耕地总资源仅为6.08万平方公里，常用耕地面积只有4.23万平方公里，而2011年末人口达4631万人。云南“人口多、耕地少，山地多、平地少，荒地劣地多、良田好地少，宜垦耕地后备资源不足，建设用地供给矛盾突出，集约利用水平低”①，土地资源流失和浪费现象严重，未来土地的合理利用面临新的挑战。

云南地处云贵高原，位于亚欧板块与喜马拉雅板块交界处，在全省境内，94%为山地，仅有6%为山间盆地。由于地形、地貌和地理环境的复杂性和多样性，光、热、水、气等自然资源的时空分布存在极大差异，立体气候异常突出，自然灾害频发，生态系统本来就十分脆弱。由于历史、地理等因素制约，云南大多数企业都从事初加工和资源开发，不仅资源浪费严重，而且污染环境、破坏生态。

云南环境污染形势十分严峻，主要表现在湖泊、河流污染严重，大气污染增加，工业固体废弃物多，综合利用水平低。另外，水资源严重短缺，资源型缺水与水质型缺水并存，过度开荒导致水土流失严重。大部分农村缺乏生活污水和垃圾处理设施，农田土壤中重金属超标，面源污染（diffused pollution）严重，局部地区水土严重流失。生物多样性保护尚待加强，许多保护区缺乏资金。外来入侵物种在全省分布广泛，防控任务艰巨。

二、云南的未来徘徊在“边缘”与“前沿”之间

1. 在国家发展战略格局中面临挑战

近年来，在国家新一轮西部大开发战略、“十二五”规划和国家主体功能区规划中，西部地区都是国家发展战略及布局的重点。云南又是国家重要的沿边地区，直接面向东南亚和南亚，邻近太平洋和印度洋，作为国家面向西南开放的桥头堡，看起来云南迎来了历史性的重大机遇。

---

① 吴劲松．2008．“城镇上山”开启昆明保护耕地新路．云南网［2012-4-18］

（1）“桥头堡”带来新纪元。2009 年 7 月 28 日，胡锦涛在云南考察工作时发表重要讲话，对云南进一步提升对外开放水平提出明确要求，指出“要充分发挥云南作为我国通往东南亚、南亚重要陆上通道的优势，深化同东南亚、南亚和大湄公河次区域的交流合作，不断提升沿边开放质量和水平，使云南成为我国向西南开放的重要桥头堡”。这对于云南是一个千载难逢的重大机遇，是国家对云南发展的定位，关系到云南省的开放，更是涉及提升云南整体实力的重大问题。

关于“桥头堡”的建设，目前各方面达成的共识主要突出四个方面的内容：一是建通道，建设我国经云南连接东南亚、南亚，直达印度洋的国际大通道，这是桥头堡建设最为迫切的战略任务，当前最重要的是铁路和中缅石油气管道；二是建平台，通过构建官方和民间的合作制度，把云南建成我国向西南开放的重要平台；三是建基地，优化产业布局，把云南建成面向印度洋沿岸国家的外向型产业基地，以及进出口商品生产加工基地；四是建窗口，使云南成为充分展示中华文化，增进国际友谊的窗口。

（2）国家新一轮“沿海化”序幕正在拉开。近年来，《推进天津滨海新区开发开放有关问题的意见》《广西北部湾经济区发展规划》《进一步推进长江三角洲地区改革开放和经济社会发展的指导意见》《珠江三角洲地区改革发展规划纲要》《关于支持福建省加快建设海峡西岸经济区的若干意见》，以及《皖江城市带承接产业转移示范区规划》相继获国务院常务会议原则通过上升为国家战略。值得指出的是，在这些区域规划中，天津滨海新区、江苏沿海地区、海峡西岸经济区、广西北部湾经济区等，均是改革开放以来沿海地区发展中的薄弱环节，属于新的战略部署，而作为中国经济最活跃的两大沿海板块——长江三角洲地区（长三角）和珠江三角洲地区（珠三角），则是被重新部署，赋予全新的发展意义，拉开了新一轮“沿海化”的序幕。如果说，20 世纪 80～90 年代我国通过开放经济特区、开放沿海城市等，以“点”的形式对沿海地区进行布局，其初衷更多是立足国内视角，“激活”国内改革开放，那么，新一轮沿海地区区域发展规划的战略设计，则凸显出中国新的战略诉求——寻求并确立在未来世界经济发展格局中的战略发展坐标。这是立足全球战略层面的总体部署，标志着沿海地区新的起步，也反映出中央对沿海地区的新功能寄予厚望。

（3）全国处处争做“桥头堡”。当前，全国层面上提出桥头堡建设的有新疆、内蒙古、黑龙江、四川、贵州、广西、云南等省区，地方提出的桥头堡则不计其数。与云南同样面对东南亚的桥头堡是广西，区位优势明显。广西北部湾经济区处于华南经济圈、欲西南经济圈和东盟经济圈的结合部，东临粤港澳，背靠大西南，面向东南亚，沿海、沿边、沿江，是我国最便捷的西南出海大通道和桥头堡，地理区位十分优越。泛北部湾经济区和东盟经济合作论坛得到的政策优势明显。四川和贵州也在规划桥头堡战略。四川欲做西南产业承接的桥头堡，其工业基础较好，劳动力供给充足，资源较为丰富，相邻中东部地区且交通运输条件较好，热情高、决心大，在吸引产业转移方面明显占优。贵州依托“两高”① 打造跨省三小时经济圈，欲使贵州成为我国西南地区乃至西北地区连接珠三角的重要交通枢纽，成为承接华南和华东地区产业转移的前沿，成为西南市场的桥头堡（表 4-3）。

表 4-3 部分省份的“桥头堡”战略概要

地区	提出时间	战略定位	重要区域经济联系、产业和交通安排
新疆	2006 年	努力将新疆打造成中国西向开放的桥头堡和枢纽站	1. 继续加强交通基础设施建设，重点抓好“三个打通”：打通与内地联系通道，打通纵贯南北疆的快速干线，打通对外通道； 2. 积极开展中俄、新疆—塔吉克斯坦等不同层次的经贸合作，建设国家级经济技术开发区、综合保税区和边境经济合作区； 3. 资源能源领域广泛合作，跨境原油和天然气管道建成运营
广西	2007 年 3 月	结合北部湾经济区建设桥头堡	1. 保税物流体系：以北海出口加工区、钦州保税港区、凭祥综合保税区等为沿海、沿边节点，通过南宁保税物流中心这一核心枢纽直接面向西南地区乃至东盟国家的企业，为其提供保税物流服务； 2. 构建面向东盟出海大通道：重大高速公路和铁路项目陆续开工建设，钦州港、防城港等吞吐能力提升，并与 220 多个国际港口实现通航
黑龙江	2009 年 6 月	充分发挥黑龙江地处东北亚腹地的区位优势，推动对俄经贸合作，使其成为我国沿边开放的重要桥头堡	1. 以哈大齐工业走廊为核心，向东延伸至绥芬河，与哈牡绥东对俄贸易加工区对接，建设“沿边开发开放支撑带”； 2. 东南依托牡丹江、鸡西，以绥芬河为重点口岸，发展跨国物流、商贸旅游、进出口加工；三江沿边依托佳木斯、鹤岗，以同江为重点口岸，发展对俄产业合作和增值贸易、旅游；北都依托黑河、伊春，以黑河为重点口岸，发展区域经贸合作；利用黑瞎子岛独特区位，建设中俄合作及全国沿边开放示范区
云南	2009 年 7 月	将云南建成中国面向西南开放的重要桥头堡	1. 将云南尤其是昆明建成连接东南亚、南亚的交通枢纽，形成航空、水路、公路、铁路、通信的立体通道，加强昆明新机场等重大枢纽项目建设； 2. 发挥自身优势，做强做大优势特色产业，大力发展可再生能源、矿产资源精深加工及生物产业、旅游业； 3. 跨境经济合作与口岸建设：中越、中老、中缅三个跨境经济合作区；腾冲・猴桥、麻栗坡・天保等 5 个边境经济合作区；国家一类口岸建设达到 16 个，形成集公路、铁路、水路、航空为一体的多元立体口岸体系； 4. 跨境贸易人民币结算试点启动，昆明区域性跨境人民币金融服务中心成立

① 厦蓉高速公路贵广段和贵广快速铁路，简称“两高”

续表

地区	提出时间	战略定位	重要区域经济联系、产业和交通安排
四川	2008年8月及2012年9月	提出要把宜宾港建设成为四川通江达海的桥头堡；向西、向南开放的桥头堡	1. 努力建设成为全国重要的高新技术产业、先进制造业和现代服务业基地，承接国际产业和沿海产业转移； 2. 利用亚欧博览会、中国—东盟博览会、西部国际博览会等向西开放的平台，积极参与国内外竞争与合作
内蒙古	2011年8月	建设我国向北开放的重要桥头堡，“十二五”期间，构筑全方位对外开放格局	1. 加强口岸建设，发展口岸经济，使口岸年过货能力达到6000万吨； 2. 加快满洲里、二连浩特国家重点开发开放试验区和巴彦淖尔进出口资源综合加工示范区建设； 3. 深化能源资源利用合作，扩大境外资源进口，鼓励企业境外设立加工基地； 4. 推进重大基础设施对接
贵州	2012年	将黔中地区打造成为贵州省对外开放的桥头堡	1. “四带动”：工业化带动、城镇化带动、民生带动、开放带动； 2. 积极与云南、四川、重庆等周边区域合作

资料来源：作者根据各地相关规划及资料整理

从国家发展战略的角度来看，2006年国务院提出“天津滨海新区”开发开放，2007年提出《东北地区振兴规划》。2008年到2010年上半年，国务院陆续出台了21个区域性规划和政策文件，覆盖东、中、西、东北地区，覆盖我国进入工业化不同阶段的多个区域，既有综合性规划也有专项规划，差异化、多层次的区域政策体系初步形成。然而，这些几乎没有一个涉及云南。

2. 国际合作和贸易面临激烈竞争

2010年中国GDP超过日本，跃升为世界第二大经济体，但云南属于欠发达地区，产业不发达，经济外向度低，使云南在与沿海发达地区的竞争中早已处于不利地位。单从西南来看，云南不仅经济总量与四川、重庆、广西的差距逐渐拉大，而且近年来四川、重庆、广西的战略地位提升，又加大了与东南亚、南亚国家的合作力度，云南的形势更加严峻。2007年6月9日四川、重庆被国务院批准成为全国统筹城乡综合配套改革试验区，成为继上海浦东新区和天津滨海新区之后又一国家综合配套改革试验区。其举办的中国西部国际博览会（简称西博会）取得的成果居西部之首。近年来，四川不断加强与南亚的经贸合作。2010年，其与南亚国家进出口贸易额达15.23亿美元，比云南还多。为进一步深化、加强与南亚合作，四川提出了构建“三轴一环”的“南亚三角”大开放的构想。重庆不仅与四川共同推进成渝经济区建设，而且正在打造“一极五基地一屏障”。广西近年来通过举办中国—东盟博览会努力扩大与东盟国家的合作。2008年国务院批准实施《广西北部湾经济区发展规划》，比云南桥头堡建设早。此外，2005年广西加入了过去只有云南参加的大湄公河次区域合作机制（Great Mekong Subregion，GMS）及中越“两廊一圈”建设，这使云南面临巨大的竞争压力。

早在20世纪90年代，云南就提出一系列与周边国家的区域性经济合作动议，包括一直以来云南积极参加的GMS和孟中印缅（Bangladesh、China、India and Myanmar，BCIM）地区经济合作云南省为寻找推进大通道战略建设，与东南亚、南亚的合作机会而想尽所有招数，但由于云南省无法代表国家做出任何实质性的决策，无权代表国家参加任何正式的外交活动，许多想法和建议并未得到认可和支持。反倒是广西，与东盟过从甚密，通过东盟博览会、东盟高峰论坛等一系列活动，提升了区域地位和形象。

当前，西三角①与长三角遥相呼应，珠三角与泛北部湾经济圈辐射对接，云南的边缘化情形也越来越突出。那么，位于云南之南的西双版纳，是边缘中的边缘，还是前沿中的前沿？西双版纳面临着重大考验。

第二节　西部地区“空间格局不经济”假说

一、空间格局和“空间格局不经济”概述

（一）空间格局概述

经济学对空间格局的研究由来已久，从早期的古典区位理论到现在的新经济地理学，经济学家对这一问题做了大量有益的探索。该领域早期的工作可以追溯到德国学者杜能的《孤立国》，而最近十几年兴起的，作为报酬递增革命第三波浪潮的新经济地理学使经济学对空间格局的研究跨上了一个全新的台阶。

空间格局是一个宽泛的概念，不少学科都有所涉及，至今仍没有一个统一的定义。在经济学领域，区域经济学以空间格局为研究重点之一，包括区域宏观经济学和区域微观经济学，分别侧重于不同区域的经济情况比较和资源的空间配合、经济活动的区位研究。国内区域经济学领域有不少学者对空间格局提出了具有代表性的定义：陈才（1991）把空间格局定义为经济（产业）的空间格局，指人类经济活动的地域（空间）组合关系，即经济地域的主要物质内容在地域空间上的相互关系和组合形式；杨开忠（1992）认为区域结构是国民经济沿着区域方向分解形成的资源在区域之间的配置，它由区域比例和区际联系所构成；王铮（1993）认为的空间格局指区域的空间格局，是以资源、人群活

① 即西三角经济区，指西安、重庆与成都联合

动场所为载荷的产业区位（带）为中心问题的空间分异与组织关系；陆大道（1995）认为的空间格局是社会经济的空间格局，指社会经济客体在空间中相互作用及所形成的空间集聚程度和集聚形态。纵观上述定义可以总结出以下三点：

首先，空间格局既强调经济活动在空间上形成的静态格局，同时也试图说明这一静态格局的形成机制及其动态演化规律。在现实中，经济活动空间格局表现出两种格局和趋势。一是空间集聚（agglomeration），即经济活动在某一空间上相互集聚。比如，北欧各国70%以上的生产性服务业集中在各国首都，首都和一些经济较发达的大都市区区位商大于1，其余则皆小于1（Illeris et al.，1995）。又如，我国的长三角、珠三角和首都圈是当前我国最主要的经济集聚区域。二是区域分工，即不同的产业往往集中在不同的空间范围，从而形成产业的区域分工。比如，北京是我国的政治文化中心，上海是我国的金融中心，大庆是石油重镇，长春被誉为汽车城，等等。上述的两个趋势分别从微观和宏观的角度说明了经济活动的空间格局，两者相辅相成，共同对空间格局的形成和演变发挥作用。

其次，空间格局形成的内在机制是地域经济系统中的“理性人”，包括个人和经济组织，追求各自的经济利益最大化，同时这一最大化过程受到了所在空间内各种要素的影响，包括自然禀赋、市场距离、社会文化等条件，进而直接影响到经济活动的成本。由于地域经济系统内要素的空间分布具有差异，因此理性人选择在不同的空间上进行相应的经济活动以使得经济利益最大的过程就促使经济活动产生了有规律空间分异，也即产业的空间格局。

最后，空间格局主要包括反映生产与流通的产业空间格局和反映消费的市场空间格局，经济学上对空间格局进行分析也可以分为两种情况：一是当市场空间格局是外生给定且劳动力不可自由流动时，产业空间格局形成和变化在既定的市场空间格局下进行，此时空间格局仅指生产体系（包括物质生产部门和非物质生产部门）的空间形态，如杜能的农业区位论和克鲁格曼的国内市场效应理论就属于此类分析框架；二是当劳动力可自由流动时，市场空间格局和产业空间格局则由经济系统内生决定。经济系统包含生产、分配、流通、消费等子系统，它的空间格局由各个子系统的空间格局组成，并相互影响。20世纪90年代兴起的新经济地理学就是基于市场空间格局和生产空间格局内生决定的假设，进行了全新的分析和阐释，并提出了一系列具有解释力的创见。

（二）“空间格局不经济”概述

“空间格局不经济”是指一个地区所处的空间格局对经济发展具有内在的不利影响，或者说是开展经济活动的空间成本相对较高。根据上述对空间格局定义的阐述，“空间格局不经济”主要表现为以下三个方面：在宏观层面，区位条件差，处于区域整体空间格局中的边缘位置，远离经济中心，且与中心的交流不便；在中观层面，由于空间成本较高，地区既难以形成规模经济，不利于人口、经济活动的空间集聚，又导致对外交通和信息沟通不便，不利于参与区域分工协作；在微观层面，地区内部空间结构差异性和分割程度高，劳动力、资源和信息等要素的流动受到一定的阻碍，降低了经济活动运作的效率。“空间格局不经济”是地区发展的内在缺陷，成为了地区经济持续快速发展的瓶颈。

二、“西部空间格局不经济”假说的提出

由于历史条件、资源禀赋、地理区位、人文环境等的综合原因，我国各地区在经济、社会、技术水平等方面存在着严重的发展不平衡，其中最突出的表现是东西部地区之间的差距。自新中国成立以来，我国先后大规模地进行了三次西部大开发，西部地区的发展面貌得到了一定的改观。然而东西部之间仍然存在巨大的现实差距，突出表现在经济总量、居民收入水平、生态环境状况等方面，并且在某些方面差距仍在逐步扩大。

这一问题引发了许多学者的关注和思考。早期一些学者从要素禀赋的角度进行分析，认为西部地区在水、交通、资金、技术和人力资源或制度方面与东部地区存在较大的差距，严重阻碍了西部经济的发展，构成了东西部之间差距的根源。从一般经济规律上看，这一解释具有较强的说服力。因此，国家长期以来对西部地区的发展给予大力支持，针对上述的几个问题也采取了专项的工程进行解决，以期缩小东西部之间的差距，统筹区域协调发展。然而，这一系列的国家帮扶和支持并没有达到预期的效果，东西部之间的差距至今仍然不容乐观。杨开忠（2003）对西部地区所缺乏的五项要素提出疑问——为什么引水工程将水从千里之外送到灌溉地，而农民却不敢用？为什么西部地区一方面是交通欠发达，另一方面是交通道路和交通设施利用严重不足？为什么西部地区一方面是缺钱，另一方面却是大量资金流向发达地区？为什么改革开放以来、特别是20世纪90年代以来，许多西部地区的人才流向区外特别是东部沿海地区，而新一代的高级人才却很少流进西部，结果人才从西部净流出？为什么1992年以来尽管中央采取了一系列鼓励西部地区非国有经济发展的优惠政策，但是不尽如人意的是西部地区非国有经济在全国的相对地位并没有因为中央的鼓励政策而改善，相反有些地区非国有经济的比重甚至还有所下降？面对这些悖论，他认为西部地区经济发展滞后的根源并不是要素的缺乏，而是“空间格局不经济”。具体而言，中国西部经济发展之所以相对落后是因为其空间格局缺乏集聚效应和规模经济，尽管国家有扶持

并向西部地区转移资金和人才，但是由于空间格局不经济，在经济利益最大化的驱使下，资金和人才又会通过市场渠道流出西部，西部地区最终仍然面临资金、人才、技术等要素缺乏的问题。可见，西部发展的主要问题是在市场化的条件下，缺乏吸引与保持资金、人才的环境，而其深层次的原因则是空间格局不经济，主要体现为以下三点。

第一，西部整体存在远离经济中心、对外交流困难的客观问题。当前世界经济活动和人口的集聚地主要集中在环大西洋和环太平洋沿岸，我国西部深处欧亚大陆腹地，远离当下及未来的中心地，这就导致了西部地区对外交流的时间成本高、效率低，阻碍了西部地区参与全球经济分工与协作。这一问题可以从表 4-4 的数据中得到印证，它反映了西部主要城市与我国东部主要中心城市的距离普遍较远。

表 4-4 西部主要中心城市至西太平洋沿岸主要中心城市的距离（单位：千米）

城市	北京	天津	大连	青岛	上海	广州	香港
西安	1301	2303	1570	1509	2111	2293	1159
兰州	1948	2949	2246	2185	2787	2969	1811
西宁	2235	3236	2462	2401	3003	3185	2092
乌鲁木齐	3911	4912	4138	4077	4679	4861	3768
成都	2185	3186	2412	2351	2527	2709	2042
重庆	2230	3231	2457	2516	2023	2205	2087
贵阳	2681	3683	2909	2053	1560	1742	2539
昆明	3320	4322	3512	2699	2199	2381	3178
呼和浩特	804	1805	1557	2130	2962	3144	667
银川	1480	2581	2233	2355	2957	3139	1343

资料来源：安尼瓦尔·阿木提，刘则渊，2004

第二，西部地区存在地理分割强、内部交流不便的现实问题。从中国的地形图上可以清楚地看出，除了成渝地区及关中地区外，西部地区被遍布的戈壁、沙漠、高山、峡谷条块分割，致使绝大多数城市相互隔绝。因此，西部城镇之间往来交通难度大、成本高、时耗长，严重阻碍了要素的自由流动和经济活动的有效运作。此外，地理分割还妨碍了人与人之间的相互交流、学习和激励，不利于知识的更新与创新，这在很大程度上制约了人才的发展。

第三，西部地区存在集聚程度低、规模不经济的问题。由于西部地区相互间距离遥远，而且绝大多数规模小、密度低，导致人口、产业和城市集聚难以形成，规模经济也无法产生。西部中心城市之间又相距较远，不利于形成区域整体优势，以吸引人口和经济集聚，如表 4-5 所示。在这种情况下，许多地方市场碎片分割，无法达到企业生存所要求的市场门槛，因而商业贸易等产业难以发展。

表 4-5　西部各地区主要中心城市间的距离　　（单位：千米）

	西安	兰州	西宁	乌鲁木齐	成都	重庆	贵阳	昆明	呼和浩特
兰州	676								
西宁	892	216							
乌鲁木齐	2568	1892	2108						
成都	842	1172	1388	3026					
重庆	1346	1676	1892	3530	504				
贵阳	1809	2139	2355	3993	967	463			
昆明	1942	2272	2488	4126	1100	1102	639		
呼和浩特	1291	1144	1360	3036	2133	2637	3100	3233	
银川	846	468	684	2008	1342	1846	2309	2442	676

资料来源：安尼瓦尔·阿木提，刘则渊，2004

三、“空间格局不经济”假说的简要原理

“空间格局不经济”假说源于空间经济学的基本理论，是分析西部地区发展长期迟滞的一种思路，从更为深层的地区空间格局角度对这一问题提出了全新的解释。该假说并不与传统的要素匮乏理论相排斥，而是揭示了不经济的空间格局通过内在的传导机制致使西部地区陷入要素缺乏—外来输血—要素流出—要素缺乏的怪圈的根源。

从微观上看，“空间格局不经济”的理论核心为互补性（complementarity）和协调失灵（coordination failure）。互补性是指个人的成本和收益与其他人是否进入和使用同一系统密切相关的属性，它是规模经济形成的重要原因。具体而言，由于规模经济的存在，随着生产数量的增加，单位成本会随着系统采用者数量的增加而下降，这就意味着个人支付成本的下降依赖于其他新增需求的加入，而单个供给者收益的提高也依赖于新增需求的加入，即企业、工人或组织所采取的行动会增强对其他个体采取同样行为的激励。因此，对于一个地区而言，良好的空间格局具有较强的互补性，有利于吸引需求和供给的集聚，从而形成规模经济，推动经济的持续发展；反之，空间格局不经济则会导致地区处于边缘地位，难以跨越发展迟滞的障碍。协调失灵是“这样一种状态，由于行为人不能协调他们的行为（选择），导致这种状态相对于其他均衡状态而言，令所有行为人的情况更糟糕。这种情况甚至可能发生在所有行为人都完全清楚存在一个更优的均衡选择的情况下：他们不能达到这个均衡仅仅是由于协调的困难性，而协调的困难性有时是因为人们的期望不同，有时又是因为每个人都更愿意等其他人先行动”（托达罗等，2009）。也就是说，互补性能够造成“锁定”。锁定只有在外部效应以互补性方式出现时才会发生，经济系统存在互补性，导致系统存在多重均衡。这种互补性体现在两个方面：一是进入该地区的消费者的成本和收益取决于是否有其他消

费者进入该目的地（你们不去，我也不去，因为无法获取规模经济，成本更高）。二是进入该地区的投资开发企业的成本或收益取决于是否有其他投资开发企业进入该地区（你们不去，我也不去，因为无法获取外部规模经济）。

另外，在供给和需求方面都存在互补性，而互补性的缺失恰巧造成了协调失灵，从而陷入低水平的均衡陷阱。因此，地区产业发展存在多重均衡，区域经济发展就是从坏的均衡进入好的均衡。如何让“协调失灵”失灵呢，这就涉及“协作失灵”的规避，包括供给方和需求方两个方面。从供给方来说，一种可能的途径就是供给方的“手拉手”——“大推动”。发展经济学家罗森斯坦-罗丹式的手拉手（分散决策者的同时行动），其中还有很多值得探讨的问题，包括合作博弈。比如，发展规划、招商引资、政府的投资和地方营销等。但是，问题在于：即使有了供给，旅游者也会进入吗？小规模旅游者需要分摊大规模的投资，如果无法让需求者（如旅游者）同时大规模进入，协作还是失灵。因此，需求方要实现“手拉手”，而且需求方（如旅游者）的“分散决策”的特征更加显著。那么，如何“手拉手”？这就涉及基于多样化偏好的差异化产品的开发与营销，可以说明深刻挖掘本地文化的重要性等，也包括公共关系的管理，如议题管理（如喀纳斯湖的怪兽）、节事会展（如昆明的世博会），以及特殊的社会性事件（如青藏铁路）等。本书还将在相关章节中结合具体问题进一步阐述。规避“协作失灵”的政府还需：一是充满理想主义——建立战略愿景与编制发展规划；二是有实践的勇气与能力——强大的执行力与大规模资源投入的保障；三是有聪明的策略——不平衡的发展策略，在产业和空间上精心布局，促其成长。

综上，空间格局不经济是西部地区发展问题的内在根源，并且通过相应的传导机制阻滞了要素的累积，而贯穿其中的是两大问题——互补性缺失和协调失灵。下面以西双版纳为例，具体阐释空间格局不经济对地区发展的三点核心阻滞机制。

第三节　边缘效应的若干阻滞机制探讨

与西部大多数地区相似，西双版纳也面临着空间格局不经济的共同问题。

首先，从地理区位上看，西双版纳地处我国西南边陲，横断山脉南端，地势北高南低，海拔在475～2429米；地形条件较为恶劣，全州总面积19 690平方千米，其中山地面积占95.1%，山高、沟深、地质灾害发生较多，经济建设的空间成本过高。

其次，从经济区位上看，西双版纳一方面远离我国对外开放的前沿地区和经济最为发达的东部沿海地区，并且从西双版纳到北京、上海等全国一线城市没有直航，也没有直达的铁路，进一步阻碍了其对外交通的通达性，致使在空间上相互往来不便，时耗长、成本高（表4-6、表4-7），难以得到快速的信息、充裕的资本、科学的理念和先进的技术的辐射；另一方面尽管它与两个国家接壤且直接面向东盟地区，但是周边国家除新加坡以外，都是发展中国家，甚至还有老挝、缅甸这两个全球最不发达的国家，边境贸易层次不高，利用国外市场、吸引外资的难度大。

表4-6　西双版纳与北京、上海、广州往来的飞行交通成本

	北京—景洪	北京—昆明—景洪	上海—景洪	上海—昆明—景洪	广州—景洪	广州—昆明—景洪
里程/千米	2507	2659	2322	2490	1295	2049
价格/元	—	2490	—	2250	—	2250
飞行时间	—	4小时50分	—	5小时25分	—	3小时20分

资料来源：作者根据相关资料整理

表4-7　西双版纳与北京、上海、广州往来的铁路交通成本

	北京—景洪	北京—昆明	上海—景洪	上海—昆明	广州—景洪	广州—昆明
里程/千米	—	3174	—	2660	—	1637
价格/元	—	硬座320 硬卧39/558/578 软卧852/890	—	硬座281 硬卧474/491/509 软卧750/783	—	硬座194 硬卧330/341/353 软卧517/539
运行时间	—	38小时7分	—	37小时2分	—	24小时36分

资料来源：作者根据相关资料整理

最后，从人口的空间分布来看，根据第六次全国人口普查数据，西双版纳全州的总人口为113.3万人，人口密度为57.9人/平方公里，远低于云南省的平均人口密度（每平方公里117.9人），在全省各市（州）排名靠后（图4-4）。可见，西双版纳的人口总数较小，密度也相对较低，不利于市场的成熟和提升，无法充分有效地发挥互补性的积极效应，制约了西双版纳集聚经济的形成。

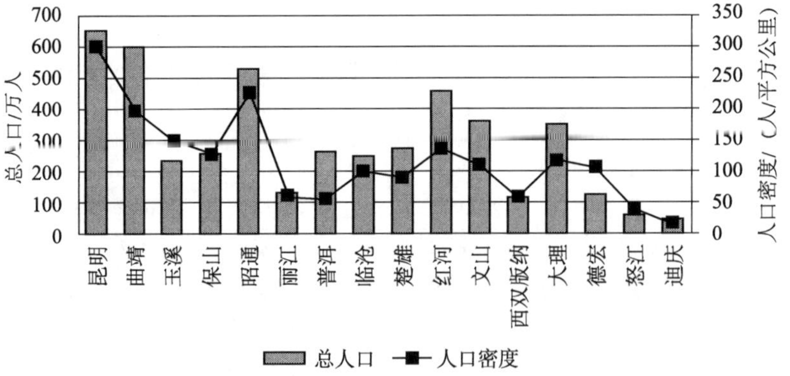

图4-4　2010年云南16个市（州）人口及人口密度比较

资料来源：《云南统计年鉴》（2011）

空间格局不经济是西双版纳发展的核心制约因素，主要是对资本积累、人力资本积累和劳动分工的形成产生了阻碍。对于西部地区普遍存在的这种阻碍机制的形成和传导，江曼琦教授在《少数民族经济发展与城市化问题研究》一书中做了比较详尽的阐释。本章在参考该书及相关著述的基础上，针对西双版纳的问题尝试着展开探讨和延伸。

一、空间格局不经济对资本积累的阻滞机制

资本是经济发展的一个重要的要素，在一定程度上决定了地区经济发展水平的高低，早期的经济发展理论甚至把资本作为最重要的发展要素，虽然以后的经济发展理论强调了资源、劳动力、技术进步和制度变迁等因素对经济的综合决定作用，但是在市场经济条件下，资本仍然掌控着资源的流向、财富的创造和经济的活跃程度。资本的积累来源于生产剩余，不过在开放经济下，资本的积累有区域内外两种渠道，区域内由生产效率决定，区域外则取决于吸引资本的能力。

从区域内部来看，西双版纳因人口规模小且分散，地形条件恶劣，因此生产效率及投资回报率通常较低，尤其是在基础设施的建设和使用上。以道路交通建设为例，2010 年末西双版纳全州公路里程 6360 公里[①]，按国土面积算即每 100 平方公里有公路 32.5 公里，和东部地区相比仍有较大差距；而按人口算则有 56.11 公里/万人，远高于东部。这看似相矛盾的事实形成的原因是，一方面，西双版纳 95%为山地地貌，使得道路建设工程困难、周期长、成本高，道路网全覆盖难度大；另一方面，西双版纳人口规模总量小、聚落分散、间隔较远，因而每人分摊到的道路成本相当高，而利用率却不尽如人意，投入难以收回。这反映了西双版纳空间格局不经济对基础设施的建设带来的巨大阻力，而基础设施又是经济增长的必要前提，对经济与社会的发展具有相当重要的作用，因此落后陈旧的基础设施反过来又进一步降低了经济效益和发展水平，使得经济发展难以取得突破，规模经济也无法形成，最终制约了地区内资本的积累。

从区域外部来看，在市场经济条件下，资本自发地流向利润最大化的地方。西双版纳远离资本集中的东部沿海地区，投资所需的协调成本高昂，再加上内部空间成本过高，导致投资回报率低、风险高，降低了对外部资金的吸引力，最终阻碍了资本从外部市场进入西双版纳。因此，空间格局不经济严重制约了西双版纳的资本集聚，导致了投资规模小及资金不足的问题，甚至还出现一方面建设急需大量资金，另一方面金融资金却严重外流的困境。这一问题可以从

① 资料来源：《西双版纳傣族自治州 2010 年国民经济和社会发展统计公报》

全社会固定资产投资上略见一斑，全社会固定资产投资是以货币形式表现的在一定时期内全社会建造和购置固定资产的工作量及与此有关的费用的总称，该指标是反映固定资产投资规模、结构和发展速度的综合性指标，也是观察工程进度和考察投资效果的重要依据。2010 年西双版纳的全社会固定资产投资额仅为 395 亿元，其投资规模在全省各市（州）排第六位，利用外商直接投资额为 350 万美元，在全省各市（州）中排第 11 位（图 4-5）。

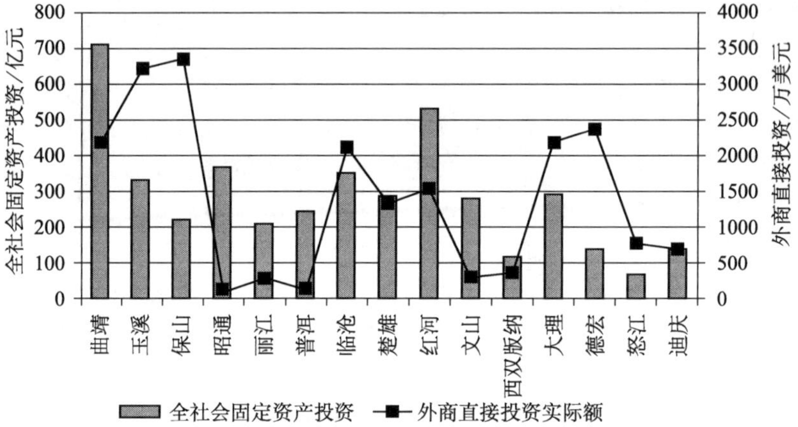

图 4-5　2010 年云南各市（州）（除昆明）全社会固定资产投资和外商直接投资实际额

资料来源：根据《云南统计年鉴》(2011) 和 2010 年各市（州）政府工作报告整理

综上，可以将空间格局不经济对资本积累的阻滞机制用图 4-6 进行形象化说明。

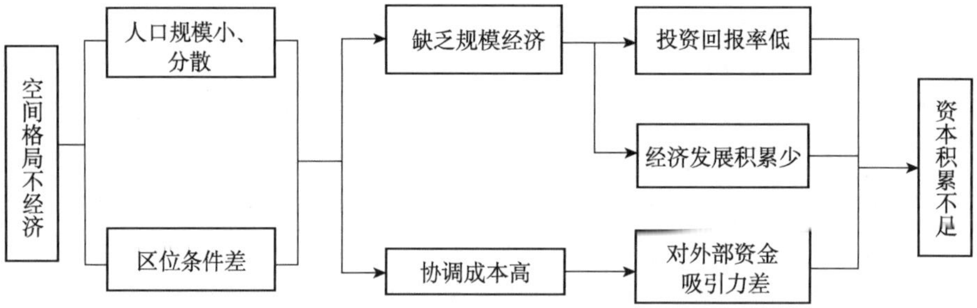

图 4-6　空间格局不经济对资本积累的阻滞机制

注：本图参考《少数民族经济发展与城市化问题研究》(江曼琦，2009)

二、空间格局不经济对人力资本积累的阻滞机制

人力资本是指存在于人体之中的具有经济价值的知识、技能和体力（健康

状况）等因素及其质量的总和。人力资本是生产力的一大要素，只有人力与物力相结合，生产才能顺利进行。人力资本的积累，一方面依赖于内部人才教育和技能培养，另一方面也可以经由其他地区转移输入。

从地方自我培育的角度看，西双版纳在教育投入上存在严重的资金不足的问题（图 4-7）。其原因在于西双版纳人口规模小且空间分布分散，教育投资非常分散，难以形成规模效应以节约成本，因此教育设施建设成本高，教育所需投入巨大。同时，如表 4-8 所示，由于政府教育支出有限，地方财政用于教育的支出大多用于确保教师工资的发放，教育基础设施的建设和改善资金很少，导致学校危旧改造拖滞、教学设施等配套水平低，尤其是职业教育，需要更多的支撑条件，但由于投入严重不足，基础设施薄弱，实训基地匮乏，人才培养质量大打折扣，制约了职业教育的发展。因此，一面是建设成本高，需要投入资金量大，一面是教育资金紧缺，这构成了西双版纳教育面临的困境，也使得本地人才培养面临巨大困难。

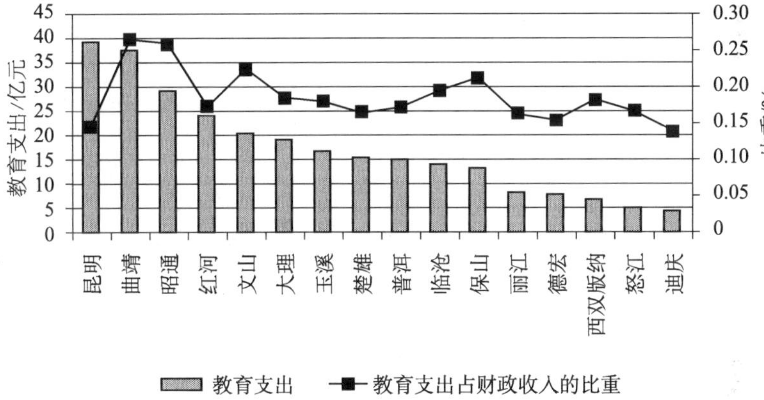

图 4-7　云南 16 个市（州）2009 年教育支出及其占财政收入比重

资料来源：《云南统计年鉴》（2010）

表 4-8　2005～2007 年西双版纳的教育投入支出数据

	教育支出/万元	基础设施建设支出/万元	基础设施建设支出占比/%
2005	462	240	0.7
2006	3624	4330	10
2007	4532	1575	3

资料来源：段丽萍，2010

从外地转移输入的角度看，新中国成立以来有三次大规模的西部大开发，西双版纳曾经聚集了大批比较优秀的人才。然而，随着东部沿海地区的高速发展，伴随着较高的劳动报酬、更多的工作机会、良好的生存条件，这些对内陆地区的人才形成了强大的吸引力，导致大量的人才自发地由西双版纳流出，而经济发展相对滞后的西双版纳则鲜有大规模的新鲜血液持续输入，这就造成了西双版纳人力资本的总量低。另外，又由于西双版纳偏居一隅，与东部信息化最发达、最活跃的中心地距离较远，信息传递和交流的时滞长、效率低、耗损大，难以享受知识外溢带来的好处，致使人才更新知识和技能的速度慢，延缓了人力资本质量的提升，也不利于经济的持续快速增长。总之，西双版纳在人力资本上存在以下三个问题：首先，自身培育的人力资本存在较大困难，其次，人才的外流进一步降低了人力资本的数量，最后，也存在人力资本质量进一步提升难的问题。由上述分析可知，这些问题的根源仍然在于西双版纳空间格局的不经济，其传导机制可以由图 4-8 简要反映。

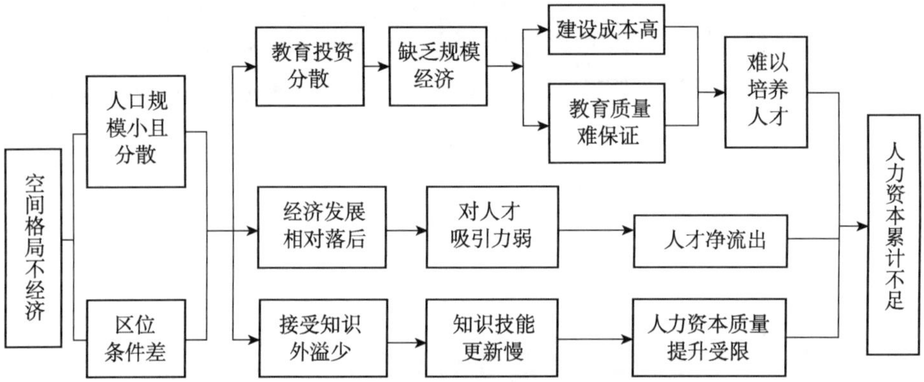

图 4-8 空间格局不经济对人力资本积累的影响过程

注：本图参考《少数民族经济发展与城市化问题研究》（江曼琦，2009）

三、空间格局不经济对劳动分工的阻滞机制

早在 18 世纪，亚当·斯密在《国富论》中就提出了分工可以提高工人操作熟练程度，增加产出，对于提高经济效益有巨大作用。随着经济全球化和全球贸易的快速发展，世界上的每一个角落都纳入到了一体化的生产体系之中，并参与其中的每一项生产，这极大地提高了经济活动的效率，促进了物质财富爆炸式的增长。其原因在于，劳动分工使得每一行业都进行专业化生产，在规模报酬递增的作用下，规模经济产生，从而增加了经济总量。从一定意义上说，地区发展水平的高低与它的专业化分工程度是直接相关的，地区发展水平高的地方，产业部类多并且专业化分工明显，企业数量庞大并且存在一定数量的大型企业，中小企业活跃在市场的各个领域，同时还能吸引到一定数量的外来投资。

然而根据 2011 年《云南统计年鉴》，我们可以看到如下问题：西双版纳支柱产业少、产品结构单一，主要的只有制糖、电力、水泥、冶金、制药、制茶、果汁加工 7 个主要行业，并且形成了“一糖独撑”的单一产业结构，企业的市场应变能力较弱，受制糖行业的好坏影响大，进而关联到全州工业经济的发展；企业单位总数仅有 60 个，在云南省处于靠后位置，并且没有大型企业，中小企业工业总产值较低，并且有 1/4 处于亏损状态，经济效益较低；私营企业数量相对较少，港澳台商投资的企业数量较多，但是没有其他外商投资。由此可见，西双版纳的市场还尚未成熟，产业分工仍然比较欠缺，经济效益也比较低，这制约了国民经济的持续快速发展。

究其缘由，可以从分工的三个决定因素进行分析。一是市场规模。西双版纳企业数量较少，是因为人口规模小且分散，导致市场容量小，而无法达到支撑产业发展所需的门槛要求，没有形成互补性。二是内部交易成本。产业分工的发展有赖于发达的相互贸易，而这又以便捷高效的运输体系为支撑。西双版纳地形差异大且分割严重，内部交通不便，基础设施等“硬件”相对落后，致使内部贸易的成本较高，限制了产业分工的开展。此外，规范化的制度安排、成熟的市场经济文化、企业家精神等“软件”相对欠缺也增加了经济活动的交易成本，不利于产业分工的开展。三是外部协调成本。东部沿海地区目前的多数地区在国际生产体系中所处的是生产和装配环节，但是这种以出口导向为主的参与形式却难以为西双版纳所学习。其原因就在于西双版纳远离经济发达的太平洋沿岸地区，参与这一分工体系存在高昂的空间成本和协调成本，这既制约了西双版纳发展外向型经济，同时也阻碍了外商进入西双版纳进行投资。以上三点都是西双版纳空间格局不经济的直接结果，因此空间格局不经济仍是西双版纳劳动分工欠缺的内在根源，其传导机制可以由图 4-9 说明。

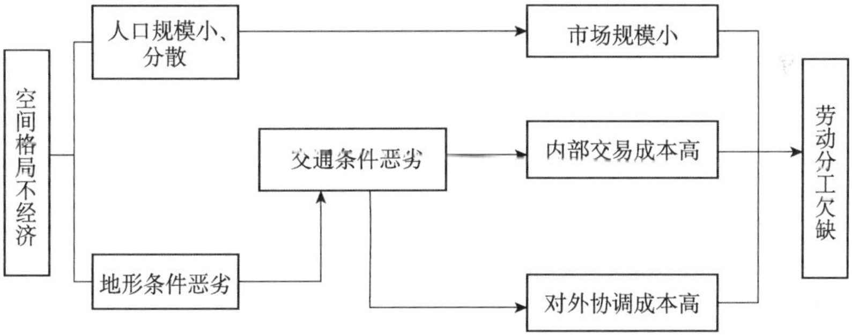

图 4-9　空间格局不经济对劳动分工的影响过程

注：本图参考《少数民族经济发展与城市化问题研究》（江曼琦，2009）

第五章
转型升级与西双版纳现代服务业发展方略

第一节　西双版纳现代服务业：短在何处

西双版纳服务业受过去的发展水平、发展模式、体制机制等方面的约束，在新的发展阶段和历史机遇下，规模、技术水平和国际竞争力等尚难以符合新的综合发展定位和满足市场需求。但只要转变观念，抓住机遇，找准方向，完全有可能在较短时间内实现服务经济的大转变。

一、发展水平与内外部需求所处的阶段尚不匹配

（一）与其他地区相比，绝对规模差距较大

对比云南省其他市（州）的服务业绝对规模，西双版纳明显处于较低的水平（图5-1）。2010年西双版纳的服务业生产总值为68.85亿元，而昆明的服务业地区生产总值为1039.21亿元，约为西双版纳的15.1倍。从结构上看，2010年西双版纳服务业生产总值占地区生产总值的42.77%，比昆明低6.23个百分点，比海南的三亚市低22.43个百分点（表5-1）。

表5-1　西双版纳与昆明、丽江和三亚2010年服务业比较

	西双版纳	丽江	昆明	三亚
服务业生产总值/万元	688 501	625 200	10392 100	1504 200
地区生产总值/万元	1609 871	1435 900	21203 700	2307 900
服务业比重/%	42.77	43.6	49	65.2

资料来源：《昆明市2010年国民经济和社会发展统计公报》；《西双版纳傣族自治州2010年国民经济和社会发展统计公报》；《丽江市2010年国民经济和社会发展统计公报》；《三亚市2010年国民经济和社会发展统计公报》

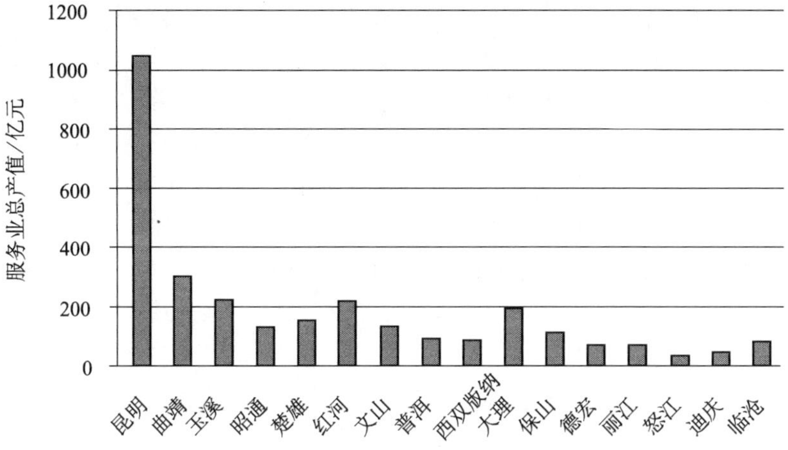

图 5-1 2010 年云南各市（州）服务业生产总值

资料来源：《云南统计年鉴》(2011)

（二）低水平均衡，难以满足本地发展与外地旅游的需求

西双版纳服务业的发展水平，被长期锁定在低水平均衡，突出表现在旅游业的发展上。从第二章对旅游业先发劣势的分析中可知，20 世纪 80 年代西双版纳旅游业刚刚起步，凭借独具特色的热带雨林、民族风情、宗教文化及边境旅游而在全国乃至世界上名噪一时，众多旅游景点也逐渐被开发出来，成为人们观光旅游的胜地。然而，随着国内外游客需求层次的提升，人们的需求已经开始从走马观花式的观光旅游向休闲度假旅游转变，西双版纳并未及时调整旅游产品的供给，依旧凭借业已开发的那些低水平的旅游景点、按原先的发展模式招揽游客，十年如一日，“吃老本”现象非常明显。这使得游客到西双版纳的旅游变成了一次性旅游，西双版纳旅游业锁定在低层次、低附加值的旅游需求上。

（三）与“两强一堡”的战略目标和要求相差较远

云南省在 2009 年 12 月召开的省委八届八次全会，提出来把“两强一堡”（绿色经济强省、民族文化强省、中国向西南开放的桥头堡）作为地区未来发展的三大战略。针对这些战略所带来的前所未有的政策机遇，西双版纳将自身的目标定位为“云南向西南开放桥头堡主阵地”，积极参与大湄公河次区域经济合作，努力建设成为国际性交通枢纽、旅游文化中心、商贸物流集散中心及绿色生态示范区。但是目前服务业仍在低端徘徊，交通、旅游和商贸的发展水平均与上述目标相差较远。

二、发展速度较慢，硬件设施与机制体制适应滞后

西双版纳的服务业从时间序列上看保持了较好的发展速度，2000～2010 年服务

业生产总值的增长率呈现波动式上升。除 2003 和 2005 年增长率较低以外，其他年份尤其是近年来，服务业都有着较快的增长速度。但在横向比较上，则显得较慢。一是体制机制改革、开发步伐仍显缓慢。例如，西双版纳边境口岸通关便利化等政策措施的支持力度还不足，加上一些口岸和通道联检配套设施较为落后，制约了对外开放和贸易的发展程度。二是现代服务业发展不足，全州服务业仍以交通运输、批发和零售、居民服务与其他服务业、公共管理和社会组织等传统行业为主导。虽然金融业所占的比重也较大，但是服务业缺乏信息交流、咨询、研究及技术服务等领域的发展，服务业难以从传统的商业、运输业走向真正的现代服务业（图 5-2、图 5-3）。

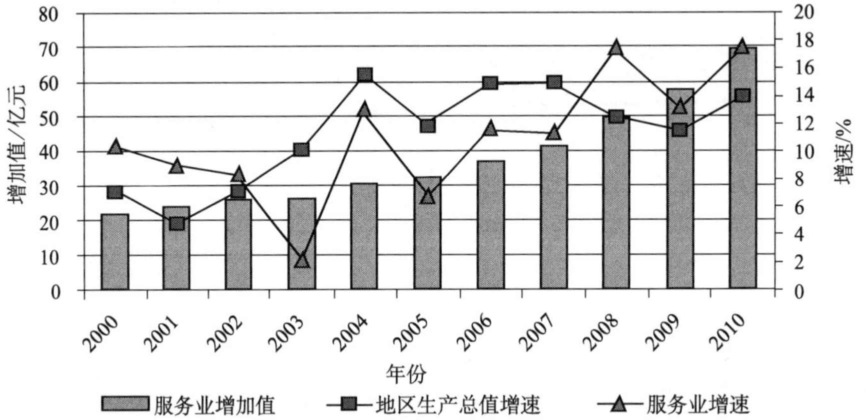

图 5-2　2000 年以来西双版纳服务业增加值及其增长率与地区生产总值增长率比较

资料来源：《西双版纳傣族自治州统计年鉴》（2001～2011）

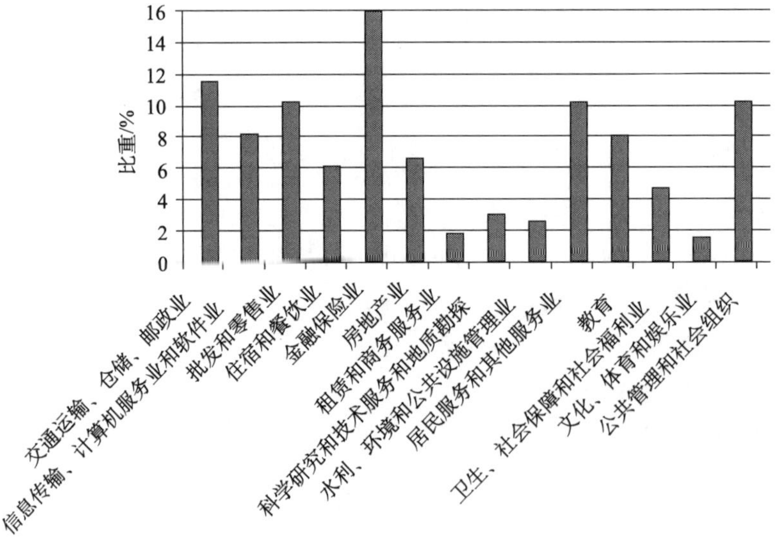

图 5-3　西双版纳服务业内部增加值结构（2009 年）

资料来源：《西双版纳傣族自治州统计年鉴》（2010）

三、战略地位不够突出，产业发展要素环境不完善

西双版纳的服务业长期以来战略地位不够突出，发展环境上缺乏适应产业发展的相关要素：一是基础设施建设水平整体滞后，从 2008 年西双版纳公路的技术等级看，低等级公路占有相当大的比重，已不能够发挥在整个路网中的纽带中用，逐渐成为交通运输的瓶颈，严重制约了服务业的发展（图 5-4）。二是政策扶持力度不够，同时缺乏人文、法律和相应的运营与成长环境。三是缺乏人才培养和产、学、研相关互动机制，产业创新缓慢，缺乏发展现代服务业尤其是对外贸易需要的大量国际物流、外语、经贸等方面的高素质专业人才和人才培养机制。四是区域内外服务业资源缺乏有效整合，与发达地区合作少，与东盟、南亚对接的大规模旅游、贸易合作渠道仍然不畅通。

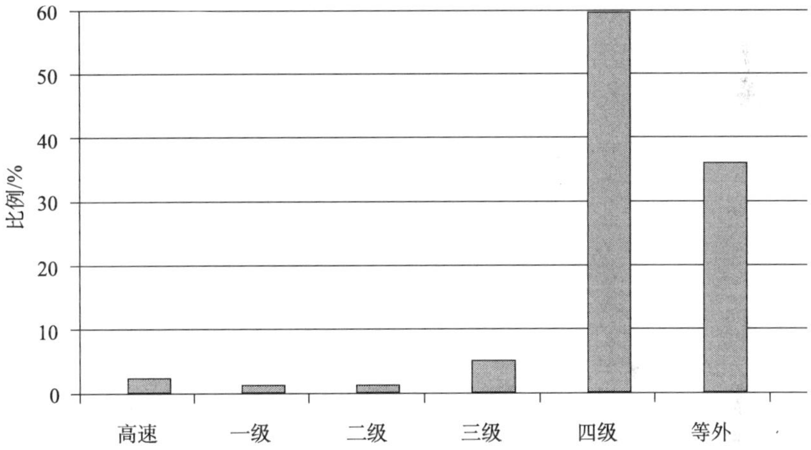

图 5-4 西双版纳公路技术等级结构图（2008 年）

资料来源：《西双版纳傣族自治州统计年鉴》(2009)

四、产业规模尚小，集聚能力与辐射作用不强

首先，西双版纳服务业的发展规模较小，缺乏有实力的大企业、大集团、大项目，缺乏集聚效应，对区域经济的辐射带动作用不强。集聚是联系密切的产业在空间上集中并由此带来范围经济和规模经济的集合。服务业集聚会对区域经济及服务业自身发展产生一系列的溢出效应，如有利于信息的获取与创新、享受“技术外溢”带来的好处、拥有极强的成本优势及更易找到合适的人才等。目前，西双版纳服务业集聚主要体现在旅游领域，已围绕澜沧江形成澜沧江民族风情新区、围绕景洪形成西双版纳旅游度假区。但从全州来看，服务业空间

分布尚不尽合理，日常生活性服务业布局分散且整体层次较低，业态也较为单一。另外，西双版纳区域性边贸中心的地位不够突出，市场集聚力和辐射力不强。市场建设和运用市场机制发展社会事业的力度不大，资金吸引力仍较为有限。尤其严峻的是，西双版纳缺乏对周边区域具有重大意义的服务功能单体，大大削弱了服务能力和辐射范围。现代市场服务体系的发育不全，将影响城市服务功能的发挥，而发达的城市服务功能正是西双版纳做大做强的一个必要条件。

其次，与东盟、南亚等地的外贸合作规模较小，且外贸结构比较单一。2009年全州对外经济贸易，呈现逐年递增、跨越式发展状况，对泰国贸易比重逐渐增大，直接或间接对泰国贸易在当年的出口份额中约占了60%以上（表5-2）。出口商品以果蔬、农产品、机电产品和日用品等为主，进口商品以资源性产品为主，进料、来料加工贸易发展较快。

表5-2 云南4个市（州）的对外贸易额比较（2009年）

	出口额/万美元	进口额/万美元	对外贸易总额/万美元
昆明	296 957	266 073	563 030
德宏	56 744	19 535	76 279
红河	29 009	15 143	44 152
西双版纳	6 563	13 707	20 270

资料来源：《云南统计年鉴》(2010)

五、技术创新不足，科技基础和条件滞后

从传统服务业向现代服务业转变的过程中，科技创新的引领起着关键作用。现代服务业的融合发展主要包括了以下几类：一是由于技术进步而从高新技术产业分离形成的新的服务业形态；二是制造业由于市场分工更加专业化而衍生、分化出新的依托科技进步的生产型服务业形态；三是科技、经济和文化融合而成的文化创意产业；四是其他服务业通过高新技术产业提升改造而形成的相对独立的服务业形态。

目前，西双版纳服务业发展中，科技创新不足主要体现在以下几点：一是传统服务业的信息化改造提升缓慢，文化资源的旅游开发模式较为低端；二是生产性服务发展的产业基础太弱，产品附加值低，科技含量低，后继产业培育和发展力度不够；三是科技成果和技术储备不足，科技成果转化速度慢；四是地方与驻州科研单位科技合作不够，参与市场竞争能力弱；五是以企业为主体的科技创新体系尚未形成。

六、国际竞争力有待进一步提升

随着全球步入服务经济时代，服务业和服务贸易在各国经济中的地位越来越重要。2011 年，服务业占世界经济总量的 70%左右，国际服务贸易发展势头强劲。2000 年以来，世界服务贸易年均增长 9.3%，超过货物贸易 8.8%的发展速度，且呈现出高附加值的服务贸易比重和增长速度都逐渐超过了传统的服务贸易，涉及计算机和信息服务、咨询服务等新兴领域。

西双版纳的服务贸易主要集中在传统领域，如旅游服务，对外劳务合同和承包工程，运输服务等，而高附加值的服务贸易的比重几乎为零。从对外经济技术合作上看，2008 年西双版纳在老挝、缅甸设立境外投资企业 59 家，当年投入资金项目 84 项（其中缅甸 35 项、老挝 49 项），其中替代种植项目 77 项，占 90%以上，养殖项目 4 项，经济合作 3 项。另外，现代服务业利用外资十分有限，这些都表明了西双版纳服务业的国际竞争力还有待进一步提升。

第二节 问题的症结：主要制约因素解析

一、发展的阶段决定了西双版纳服务业发展的水平

一方面，西双版纳刚刚启动了工业化进程，产品技术和价值的低端性决定了社会对生产性服务业的低需求。2010 年西双版纳工业增加值占地区生产总值的 19.6%，同比增长 9.8%，事实上自 2000 年以来，西双版纳的工业增加值的比重一直呈上升趋势，正处于一个加速发展的阶段。但目前西双版纳主要的工业产品包括糖、精制茶、啤酒、酒精、水泥、铁合金、中成药、自来水及电力等，2010 年这些产品的工业增加值占到了全部工业增加值的 92.4%，由于这些产品的技术含量及价值的低端性，目前工业整体对生产性服务业的需求较小。

另一方面，西双版纳的城市化水平还较低，劳动力尚处于低收入水平阶段，收入的增加主要是用于物质生活水平的改善和提高。2010 年全国的人口城镇化率为49.68%，而 2010 年末西双版纳的人口城镇化率仅为 39%，远低于全国平均水平。2010 年人均 GDP 仅为 14 200 元，城镇居民人均可支配收入仅为13 383 元，人均消费支出 10 891 元，城镇居民家庭恩格尔系数为 41%（图 5-5）。

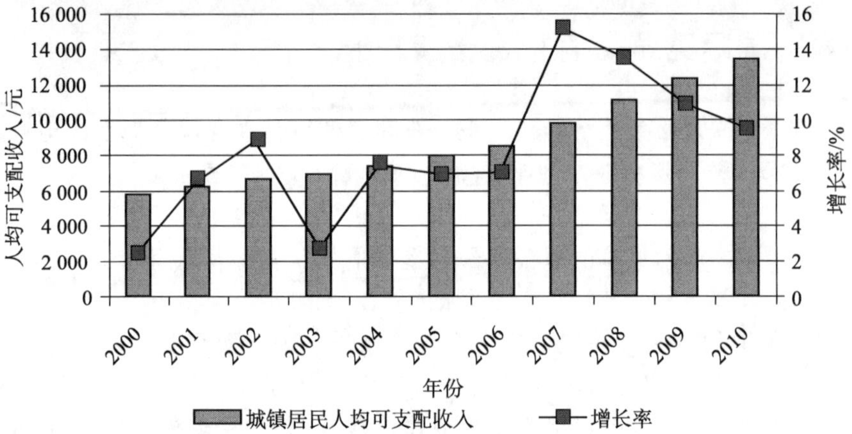

图 5-5 西双版纳 2000～2010 年城镇居民人均可支配收入及其增长率

资料来源：《西双版纳傣族自治州统计年鉴》(2001～2011)

二、政策和体制机制还难以保证现代服务业的快速发展

首先，中央和地方治理关系没有理顺，地方自主权小，影响口岸经济与边贸，境外也不太平，还要边疆维稳。例如，磨憨口岸在 2001 年同时设立了中共西双版纳州磨憨边境贸易区工作委员会和磨憨边境贸易区管理委员会，负责领导和管理区内的政治、经济和社会事务，双层管理导致效率的下降。

其次，行业和州内口岸管理存在着体制不顺的问题，一些管理部门又是“弱势群体”。2007 年 5 月，西双版纳州机构编制委员会办公室下文将州外事口岸办公室承担的口岸管理职能划归州商务局。此前，口岸多头管理的弊端明显，以磨憨口岸为代表的陆路口岸管理部门，除磨憨边境贸易区管理委员会、联检部门外，还有道路运输管理站、交警大队、财产保险公司等部门；以景洪港为代表的水路口岸管理部门有海关、检验检疫局、景洪港边防检查站、景洪港西双版纳港务监督局（赵俊臣，2006）。这不仅带来口岸在运作上的问题和矛盾，而且导致了口岸建设初期，缺乏全局性规划部署，投资资金分散，相关的基础设施建设较差。2008 年 4 月和 7 月，勐海县和景洪市口岸管理职能也相继理顺，实现全州口岸管理职能全部由商务部门承担，与省上实现了对口衔接。但是，在州内还不能形成上下对口的口岸管理制度，一个口岸由多个部门管理，部门间业务交叉、隶属不清、环节冗长、管理缺少法律法规依据、协调失灵等问题仍旧存在，亟待解决。

此外，从全国来看，一些行业仍然存在准入限制和垄断经营现象。目前，金融、保险、电信、航运、公共事业、教育、文化等行业垄断经营、管制经营、闲置经营的现象普遍存在，市场准入条件较高，缺乏市场化的运作机制，一些政策也不利于现代服务业的发展。许多服务领域至今仍被当做非生产性的活动，本可以产业化经营、商业化经营的服务领域，却被当做公益性、福利性的社会事业来办（王战，2005）。这些都是现阶段我国服务业共有的问题，西双版纳也无法避免。

三、传统观念仍然制约着服务业的创新发展

传统观念在产业的不同环节和层面上阻碍了服务业的创新发展（王战，2005），这种制约对西双版纳而言同样明显：一是重生产、轻服务的观念仍然存在，政府在制定税收、信贷和其他相关政策时往往偏重于鼓励投资而不是鼓励消费的倾向比较严重。二是重投资、轻开发的现象比较普遍。以西双版纳的旅游开发为例，研发资金投入不足，导致旅游产品处于“一流资源、二流开发、三流管理”的粗放式开发和经营中，创新不足，精品不多，文化含量不高，制约了旅游产业的提升。三是重单个企业发展，轻产业集群的培育。西双版纳目前的商贸流通产业呈现了“专业市场多而不强，传统百货不大不强，现代流通既小又散”的特点，正是因为缺乏系统的产业集群发展战略和布局，商贸流通等服务行业缺乏竞争力。

四、硬件条件在一定程度上限制了现代服务业的快速发展

首先，服务业发展的基础设施仍有很大提升空间，包括旅游接待、查验设施、通关设施等。其次，信息化、网络化、智能化程度不高，一些企业自身发展水平较低，并不重视企业内部管理及信息化平台的构建；另外，全州没有统一标准的信息服务平台和载体，港口、检验、金融、保险、工商、税务等有关部门的公共信息网络系统不能连接和共享，航运、会展、贸易信息技术不能形成统一的平台。

五、对外开放程度不足以支撑全州服务业的跨越发展

一方面，外资对本地区的产业成长贡献有限。2009 年，西双版纳实际利用外资 1224 万美元，仅占云南省实际利用外资总额的 1.3%，FDI 投资的项目仅有 4 个。从表 5-3 可以看出云南省的外资高度集中在昆明，其他城市的外资利用水平普遍较低，西双版纳的实际利用外资额尚不及文山市的 1/2，昭通市的 1/3。

表 5-3 云南省不同市（州）利用外资比较（2009 年）

市（州）	各地区实际利用外商投资额/万美元	实际利用外资占全省比重/%	项目个数/个
昆明	63 199	69.5	142
省直	12 106	13.3	37
昭通	3 696	4.1	0
文山	2 507	2.8	2
普洱	1 891	2.1	2
玉溪	1 825	2.0	3
临沧	1 391	1.5	0
西双版纳	1 224	1.3	4

资料来源：《云南统计年鉴》（2010）

另一方面，除了旅游和运输，服务贸易和服务外包在西双版纳还处于刚刚起步的阶段。从 2001～2010 年的发展趋势看来，中国的服务贸易增长极快，2008 年服务贸易同比增长了 22.6%，并且呈现出较为明显的两个特点，一是旅游贸易的比重呈现下降的趋势，二是计算机和信息服务贸易、咨询、建筑服务贸易的比重不断上升，其中咨询服务贸易的增长尤为突出。1997～2009 年，该服务贸易额从 3.5 亿美元增长到 186.2 亿美元，占服务业的比重从 1.4%增加到 14.5%。西双版纳在计算机、信息、咨询等服务贸易领域的发展较弱。

六、资本积累靠外部推动，本地民间资本作用不显著

纵观西双版纳近年来的发展可以发现，其资本积累量已有所提高，对外来资本的吸引力也在逐渐增强，还有如平安保险、万达这类在全国享有较高知名度的企业巨额资金的投入。外部动力虽然在一段时间内可以推动区域发展，但是，外来资本投入的最大受益者并非本地居民，而且一旦外资撤离，若本地民间资本不能跟进的话，这种“飞地式”投资便会化为泡影。所以，要对区域发展起到根本推动作用，同时需要能促进区域自生循环发展的内部民间资本。

从西双版纳的发展现状来看，虽然政府以补贴、分红、协作等各种形式积极鼓励民间资本参与到区域发展中，其效果却十分不理想。相对于投资到有一定风险的旅游业等服务业中，居民们更愿意选择将自家田地出租给外地人种植经济作物来换取租金这种稳定、风险几乎为零、机会成本低的投资模式。

七、人才的匮乏制约着西双版纳服务业的升级发展

制造业依靠产品配套体系取胜，而服务业依靠的是人才配套体系。西双版纳的发展最为缺乏的并非物质资本，而是人力资本。西双版纳人口的整体受教

育水平不高（图 5-6、图 5-7）。一是缺乏训练有素的员工，这一类人才起到最基础的作用，需求量也最大，其对提升服务质量、专业水平，获得顾客的满意及好评是至关重要的；二是缺乏一流的管理和专门人才，这类人才对于高端的酒店、商务会展及旅游项目的发展是必不可少的，同时现代服务业发展中金融、咨询、技术服务等也对经济、金融、计算机等专业领域的精英有着较大的需求；三是缺乏国际化人才，把西双版纳建设成为东南亚区域性综合交通枢纽、商贸物流中心、旅游文化中心的目标，对人才提出了更高层次的需求，包括了从基本的外语专业人才到具备国际视野、国际贸易等专业知识的人才。

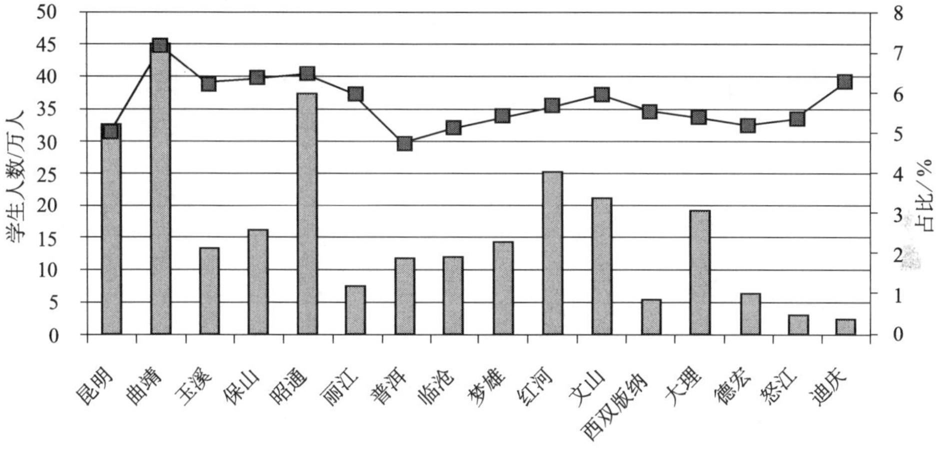

图 5-6　云南 16 个市（州）普通中学在校学生人数及其占总人口比重（2009 年）

资料来源：《云南统计年鉴》(2010)

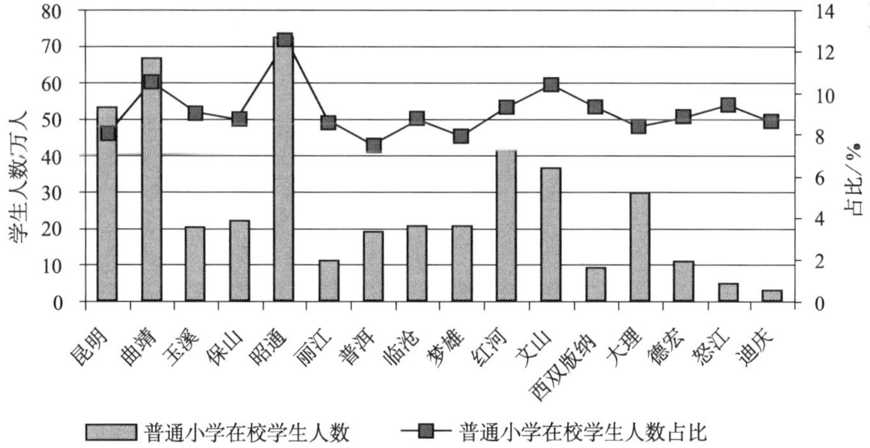

图 5-7　云南 16 个市（州）普通小学在校学生人数及其占总人口比重（2009 年）

资料来源：《云南统计年鉴》(2010)

八、企业治理结构不完善使西双版纳服务业发展缺乏活力

首先，从企业本身的规模和水平来看，不具备较为先进而完善的企业管理制度，成为企业生产效率的制约因素之一。其次，从行业内部看，行业协会的作用不明显，虽然茶叶、石斛、餐饮与美食、境外罂粟替代发展等行业陆续成立了各自行业协会，但这些行业协会倾向于起到产品技术和信息的研究和交流等作用，本身功能和作用有限。以旅游业为例，西双版纳的旅游企业存在恶性竞争，同时旅游目的地宣传和营销的力度不足，在市场机制失灵的情况下，行业协会并没有发挥应有的调节作用。事实上，行业协会可以在产品的生产供应、金融和技术等方面提供指导和支持，同时为购销等环节搭建渠道，发挥更大的促进作用。对此，一些农业合作社部分扮演了这样的角色，如西双版纳形成的一批茶叶合作社，在提供销售渠道、结账、转款等环节上都提供了较完善的服务，促进了茶叶行业的发展。

九、缺乏积极开拓的企业家精神，服务经济观念有待深化

西双版纳服务业发展中的一个重要问题在于，在其社会文化中企业家精神十分缺乏，严重制约着西双版纳由内生动力推动的可持续发展的开展，这一点与长三角地区恰恰相反。长三角地区是我国企业家精神最为旺盛的地区，从温州人走南闯北进行创业、义乌小商品市场开遍全国便可见一斑。社会文化中的企业家精神，大大带动了中小企业的发展，从而使区域发展拥有了永不停歇的内生动力。以农业生产为主的西双版纳，企业家精神严重缺失，在教育中也没有得到鼓励，具体表现为：一是守成文化，小富即安，危机感不强，长远效益观念不强；二是许多少数民族文化知识不丰富，认知及处理新事物的能力较低；三是接受国民教育和职业培训的意愿并不强烈；四是资源保护与市场观念尚需加强。

第三节　西双版纳服务业发展的SWOT-PEST分析

SWOT分析法是20世纪80年代初由美国旧金山大学的海因茨·韦里克（H. Weihrich）提出的，SWOT的四个英文字母分别代表：Strength内在优势，指在竞争中拥有明显优势的方面；Weakness内在劣势，指在竞争中相对处于弱势的方面；Opportunity外部机遇，指较之竞争对手更容易获得的、能够轻

松地带来收益的机会；Threat外在威胁，指不利的趋势或发展带来的挑战。综合考虑内部条件和外部环境等各种因素的条件下，对整体进行系统评价，并采用策略配对的方法，利用内在的优势，克服本身的劣势，把握外部的机遇，避开竞争者的威胁，制定符合地区、产业或企业未来发展战略的分析体系。

PEST分析法是战略外部环境分析的基本工具，它通过政治的（politics）、经济的（economic）、社会的（society）和技术的（technology）角度或四个方面的因素分析，从总体上把握宏观环境，并评价这些因素对企业或者行业战略目标和战略制定的影响。

基于SWOT-PEST的分析，就是把二者整合起来，对地区或产业也所面对的内部微观环境和外部宏观环境整合起来进行系统分析和研究。在第四章第一节和本章一、二节已经对西双版纳发展面临的外部挑战和竞争，以及服务业的不足和制约进行了详细的分析，这里运用SWOT-PEST框架，主要对西双版纳未来发展面临的重大机遇和自身所具有的显著优势展开探讨，其中前者侧重PEST所强调的政策、经济、社会和技术等方面，从而为发展战略的提出提供支撑。

一、未来面临的重大机遇

（一）桥头堡建设引领服务经济新格局

云南桥头堡建设凸显我国新的战略诉求——谋求并确立在未来世界经济发展格局中的战略发展坐标，也为西双版纳的发展带来前所未有的发展机遇。

国家明确支持云南加快建设中国面向西南开放的重要桥头堡，这是继“十二五”规划和全国主体功能区规划之后对云南的经济社会发展的新要求，对云南的经济社会发展来说是更直接、更实在的重大机遇。桥头堡建设将使云南真正成为经济开放的前沿、文化交流的前沿、社会和谐安宁的前沿、生态保护的前沿。要成为上述前沿，就要加快外向型产业基地、国际文化交流基地、民族和谐示范基地和生态保护基地的建设，这将是云南在更高层面上获得经济社会全面发展的重大机遇。往日神秘而美丽的西南边陲将成为外接南亚、东南亚和印度洋，内联我国西南地区的大通道，成为内地商企拓展东南亚、南亚商机的首站，成为东南亚、南亚商贸叩开中国庞大市场的枢纽。2011年5月《国务院支持云南加快建设面向西南开放重要桥头堡的意见》正式发布，为云南省发挥优势、彰显特色、全面发展、实现跨越提供了重大契机，参见专栏5-1。

专栏 5-1：桥头堡五大战略定位

《国务院关于支持云南省加快建设面向西南开放重要桥头堡的意见》提出了五个方面的发展战略定位：

- 我国面向西南开放的重要门户
- 我国沿边开放的试验区和西部地区实施“走出去”战略的先行区
- 西部地区重要的外向型特色优势产业基地
- 我国重要的生物多样性宝库和西南生态安全屏障
- 我国民族团结进步、边疆繁荣稳定的示范区

西双版纳作为云南“桥头堡”战略实施的“主阵地”，遇上了千载难逢的政策机遇。如同建设国际旅游岛之于海南，西双版纳将会得到从国家到地方各个层面的政策支撑，参见专栏 5-2。

专栏 5-2：国家给予云南的一系列突破性政策

《国务院支持云南加快建设面向西南开放重要桥头堡的意见》对云南给予了许多突破性政策，这是云南改革开放 33 年来，国家对一个地方经济体支持力度最大、含金量最高的政策性支持意见：

国家加大转移支付和投资力度，支持云南桥头堡建设和发展；

加大边境地区专项转移支付力度；

支持云南利用中国—东盟投资合作基金、中国—东盟专项信贷资金建设有关项目；

加大涉农信贷增量奖励支持力度；

支持云南省加大对中低产田改造和高标准粮田建设力度；

将云南出口货物人民币结算退（免）税试点扩大到省内所有边境口岸和指定的重要通道；

鼓励和引导外资银行到云南设立机构和开办业务，积极推进与周边国家签订双边本币结算协议；

国家加大支持力度，指导和帮助云南省扶持边远少数民族贫困地区深度贫困群体脱贫；

加大对云南贫困地区的货款贴息支持力度；

在滇西等边境地区和有条件的贫困地区推进矿电结合，发展清洁载能产业；

建设边境和跨境经济合作区，在周边国家设立境外经贸合作区，建设瑞丽重点开发开放试验区；

支持探索水电站、水库等重大能源和水利基础设施建设涉及的淹没区及生态修复整体绿化的用地方式改革；

把云南作为全国电力价格改革试点省；

开展国际重要湿地、以滇池为重点的九大高原湖泊等重点流域生态补偿；

采取特殊政策加强少数民族人才培养，加大对云南省人才和智力支持力度，适当扩大国家重点院校对云南的招生规模。

（二）新一轮西部大开发和沿边对外开放带来发展新动力

首先，国家要求西部以培育特色优势产业为龙头，大力发展农牧业、现代工业和服务业，加快构建现代产业体系。第一，对西部地区属于国家鼓励产业的企业，按15%的税率征收企业所得税；对煤炭、原油、天然气等资源税由从量征收改为从价征收。资源税费改革有利于西部发展。资源税是地方税种，改为从价计征后，可以提高当地财政收入，支持公共事业发展。此外，由于资源消费的主要区域是东部沿海地区，通过资源税改革，也有利于缩小东西部收入差距。第二，中央投资项目将重点投向民生工程、基础设施等领域。云南边境山区等集中连片困难地区将纳入国家扶贫开发重点地区。第三，国家进一步鼓励和支持西部地区先行先试，支持西部地区扩大对内对外开放，积极推动广西东兴、云南瑞丽、新疆伊宁、内蒙古满洲里建成沿边开放的桥头堡。第四，在西部加快实施有利于保护环境的生态补偿政策，逐步提高国家级公益林生态效益补偿标准，增加对上游地区重点生态功能区的均衡性转移支付等。第五，以重要经济区为发展引擎，整体推进和重点突破相结合，重点加强综合交通网络、信息基础设施和水利基础设施建设。

其次，国家“十二五”规划给沿边地区带来的最大机遇是对沿边地区对外开放有了明确定位，规划提出把黑龙江、吉林、辽宁、内蒙古建成向东北亚开放的重要枢纽，把新疆建成向西开放的重要基地，把广西建成与东盟合作的新高地，把云南建成向西南开放的重要桥头堡，不断提升沿边地区对外开放水平。国家为发挥沿边地缘优势，将制定和实行特殊开放政策，加快重点口岸、边境城市、边境（跨境）经济合作区和重点开发开放试验区建设，加强基础设施与周边国家互联互通，支持发展面向周边的特色外向型产业群和产业基地。这意味着云南省发展的领域都将是能得到国家开放政策支持的领域。云南也是国家“两屏三带”生态安全战略格局的组成部分，国家将出台有利于生态省区的资源和生态补偿政策。

（三）机制、体制改革激发产业成长新活力

我国服务业发展滞后和结构不合理，很大程度上是由于体制环境约束。现

阶段我国市场机制逐步完善，放松经济规制、实行市场准入制度改革的条件日趋成熟。因此，体制改革与创新日益成为未来促进中国服务业快速有序发展的重要动力。

首先，国家将发展服务业作为重大而长期的战略。近年来，国家已先后出台《物流业调整和振兴规划》《文化产业振兴规划》《国务院关于加快发展服务业的若干意见》《国务院办公厅关于加快发展服务业若干政策措施的实施意见》等文件。“十二五”规划中明确提出要加快发展服务业，把推动服务业大发展作为产业结构优化升级的战略重点，营造有利于服务业发展的政策和体制环境。这些都将为西双版纳服务业加快发展提供良好外部环境。

其次，未来一段时期，国家将深化改革开放作为推动发展的强大动力，以更大的决心和勇气全面推进各领域改革，形成有利于推动科学发展的体制机制。同时，深入实施互利共赢的开放战略，与国际社会共享发展机遇。一是继续对国有经济进行战略性调整，加快国有大型企业改革，深化垄断行业改革，营造公平的体制环境，鼓励、支持和引导非公有制经济发展。二是加快转变政府职能，强化政府提供基本公共服务的责任，减少对微观经济活动的干预，充分发挥市场在资源配置中的基础性作用。三是按照财力与事权相匹配的要求，进一步理顺各级政府间财政分配关系，增加一般性特别是均衡性转移支付规模和比例，增强县级政府提供基本公共服务的财力保障；完善个人所得税征管机制，继续推进费改税，研究推进房地产税改革；逐步健全地方税体系，赋予省级政府适当税政管理权限。四是深化国有政策性银行改革，积极发展中小金融机构，加快多层次资本市场体系建设，稳步推进利率市场化改革，加强金融监管。五是推进水、电、成品油、天然气等价格改革，理顺价格关系，建立健全能够灵活反映市场供求关系、资源稀缺程度和环境损害成本的资源性产品价格形成机制。

第三，云南省明确提出了“十二五”时期经济体制改革要在以下 6 个方面取得新突破，包括以桥头堡建设为核心的对外开放体制机制改革、以结构调整为重心的市场化改革、以基本公共服务均等化为重点的社会体制改革、以建设民族文化强省为目标的文化体制改革、以建设法治政府和服务政府为目标的行政体制改革、以完善体制和创新机制为重点的试点改革。着重抓好深化农村改革、深化国有企业改革、深化财税和金融体制改革、积极推进资源要素价格改革、深化行政管理体制改革、深化社会领域改革、加快涉外经济体制改革、继续推进改革试点 8 项重点工作。这对西双版纳服务业的发展而言是重要的机遇。

（四）经济成长、内需驱动与社会转型迎来发展新契机

当前世界经济低速增长态势仍将延续，并由危机前的快速发展期进入深度

转型调整期，经济全球化深入发展的大趋势没有改变，服务经济进入高速发展时期。中央明确提出保持经济增长，转变增长方式，国内经济发展尚拥有良好的政策和市场环境，国内投资和国内需求也将进一步扩大，对服务业需求规模和高端服务业品质要求都将进一步提升。

1. 国内经济转型升级，市场出现新变化

首先，从全球范围看，加快经济发展方式的转变已经成为世界各国共同的课题，我国将逐步实现由出口与投资驱动转向内需驱动的发展转型，而发展服务业无疑是拉动内需的重要举措。从目前国内的发展态势判断，未来经济将逐步实现稳定而合理增长（图 5-8）。当前，国内市场出现显著的新趋势，产业布局更加集中、投资规模十分巨大、商业出现新模式和新业态，以及交通运输发生根本变化。

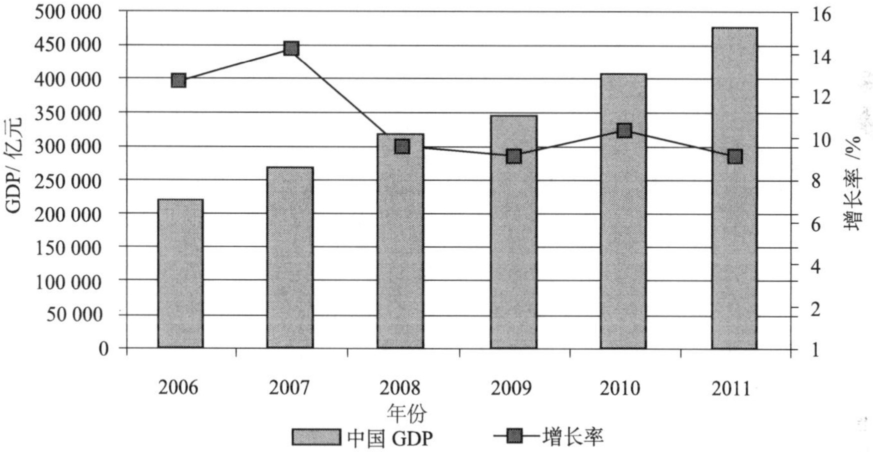

图 5-8　中国 GDP 及其增长（2006～2011 年）

资料来源：《中国统计年鉴》（2007～2012）

2. 人民群众对提高生活水平和质量有了新期待

首先，社会生活由温饱型向小康型、享乐型转变。2011 年，我国人均 GDP 已达 5 432 美元，上海、北京等发达地区人均 GDP 已经超过 10 000 美元，基本实现小康，从而推动社会消费结构向“享受型”升级，带来服务需求偏好的多元化转变与生活模式的质变，居民消费将更加关注健康、住房、休闲、教育、理财等领域，也将促进医疗康体、房地产、休闲娱乐、金融、信息服务及创意设计等产业的蓬勃发展。

其次，社会生活进入休闲经济时代。“带薪休假”是较为成熟、理性、与国际接轨的消费方式，有利于假日旅游的可持续发展。随着国务院法制办出台《职工带薪年休假规定（草案）（征求意见稿）》，我国的带薪休假时代即将来临，同时公共假日的较大调整，使居民休闲机会进一步增强，有利于旅游经济与

"休闲经济""娱乐经济""体验经济"融合，尤其会给西双版纳特色旅游、休闲旅游、商务旅游带来巨大商机（图 5-9）。

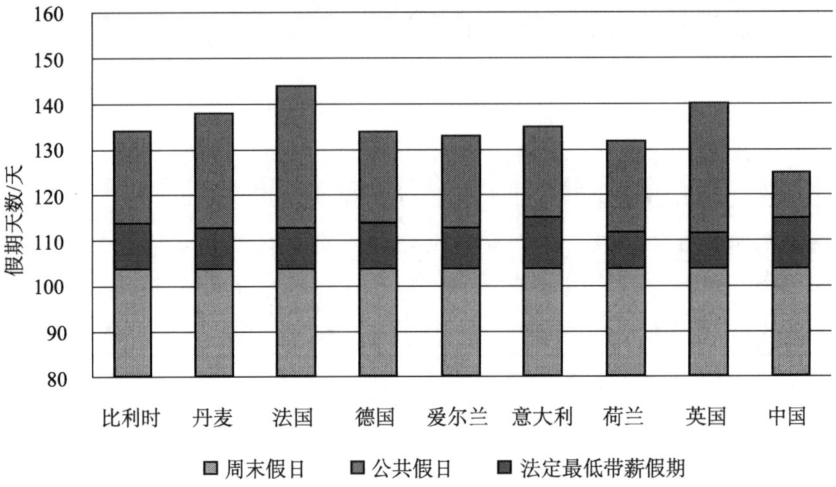

图 5-9　中国与欧洲国家公共假期天数的比较

资料来源：根据 Mercer's Worldwide Benefit & Employment Guidelines，2009 数据整理

再次，上海、北京等发达城市需求率先升级。当前，长三角、珠三角等发达地区处在人均 GDP 由 10 000 美元到 20 000 美元跃升阶段，由北京、上海等发达城市引领，新的消费群体加速崛起，将推动消费结构优化升级，为消费性服务业发展创造广阔空间。同时，服务业整体需求的特点表现为消费点对点、市场面对面，把握好这些地区对高端服务业的领先需求，是西双版纳走出低品质恶性竞争、提升自身竞争力的重要环节。

最后，社会发展更加追求生态友好、环境保护。随着环境保护的理念深入人心，人们的生产方式也将得到改变，对产业环保水平的关注，会使得一个区域在招商引资方面，更加注重引导环保低能耗的企业来本地投资，抬高重污染企业的进入门槛。这有利于西双版纳顺势而动，积极推进产业结构调整，大力提供生态服务，建设国家级生态区域，营造优美的山水城市。

3. 城市化与工业化协同助力经济成长

城市化、工业化与服务业之间存在显著的互动作用。工业化方面，随着生产的专业化，运输、仓储、商贸流通、物流配送等逐渐从工业分离出来，尤其是到了工业化中后期，企业进一步衍生对信息、金融、保险、咨询、教育培训等大规模的生产性服务需求，成为促进服务业发展的主要动力。城市化方面，改革开放以后，随着经济繁荣，我国城市发展速度明显加快，城市经济活力开始显现，大量外来人口融入城市社会，将创造和提供巨大的消费需求(图 5-10)。

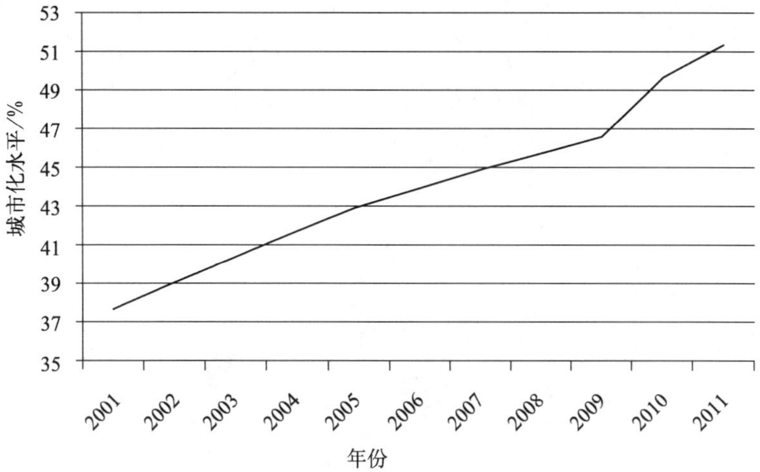

图 5-10　新世纪以来我国的城市化水平

资料来源：牛文元，2011

当前，中国正处于快速城市化进程，同时继续坚持走新型工业化道路，势必持续对服务业发展到起巨大推动作用。就西双版纳而言，新一轮城市化、工业化与服务业也呈现了较好的协同发展态势（图 5-11）。应该看到，尽管当前西双版纳的城市化水平还比较低，但未来将很快进入加速增长阶段，考虑勐养和勐罕并入城市组团的因素，预计到 2020 年景洪市城市人口将达到 30 万人以上，如果进一步考虑西双版纳上千万人次的年接待游客数量，其消费需求潜力巨大。同时，工业发展也朝着污染少、技术含量高的产业方向发展，都将产生多样化而大规模的服务业需求，促进服务业的发展和繁荣。

（五）国际、国内区域经济一体化加快服务经济新步伐

1. 中国—东盟贸易态势转折上升，重新提速

东盟和中国的贸易占世界贸易的 13%，双边贸易总量及增长率较历史水平均有大幅度提升（专栏 5-3）。2009 年受到国际金融危机影响，双边贸易量均有所下降，成为贸易发展的一个低谷。2010 年，中国—东盟自由贸易区刚刚起步，金融危机对贸易的阻碍作用便迅速减弱，贸易总量发展至历史最高水平，贸易增长率也达到历史上很高的水平。作为中国面向东盟发展的重要前端之一，西双版纳，极有可能从中国—东盟自由贸易发展中分一杯羹（图 5-12、图 5-13）。

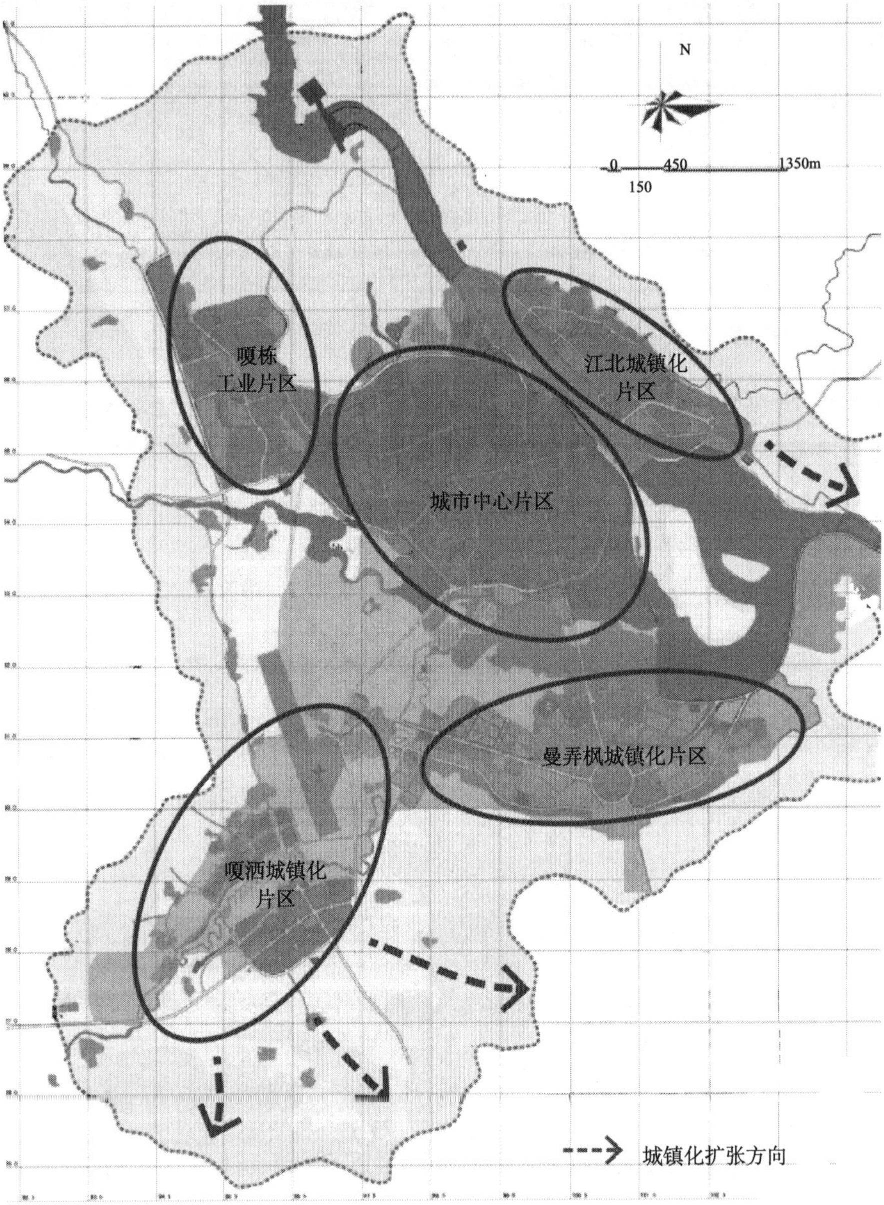

图 5-11　新一轮景洪市区城镇化与工业化布局示意图

资料来源：作者根据《景洪市城市规划》绘制

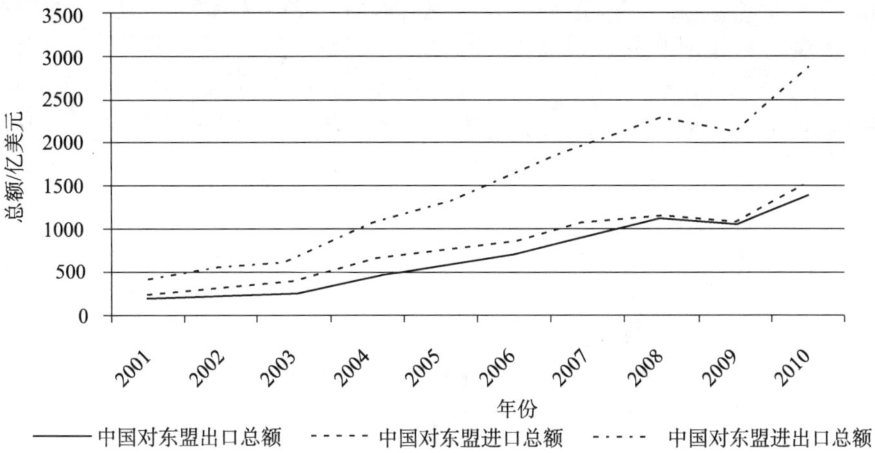

图 5-12　中国对东盟贸易总量（2001～2010 年）

资料来源：根据中华人民共和国商务部亚洲司综合数据整理

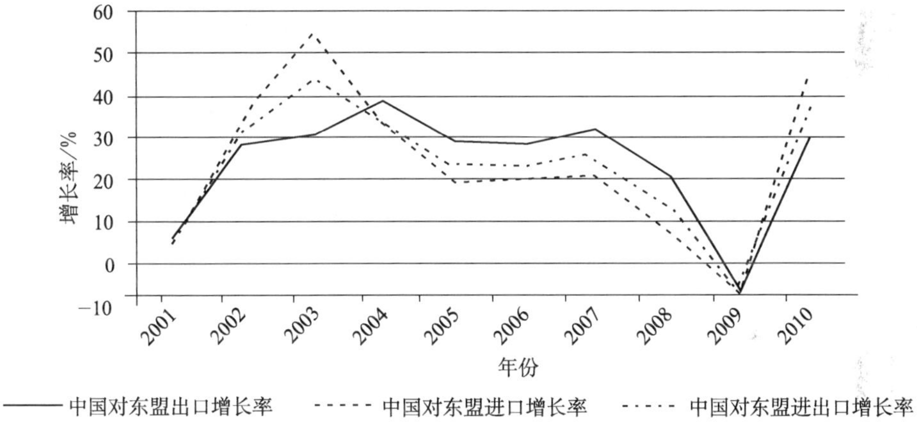

图 5-13　中国对东盟贸易增长率（2001～2010 年）

资料来源：根据中华人民共和国商务部亚洲司综合数据整理

专栏 5-3：中国—东盟自由贸易区

2002 年 11 月 4 日，第六次东盟与中国领导人会议在柬埔寨首都金边举行。中国国务院总理朱镕基和东盟 10 国领导人签署了《中国与东盟全面经济合作框架协议》，宣布 2010 年建成中国—东盟自由贸易区（China and ASEAN Free Trade Area，CAFTA），从而启动了中国—东盟自由贸易区的进程。2010 年 1 月 1 日贸易区正式全面启动，使中国—东盟自由贸易区成为继欧盟（European Union）和北美自由贸易区（North America Free Trade Agreement，NAFTA）之后的世界上第三个区域经济合作区。

中国—东盟自由贸易区由中国及东盟十国（新加坡、文莱、泰国、马来西亚、印度尼西亚、菲律宾、柬埔寨、老挝、缅甸、越南）组成，是一个涵盖11个国家、19亿人口、GDP达6万亿美元的巨大经济体，是目前世界人口最多的自贸区，也是发展中国家间最大的自贸区。中国同东盟会共同合作，形成自由贸易区主要有以下两方面原因。

从外部角度看，它的成立是世界经济全球化与区域经济一体化的具体体现。其成员中除新加坡与文莱外，其他均为发展中国家，经济实力有限，经济增长对外部市场的依赖度高，全球经济的变动对其经济影响重大，自由贸易区的形成，有利于各自开拓外部市场，抵御全球经济变动带来的经济波动。

从我国自身的地缘政治、经济、战略角度看，东盟对我国经济发展起着重大的作用，这里是我国与马六甲海峡联通的重要途径。马六甲海峡无论在经济还是军事上，都是很重要的国际水道，它连接着印度洋与太平洋，是我国通往印度、阿拉伯国家及西方发达国家非常重要的水陆途径。东盟国家与我国山水相连，并一直通向马六甲海峡。因此，与东盟国家合作对我国未来持续稳定发展具有重要意义。另外，东盟地区还可以成为中国周边环境中一个稳定的战略屏障。

2. 大湄公河次区域（GMS）区域经济合作正在加快

大湄公河次区域这一空间尺度的区域相对于中国—东盟自由贸易区而言，对西双版纳参与区域一体化发展更加实际，也是与东盟地区加强合作的基础（图5-14）。1992年，在亚洲开发银行的倡议下，澜沧江—湄公河流域内的6个国家共同发起了大湄公河次区域经济合作机制，以加强各成员国间的经济联系，促进次区域的经济和社会发展，实现区域共同繁荣。GMS包括湄公河流域的6个国家和地区：柬埔寨、越南、老挝、缅甸、泰国和我国云南和广西，集中了东盟中发展水平较为落后的国家，但同时也是连接我国与东南亚各国的重要走廊与桥梁，促进区域一体化的重要平台。

大湄公河次区域合作涉及7个领域，即交通、能源、电信、环境、旅游、人力资源开发，以及贸易与投资。成立近20年来，GMS的成员经济联系不断加强，合作成果层出不穷，进程不断深入，前景日益宽广。昆曼公路全线贯通、澜沧江—湄公河枯水期航道整治工程顺利完成，云南河口向越南老街输电的实现、中泰合作开发的景洪电站全部投产，政府间农业合作与交流逐渐稳定、环境系统建设不断完善，双边贸易大力发展，替代种植成果显著。

随着GMS发展与协作的逐渐深化，区域一体化进程不断加深，产业结构普遍升级，次区域经济合作呈现出更为广阔的前景。在交通领域，泛亚铁路已经

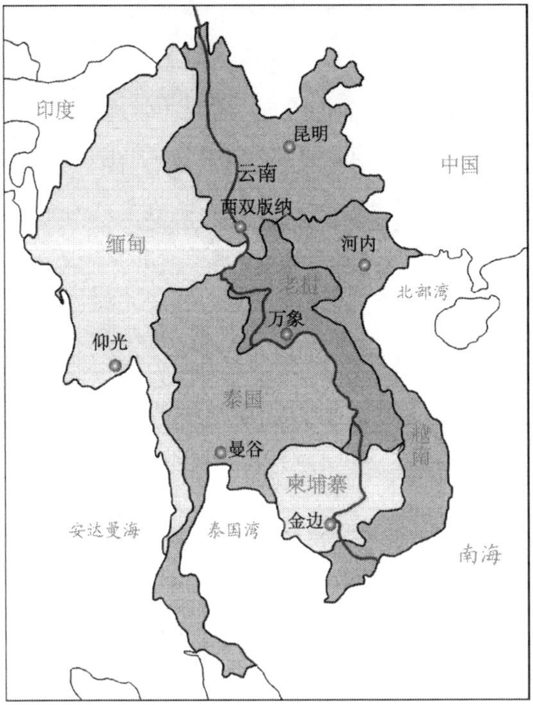

图 5-14　大湄公河次区域示意图

开始动工，为次区域水、陆、空一体的交通网络体系的建成及次区域更广泛的合作奠定了基础；在旅游领域，中国大西南与次区域旅游合作圈正在建设中，是云南旅游发展的一个机遇；在贸易领域，双边贸易品体系将更加完善，从农产品、劳动密集型工业制成品向高附加值产品扩展；在投资领域，资本需求将会增多，投资主体需求也更加多样化。

近年来，全球金融危机为次区域金融合作提供了新的机遇和动力，从清迈倡议多边化协议、区域债券市场的建设到人民币国际化进程的加快，都说明了每一次的金融危机都是次区域经济与金融合作的极大推动力，而最近欧元区与美元区的债务危机，更是次区域经济合作的又一有力催化剂。

3. 中老泰铁路将打开更为广阔的对外联系之门

尽管中老泰铁路可能会为西双版纳带来通道化的危险，但从另一角度来看，它同时也改善了西双版纳交通通达性较差这一不利因素，打开了西双版纳与外界联系的大门。若能利用好这一机遇，加强西双版纳的枢纽作用，使之成为泛亚通道上一个重要节点，则中老泰铁路可发挥极大的作用（图 5-15）。

首先，中老泰铁路的开通改变了西双版纳同东南亚地区的空间经济格局。从相对微观的层面来看，它将推动西双版纳从后方向前线的转变；从中观层面来看，中老泰铁路将改变这一区域有铁路但不能通车的尴尬局面，通过将这一

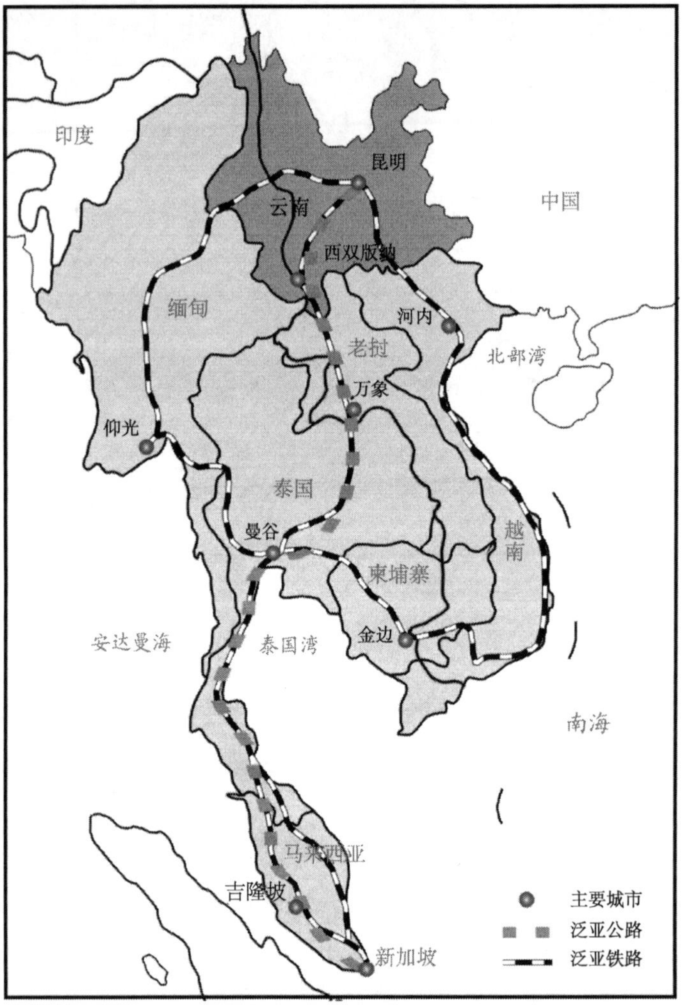

图 5-15 泛亚铁路示意图

区域内的主要城市串联起来，对沿线资源及要素进行整合，从而将中国与东南亚这两个现在相对独立的系统整合起来；从宏观层面来看，中老泰铁路将直通在经济和战略上均有重要意义的马六甲海峡，对于加快这一区域内的城市参与到全球经济格局中具有重大意义。

其次，作为中国与东盟联系的纽带，中老泰铁路集中了大量人流与物流往返其间，并带动沿线城市的发展。西双版纳作为沿线重要城市，若本地经济发展水平较强、需求量较大，则会使铁路带来的客货流在本地停留，成为点轴模式中的一个新的增长点，进而推动西双版纳有更大的发展。

最后，西双版纳作为中老泰铁路进入中国的第一站及离开中国的最后一站，牵涉到海关通关问题，在中国同东盟地区的联系中有着举足轻重的地位。受影响最大的是西双版纳的磨憨口岸，其贸易量、进出口总额等均会因铁路这一交通方式的增加而有不同程度的变化。

4. 昆曼公路进一步便利化，将成为区域“大动脉”

连接中、老、泰三国的昆曼国际大通道于2008年3月已经贯通，在建设方面，老挝会晒到泰国清孔的跨湄公河大桥近期顺利合龙。而关键问题是，这一被称为“黄金通道”的昆曼公路，自通车以来一直存在通而不畅的问题，为此，中、老、泰三方就昆曼公路的运输权益及制约便利运输相关的技术问题进行了磋商，并达成了初步共识，相信不久的将来西双版纳的对外贸易和商务联系将得到扩大和加强，这条几乎横贯中南半岛的大通道将成为大湄公河次区域经济合作的“大动脉”。

（六）科技进步和服务创新促进服务经济新增长

全球科技产业变革趋势为我国发挥后发优势、实现技术和产业整体跃升创造了条件。后危机时代由发达国家主导的新一轮科技革命处于孕育突破期，以“智慧城市”引导的应用IT技术、互联网升级、新材料、新服务产业和以低碳为核心的新能源汽车、智能电网等产业将取得重大突破，创造了新时期科技创新的发展机遇。

一是随着通信、信息、网络等现代化技术的进步和普及，市场组织和交易方式不断创新，使得传统的市场可以通过业态创新来寻求新的经营空间，进而流通渠道更加丰富，功能更加多元。信息技术和网络技术在展示、宣传、交易平台上能有效提高市场的知名度，且方便快捷的交易系统为交易双方降低交易成本，为西双版纳各类市场的升级换代、功能提升和市场推广带来宝贵的技术资源，也为传统物流的升级换代提供了技术保障。

二是智慧城市、物联网、新能源、云计算等先进理念所要求的核心技术，以及软件网络化、服务化已经成为不可逆转的产业发展趋势，也将成为IT、能源等行业的新兴热点领域，无疑将成为“十二五”期间国家在信息服务领域等高科技领域的重点建设的方向。

三是“十二五”提出信息化战略，以“两化融合”为切入点，带动制造业信息化、走新型工业化之路，实现由“制造大国”到“制造强国”的转变将是“十二五”及今后中国的长期国策和核心工作内容。

二、自身拥有的四大优势

（一）垄断优势之一：响亮的地域品牌

品牌资源是地区发展的重要名片，也是区域形象的重要依托。西双版纳气候独特、佛教和民族文化底蕴深厚、环境优美、区位特殊，且在率先开发旅游业的条件下形成了鲜明的品牌优势，不可替代，具有显著的垄断性。“中国最美的森林”“国家级生态示范区”“中国 50 个最值得外国人去的地方”等荣誉的获得都在不同程度上提升西双版纳的知名度，长期以来“美丽神奇的西双版纳”这一地域品牌形象不断被丰富。

西双版纳“十一五”旅游业发展规划提出以“热带雨林、避寒胜地、和谐家园、神秘风情”为主题，把西双版纳建成东南亚傣民族文化寻根访源，北方人避寒过冬，海内外游客回归自然、追求健康、体验热带雨林风光、享受天然氧吧的好地方。这些依托于西双版纳热带雨林生态资源和边疆少数民族文化资源而形成的定位和相应的发展构建正是西双版纳难以替代的品牌内涵。

品牌资源一旦得到良好的整合，将对地区发展服务经济起到巨大的推动作用，增加西双版纳的城市美誉度，提升人们对西双版纳的发展预期，使西双版纳建成辐射面广、聚集力强、美誉度高的“品牌城市”。

（二）垄断优势之二：突出的地缘优势

西双版纳州地处连接东南亚、南亚国际大通道的中心地带，是泛亚铁路和亚洲公路规划的地区，是云南省唯一拥有陆路、水路和航空三种类型的国家一类口岸通道，构成了完整的立体交通体系，这对于其未来发展是一重大优势。目前西双版纳拥有西双版纳国际机场、景洪港、磨憨、打洛 4 个国家级口岸，6 条过境公路可直通老挝和缅甸，且拥有昆曼公路、泛亚铁路和澜沧江—湄公河航道为主体构成的国际大通道。它是云南省唯一具有国家级航空港、内河港口和国际级陆地通关口岸的州，也是云南省唯一拥有与东南亚水、陆、空立体通道的地区。

“一州连两国，一水连六国”。西双版纳是云南省沿边 8 个市（州）中唯一同时与老挝、缅甸两个国家交界的市（州），国境线长达 966.3 公里，处于我国对东盟国家开放的最前沿。湄公河上游澜沧江由西双版纳出境后流经老挝、缅甸、泰国、柬埔寨和越南，素有“黄金水道”之称。“山水相连、语言相通、风俗相近、文化同源”，这是西双版纳与老、缅、泰等东南亚各国相互关系的真实写照。州内傣、景颇等民族中居住在边界两侧的村寨较多，与相邻的老挝、缅甸、泰国和越南有着密切的边民互市经济往来。同族同源的文化和习俗为发展中老、中缅、中泰等国的关系提供了交流合作的良好基础，并且已与周边国家建立起了密切的、相互信赖的合作关系，“三国六方”“边交会”“泼水节”等有影响力的机制和活动，已搭建了进一步深化与东南亚、南亚开展交流合作的平台。

西双版纳州可以充分利用良好的区位优势加大对交通、口岸基础设施建设，积极主动地参与中国—东盟自由贸易区建设、澜沧江—湄公河次区域经济合作、云南—泰北、云南—老北等国际经济合作，不断增强与老、缅、泰等东盟国家的经贸交往和文化交流；支持企业“走出去”开展经济技术合作，拓展合作领域和周边国际市场；以推进中、老、缅、泰边境地区跨境旅游合作为重点，努力构建跨境旅游经济圈；以加快建设现代物流中心为突破口，构建澜沧江—湄公河国际物流合作区等工作入手，奠定了沿边开放经济区的基础和面向西南开放的格局。西双版纳显著的地缘优势有利于其发展边境贸易、跨境旅游及深化区域经济合作。发展得好，就是我国面向东南亚桥头堡的前沿核心（图 5-16）。

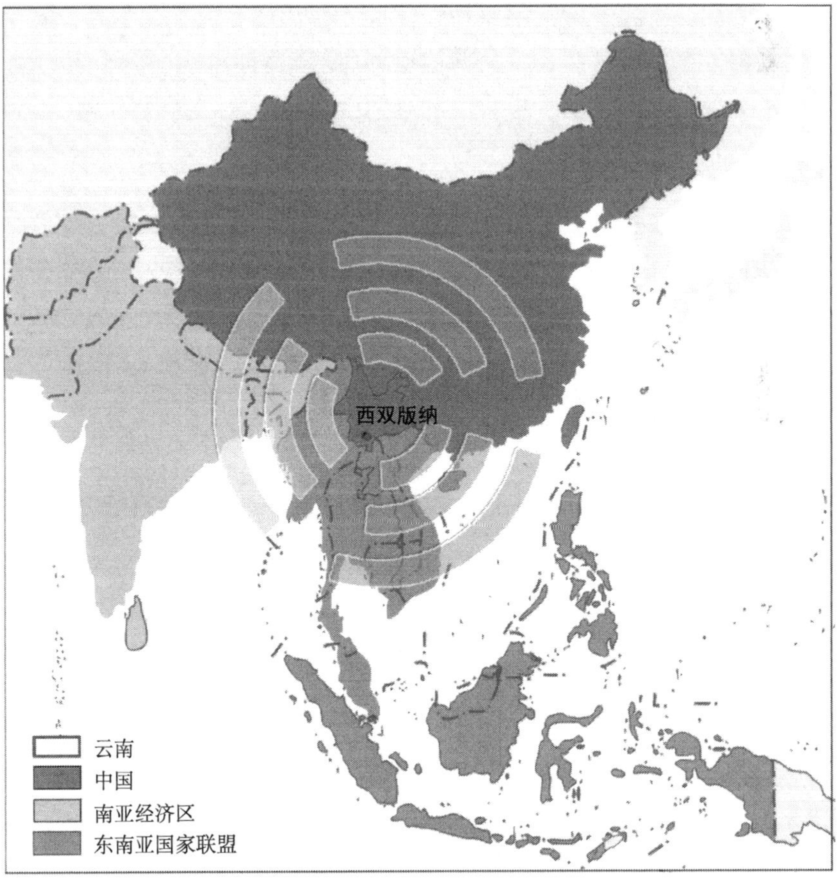

图 5-16　西双版纳在区位格局中的几何中心地位

（三）突出优势之一：丰富的资源禀赋

1. 优美的自然山水生态优势

良好的自然生态环境是居住、养生、旅游所必备的首要特征。西双版纳亲山、亲水、亲绿、亲阳光，适中的海拔和超高的森林覆盖率，为建设养生、旅游城市，发展生态服务提供了天然基础。

西双版纳山清水秀，生态优美，人文荟萃，是中国大地上一块屈指可数的绿色宝地。首先，西双版纳境内因保持完好的热带雨林生态系统而举世闻名，它是世界北回归线上仅存的一片绿洲，是中国唯一保存的一块热带森林区，动植物资源异常丰富。其次，西双版纳独特的地形气候条件，还孕育了普洱茶的“六大茶山”。“六大茶山”的年均气温为19～20℃，年有效积温6000～7000℃，年降雨量1700～2100毫米，冬无严寒、夏无酷暑，生态环境优越，高山云雾之处，正是出名茶的好地方，总面积2260余平方公里、现有茶园面积约10万亩、产茶量达130吨。作为普洱茶的原产地，这一名片扬名海外。三是，有“东方多瑙河”之称的澜沧江及其支流共同构成的西双版纳水城，这对于中国北方的城市而言是不可企及的优势，也是西双版纳的一张名片。这些都是“上苍”赋予西双版纳人民的宝贵财富。宜农、宜林、宜养、宜憩、宜居，是发展文化旅游的风水宝地。

西双版纳拥有550米的适中海拔，78.4%的森林覆盖率，每立方厘米空气中高含10万个负氧离子，空气负氧离子数量是首都北京的100倍，是公认的中国空气质量最好的城市。好山好水还使西双版纳成为享誉世界的长寿之乡，景洪是中国5大长寿带之一，人口不到1万人的景洪嘎洒镇有80岁以上的老人779人，百岁老人14人，是世界长寿标准的4倍，比“世界长寿之乡”广西巴马县还高。无数事实说明，山水兼备的地方是人们心灵神往的精神家园，有发展旅游的大好条件和优势。

2. 独特的民族风情与人文资源

西双版纳地处中国西南边陲，文化底蕴较为深厚。公元前109年，汉武帝就在此地开发西夷，建立益州都。首领帕雅真，于公元12世纪统一了各个部落，以景洪为中心建立了勐仂地方政权“景龙金殿国”，并在即位时受到中国封建朝廷的封号，得“虎头金印”，被任命为方一君主。直到元、明、清，西双版纳仍保持着封建领主经济，社会经济，文化发展缓慢，从而使这里保留着原始的天然生态，也保留着天然的美好风光，以及古老、奇特的民族习俗和风情，是茶马古道的源头、六大茶山的所在地，拥有南传佛教总佛寺、贝叶经、傣族孔雀舞、泼水节、传统民居及被列为非物质文化遗产的傣族织锦等丰富多彩的人文资源（图5-17）。

茶马古道　普洱茶　孔雀舞　泼水节

景洪总佛寺　贝叶经　傣族民居　傣族织锦

图 5-17　西双版纳社会经济发展的人文底蕴

总结起来，西双版纳发展服务业，具备以下几个要素优势：一是可开发的旅游资源，包括生态旅游、民族旅游、宗教旅游、农家旅游等；二是有潜力的生物资源，包括热带雨林中的动植物及中科院植物园；三是地处边境的外贸资源，与老挝、缅甸接壤，且邻近东盟各国，拥有大量的外贸资源；四是宝贵的环境资源，与中国其他发达地区相比，西双版纳的自然生态环境较好，有大片的原始森林，城市的负氧离子也很高；五是水资源优势，水资源丰富、河道广布，保证旅游、休闲、运输、水产等的发展。

（四）突出优势之一：特殊政策优势

1. 作为少数民族自治州，拥有国家的少数民族自治政策

国家对少数民族地区的优惠政策自建国起就确立，尤其改革开放以来，边境民族地区的发展逐渐受到越来越多的重视，国家更是为促进少数民族经济发展，在财政、税收、工业、农牧、民族贸易等多个领域给予了非常全面的优惠政策支持（专栏 5-4）。西双版纳作为云南边境的少数民族自治州之一，无疑能充分享受这些政策优势为经济发展带来的好处。

专栏 5-4：国家对少数民族地区的财政政策

1955 年起就设立“民族地区补助费”。

1964 年又设立“民族地区机动金”，并采取提高民族地区财政预备费的设置比例等优惠财政政策，帮助少数民族地区发展经济和提高人民生活水平。

1980 年，中央财政又对五个民族自治区及贵州、云南、青海三个少数民

族比较集中的省实行定额补助制度，上述三项优惠政策也计入定额补助中继续予以保留。

1980年，国家设立支援经济不发达地区发展资金，其中很大一部分用于少数民族地区。

1986年，国家设扶贫贴息贷款和以工代赈资金，其中很大一部分用于少数民族地区。

1994年，国家实施“分税制”财政管理体制改革，原有对少数民族地区的补助和专项拨款政策全都保持下来。

1995年，国家开始实行的过渡期转移支付办法中，对西藏等五个自治区和云南、贵州、青海及其他省的少数民族自治州专门增设了政策性转移支付内容，对少数民族地区实行政策性倾斜，政策性转移支付额随国家财力的增长不断增加。

1997年6月，国家出台了新的民族贸易和民族用品生产的优惠政策，其中包括在“九五”期间（1996～2000年）每年由中国人民银行安排1亿元贴息贷款用于民族贸易网点建设和民族用品定点生产企业的技术改造，对县以下（不含县）国有民族贸易企业和基层供销社免征增值税等。

2. 作为中国西部落后地区之一，享有国家西部大开发的优惠政策

1999年国家正式出台“西部大开发”战略，在外商投资、外商税收、信贷、交通基础设施建设、林业和生态建设等方面给予了明确的优惠政策。如今，新一轮的西部大开发，基于政策思路调整和创新，西部地区将在发展特色产业、深化体制改革、基础设施完善、加大人力资本投资等方面获得更多的优惠政策，以实现在国外经济环境变化、国内产业结构调整等新形势下，西部地区更快速和长效地发展。2011年8月，财政部、海关总署、国家税务总局联合印发《关于深入实施西部大开发战略有关税收政策问题的通知》，从而明确了进一步支持西部大开发的一揽子税收政策。

3. 作为与东盟接壤的边境地区，又享有国家的边贸优惠政策

关于发展边境贸易，国务院在边民互市、边境小额贸易、经济技术合作等方面一直给予了较多的优惠政策，在此基础上，为进一步促进边境贸易的发展，2008年国务院对财政部等相关部门的请示作了批复，提出在现行边境地区专项转移支付的基础上增加资金规模，加大对边境贸易发展的支持力度，为企业的发展创造了良好的外部环境，并且提高了边境地区边民互市进口免税额度，加大了对边境口岸建设的支持等新的政策（专栏5-5）。

专栏 5-5：国务院关于促进边境地区经济贸易发展的政策

2008 年 10 月 18 日，国务院对《财政部关于进一步促进边境地区经济贸易发展有关政策问题的请示》做了如下批复，为边境贸易带来了更多政策优惠。

一、加大对边境贸易发展的财政支持力度。同意自 2008 年 11 月 1 日起采取专项转移支付的办法替代现行边境小额贸易进口税收按法定税率减半征收的政策，并逐年增加资金规模，专项用于支持边境贸易发展和边境小额贸易企业能力建设。2008 年全年按 20 亿元掌握，实际执行期为两个月；以后年度在此基础上建立与口岸过货量等因素挂钩的适度增长机制。具体办法由财政部会同有关部门另行制定。

二、提高边境地区边民互市进口免税额度。同意自 2008 年 11 月 1 日起将边民互市进口的生活用品免税额度提高到每人每日人民币 8000 元。由财政部会同有关部门研究制定边民互市进出口商品不予免税的清单；由海关总署会同有关地方政府进一步规范边民互市的区域管理。

三、扩大以人民币结算办理出口退税的试点。由税务总局会同有关部门抓紧研究一般贸易以人民币结算办理出口退税问题，并优先考虑在边境地区扩大试点。

四、促进边境特殊经济区健康发展。同意对国家级边境经济合作区，比照执行中西部地区国家级经济技术开发区基础设施项目贷款财政贴息的优惠政策。具体办法由财政部会同商务部等有关部门研究制定。对在边境地区申请设立具有保税功能、货物从境内区外入区享受退税政策的跨境经济合作区，由海关总署在全国海关特殊监管区域宏观布局规划中统筹考虑。

五、清理涉及边境贸易企业的收费。由财政部、发展改革委对涉及边境贸易企业的行政事业性收费项目进行清理和规范，取消不合法、不合理的收费项目。

六、支持边境口岸建设。同意发展改革委每年安排专项资金对边境一类口岸查验设施给予补助，并逐步增加投资额度，提高补助标准，扩大支持范围。

第四节 西双版纳现代服务业发展的总体思路、目标与战略

西双版纳是地处北回归线沙漠地带上最大的绿洲，是我国保存最为完好的一块热带雨林，拥有独特的民族风情和多元文化特征，理应抓住机遇，发挥优势，按照后工业化的需求，挖掘前工业化的资源，形成超工业化的产品，服务不断变

化的内外部市场（魏小安，2010），将西双版纳全州建设成为具有世界级品质的“澜湄枢纽，宜居傣乡”。这是未来实现科学发展、和谐发展、跨越发展的总体方向，也是中国面向西南开放“桥头堡”的先行区、云南对外开放的主阵地的根本要求。

世界级品质，就是特别重视宜人性、文化、自然、时尚、运动及宜居性质，强调地区的综合服务品质和功能与发达国家相似区域“无差异”。

“澜湄枢纽”，就是要以更加开阔的国际视角和长远的战略眼光，站在大湄公河次区域和云南建设桥头堡战略的高度，跳出资源导向的传统思维方式，建立市场导向和创新导向的发展理念，构筑人流、商流、信息流、资金流等大进大出的流通门户，营建“全时全位”，即全时段全方位的便利、快捷的开放服务体系，促进商务与科教、生态、旅游的良性互动，打造具有深厚的人文底蕴又兼备现代发展活力的大湄公河次区域高等级服务中心地。

“宜居傣乡”以整个西双版纳为内涵，以“热、傣、山、水、边”为主线，以贝叶文化和小乘佛教为渊源，打造“自然、宜居、独特”的区域品牌，为度假者、投资者、居民、企业和政府创造以“和”为核心的区域价值和人居理念，实现西双版纳人与人、人与自然的宜居和谐。

一、总体思路

（一）深刻体会“快经济”与“慢经济”的协调统一

西双版纳的社会经济发展应“该快当快”。西双版纳要快起来，发展以效率为导向的城市企业主义，追求经济增长和财富积累的“快经济”，积极对接“中国提升沿边开放，实行自由贸易区”的国家战略，主动参与 GMS 合作，快速提升商流、物流、人流、资金流、信息流的汇集速度和运营效率，发挥流通先导作用，提高经济敏捷度，打造澜湄次区域的服务枢纽。

西双版纳的社会经济发展应“该慢须慢”。西双版纳要慢下来，发展以品质为导向的福利主义，追求全民福祉与城乡品质提高的“慢经济”，以拜千年茶王、住傣家村寨、饮澜沧江水、品陈香茶韵、体民族风情、听曼妙歌声、赏婀娜傣女、探雨林神奇、感云雾缭绕、看孔雀翩跹，享受西双版纳傣乡水城的“慢生活”，以“三个好地方”真正实现人文与自然、生态与休闲、低碳与田园的审美体验。

（二）紧紧抓住“大推动、现代化、可持续”三条发展主脉

大推动意味着，西双版纳要创造一切条件，对具有战略性地位的产业群的各个相关部门集中大规模地投入资本、土地等生产要素，迅速在产业链条的上下游实现规模经济，促使各服务部门向更有效的大规模集聚经济转化，从而推

动产业群在整体规模上跨过门槛，形成强大的区域竞争优势。

现代化意味着，以现代性提升西双版纳的民族文化和生态文明，注重人的现代化，将西双版纳自然资源丰富、环境优美的“生态性”，民族文化繁荣的“乡土性”与人文关怀和科学发展的“现代性”相融合，根植地方，着眼长远，以现代服务业展现中国面向西南开放“桥头堡”的先行区、云南对外开放的主阵地的现代文明。

可持续意味着，转变以资源为导向的传统观念，深刻理解发展内涵，彻底打破低水平均衡，尽快摆脱“先发劣势”和“资源陷阱”，在更大程度上转向依靠科技进步和制度创新这个轨道上来，全面提升服务产业，积极融入全球经济，大力发展人力资源，继续改善生态环境，实现西双版纳社会经济全面、协调、可持续发展。

（三）重点面向“旅游者、创业者、投资者、居住者”四类群体

服务经济往往依靠“以人为本、差异竞争”。西双版纳要通过为旅游者、创业者、投资者和本地居民创造高附加值的生活性和生产性服务来吸引度假、投资和创业的群体；通过营建宜商宜居的环境来吸引知识精英、留住高端人士、服务本地居民，积累人力资本，提升区域品质；通过主动满足国际、国内的领先需求，高标准发展民生服务，构建区域竞争优势，奠定未来发展基础。

二、发展目标

（一）总体目标

面向21世纪，充分发挥地处大湄公河次区域一州连两国、一江连六国的地缘优势，借鉴发达国家对本国欠发达地区开发的成功经验，从大半径的资源环境中获取最活跃、最先进的生产要素，带动一批服务业产业进入西双版纳这个新兴的经济增长中心，形成与西双版纳经济社会发展阶段吻合，与新型工业化和城市化进程相协调的增值率高、辐射面广、开放度高的综合服务体系，打造中国参与大湄公河次区域经济合作的桥头堡、休闲度假的引领者、服务贸易的先导区、商贸流通的主阵地、治理创新的试验田，逐步实现都市国际化、经济服务化、区域一体化、产业高值化的新格局。

1. 保持平稳快速发展

未来一段时期，发展与西双版纳经济成长的规模、等级和职能相匹配的服务业，保持服务业平稳快速发展。

2. 积极发展五种经济

（1）休闲享乐型经济。依靠“旅游强州”，全面推进休闲旅游大开发，满足

国内外日益增长的休闲需求，塑造区域品质，营销城市形象，为西双版纳创造良好的投资和生活环境。未来一段时期，形成以观光旅游为基础、休闲度假、保健养生为主导、专项旅游为补充的“食、宿、行、游、购、娱、养”多元化、多层次、复合型的旅游服务产品体系，成为继清迈、琅勃拉邦之后的新兴国际休闲度假区，旅游经济与社会融合发展的先行先试区。

（2）流通枢纽型经济。依靠“开放活州”，大力发展枢纽经济，把西双版纳打造成中国参与大湄公河次区域经济合作的商贸物流集散中心。把景洪建成连接中国、辐射东盟市场的国际物流配送基地、物流中心和出口贸易加工基地。西双版纳在GMS合作中独一无二的区位，决定了其在GMS合作中将成为商流、物流、人流、资金流、信息流的交汇和辐射中心及跨国运营基地。

（3）绿色导向型经济。依靠“生态立州”，推进“七彩云南·西双版纳保护行动”，加大环保法律法规、傣族传统生态观的宣传力度，更加体现人与自然的协调，突出回归自然、生态友好、绿色科技和低碳经济，实现生态经济发达、生态环境优美、生态文化繁荣、生态兴边睦邻。

（4）创新引领型经济。依靠“科教兴州”与“生物富州”，大力发展创新、创业与商务服务业，积极发展科教文卫事业，展现国际化、时代性、创新型、领先性的特征，挖掘区域科技潜力，自主创新与技术引进相结合、科学精神和人文精神相互结合、技术创新与制度创新相结合，加强区域创新体系建设，在大湄公河次区域产业链分工的“微笑曲线”（图5-18）中继续抢占有利位置。

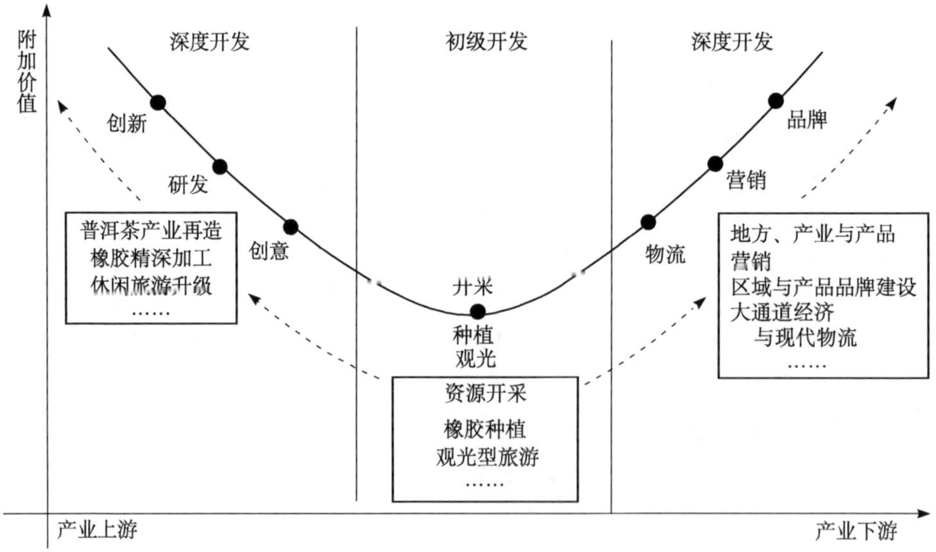

图5-18 西双版纳产业链价值分布的“微笑曲线”

（5）优势集聚型经济。充分发挥沧江新区、工业园区、旅游度假区、保健品园区及边贸口岸的产业集聚作用，通过增长极的极化和扩散作用充分吸纳国内外的资金、人才、技术等生产要素，带动一批产业群的发展，实现增长极驱动的服务业发展新格局。未来一段时期，国际组织和有重大影响力的国际会议的数量和举办要显著增加，国内外企业总部、民营企业总部数量要大幅增加，空间进一步集聚。

3. 优化产业内部结构

未来一段时期，西双版纳要着力发展以通道经济、枢纽经济、休闲旅游为主导的现代服务业体系，做强金融保险业，积极发展商务服务、文化创意等产业，促进服务业内部结构优化升级。

（二）阶段目标

1. 近期目标：完善服务功能

把握近年来西双版纳服务经济成长加快的好势头，快速推进服务业的方方面面，特别是要将过去在公共服务业、生产性服务业方面的欠债基本补齐，并且积极推进旅游产业的转型升级，逐步构建具有竞争优势的服务业产业群，初步形成西双版纳现代服务业的基本框架，并且加强大湄公河次区域辐射与合作。

该阶段为强化各项基础设施建设，亮点项目突破阶段。以 2013 年西双版纳建州 60 周年为起点，用 5 年左右的时间，重点着眼于景洪城区、嘎栋、嘎洒、大渡岗、沿江经济带、沿边经济带的规划和开发，营销和凸现西双版纳流通、宜居和休闲的服务功能。

2. 中期目标：强化区域服务

在不断增加区域经济实力、巩固在 GMS 中地位的基础上，进一步全面提升全州的服务业发展水平，并且在“服务经济”的引导下，在景洪、勐腊、勐海积极打造若干拉动就业型、拉动投资型、拓展体验型和产业带动型产业群，形成比较完整的现代服务业体系，实现服务业快速持续增长。

该阶段也是西双版纳经济转型初见成效、现代服务功能持续提升阶段。到建州 80 周年，要在若干现代服务业重点领域的集聚效应、品牌效应及辐射效应上取得重大突破，并且呈现具有区域特色的文化创意经济和总部集聚经济态势。

3. 远期目标：实现卓越服务

在 GMS 形成具有强大区域影响力的服务业中心，构建一个全面、协调、高效的服务体系，确保“全时全位”，即全时段全方位的服务，并且服务业成为西双版纳经济发展的第一引擎，形成“三、二、一”的产业结构。

该阶段是区域功能成功转型，现代服务经济全面发展阶段。到 21 世纪中叶，西双版纳迈入后工业社会，全面实现现代化，形成以现代服务业为主导的新型产业体系，全面确立服务全国、引领次区域、面向海内外的枢纽经济、生产服务、休闲经济服务中心地位，实现西双版纳现代综合服务功能，成为具有世界级品质、持续发展的高等级服务中心地。

三、总体战略

（一）基本战略框架

合作共赢、理性增长、科学发展是今天西双版纳发展的主旋律。为实现服务经济发展，西双版纳要面向市场需求，目标导向和问题导向相结合，以“一个中心，五个基本点”为战略方向，“一个中心”即以打造“澜湄枢纽，宜居傣乡”为中心，五个基本点包括：“微笑曲线”战略、区域营销战略、一体化战略、集聚成长战略、制度创新战略，把生态做好、人文做深、市场做透、产品做精、服务做细、产业做强、品牌做响，促进服务业要素的重新组合与合理配置，实现双向互动的区域内外经济一体化发展和边疆少数民族地区的社会进步。

（二）实施“五大战略”

1. 以提升产业附加价值为目标的“微笑曲线”战略

以旅游产业为突破，以创新引领产业转型升级，在产业价值链分工的“微笑曲线”中抢占有利位置，在现代服务业跨越式发展中，使西双版纳服务经济向现代化转变。

西双版纳要积极把握当前产业升级的战略机遇，实施“微笑曲线”战略，以创新引领产业转型和升级，深刻挖掘西双版纳的科技潜力，摆脱“先发劣势”，跳出“资源陷阱”，克服“边缘效应”，科学精神和人文精神相互结合，自主创新与技术引进相结合，制度创新与技术创新相结合，优先发展高端旅游、休闲度假、保健养生、供应链管理等具有高附加值的环节，在大湄公河次区域的产业链分工的“微笑曲线”中抢占有利位置，打造若干优势生产性服务产业链，形成一批农业与服务业、工业与服务业融合的产业群。

2. 以提升地区竞争力为目标的区域营销战略

建立服务导向和营销导向的理念，内蓄做强品质，外张做响品牌，推进以提升区域服务竞争力为目标的区域营销战略。

西双版纳要跳出资源导向、生产导向和产品导向的传统思维方式，建立服务导向和营销导向的理念，通过“内蓄外张”做强品质、做响品牌，将西双版纳的未来视为一个有巨大市场潜力的产品，利用一切有利条件，克服规避不利因素，内联外引，通过高层次、大事件、大活动、多渠道，主动营销地区特色，坚持生产性、生活性服务产业并举的发展方向，为旅游者、投资者、创业者、本地居民等各类消费者创造世界级的区域价值和利益，实现服务业的整体跨越。著名旅游经济和管理专家魏小安教授提出以下四句话，值得借鉴："通过高层次，形成扩大性营销；通过大事件，形成冲击性营销；通过大活动，形成广泛性营销；通过多渠道，形成持续性营销。"西双版纳未来营销的重点建议包括如下几点。

(1) 营销导向：改变观念，树立先进的区域营销理念。

(2) 整体推广：确立并推广新的城市整体形象，整合和聚焦城市品牌，创造独特的生态、旅游、商务服务价值和功能。

(3) 单打冠军：寻找具有竞争优势和西双版纳区域特色的产品和服务作为突破点，在大湄公河次区域服务经济竞争中创造差异化的竞争优势。

3. 面向国际，立足大湄公河次区域的一体化战略

精耕本土，融会全球，对接区域需求，整合区域资源，主动利用"近水楼台"的资源和要素的临近优势，注重城乡统筹、注重内外兼顾，实现区域经济一体化发展。

西双版纳本地的人口和经济规模决定了其服务业，无论是生活性服务业还是生产性服务业都不能仅仅服务于本地市场，而应当主动面向大湄公河次区域市场。西双版纳服务业发展要实施区域一体化战略，注重城乡统筹、注重内外兼顾，不能片面追求国外市场开发而忽视国内市场的需求，一方面要对接区域需求，另一方面要整合区域资源，尽快解决昆曼大通道通而不畅带来的被动局面，主动利用资源和要素的临近优势，实现区域资源优化配置，积极参与区域产业分工，进一步提高西双版纳服务经济外向度，大力吸引外资进入，同时努力挖掘本地资源，凸显地方个性，努力推动跨区域、多层次、多形式的治理机制的形成。

4. 以空间管制，优化空间配置为目标的集聚成长战略

实施空间管制，限制城市蔓延，借助增长极驱动的产业集聚机制谋求城市的"精明增长"，点轴发展、南北贯通，滨水为本、文化为源，实现商流、物流、信息流、资金流在西双版纳的高度集聚，完成各类经济要素的有效配置。

目前西双版纳空间布局存在不合理、片面求大的情况和"圈地"趋势，土地等宝贵的资源未能有效、集约地利用。我们必须要高度重视、正确处理好空间规模和经济效能之间的关系，坚决杜绝新一轮的城市"圈地"运动，注意保护、储备和规划好大渡岗、嘎栋工业开发区二期、勐海、勐腊等地的土地资源。要按照"产业集聚、布局集中、资源集约"的原则，吸引全球资源发展西双版纳服务经济，培育若干增长极驱动的产业群，实现商流、物流、信息流、资金流在景洪的高度集中，形成与西双版纳高品质城市功能与形象相匹配的休闲度

假集聚区、生态商务区、创业创新区，发挥集聚区的产业经济外部性，提高土地利用效率和效能。

5. 以提高市场化程度为目的的制度创新战略

面向市场需求，深化体制改革，破除体制与机制障碍，切实优化地方与产业的治理结构，发挥政府的宏观调控和引导作用，通过合理的制度安排从根本上有力地推动服务业的发展。

当前，我们正在进一步深化金融、保险、财税和投资等领域的体制改革，扩大服务业领域对外开放，然而现有的一些体制机制仍然不能适应服务业的发展，要求加快改革，为服务业发展提供重要的制度保障。这就需要进一步转变政府职能，加强规划引导，规范市场秩序，为服务业营造良好的发展环境。充分发挥市场配置资源的基础性作用和企业的主体作用，提升西双版纳服务业的整体适应力和竞争力。

（三）产业总体部署

1. 明确主导方向

现代区域经济的发展，首先是区域主导产业的成长。主导产业是发展速度快、在产业结构系统中起引导带动作用、对国民经济增长贡献大的产业，决定着一个城市和区域产业结构未来发展的方向和模式，决定着整个区域经济体系的形成与演化。就西双版纳而言，生产性服务业相对缺乏且不成规模，公共性服务业与西双版纳经济发展还不适应。因此，要加快形成生产性服务业和生活性服务业两轮驱动、公共性服务业作为基础和支撑的产业发展格局。

2. 产业发展构想

根据西双版纳的资源禀赋、区域特性及功能定位，着眼于消费结构升级和发展潜力释放，结合西双版纳服务业发展基础和产业技术条件，进一步提高服务业的比重和发展水平，从重要性、迫切性两个角度，考虑市场需求、经济效益、发展速度、比较优势、产业关联、产业规模、技术进步，着眼于与云南省、广西壮族自治区及其他地区之间的产业分工协作关系，注意参考国家支持云南省加快建设面向西南开放重要桥头堡的意见，重视区域社会经济与生态环境的可持续发展，重点做强旅游与文化产业群、创业与商务产业群、商贸与流通产业群、民生与公共服务产业群（图 5-19）。

（1）旅游与文化产业群。树立“大旅游、大产业”的观念，继续做大做强旅游与文化产业群，创新发展，打造文化旅游地产发展新模式，打造若干集旅游、文化、休闲、保健、养生为一体的产业发展综合体，提升全州旅游产品的品质，挖掘文化产业的价值，扩大旅游市场的范围，重视文化内涵建设，成就西双版纳为具有区域竞争力的国际旅游度假胜地。

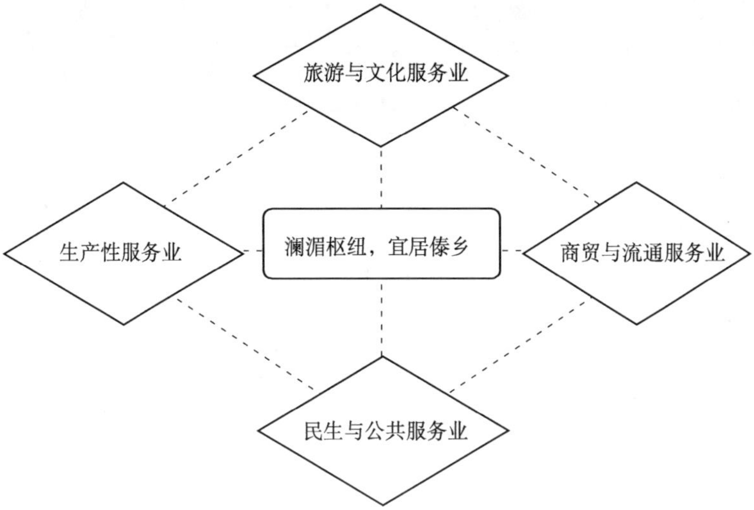

图 5-19 西双版纳服务业产业群发展总体构想

(2) 商贸与流通服务产业群。提升商业业态，完善商业体系，合理优化布局，重点发展大通道商业和口岸专业市场，培育特色商业的发展。加强物流业网络化、系统化、信息化、专业化建设，优化有利于商贸流通产业发展的政策环境，积极探索流通体制改革新思路，加强商贸与流通服务产业群的发展。

(3) 生产性服务业产业群。通过扶植中小企业的发展，吸引企业家、科技人才来西双版纳投资创业，鼓励创新型产业发展等途径，发展壮大西双版纳创业服务产业群。发展科技服务、商务服务、会展服务、信息服务等产业，打造西双版纳成为能集聚创业与商务要素的城市。

(4) 民生与公共服务产业群。在关乎民生问题的教育、医疗、居住、就业、交通和群众体育等方面加大投入，统筹城乡公共资源分布，为发挥西双版纳生态价值、提升基础设施品质、打造国际化宜居城市、实现西双版纳可持续发展提供民生与公共服务保障。

第六章
旅游与文化产业发展研究

第一节　新时期的发展定位与战略解析

一、发展使命：打破低端锁定，实现整体升级

西双版纳旅游的第一次发展获得了巨大的成功，这在市场发展的特定阶段具有历史进步性。然而，“先发劣势”的存在、低成本竞争的锁定，低端开发模式的局限性已经暴露无遗，呈现比较显著的“四低”特征，即以“低”品质观光产品满足“低”端市场的需求，导致相对较“低”的经济效益和目的地形象的“低”评价。

从哪里跌倒就从哪里爬起来。面对需求的升级，西双版纳旅游发展的主要目标是要打破锁定，聚焦休闲度假，推动旅游产业大发展，实现旅游现代化，以满足日益提升的当代旅游需求（专栏 6-1），以现代性提升生态性和乡土性。

专栏 6-1：打破低端锁定关键：全面整体提升

在我国旅游市场快速扩张、旅游需求全面提升和周边旅游目的地产业结构存在优势的背景下，西双版纳唯有打破其旅游业的低端锁定，化解“先发劣势”，才可能在激烈的市场竞争中立于不败之地。

经济学研究表明，旅游业的低端锁定一旦形成，利用单一手段将很难将它打破，因为产业中各种力量的相互作用会促使整个旅游系统自我复原。此时只有两种情况会导致锁定发生变化，一是外部条件（如交通、政策或需求）发生重大改变，二是对旅游及相关产业的全面整体提升，将之引入一个更优的均衡。

> 目前，西双版纳面对的是一个需求升级的外部旅游市场，而2008年昆曼大通道的打通则大大改善了其外部交通状况，这些都为西双版纳旅游业的提升提供了重要机遇。在此背景下，西双版纳只有抓住时机，通过相关产业的全面整体提升，聚焦休闲度假旅游，走现代化、差异化、高端化之路，才能打破先发劣势和低端锁定，从而实现旅游业的大发展。
>
> 由于当前的市场自组织机制对原有均衡起着强化作用，因此在西双版纳旅游业的新一轮发展过程中，政府的作用将十分重要，政府应当承担确定方向、调配资源、引导发展的关键职责。

1. 以现代性提升生态性和乡土性，意味着必须坚持“3N”的发展理念

3N即自然（nature）、怀乡（nostalgia）和涅槃（nirvana）。3N意味着将西双版纳自然资源丰富、环境优美的“生态性”，民俗文化繁荣的“乡土性”，以及现代文明、先进设施和高端旅游产品的“现代性”相融合。

2. 以现代性提升生态性和乡土性，意味着必须坚持“SLOW”的现代观

SLOW即可持续性（sustainability）、地方性（locality）、有机协调发展（organic）和居住的智慧（wisdom of residence）。SLOW意味着西双版纳的旅游发展要根植地方，着眼长远，充分协调旅游者、居民、企业、政府等利益相关方之间的关系，以及人与自然的关系，以确保西双版纳旅游业全面、协调、可持续、有机地发展。SLOW的现代观要求西双版纳旅游业在充分协调资源和多元利益的基础上，实现现代化、可持续的发展。

西双版纳在新的历史时期必须努力走出以“低成本主导、低端观光为”主要旅游形式的旅游产业结构锁定，打造以休闲度假为代表的高端旅游产品和目的地形象，提升旅游配套服务与设施，以适应需求提升背景下旅游活动形式向休闲化、体验化、享受化、度假化发展的趋势，在此基础上逐步构建具有现代性的新型旅游产业结构。

二、整体升级条件的动态解析

（一）资源供给/外部需求条件符合休闲度假大发展要求

1. 旅游度假资源基础雄厚

当前西双版纳旅游业发展的主题应从观光旅游转向休闲度假旅游一个成功休闲度假地的建设必须以两类优质的资源禀赋作为依托：基于活动的环境资源——这类资源的核心是SAW，即阳光（sun）、空气（air）和水（water）。这三种环境资源为旅游者提供了适合进行户外活动的游憩空间，是发展休闲度假

的重要基础。例如，迪士尼公司在建造迪士尼乐园的时候，就将SAW资源的优劣作为乐园选址最重要的依据之一。基于体验的文化资源——包括民俗风情、历史古迹、原生态文化、节事活动、建筑风格等，其核心是旅游者的参与和体验（专栏6-2）。

专栏6-2：一流休闲度假地建设必要的资源条件

世界上主要休闲度假旅游目的地的发展经验说明，一个成功的休闲度假地的建设必须以优质的资源禀赋作为依托，这些资源可分为两大类：

（1）基于活动的环境资源——这类资源的核心是SAW。SAW是迎合人们休闲度假需求最重要的自然条件，充足的阳光、清新的空气和亲水性提供的是适宜活动的游憩空间，往往是构成优秀休闲度假地的环境基础。

（2）基于体验的文化资源，如民俗风情、历史古迹、原生态文化、节事活动、建筑风格等资源，其核心是旅游者的参与和体验。

对于上述两类资源，世界著名的休闲度假目的地皆兼而有之，并且都极富特色。例如，作为滨海休闲度假旅游地代表的夏威夷，全年光照充足、气候宜人，海滩和水上运动资源丰富，每年举办许多世界级的水上体育赛事，同时大量的移民带来了世界各地的文化和美食，使夏威夷成为了世界顶级的度假岛；而作为世界山地度假胜地代表的阿尔卑斯山区，虽然没有突出的水体资源，但天然高山滑雪场则是其独特的禀赋优势，加上山林景观和中欧的民俗文化，使之同样成为了最重要的休闲度假场所之一。

西双版纳地处北纬20°左右山地与河谷、盆地相间的山原地区，以南亚热带气候为主，且位于我国西南边境，这使西双版纳的旅游资源在全国范围内具有独特性，具备多种发展低纬度山地度假旅游的资源条件，包括：

（1）长夏无冬、高日照量的气候条件；

（2）大面积植被覆盖和全国负离子含量最高的空气质量；

（3）大面积水质较好、适合开展水上活动的水体资源；

（4）热带雨林动植物、澜沧江峡谷等自然景观；

（5）泼水节、“嘎汤帕”、“豪瓦撒”等具有广泛影响力的民族节事活动；

（6）多样化的民族与民俗文化；

（7）南传上座部佛教中心；

（8）热带风情和民族饮食；

（9）融入街区的民族与宗教建筑。

其资源的总体资源丰富度甚至优于丽江、老挝琅勃拉邦等资源条件类似而发展较为成熟的著名度假地。因此西双版纳完全有可能建设成为一流的休闲度假目的地。

2. 现有资源有待进一步开发

尽管资源条件丰富，观光导向的旅游业低端锁定却导致如今的西双版纳没有与这些资源禀赋相匹配的休闲度假旅游产品，对休闲度假资源的利用程度不高。目前西双版纳高档度假型酒店仅 10 家左右，旅游产品以观光为主，缺乏水上和户外活动项目，全年大型节事活动和国际性体育赛事的时间覆盖率低，同时民俗体验和餐饮产品也远未做到体验化、享受化和精品化。

相比之下，丽江、三亚及老挝的琅勃拉邦、泰国的清迈等地区，其休闲度假旅游产品已趋向成熟或正迅速发展。例如，丽江和三亚的高档酒店数量已分别超过 50 家和接近 100 家，两地都提供多种度假产品和户外运动产品（如丽江的自行车，三亚的潜水、帆板摩托艇等），并以国际化的运动设施承接世界性体育赛事，而琅勃拉邦则依托南康河与湄公河谷的自然条件、古都的历史文化氛围及较完善的度假设施吸引了大批欧美等地的休闲度假旅游者（图 6-1）。

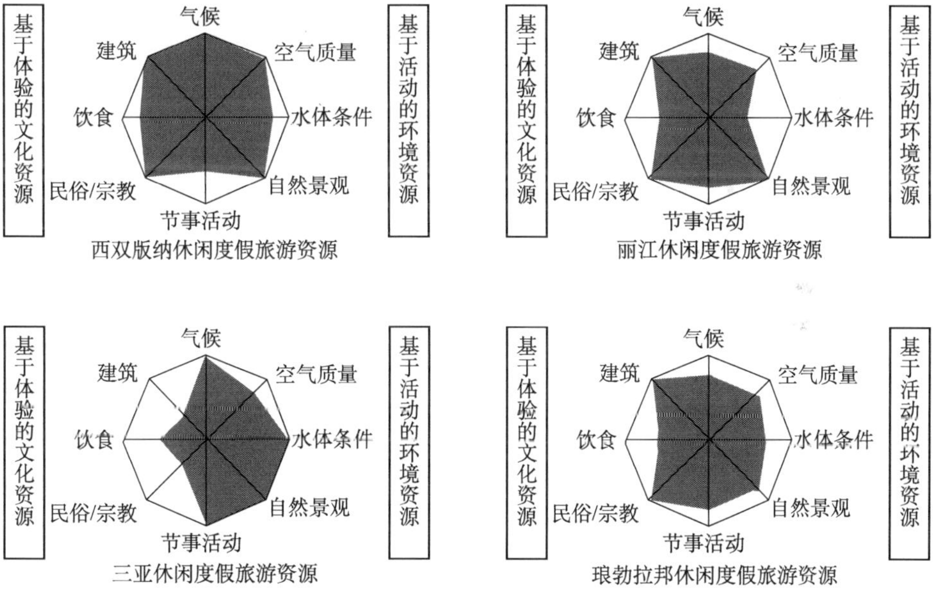

图 6-1 西双版纳、丽江、三亚和琅勃拉邦发展国际文化旅游资源条件比较

由于对休闲度假资源开发不足、缺乏成熟的度假产品，西双版纳高端休闲度假市场的发展落后于上述地区。因此，西双版纳有条件也应当寻找一个适合“低纬度地区山地度假旅游”的发展模式，实现旅游产品、旅游业、旅游目的地的升级。

3. 外部需求增长迅速

(1) 我国的旅游市场不断扩大，需求持续升级，为西双版纳旅游业的扩张与提升带来重要机遇。统计显示，2010 年我国入境旅游人数达到 1.33 亿人次，是 1995 年的 2.89 倍；旅游外汇收入达到 458.14 亿美元，约为 1995 年的 5.25 倍（图 6-2）。

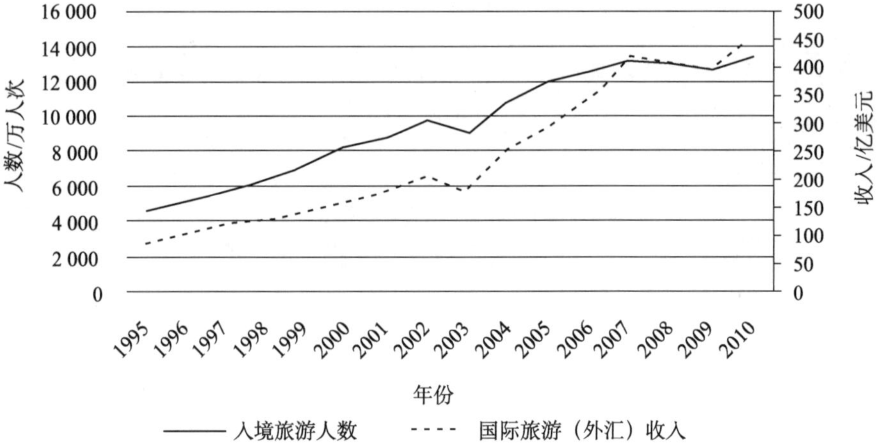

图 6-2　我国入境旅游人数和国际旅游（外汇）收入（1995～2010 年）

资料来源：《中国统计年鉴》(1996～2011)

与此同时，2010 年我国国内旅游人数是 1995 年的 3.34 倍，国内旅游收入从 1995 年的 1 375.7 亿元增长为 2010 年的 12 479.8 亿元，并且在 2003 年以后呈现出加速增长的趋势（图 6-3）。

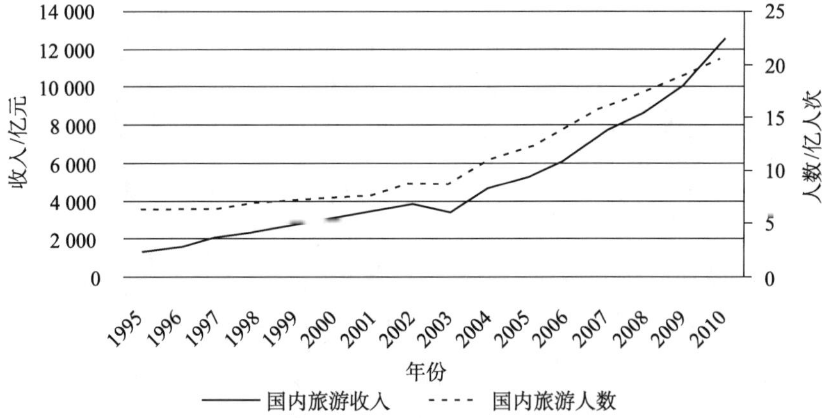

图 6-3　我国国内旅游人数和收入（1995～2010 年）

资料来源：《中国统计年鉴》(1996～2011)

与此相对应，云南省的国际、国内旅游接待人数也持续稳定增长，并在2003年以后加速增长（图6-4）。

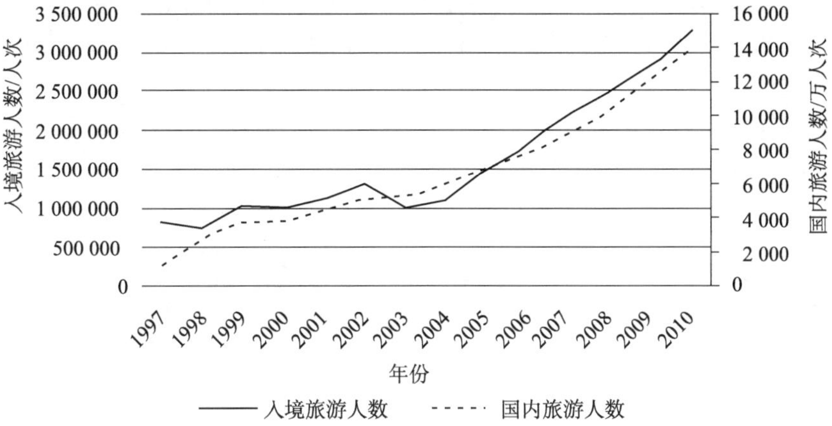

图6-4　云南省接待国内和入境旅游人数（1997～2010年）

资料来源：《云南统计年鉴》（1998～2011）

上述数据表明，我国的旅游需求增长迅速，旅游市场尤其是国内旅游市场正在迅速扩张，这为西双版纳旅游业的大发展提供了充足需求来源。同时，我国城镇居民人均可支配收入自1995年以来呈持续增长趋势，2010年超过19 109元，是1995年的4.46倍、2000年的3.04倍（图6-5）。

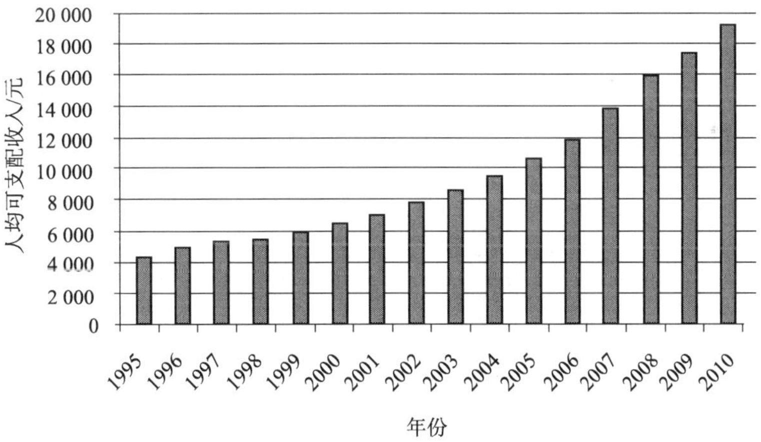

图6-5　我国城镇居民人均可支配收入（1995～2010年）

资料来源：《中国统计年鉴》（1996～2011）

可支配收入的增加意味着人民生活水平的提高，意味着旅游预算约束的放松，也意味着我国旅游消费需求层次正在走向高端化。在此背景下，实现西双版纳旅游产品和相关产业的现代化和高端化，既由外部需求的变化所决定，也可从这种外部高端化的需求中获得支持与发展动力。

（2）近年来中国人赴曼谷和老挝等地旅游的规模迅速扩大，为地处大湄公河次区域边境的西双版纳带来大规模需求导入的可能。老挝的琅勃拉邦和泰国的曼谷是大湄公河次区域旅游圈中最重要的两个旅游目的地。2003～2009年，中国内地赴琅勃拉邦旅游人数增长了约6倍；2008年以后，中国内地赴曼谷旅游人数持续增长，2010年突破100万人次。中国游客赴大湄公河次区域旅游的规模正在持续迅速扩张（图6-6、图6-7）。

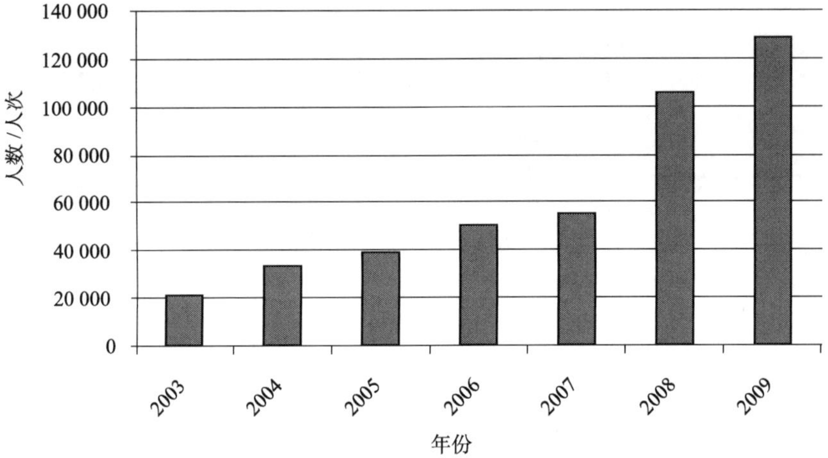

图6-6　中国内地赴琅勃拉邦旅游人数（2003～2009年）

资料来源：作者根据相关资料整理

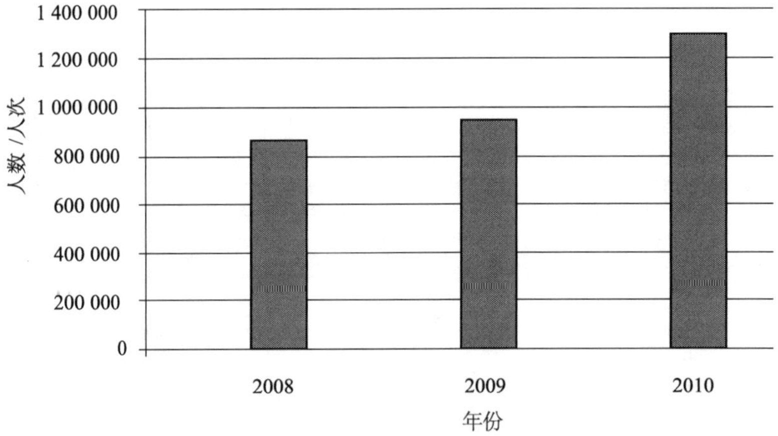

图6-7　中国内地赴曼谷旅游人数（2008～2010年）

资料来源：作者根据相关资料整理

西双版纳与老挝、缅甸交界，与泰国毗邻，地处我国游客赴泰国、老挝等大湄公河次区域国家旅游行程的连接线上。旅游者可以通过澜沧江—湄公河水道、昆曼公路、中老泰铁路（在建）和西双版纳机场以水陆空三种交通方式前往这些国家及其主要旅游地。区位优势和交通设施为西双版纳发展跨境旅游、导入中国游客赴大湄公河次区域的出境游需求、享受东南亚出境游带来的溢出效应提供了有利条件。同时，西双版纳拥有与泰国、老挝等国相似的旅游资源，也能在一定程度上满足一部分类似的旅游需求，与东南亚国家共享广阔的国内市场。

（二）文化制度基础正面临变革机遇

1. 传统文化制度基础不利于西双版纳的旅游业转型升级

一是边境政策和制度趋于保守。西双版纳地处西南边疆，人口结构以少数民族为主，整体经济发展水平不高。由于我国长期以来采用的是趋于保守的边疆治理策略，传统上对老少边穷地区的政策强调稳定压倒一切，倾向于管制、保守和封闭，加之缅甸、老挝、泰国交界的金三角地区历史上一度是反华势力的大本营和毒品、赌博泛滥的地区，使得国家对该地区跨境旅游的开放程度不高。比如，在当前东盟国家内部降低通关门槛的背景下，中国公民尚不能持其中一国签证往来东盟的第三方国家（如泰国）。开放程度不高尤其是通关手续复杂，对西双版纳发展跨境旅游、融入大湄公河次区域旅游圈十分不利。

二是“资源陷阱”降低发展动力。西双版纳拥有丰富的自然资源，其气候适合粮食、水果及橡胶等作物生长，可以满足各种生活需求，并产生一定的经济效益。资源丰富、生活资料充足使当地人民维持安逸生活的成本不高，常处于“一人播种，几代享用”的状态，但同时也带来了“资源诅咒”，即人们过分地依赖自然资源和基于资源的农林业，传统上缺乏足够的进取心和企业家精神，使得旅游业等其他产业的发展动力不足、发展水平较低。

三是低成本导向的文化制度不利于产业升级。由先发而带来了低成本导向的旅游业低端发展模式不断自我强化，已经逐步形成了一种被当地企业普遍接受的低成本导向的文化制度，旅游产品简单廉价、缺乏创新、差异化程度低，造成产业活力的缺失，不利于产业升级。

2. 政策机遇助推文化制度变革

一是西部大开发是政策指导和保障。国家西部大开发的战略为西双版纳旅游业外部资源的导入提供了有力的政策指导和保障，对西双版纳旅游打破内部低水平均衡和引入外部创新要素有着重要意义。二是云南省内旅游发展地位稳固。《云南省旅游产业“十二五”规划纲要》提出了未来云南旅游“一心六区七廊”的发展格局，西双版纳是其中滇西南澜沧江—湄公河国际旅游区，以及昆明—曼谷走廊的重要组成部分，是云南面向东南亚旅游发展的核心环节之一，承担着云南旅游走向国际化的历史使命。三是跨境旅游的边境政策有着巨大的突破空间。一方面，“十二五”期间云南省将加快“两强一堡”建设，其核心是发展绿色经济、提升民族文化和加大面向西南的开放力度。这对于西双版纳的进一步开放有着重要的指导意义，为西双版纳打破通关障碍、进一步发展跨境旅游提供了政策保障。另一方面，东盟的经济一体化及其与中国的“10＋1”合作机制建设正在稳步推进。目前东盟国家间的旅客互访已经基本实现免签，2015年以前其各成员国的大部分商品关税将降至5%以下。随着中国—东盟“10＋1”合作机制的不断完善和大湄公河次区域相关国家区域合作的深入推进，西双版纳旅游相关的边境政策有望进一步放开，从而使大湄公河次区域旅游环线的实现成为可能。最重要的是，一个自信而强大的中国正在崛起。我国正以一种更加友好、开放、包容的姿态面对周边国家，这对于西双版纳边境政策的放开和跨境旅游发展而言是无可替代的外部机遇。

西双版纳应当以抓政策环境的改善为契机，推动旅游业文化制度升级。一要导入先进理念。应当积极导入外部资本和企业，大力引进并培育企业家和企业家精神，同时通过政府引导和参与外部竞争改变原有以低成本为导向的旅游业发展模式，逐步形成适应新的旅游需求和旅游业大环境的先进文化制度。二要加大开放力度。应当利用当前的外部政策机遇增强跨境治理水平，面向跨境旅游推动制度创新和政策试点，争取将西双版纳建设成为跨境旅游区域合作的创新试点区域。

（三）结构升级正在发生

打破内部低水平均衡需要外部力量支持和内部整体提升。目前，西双版纳旅游业的结构升级已经开始出现：外部需求、充裕的资本及交通格局的改变成为现阶段西双版纳旅游发展面临的重要外部机遇，有助于旅游业实现大推进。

首先，“昆曼大通道”建设使交通环境大大改善。对旅游产业区域发展的分析表明，交通成本的下降对旅游业发展有重要的促进作用，这意味着一个旅游目的地将更加接近市场，从而由边缘走向中心。2008年昆曼公路贯通以后，西双版纳至昆明的车程大大缩短，道路质量明显提升，从而西双版纳北通昆明、成都，南沿昆曼公路经老挝直达曼谷的区位优势开始显现。旅游接待规模也因此有所提升。

昆曼公路的建成丰富了西双版纳旅游的产品和线路，游客可乘车或自驾车从昆明经西双版纳出境直达琅勃拉邦和曼谷，同时原本以景洪为中心呈伞状辐射分布的部分旅游景点（如野象谷、热带植物园、望天树景区、磨憨口岸等）也由昆曼公路一一串起，成为轴状分布，而公路级别的提升也使旅行变得更加便捷和舒适安全。

因此，昆曼公路的通车使西双版纳旅游业外部交通设施大大改善，为开发西双版纳旅游新产品、新线路，导入外部需求，改善旅游者体验等方面提供了重要条件。此外，昆曼铁路的筹备进度也正在加快，加上景洪港和西双版纳机场，西双版纳将通过水陆空立体交通网络融入“昆曼经济走廊”，成为中国面向缅、老、泰等东南亚国家的西南门户，这将进一步强化交通环境改善对西双版纳旅游发展的助推作用。

西双版纳应当充分利用昆曼高速公路建成和“昆曼经济走廊”发展的外部机遇，依托自身区位优势，导入高端外部需求，带动旅游业转型升级，努力把西双版纳建设成为云南旅游圈和大湄公河次区域旅游圈的门户和纽带。

其次，充裕的国内资本从外部为旅游业提供发展动力。自我国多种所有制并存的经济制度确立以后，经过改革开放30多年的发展，国民财富不断积累、金融市场逐渐完善，目前国内资本已十分充裕。对于西双版纳而言，要打破其旅游业内部的低水平锁定，必须实现旅游业的大规模整体提升，需要大资金进入、大项目拉动、大企业导入。充裕的国内资本为其导入大企业、大项目提供了支持条件，是西双版纳旅游业转型升级的重要机遇之一。

西双版纳必须坚定不移地打响“第二次战役”，充分利用当前充裕的外部资本，通过政府协调，利用大项目拉动、大企业导入等方式解决旅游市场的低水平均衡问题，走向适应外部需求的旅游业发展新模式。

三、三个层面的总体发展定位

以实现“以现代性提升生态性和乡土性”的发展使命为目标，综合当地气候、资源、文化和区位条件，今后西双版纳旅游业发展的总体定位应当是努力建设一个国际旅游度假区。这一定位包含了三方面具体内容：

（1）国际化低纬度山地型旅游度假首选目的地；

（2）大湄公河次区域旅游枢纽；

（3）旅游经济与社会融合发展的先行先试区。

国际化：一是指西双版纳应提供具备国际化水准的高端产品和服务，即现代性与生态性、乡土性高度融合的、符合外部旅游需求升级方向的高端旅游产品和服务；二是指西双版纳应成为面向国际的、开放的知名旅游目的地。

低纬度山地：一是指西双版纳的热带气候和资源条件，长夏无冬而终年适合进行旅游度假活动；二是指其山地环境条件，是以滇南中低海拔山地和峡谷为主的环境条件，西双版纳应当依托其500～2000米的中低海拔山地和澜沧江水系开发富有特色的旅游度假项目，与滨海、高山等旅游度假产品相区分。

度假首选目的地：指西双版纳要“聚焦休闲度假”，以休闲度假、保健养生为主要产品形式，逐渐将本地区建设成为具有广泛影响力的一流旅游度假地。

大湄公河次区域旅游枢纽：指西双版纳应充分利用外部交通改善的重要机遇，加大对外开放力度，改变以昆明为中心的云南旅游发展空间格局，成为大湄公河次区域国际旅游圈的中心地，成为云南、大湄公河次区域两大旅游圈黄金通道的核心环节。

旅游经济与社会融合发展：指西双版纳作为边疆少数民族地区，要确立旅游业的战略性地位，以旅游统筹经济、社会、文化和生态发展，加强产业融合，改善社会民生，实现和谐和可持续发展。

先行先试区：西双版纳要勇于创新，在“两强一堡”的战略构架下，根据现实需求，积极开展试点，构建一系列创新高效的经济社会发展模式。一是要争取更大的开放力度，开拓与邻国及境外企业在商贸、文化、安全等领域的合作方式，同时积极争取政策（如高速通关、商品免税等），打造西南跨境旅游区域合作的试点区。二是要开展多渠道融合营销，完善内外部旅游信息交换平台，更新目的地形象标识系统等，打造旅游目的地形象建设示范区。三是要整合本地文化，积极探索民族社区旅游治理新模式，以保证旅游经济、社会、文化融合发展的目标得以实现。

四、四大核心发展战略

针对西双版纳旅游业发展的“低端锁定”和三大发展条件，西双版纳旅游的下一步发展应采用四大核心战略：大推进战略、差异化战略、治理先导战略、文旅协同战略。

1. 大推进战略

大推进战略是指借助外力推动旅游业发展的整体提升，意味着大项目驱动和旅游业的空间集聚。大推进战略的核心是旅游业内部结构的全面升级，通过大项目、大企业的导入，充分吸收外部资本、知识和人力资源，弥补“资源陷阱”带来的内部生产要素不足，打破原有低水平均衡，实现西双版纳旅游业发展从供给到需求的全面提升。同时通过产业集聚，集中优势资源，由点及面地实现旅游产业结构升级。

（1）大项目驱动。重点聚焦大型旅游文化综合体建设，包括傣乡水城、大连万达项目、勐仑旅游小镇建设，形成具有规模经济优势的高品质酒店集群、大型主题公园等。聚焦核心旅游基础设施建设，如昆曼高铁的服务配套项目。吸引国内外资本，尤其是充裕的国内资本，积极导入外部知识、技术、人才。

（2）聚焦轴心，空间集聚。在近中期，重点发展以景洪为中心的核心旅游圈和以昆曼大通道为核心的旅游发展轴。重点打造一批旅游业集聚区（如傣乡水城、嘎洒疗养康体项目、万达项目），以及一批重点景区。

2. 差异化战略

差异化是地区获取竞争优势的核心动力之一，传统的基于低成本的旅游业发展模式在西双版纳已面临困境。以差异化获取竞争优势已经成为西双版纳旅游业转型升级的核心点。差异化意味着西双版纳必须坚定不移地做好旅游产品升级和目的地营销。对此，西双版纳必须升级旅游产品结构，必须推进产业融合，必须深刻挖掘地方感与原真性，必须强调目的地形象的重新塑造、策划与传播。

3. 治理先导战略

治理的本质是对资源与利益的协调。对西双版纳旅游业而言，其内部发展资源的有限决定了必须导入外部和民间的资源，从而导致利益多元化，并带来与周边国家和地区、上级政府等外部利益主体协调问题。因此西双版纳旅游业的发展必须采取治理先导战略。

治理先导战略意味着资源并非一个地方政府所能完全掌控——各方必须与所有利益相关方一起树立共同愿景，协调资源。治理先导战略强调对旅游业大推进、跨境旅游发展和社区旅游发展的综合治理，必须协调好政府、资本、社区与非政府组织间的关系，必须协调好西双版纳与上级行政部门和中央直属国有企业的关系，必须协调好西双版纳与周边国家和地区的关系（图 6-8）。

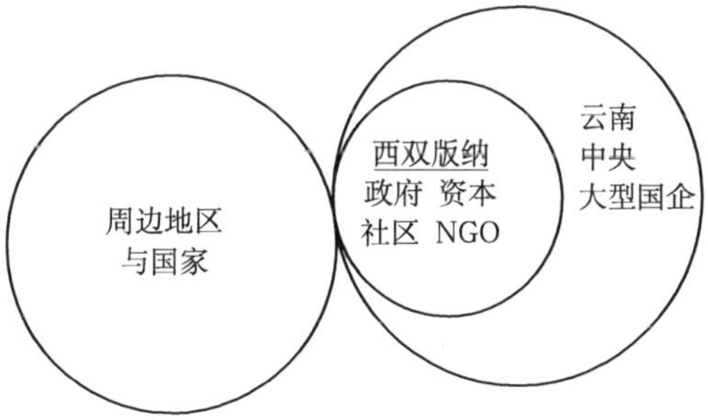

图 6-8 西双版纳旅游业治理结构中的多个利益相关方

4. “文旅协同”战略

文化产业发展的本质就是赋予传统产业以特殊的符号，使传统产品与服务增值，同时也在客观上提升了地区的品质。正如营销大师科特勒所言，产品本质上是满足消费者需求的核心利益。一个高明的商家、一个先进的地区，其向消费者或旅游者出售的是文化，而非简单的负载于物质产品之上的功能。因此，文化才是真正的产品。一旦传统产业被“文化化”，旅游业、商业乃至农业等也就变成了文化产业。我们要认识到，西双版纳文化产业发展的重中之重在于文化旅游，而区域旅游发展的持续竞争力则来源于地方文化。“文旅协同”要求西双版纳积极推动文化产业与旅游业的协同进步，以文化支撑旅游，以旅游拉动文化，通过文化与旅游良性的、动态的、交互的作用，实现二者的共同发展。

“文旅协同”意味着在西双版纳“旅游及相关产业文化化”。西双版纳发展文化产业绝非简单地发展表演、艺术等狭隘的文化事业，而是要积极推进多种产业的融合。旅游业是一个食、住、行、游、购、娱协同发展的产业群，文化与旅游的融合，需要向农业、商业、餐饮业等与西双版纳旅游密切联系的相关产业融入文化元素，以文化改造传统产业，从而有效提高产品附加值。

“文旅协同”意味着西双版纳应主动响应人类价值观的新变化及文化发展的新趋势，积极发展生态文化、时尚文化，积极引进能满足会议与度假旅游者需求的高端文化产业业态，积极承接具有全球影响力的会议与论坛。

五、总体空间布局与地区分工

1. 打造“一城两圈两轴”

西双版纳现有的旅游业空间结构是以景洪为中心，辐射周边景点的“一圈”结构。一方面，州内的大部分接待设施和一部分重要的旅游景点都集中于景洪市，形成了一定的产业空间集聚；另一方面，旅游者一般在景洪住宿，并沿以景洪为中心的交通网络以单日往返的形式进行周边旅游景点的线路组织。未来一段时期，西双版纳旅游发展的空间布局应当是：在做大做强“一城一圈”的基础上，逐步向“一城两圈两轴”（图 6-9）演化，包括：①以景洪（“一城”）为中心的“核心旅游圈”；②沿昆曼大通道的旅游业“核心发展轴”；③以勐腊为中心的“次级旅游圈”；④沿 G214 旅游业“次级发展轴”。

近期重点发展以景洪为中心的“核心旅游圈”，做大做强“一城一圈”。以景洪（“一城”）为中心的核心旅游圈，就是以景洪市区为中心、覆盖其周边 1 小时交通圈内各景点和旅游服务设施的旅游业空间区域，辐射范围包括景洪市、

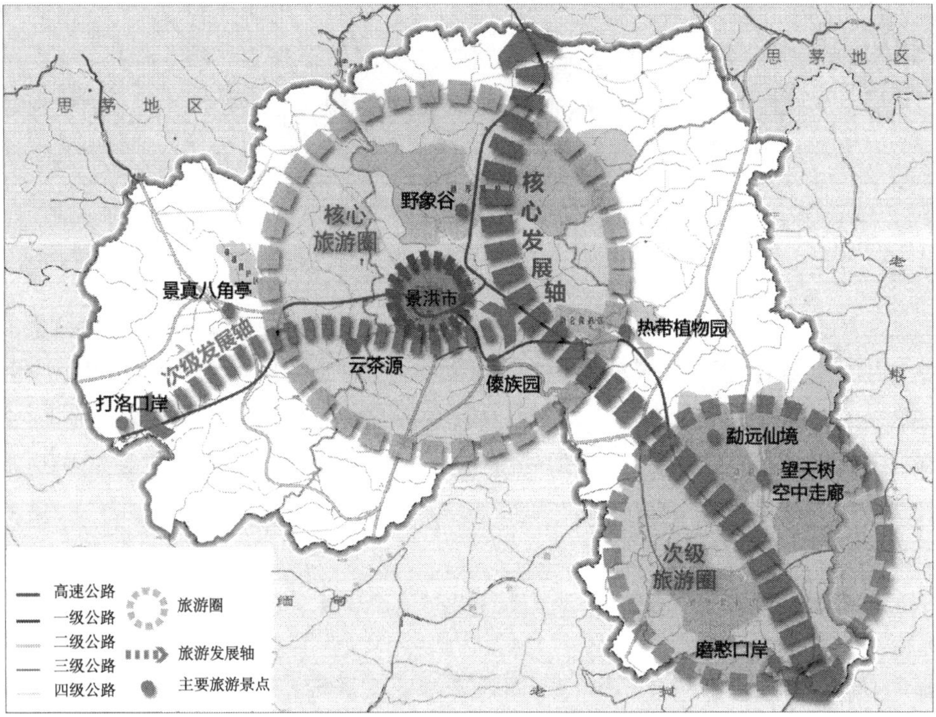

图 6-9 西双版纳旅游业发展“一城两区两轴”空间结构示意图

勐仑镇和勐海东部地区。

景洪是西双版纳的政治、经济、文化中心，也是西双版纳传统旅游业空间结构中的中心地，具有相对成熟的旅游产业发展基础。在近期集中力量做大做强以景洪为中心的“核心旅游圈”，有利于西双版纳整合优势资源打造旅游业增长极，扩大“核心旅游圈”的空间辐射范围，从而推动旅游业迅速完成由低端向高端的转型升级。一是要完善核心旅游圈的旅游服务设施，推进旅游产品多样化，以迎合外部高层次的旅游需求。二是要加快推进旅游通道建设，完善昆曼公路、G214 景洪段和澜沧江水上通道相关设施，建设好景洪至勐罕镇勐宽一级公路、景洪绕城高速等重点项目，缩短游客往来旅游景点的时间，从而拓展核心旅游圈辐射范围。三是要重点打造一批旅游业集聚区和旅游项目（如傣乡水城、澜沧江旅游带、保健品产业园区、嘎洒疗养康体项目、万达集团项目、世纪金源大沙坝湿地康体中心、勐仑旅游小镇、嘎洒傣温泉项目等），以及一批重点景区。

中远期发展沿昆曼大通道的旅游业“核心发展轴”、以勐腊为中心的“次级旅游圈”、沿 G214 旅游业“次级发展轴”，形成“两圈两轴”旅游产业空间结构。①沿昆曼大通道的旅游业“核心发展轴”，就是依托昆曼高速公路和即将建设的泛亚铁路，串联起景洪、勐腊、磨憨乃至老挝、泰国的旅游大通道。②以勐腊为中心的“次级旅游圈”，就是以勐腊县城为中心，覆盖周边1小时交通圈内各景点和旅游服务设施的旅游空间区域，辐射范围包括勐腊县城、磨憨口岸及周边的望天树、勐远仙境等重点景区。③沿G214旅游业“次级发展轴”，就是依托G214，串联起景洪、勐海直至打洛中缅口岸的旅游通道。

跨境旅游的发展及未来泛亚铁路的建设，为西双版纳旅游业的空间结构向两条主要陆路出境通道延伸提供了契机。在近期做大做强“核心发展圈”的基础上，中远期“两圈两轴”的全面发展有利于西双版纳优化旅游业空间结构，有利于充分利用外部交通条件改善和跨境旅游发展带来的机遇，在逐步打造新增长的同时推动旅游业“由点及面”逐步扩展，实现全州旅游产业的全面提升。

中远期西双版纳旅游业的“两圈两轴”建设，必须打造并串联起西双版纳旅游产业新的中心地。一是要整合昆曼通道和G214沿线的旅游资源，结合边境旅游、热带雨林游和茶文化游打造两条旅游业发展轴，形成沿轴分布的一批旅游集聚区和景点，其中重点发展沿昆曼大通道旅游业“核心发展轴”。二是要依托边境旅游发展和泛亚铁路建设，提升和完善勐腊县城的旅游服务接待设施，使其成为西双版纳旅游在中远期的第二个中心地。

2. 全州一市两县的旅游业发展合理分工

景洪市集中内外部资源，大力发展休闲度假旅游，推进傣乡水城、世纪金源等旅游大项目建设，推动旅游产业集聚，全面提升旅游产品与服务，努力完善交通设施，打造以低纬度山地休闲度假为特色的西双版纳核心旅游圈，成为大湄公河次区域的旅游枢纽及其连接云南旅游圈通道上的重要节点。

勐腊县重点发展勐仑旅游小镇等项目，将勐仑地区纳入景洪核心旅游圈。同时加快提升勐腊县城的旅游接待能力和接待水平，整合周边景点，改善交通设施，依托边境旅游发展和泛亚铁路建设，力争在中远期打造西双版纳的次级旅游中心地。

勐海县近期重点配合核心旅游圈发展。同时整合普洱茶资源和境内民俗文化资源，打好交通、接待等旅游设施基础，丰富自驾游、民俗文化深度游、茶文化体验等产品形式，力争在中远期依托G214形成一条新的西双版纳次级旅游发展轴。

第二节 西双版纳旅游目的地营销研究

一、全面推进目的地营销

在旅游目的地竞争日益激烈的环境下，各地以市场竞争为基础、以旅游发展为目标的目的地营销的战略意义日益凸显。当前正值“十二五”期间，地方旅游业如何谋划新跨越、实现新发展，需要合理借鉴先进经验，结合地方实际，制定出一套完善可行的旅游目的地营销策略。

（一）重视基于4P的西双版纳旅游目的地营销

综合营销理论，西双版纳的旅游目的地营销应特别强调如下三点。

首先，就当前中国旅游市场的发展阶段而言，4P仍然是西双版纳目的地营销的理论基础，参见专栏6-3。基于4P的综合营销理论体系是西方国家发展到一定程度根据市场的演变而派生的。与世界很多旅游目的地相比，西双版纳处于转型升级阶段，正在由低成本的观光向基于差异化的休闲度假和深度旅游转型的阶段，形象定位不明确，产品低端和渠道单一，市场需求正在持续的升级。这就需要寻找一个新的融合点。当前旅游目的地营销的核心任务是：响应市场需求，完善产品体系。因此，4P理论是构建西双版纳目的地营销的基础。西双版纳面对的是一个多元需求的旅游市场，但绝对不是供给导向的，因为需求在转型，所以需要提供一个全新的目的地产品体系，全面导入目的地转型与目的地营销系统的建设。

其次，需要特别关注公共关系管理和政治力量在目的地营销中的作用。由于目的地营销的主体是政府，传统的企业营销手段并不能被完全复制到区域，目的地形象管理是政府可控的营销手段，目的地营销也必然需要动用政治力量推动。

最后，旅游者的需求导向仍然是必须坚持的导向。同时也要从4C、4R理论中吸取有益的部分。把市场营销理论准确落到地区目的地营销实践中去，需要创新的营销理念和实践方案，重新整合基于4P的综合营销理论体系，并选择适合自身国情和地情的目的地营销策略。

专栏6-3：基于4P的营销理论体系的演变

20世纪60年代，美国营销学学者Jerome McCarthy从企业的角度提出了4P营销策略，即：product（产品）、price（价格）、place（渠道）和promotion（促销）的组合，率先为市场营销理论建立了广为接受的体系，增强了营销理论与思想的可理解性和可操作性。1967年，Philip Kotler（菲力普·科特勒）在其畅销书《营销管理：分析、规划与控制》第一版进一步确认了以4P为核心的营销组合方法。

早期的4P理论以企业为核心（重视产品导向），站在卖方的角度研究如何满足市场的需求。然而市场瞬息万变，一方面，20世纪后期西方世界产能的日渐增长导致市场竞争日趋激烈，许多国家政府加强干预和贸易保护主义再度兴起。1986年，科特勒在《哈佛商业评论》发表了《论大市场营销》。他提出了“大市场营销”概念，即在传统4P组合的基础上，增加两个P：政治力量（political power）与公共关系（public relation）形成新6P现代市场营销组合。另一方面，随着卖方市场逐渐向买方市场转变，消费者的价值观对于市场需求的影响力越来越大，最终导致消费者占据了市场的主动权。重视产品导向而非消费者导向的传统4P理论，对营销过程中的外部不可控变量考虑较少。为适应外部营销环境的变化，1981年Booms和Bitner建议在传统市场营销理论4P的基础上增加三个“服务性的P”，即：人（people）、过程（process）、物质环境（physical evidence）。相对于4P组合，7P营销组合更加注重服务领域的重要性。

1990年，美国学者Robert Lauterborn教授提出了与传统营销的4P相对应的4C营销理论，包含：customer（顾客）、cost（成本）、convenience（便利）和communication（沟通）。4C理论鼓励营销主体站在消费者角度来看营销，令营销策略的制定从“消费者请注意”转变为“请注意消费者”。与以产品导向的4P理论相比，4C理论更加强调追求顾客满意，关注顾客的核心利益和诉求，降低顾客的购买成本，提升顾客在购买过程中的便利性，并以消费者为中心实施有效的营销沟通。然而，在“以追求顾客满意为目标”的4C理论中，营销主体缺乏控制消费者需求的手段，只能被动地适应。同时，营销主体为了追求顾客的满意需要付出更大的成本，如何将消费者需求与企业长期盈利结合起来是4C理论有待解决的问题。因此，4C理论的实践应用性相对较低。

21世纪初，Elliott Ettenberg和Don E. Schuhz分别在各自的著作中提出了以关系营销为核心的4R理论。相比4C理论，4R理论在关注消费者的基础上，更注重市场竞争，更注重顾客忠诚度的提升。通过关联（relativity）、反应（reaction）、关系（relation）和回报（retribution）来与客户建立长久互动的关系。4R营销理论的最大特点是以竞争为导向，着眼于营销主体与顾客互动与双赢，在积极地适应顾客需求的同时，主动创造需求，通过关联、关系、反应等形式与客户形成独特的关系，把营销主体与客户联系在一起，形成竞争优势。4R 的核心在于强调营销主体与客体之间的公共关系管理。

从 4P 到 4R，营销理论并不存在优劣之分，只是在不同的市场发展阶段，从不同的视角，针对不同的诉求所提出的不同理论。在复杂的市场环境中，随着信息化和全球化的影响、企业竞争规则的转变、消费理念和消费习惯的变化，市场营销的理论与思想还将被不断完善丰富。但是，4P 组合仍然是理论发展的参照体系。特别是在营销中不断衍生出来的政治力量、公共关系、沟通互动等各种手段的组合，从中可以清晰地看到市场对人的价值的重视。当然，这一过程是循序渐进的，无法直接跨越。

（二）探索目的地营销的 PIPE 模式

在西双版纳的旅游营销中，还要意识到，地方政府是地方营销的主体之一，企业和其他组织在地方营销中也扮演着重要角色。由于从地方政府层面很难控制旅游产品的价格，在此忽略价格因素，推出适用于西双版纳旅游目的地营销的 PIPE（Private Investment In Public Equity）模式（图 6-10）。

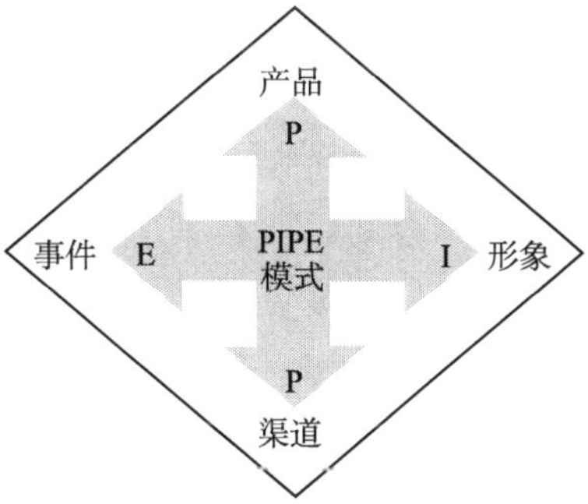

图 6-10 PIPE 模式

PIPE 模式共包括：产品（product）、形象（image）、渠道（place）、事件（event）四大要素。主要围绕解决“向谁营销？营销什么？由谁营销？如何营销？”的问题，重点提出三大策划方向和两大整合策略。①三大策划方向：一是以旅游者为中心的产品策划；二是旅游目的地形象识别系统（District Identity System，DIS）的策划；三是标志性的节事活动的策划。②两大整合策略：一是形象传播渠道的整合；二是目的地产品渠道的整合。下面以日本北海道营销策略为例来说明（表 6-1）。

表 6-1 日本北海道营销策略

时间	需求主题	重点旅行区域	主要观光魅力	行销主导者
1995.6～1996.9	冬天以外的北海道欧洲区块	道东	大自然（富良野、美瑛、大雪山系、阿寒湖）及海藻球	日本观光协会台湾事务所
1996.4～1996.6	赏花系列（樱桃、薰衣草）	北海道及东北地方		日本亚细亚航空
1997.4～1997.6	赏花系列（苹果花、薰衣草）	北海道及东北地方		日本亚细亚航空
1997.9～1998.3	大自然的体验	二世谷	户外运动的体验（橡皮筏漂流、骑马、热气球）	北海道观光联盟
1998.3～1998.6	赏花系列（紫丁花、铃兰、薰衣草）	北海道及东北地方		日本亚细亚航空
1998.10～1999.3	冬天的北海道	札幌以外	札幌雪祭以外的雪景及祭典	日本观光协会台湾事务所 北海道观光联盟
1999.4～1999.6	春天的北海道	富良野、二世谷、泷川、洞爷湖、小樽、留萌	薰衣草、金合欢树花、铃兰、苹果花	日本观光协会台湾事务所 北海道观光联盟
1999.1～1999.3	冬季系列（雪、灯笼、冰窟）	北海道及东北地方		日本亚细亚航空

资料来源：刘玫芬，2003

二、丰富旅游产品层次，完善目的地产品体系

从“低纬度山地度假旅游地，沟通大湄公河次区域地区的旅游枢纽”的旅游发展愿景出发，意味着需要充分利用西双版纳独特的旅游资源禀赋和区位条件，合理进行目的地定位，开发以旅游者需求为中心的旅游产品，构建符合外部旅游需求升级方向的西双版纳旅游目的地产品体系。

（一）注重旅游休闲产品的三个层次

产品就是核心利益，旅游产品借助物质性的载体（如旅游资源和硬件设施）来满足旅游者的需求。随着旅游市场的日益成熟，旅游产品在硬件功能方面的差别将会越来越小，地区旅游产品的市场竞争力，最终将体现于各种软性服务。以满足旅游者需求为中心的旅游目的地不再仅仅是经济活动发生的场所，相反每个地方必须将自己转变为商品和服务的出售者、产品和地方价值的营销者。

旅游产品是指为满足旅游者审美和愉悦的需要而在一定地域上被生产或开发出来的以供销售的物品与劳务的总和。按照这一定义，最典型的旅游产品形式就是旅游地，它是指出于交换的目的而开发出来的能够向旅游者提供审美和愉悦的客观凭借的空间单元。旅游产品由三个层次构成：①核心层次（core product)，即旅游产品满足旅游者生理需要和精神需要的效用（utility），主要表现为旅游产品的功能。②形式层次（tangible product），即以旅游设施和旅游线路为综合形态的“实物”。③延伸层次（augmented product），即为旅游者的旅游活动所提供的各种基础设施、社会化服务和旅行便利。这三个层次共同组成整体的旅游产品（图 6-11）。

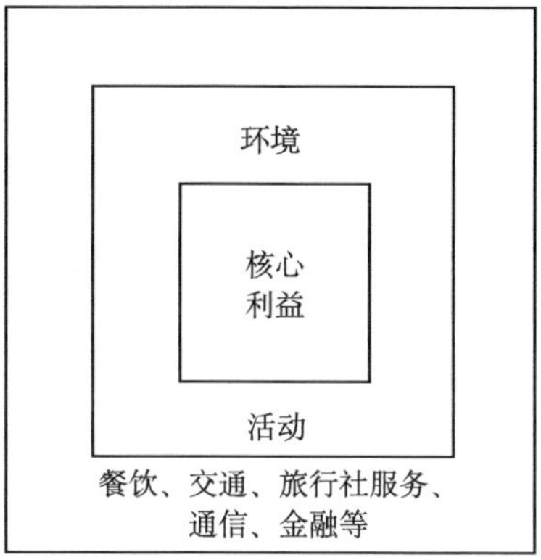

图 6-11 旅游产品的结构

从旅游目的地营销的角度出发：对于旅游消费者（买方）来说，旅游产品是一种体验和感受；对于旅游经营者（卖方）而言，旅游产品就是旅游企业面向市场提供的产品和服务；在地方政府层面，它则是整个旅游目的地面向旅游消费者所提供的产品和服务的总和。因此，旅游产品本质上是一种服务产品、无形产品，参见专栏 6-4。

专栏 6-4：一些重要的旅游产品

- 国家旅游局：观光、度假、会议、奖励、特种产品、专项产品。
- 4S 产品：阳光 sun、沙滩 sand、海 sea、购物 shopping。
- ACE 产品：探险旅游 adventure tour、文化旅游 cultural tour、生态旅游 ecological tour。
- MICE 产品：会议 meeting、奖励旅游 incentive tour、研讨会 convention、展览会 exhibition。
- 户外游憩产品：在闲暇时间内以通过利用自然资源而进行娱乐和休闲的目的而进行的户外休闲活动，如攀岩、骑车考察、徒步等。

（二）坚持旅游目的地定位的三项原则

旅游目的地的定位是目的地营销的前提和基础，是旅游目的地实现市场价值的突破口，也是目的地展开差异化竞争的基本手段。合理的定位有助于在激烈的市场竞争中凸显自身特色，提供符合外部旅游需求升级方向的产品和服务。西双版纳旅游目的地的定位需要坚持三项基本原则：①以目标市场为导向。必须做好需求分析，细分消费者的各种需求，找准市场切入点。②以目的地资源为基础。必须做好供给分析，分析目的地的自然地理、历史文化、资源禀赋等特征，挖掘优势资源。③以差异化竞争为手段。不断策划和持续推出概念性产品，追求产品服务和竞争策略的差异化。

（三）西双版纳旅游目标市场的定位

目标市场的需求与兴趣是目的地定位的首要考虑因素。目标市场是指旅游企业在市场细分的基础上进行营销活动面对的消费者群体，从这一概念可以看出，需要在一个相对稳定的旅游市场空间结构中，为目的地的旅游产品找到一个恰当的位置，其本质就是细分消费者的不同需求。

由于旅游市场具有非常鲜明且仍在发展的异质性特征，同时其异质性特征又表现出明显的集群偏好，这一特性给旅游市场细分提供了非常明确的客观基础。根据家庭生命周期[①]及不同旅游者的特定动机出发来定位目标市场，这里对西双版纳的旅游消费市场作细分和选择，将一个全部市场分解为若干个分市场，从中可以找出目的地旅游产品和服务能很好满足的市场消费者，再进一步锁定跟西双版纳资源特性相匹配的旅游产品（表 6-2）。

表 6-2　西双版纳旅游市场细分

产品＼市场	特定市场	全部市场
大众	青少年市场（修学） 新婚家庭 核心家庭 老年人市场 亚健康人群市场（疗养） 会议商务人群	观光购物 休闲度假
小众	科研工作者（科考） 体育运动员（专业运动） 户外探险者 傣、泰族（寻根访祖） 特定产业相关者 投资者	体验旅游 专项旅游

---

① 家庭生命周期：美国学者 P. C. 格里克于 1947 年从人口学角度提出，并对一个家庭所经历的各个阶段作了划分。在生命周期的不同阶段，消费者的行为呈现出不同的主流特性

（四）西双版纳旅游主题功能的定位

在完成目标市场锁定后，需要进一步挖掘目的地的优势资源，旅游主题功能的定位是目的地定位的主要决定因素。尽管对于拥有丰富旅游资源的西双版纳而言，在宗教文化、民族风情、热带雨林、观赏植物、野生动物等自然和人文景观诸多方面都别具特色，然而为使目的地凸显于市场，营销组织必须以其中某一或某几项特质（或称为“决定性特质”）为基础去设计定位战略。这意味着营销组织需要进行综合权衡，“有所为有所不为”，因为只有在所强调的特质很少的情况下，目的地定位才有可能取得成功，统统强调则会引起消费者的认知混淆。因此，基于选择资源特色的目的地定位方法，我们根据地区的自然地理、历史文化、资源禀赋等特征，把西双版纳的优势旅游资源归纳成为四大主题线索：①热：热带山水；②傣：傣乡风情；③茶：普洱茶源；④边：边疆门户。同时，通过对于观光、度假、生态、户外探险、文化宗教、寻根访祖、专业运动、修学、科考、会议、婚庆、亲子、疗养等不同功能的旅游形式的细分，我们排列出西双版纳主题—功能旅游产品矩阵，并以此为参照，重点开发符合西双版纳地区优势资源特色的旅游产品（表 6-3）。

表 6-3　西双版纳旅游产品开发的主题—功能旅游产品矩阵

主题＼功能	观光	度假	生态	户外探险	文化宗教	寻根访祖	专业运动	修学	科考	会议	婚庆	亲子	疗养
热带山水	热带雨林澜沧峡谷观光游	热带氧吧度假游	热带动植物生态体验游	雨林探险峡谷漂流	—	—	低纬度体育运动训练之旅	生物医药修学游、南传佛教修行游	雨林科考专题旅游	商务、会议、奖励旅游	热带风情、民俗文化蜜月游	生态体验亲子游	避寒氧吧康疗游
傣乡风情	傣乡村寨体验游	民族风情度假游	—	—	南传佛教	傣文化中心寻根游							
普洱茶源	十二古茶山观光游	休闲品茗度假游	生态采茶体验游	—	普洱茶源	—							
边疆门户	金四角多国跨境观光游	边境度假游	—	—	—	—							

（五）西双版纳旅游概念性产品的开发

从把西双版纳建立成为“低纬度山地度假旅游地，沟通大湄公河次区域地区的旅游枢纽”的发展愿景出发，坚持以可持续发展统率旅游产品的开发，重新排列西双版纳的大众旅游产品及可替代性旅游①产品、新老产品组合，制定出西双版纳产品体系——产品的开发策略表（图 6-12）。

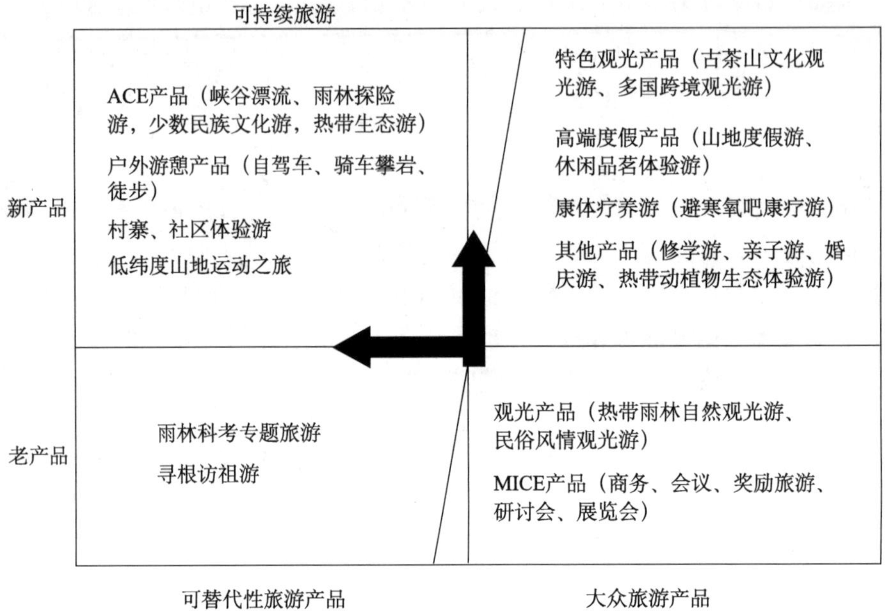

图 6-12　西双版纳旅游产品分类与开发策略

西双版纳概念性产品（专栏 6-5）的开发还要特别重视以下几个方面：

（1）突出“低纬度山地度假旅游地”的特色；

（2）推动国际化水准的高端产品和服务的升级；

（3）坚持以可持续发展统率旅游产品的开发；

（4）优先发展以 ACE 产品为主要形式的替代性旅游产品；

（5）瞄准商务会议市场，深化发展商务会奖旅游（MICE）产品；

（6）积极开发生态旅游、康体疗养、一体化度假等产品；

（7）小型奢侈酒店（small luxury hotels，SLH）和酒店群落；

（8）重点策划基于社区的体验旅游、自驾车旅游等产品。

专栏 6-5：概念性产品②

所谓概念性产品（conceptual product）是指具备“独特的销售主张”（unique selling proposition，USP）的产品或是具备“独特消费观念”的

① 可替代性旅游（Alternative Tourism）：也被称为选择性旅游，或非大众旅游，这是相对于传统的大众旅游而提出的概念，是一种新型的可替代传统大众旅游的旅游模式

② 资料来源：作者根据相关资料整理

产品。20世纪50年代初美国人罗瑟·里夫斯（Rosser Reeves）提出USP理论，要求向消费者说一个“独特的销售主张”。简单地说，也就是给产品一个卖点或恰当的定位。产品的概念点必须新颖、独特、能够引起消费者的兴趣，并且能代表产品发展趋势，或代表一种新的生活方式或者消费观念。其本质是追求产品服务和竞争策略的差异化，就是要把旅游产品区别于市场上同类产品的某一种功能或某一种特性加以概括、提炼和放大，并把旅游目的地核心形象传达给消费者，这样才能引起市场注意，方便消费者的识别和购买。

（六）部分旅游休闲产品策划案例

1. 积极发展4S休闲度假产品

突出“低纬度山地度假旅游地”的特色，开发4S休闲度假产品。4S休闲度假旅游即sport——户外游憩、second house——第二居所、spring——温泉度假、shopping——休闲购物。未来一段时期，应努力打造西双版纳4S休闲度假旅游品牌，这是对我国港澳台地区、长三角、珠三角、京津地区及昆明地区休闲度假旅游需求的领先适应，势必加快西双版纳旅游业新一轮的增长，促进旅游产业结构升级，进一步提升城市品质。

Sport——户外游憩。西双版纳全州以山地主，澜沧江沿线山形变幻多样，西部勐海坪坝一带山形较缓，全州各地山区环境优美，户外空间广阔。发达地区的领先需求为西双版纳开展户外游憩与休闲运动提供了重要的市场条件。在山地休闲运动的开发上，应积极建设自行车道、自驾车营地、拓展运动营地、动力伞等山地游憩与休闲运动基础设施，为开展户外游憩活动提供保障，并开展相应的体育赛事，以增强目的地吸引力，提高知名度，努力将澜沧江周边打造为户外游憩与山地休闲运动中心，（专栏6-6）[①]。

专栏6-6：户外运动

户外运动是指以自然环境为场地的，带有探险性质或体验探险性质的体育活动项目群。户外活动已经成为人类娱乐、休闲和提升生活质量的一种新的生活方式。

户外运动的基本特点包括：

- 以自然环境为运动场地，有回归自然，返璞归真的特征；

① 资料来源：作者根据相关资料整理

- 户外活动无一例外地具有不同程度的挑战性和探险性；
- 户外活动尤其强调团队精神；
- 户外活动对身体、意志有全面的要求。

户外运动的类型包括：

- 空中项目，滑翔（有动力、无动力）、热气球、跳伞等；
- 水上项目，漂流、扎筏、泅渡等；
- 陆上项目，丛林穿越、登山、攀岩、溯溪、露营、探洞等；
- 综合项目，野外生存、野外拓展、探险挑战赛等。

自从1989年新西兰首次举办越野探险挑战赛以来，各种各样形式的户外活动和比赛在全世界如火如荼地开展起来。目前在欧洲每年都有众多的大型挑战赛举行。在美国，户外运动的参与人数和产值都位居所有体育运动的第三位。

在我国，最著名的户外运动基地是北京的白山和桂林的阳朔，素有“北白山，南阳朔”之称。云南尚缺乏全国知名的户外运动基地，这为西双版纳开展大规模户外运动提供了难得的机遇。

Second house——第二居所。发展第二居所，有助于创造景洪城市新的亮点，引进高端消费群体，推动城市品质提升。在不影响水源保护和景观格局的条件下，可在景洪地区适当开发环境优美、容积率较低、形式多样的第二居所（专栏6-7），如连排别墅（townhouse）、叠加别墅、小户型公寓及分时度假酒店公寓等，但要注意适度开发，避免经营风险。

专栏6-7：发展第二居所对西双版纳的重大意义

一是可以提高重游率，锁定相当一批消费者，使“到此一游”转变为“经常来游，休闲度假”，高频度地到西双版纳生活消费。

二是逐步优化客源结构，提高旅游消费。购置第二居所这一有效的市场细分机制，有利于西双版纳聚焦于一批高收入、高消费的人群。这批高端旅游者的进入，将有效地扩大餐饮、娱乐、商业、电信、金融、交通、房地产、物业管理等部门的收入。对于扩大本地需求，拉动服务业发展具有重要意义。

三是引入高素质人群，改善城市人口素质。发展第二居所，可以被视为一种市场化的、软性的人才引进机制，同时也是留住本地人才的一种有利因素。这批高素质人群所产生的溢出效应不容忽视，其对于促进城市产业结构的演进，提升城市形象与投资价值，都有不可小觑的意义。

Spring——温泉度假。在现有嘎洒温泉的基础上，建议建设嘎洒温泉 SPA 村，打造西双版纳温泉休闲旅游高端品牌，力争成为云南温泉旅游的首选目的地之一。

Shopping——休闲购物。休闲购物的发展应积极体现“三化”方向。一是业态多样化。以景洪为依托，探索引进折扣店、文艺片剧院、精品店、酒吧、咖啡馆、特色餐饮、主题酒店等新业态，营造多种业态交织的休闲商业氛围，形成商业、旅游业、文化产业等多产业联动发展的局面。二是传统农业和手工业制品的商品化。凸显民族风情，充分利用土特产资源，实现土特产资源商品化开发（如自制自酿产品、手工艺品等），以凸显精工细作的“慢文化”个性。三是休闲旅游商品的时尚化。充分挖掘当地文化特色，对传统产品进行时尚化包装，实现现代与传统的完美融合。

2. 大力发展自驾车旅游产品

一是建设汽车营地。依托昆曼通道、国道、省道等各级公路，以及各类保护区和经典村寨，建设自驾车营地，提供完备的配套设施。可结合自驾车营地，建设汽车影院等娱乐项目。

二是完善自驾车交通服务体系。结合自驾车游线设计，确保道路通畅、安全，重点提升自驾车游线的路面状况并加强周边景观设计。建立规范清晰的交通标志牌、安全可靠的临时停车点、醒目方便的报警电话等。为自驾车旅游发展提供可靠的安全保障（如加强旅游交通设施的维护与执法监督力度），减少自然与人为灾害对旅游交通安全的危害。在景洪、勐海、勐腊主要交通线沿线针对自驾车旅游者设立服务中心，以分发周边景区、营地、乡村度假地的宣传资料，并提供信息咨询、餐饮、加油、洗车、车辆拯救及故障修理、土特产品与药品、民族产品、手工制品的销售等服务。

三是配套解说系统。在全州主要景区、景点、交通要道等旅游者集散地，提供旅游解说标牌、免费取阅的旅游资料，并配置触摸式旅游信息设备，配置营地及周边景区内主要景点的文字介绍牌和线路指示牌。

3. 大力发展会议与奖励旅游（MICE）产品

会议与奖励旅游经济效益高，能有效地带动地区商务活动的发展，也是提升地区知名度和美誉度的重要途径，代表了未来旅游发展的重要方向（专栏 6-8）。西双版纳具有发展会议与奖励旅游的天然资源与环境条件，同时我国各地区经济的高速增长也为西双版纳创造了巨大的会议与奖励旅游市场。因此，西双版纳应大力发展相关基础设施和配套设施，充分运用各种营销与公关手段，积极争取承办具有影响力的会议与论坛，吸引北京、上海、广州、深圳等地事业单位、国有大中型企业、跨国公司等组织在西双版纳举办具有奖励性质的会议与旅游活动。

专栏 6-8：MICE（商务会奖旅游）

商务会奖旅游在国际上的通用提法为“会展及奖励旅游”或“会奖旅游”或“会奖商旅”（简称为 MICE），是以商务为主要目的，以会议、展览、奖励旅游等活动为依托而发展起来的商务会奖旅游，已经成为现代旅游业中最重要的细分市场之一。同时 MICE 也是西方流行的一种企业管理方式：以促进业务发展、塑造企业文化。

MICE 的 I，即奖励旅游（incentive tour），重在一个奖字。国际奖励旅游高级经理人协会（SITE）给奖励旅游下的定义为：一种现代化的管理工具，目的在于协助企业达到特定的企业目标，并对于达到该目标的参与人员给予一个非比寻常的旅游假期作为奖励；同时也是为各大公司安排以旅游为诱因，以开发市场为最终目的的客户邀请团。总结起来是奖励员工旅游或奖励客户旅游。

MICE 用户定位：经常出差的高学历、高收入、高职位商旅人士及企业 HR、行政采购决策人。MICE 业务特点：商务会奖游客以其停留时间长、消费水平高（即利润丰厚）、出行受季节影响小，对目的地城市的经济拉动作用强劲，对服务商的专业度、业务操作能力和资源整合能力要求高等特点被认为是高端旅游市场中含金量最高的部分，受到许多旅游集团的广泛关注，并将成为中国旅游企业未来几年竞相角逐的“热点”。

一是培育、引进专业的会展服务公司。通过政策引导，积极培育或引进专业的会展服务公司，使之成为市场运作的主体，开辟西双版纳发展会议与奖励旅游的新渠道。

二是发展多元化的会议与奖励旅游产品。西双版纳已成功举办了西双版纳边境交易会、“中国十大边疆重镇”高峰论坛，以及一批行业高峰论坛等，在此基础上，未来西双版纳发展会议与奖励旅游应重点着眼于：①聚焦国家乃至全球发展热点，主动联系各类国际组织、地区组织及国家相关部门，积极承办各类会议与论坛。例如，“嘎洒：中国低碳经济论坛”“橄榄坝：中国生态文明论坛”“GMS 合作发展联席会议”等，并努力使黎明之城——景洪或者某个镇成为部分国际重要会议的永久举办地。②充分挖掘本地文化，策划举办如“贝叶文化论坛”“西双版纳普洱茶研讨会”等各类体现地方文化特色的会议与论坛。③积极建立多元化渠道，通过与会展公司、旅行社等中介合作，开发上海、北京等地事业单位及一批大中型国有企业、跨国公司的会议与奖励旅游市场。

三是加快建设一批会议与奖励旅游设施。当前，西双版纳发展 MICE、会展的承载力不够，要支持多元化的会议与奖励旅游产品的蓬勃发展，就必须加快更新与建设一批会议与奖励旅游设施。基础设施的更新与建设需要重点抓好：①空间集中。集中在嘎洒、嘎栋区域内，建设一批会议与奖励旅游设施，为会议与奖励旅游产业的规模化发展奠定基础。②整体开发。在更新与建设过程中引进大开发商进行统一规划，整体开发。做“减法”，减去那些不和谐的建筑，更新陈旧设施，营造优美和谐的环境；做“加法”，新建一批高品质的酒店、会议中心、文化广场等设施，为会议与奖励旅游活动的开展提供基础设施。③规范管理。在设施的管理与运营上引进品牌管理公司，实施规范化管理和市场化运营，实现设施收益最大化。

4. 探索发展小型奢侈酒店（Small Luxury Hotels）和精品酒店群落

动员社会资本，寻求差异化竞争，结合基于社区的体验旅游，探索发展小型奢侈酒店（专栏 6-9）和精品酒店群落。在这些酒店或度假村中，旅行者能找到适合自己的所有元素，包括独树一帜的度假主题、具有独特性的酒店设计和个性化的酒店服务。

专栏 6-9：小型奢侈酒店①

和设计精美却总显得有些千篇一律的高级酒店标准套房相比，置身于酒店连锁产业链之外的小型奢侈酒店凭借着个性化、高品质正越来越受到旅游者和商务人士的青睐。小型奢侈酒店往往具有以下几个方面的独特性：

1. 建筑风格突出当地文化

欧美等地的小型奢侈酒店，大多选择建在异国情调浓郁的度假胜地，如摩洛哥历史古城马拉喀什、意大利中部、法国南部等地，目前中国的小型奢侈酒店也大打“文化”牌、“情调”牌。充满浓郁异国情调的小型奢侈酒店更在意标榜自己身上浓缩的当地文化剪影，如兴建于中国香格里拉的“仁安悦榕庄”，酒店由当地藏舍改建而成，保存了当地藏式建筑风格，而酒店服务除了通常的 Spa 护理疗程服务之外，还包括参观当地农舍、自制酥油茶和奶酪这样的“文化探索之旅”。

2. 个性化服务别具一格

为客户度身定做私人化服务是奢侈酒店吸引高端客户的因素之一。据了解，一家小型奢侈酒店的必备条件包括游泳池、网球场、24 小时服务、空调和宽带上网。酒店离机场的路程远近要求倒在其次，因为在国外，许多奢侈酒店甚至有直升机为客户运送行李。其他免费赠送的服务也五花八门，如为客人提供专业品酒指导、私人海滩豪华野餐、免费预订百老汇演出最佳门票等。

目前，欧洲仍是小型奢侈酒店市场发展最迅速的地区。在亚洲，除了泰国是小型奢侈酒店聚集地之外，中国市场同样是投资者的目光聚集地。目前，新加坡悦榕集团、万豪国际酒店集团等均在中国云南、海南、四川九寨沟等风景优美的地区投资建设小型奢侈酒店。

---

① 资料来源：作者根据相关资料整理，见 http：//finance. qq. com/a/20060630/000298. htm

三、策划目的地形象识别系统，整合形象传播渠道

一个地区旅游的发展，首先依赖于当地的某种优势资源，但这并不意味着拥有资源优势的地区就一定能获得发展优势。众多研究表明，旅游地的知名度、美誉度、认可度及影响旅游地形象的某些因素常常显得更为重要。因此，目的地形象已经成为地方参与竞争、获取竞争优势的筹码，良好的地方形象对于地方营销应起到全局性的引导作用。现阶段国内各地营销组织大多仅从供给方的角度出发，把营销重点过度集中于目的地形象的“策划和设计”方面，常常“只考虑了信息的发布，而不考虑信息的接收”，忽略了对于目的地形象传播效果的重视，往往使目的地形象的塑造无法收到可观的效果。

因此，如何根据旅游行业特性合理选择传播渠道，为目的地形象的推广配合有效的宣传模式显得尤为重要。在这一营销过程中，旅游目的地形象的塑造是起点，游客的接受并产生积极行动是终点，传播则是连接起点和终点的桥梁。其终极目标，就是结合良好的目的地形象和有效的传播渠道，谋求旅游者的心理认同，并进一步诱发旅游行为、引导旅游者进行旅游决策，从而使得目的地竞争优势最大化。

（一）建立完整的旅游目的地形象识别系统（DIS）

旅游目的地形象识别系统（destination identity system，DIS），是指对一个地区或城市，通过塑造具有典型性和特色的形象，使社会公众对其旅游产品和服务产生一致的认同感和知名度，从而达到树立良好旅游形象、扩大旅游市场份额，是推动社会经济发展的一种经营管理战略。

DIS的构建有助于西双版纳统一并提升城市的地方形象、加强城市内部凝聚力，同时也为城市宣传和地方营销提供了一个有效的资源整合性平台。目的地形象设计是一个系统工程，其内部所有层级的形象设计都应围绕总体形象展开，与总体形象相统一。主要由以下三个部分组成。

理念识别（mind identity，MI），是DIS的灵魂，属于战略的策略层。对地区的旅游业的发展具有宏观的战略指导性，内容包括塑造地方精神、形象定位、发展目标等。

MI的核心任务是突出地方性，目的是向受众传递地区的价值观和地方文化。地方性在一定程度上等同文脉，它包括自然地理特征、历史文化特征和现代民族民俗文化的研究。重点是向受众传递能代表旅游目的地特色的风格与氛围。文脉作为旅游形象的文化内容，是旅游形象策划的关键，也是指导旅游区营销形象的主要依据。通过对地区自身的发展目标、资源特色、旅游产品特色和客源市场状况及竞争对手的特点等各方面的因素进行梳理和分析，不难发现，

对西双版纳而言，傣文化和茶文化显然是最重要的两条线索，因此可以以“柔情傣乡，普洱茶源”的形象和口号作为文脉的总体定位。

傣文化是西双版纳文脉的第一条线索。一方面，“柔情傣乡”中的柔是傣文化中的核心形象，突出泼水节之水的柔性，强调傣族姑娘的柔情，彰显孔雀舞的柔美。另一方面，作为“傣乡”，拥有众多千年傣族古寨的西双版纳是傣族最重要的居住地，是傣王宫殿的所在地，更是傣族民风民俗和文化主题的发源地。因此，西双版纳独特鲜明的柔情傣乡的风格与氛围早已深入人心。

茶文化是文脉的第二条线索。西双版纳毫无疑问是普洱茶的发源地，大量历史地理考证表明，中国普洱茶古六大茶山（攸乐、革登、倚邦、莽枝、蛮砖、漫撒或称易武）均位于西双版纳境内，其独树一帜的制茶技艺，深厚的茶文化积淀和庞大的茶产业，是名副其实的“普洱茶源”。通常被误认为普洱茶原产地的普洱市（思茅）则只是茶马古道茶叶集散和运转地。此外，整个西双版纳还需要为主题定位设计不同的地区口号、地区名片和广告语，并根据各地区不同特征（历史、地理、文化、风景、传统等不同方面），分别选做主题，以突出每个地区各具特色的形象口号，如“理想而神奇的乐土”“黎明之城”“南传佛都”“雨林秘境”“百万大象之河”等富有感染力的标识口号，对一级理念进行全方位支撑。

行为识别（behavior identity，BI），是 DIS 的载体，属于战略的执行层。与 MI 的深奥、抽象相比较，BI 追求的是具体、实际，是上述形象理念在行动上的直接反映和表现，是塑造旅游整体形象不可或缺的组成部分，涉及旅游目的地各个层面人员的行为规范和行为准则。

（1）强调行为（活动）识别的统一性。统一语言、着装、礼仪等行为活动，实现标准化。

（2）强调行为（活动）识别的独特性，突出西双版纳地方特色。

由于旅游目的地各个层面人员的行为（包括语言）本身就是一种传播媒介，受众（旅游消费者）可以不借助其他传播媒介而直接产生对旅游地的认知，从而形成对旅游地形象的认识。旅游目的地各个层面人员的言行又无不是在地方历史文化、价值观等理念要素的作用下表现出来的，因而行为识别实际上是理念识别的最主要载体。

总之，BI 规范着旅游活动的内部管理制度系统和外部社会活动系统的运作，必须以理念识别系统为前提、为核心。

视觉识别（visual identity，VI），是 DIS 系统中最具传播力和感染力的层面，是旅游形象理念在视觉上的表达和扩展，属于战略的展开层。由于人类获得的外部信息中，有 83%来自于视觉，因此视觉识别设计是受众能够最直观感受到的信息。

首先，应特别强调对形象识别的应用，可通过标准字、标准色、图案、标徽（logo），标识物、吉祥物、形象代言人，宣传口号、标语、手册、政府及企业名片，旅游纪念品、建筑外观等具体化的视觉系统符号打造一个统一、鲜明、富有特色的目的地形象，从而达到对旅游消费者产生强烈的视觉冲击、精确的概念传达、独特的识别记忆的传播效果。

例如，杨丽萍的孔雀舞造型在成为西双版纳傣家姑娘亭亭玉立苗条身姿形象代言的同时，也突出了傣族青年妇女长发盘起，窄袖短衣和长至脚踝、腰身纤巧细小、下摆宽大的筒裙的鲜明的民族服饰特点（图 6-13）。

图 6-13　孔雀舞造型图

资料来源：来自互联网百度图片

其次，西双版纳的旅游目的地视觉识别设计时应特别注意：

一是要对西双版纳的文脉和地脉进行深层次的挖掘和把握，打破常规、推陈出新。通过新形象的塑造，让景区焕发出新的生命力。例如，昆曼公路的孔雀 logo 很好地传达了西双版纳的孔雀文化（图 6-14）。

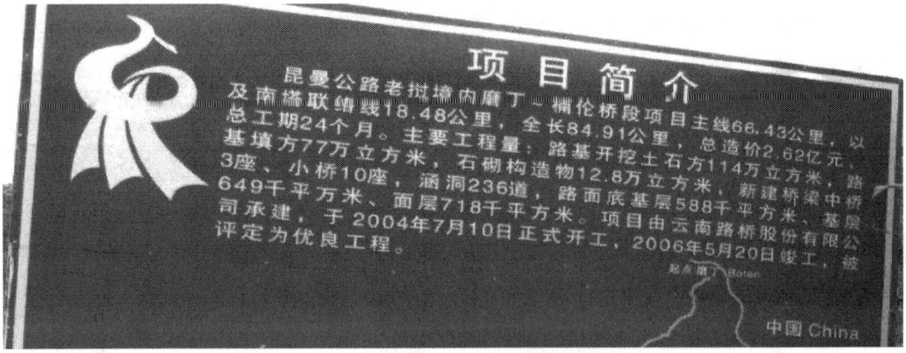

图 6-14　昆曼公路的孔雀 logo

二是塑造形象符号时应特别区别于云南省其他知名旅游目的地及周边国家的同质化品牌形象，如与整个云南省各地区及老挝、缅甸与泰国等同宗同源的边境国的景观资源和民族文化的区别。尽量避免雷同、混淆，并通过符号标示事物间不同的意义、区别与归属，以突出西双版纳地方个性。

三是旅游目的地形象符号设计应用于目的地的形象宣传和市场营销，必须经过广泛的调研分析，从消费群体的角度出发，以得到公众认可和共鸣。例如，西双版纳高速公路标识牌的大象 logo 缺乏本地独特的区域文化内涵（图 6-15）。

a　　b

图 6-15　西双版纳高速公路标识牌

（二）促进形象传播渠道的整合

DIS 的整体构建只是目的地营销的第一步，如何将目的地完整的形象信息传递到目标客源市场，尽可能影响更多的潜在公众，使其让公众知晓和带动公众，传播起着不可或缺的桥梁作用。

目的形象的传播分为两个层次，第一层次为主要层次，即信息从原始宣传者向直接受众的传播，主要依赖大众传播，这一过程中大众媒介的主要作用包括打开信息传播通道、促进有关目的地形象观念的形成并对目的地形象感知进行的倾向性舆论引导与纠正；第二层次是（潜在）旅游者群体内部的信息传播，主要依赖人际传播，对于那些不易被大众媒介精确描述却能对旅游者产生直接影响的信息，这一过程的传播效果较好，是对第一层次大众传播的有效补充。根据信息传播技术的发展和传播媒介的延伸，当前主要的形象传播渠道可以归纳为三大类。

（1）传统传播渠道。传统的信息传播的一个最大的共性，在于它们基本上都采用单向的信息传输方式，从最原始的口口相传的人际传播，发展到以报纸杂志、广播电视为主要渠道的大众传播。由于受众广、规模大，在目的地形象传播的过程中，大众媒体历来承担着主要传播媒介的角色。其中，报纸、杂志等纸质媒介以图文为载体，易于保存与查阅，但信息量有限，且易被读者选择性忽略，对版面安排的要求高；广播电视传达的信息具有高度的直观性、精确性与时效性，但互动性差，不利于查询与保存。

然而，不同旅游者的旅游动机不同，需求不同，触发因素也不同，因而传统大众传播的信息传播效果往往受限于其单向性，同时由于针对性和互动性不足而大打折扣。因此，尽管大众传播媒介在目的地形象的宣传中占据主要地位，但人际传播仍然不可忽略。就精确性与传播效果而言，恰恰可以通过人际传播来弥补，这种情况尤其经常出现于游客自目的地体验归来后对其社交范围内亲朋好友的介绍与宣传行为上。

(2) 新兴传播渠道。互联网是新兴媒介，同时具有大众传播和人际传播的属性，其兴起有利于改变目的地形象的原始宣传方无法介入人际传播的状况。目的地形象在网络上的传播形式主要有三种：①由目的地宣传者为主导，以类似传统大众传播的方式主动将信息告知受众，通过官方网站的目的地展示、普通门户网站的目的地介绍和广告等方式进行宣传。②以受众群体之间的相互交流为主导，以各种虚拟社区为载体，以类似传统人际传播的信息共享方式进行目的地形象的传播。③由潜在旅游者即传播接受者为主导，以网络特有的信息搜索方式达到目的地形象传播的效果。网络传播的特征之一是交互式，即受众有主动搜索相关信息的需要与能力。因而有关目的地形象的信息，无论是官方发布还是社区发布，只要是以受众的立场有可能关心的信息，都可以通过搜索引擎迅速被潜在旅游者获知。

网络媒介同时容纳宣传方主导、受众群体主导和受众个体主导三种信息传播方式，大大提高了目的地形象传播的效率与效果。但互联网媒介易于冗余信息与产生虚假信息，在一定程度上能对目的地形象的传播产生不利影响，而手机、GPS 等移动终端则是在互联网的基础上发展起来的，其信息传输的时效性和便携性尤为突出，进一步强化了传播的效果。

(3) 其他传播渠道。目的地形象的传播有各种方式，直接进行相关信息的发布（如公告、广告）等传播形式是显性的，非发布性质的传播（如通过书籍或影视片向人们展现目的地形象的形式）则是隐性的。研究发现：留给受众印象最深的往往是文艺作品（如影片、纪录片、书籍等），而不是单纯的广告，因为广告所包含的信息是有限的，不可能将具有差异化的文化信息较准确地完全表现出来。因而通过一定媒介进行目的地形象的隐性传播具有重要的意义与价值。

另外，作为外部环境的一个组成部分，户外媒体广告始终发挥着持续不断的影响力。其覆盖面广，涵盖了楼宇、广告牌、地铁、巴士、电梯等多种形式，有着显著的品牌识别。受到受众规模难以测量及环境限制等影响，其局限性也很明显，但是这并不阻碍这种传播形式受到普遍认同和欢迎。

通过对不同传播渠道特征的对比（表 6-4），可以归纳出以下几点西双版纳形象传播渠道的整合建议：

表 6-4　不同传播渠道的特点

媒介	特征	受众覆盖面	信息量	信息权威性	时效性	互动性	便携性	广告费
传统传播渠道	人际传播（口碑）	小	小	中	弱	中	—	无
	纸质媒体	大	中	好	中	较差	中	较高
	广播电视	大	大	好	强	较差	较差	很高
新兴传播渠道	互联网	非常大	非常大	中	最强	非常好	中	很低
	移动终端（如手机、GPS）	非常大	非常大	中	最强	非常好	非常好	很低
其他	隐性（如影视、书籍作品）	较大	小	较好	中	差	—	中
	户外广告（如楼宇、地铁、巴士、电梯）	较大	中	中	中	差	—	中

一是充分利用网络营销渠道，全面启动西双版纳“官产学民媒”互动的形象上网工程。随着网络技术的发展，网络营销渠道在品牌形象传播中起到了越来越大的作用。当前基于 Web2.0 的营销新途径包括：门户网站，网络社区/旅游、旅行社网站；机票、酒店、度假产品的网络预订，博客/微博/SNS 网站等，而旅游目的地的形象传播也要顺应这一发展趋势。

建设西双版纳旅游网，建立赴西双版纳旅游者的需求数据库，由旅游局牵头率先建立西双版纳公共关系委员会，全面导入 DIS 系统。积极推进官方博客的建设，鼓励民间博客的开通，并利用各种网站、论坛等使旅游目的地的非物质文化以网络的形式传播。以网络虚拟店为主体，实体店为补充，强化形象传播。充分利用电子商务发展契机，开设淘宝形象店，专营或授权经营旅游目的地的主打产品。同时还要在一线城市的中心地段，开设形象实体店，提高品牌形象的影响力。通过以虚为主、虚实结合的方式，实现旅游目的形象推广和强化。

二是继续重视传统的传播渠道，保持宣传力度。充分发挥传统传播渠道的主导作用，利用电视、广播媒体，在中央频道及各大卫视播出旅游目的地的宣传广告或片段。同时要拍摄旅游目的地主题片或专题片，深化受众对目的地认知深度，并提升目的地的形象高度。

引入公关营销，整合传统渠道。策划公益性事件或活动（如“野象志愿者”和“雨林守护者”活动），并加以宣传。实现在保护自然生态环境同时，提升目的地形象，扩大其影响力。同时还要关注危机事件（如“湄公河事件”），强调危机管理。抓住危机中孕育的发展契机，加大宣传力度，宣传旅游目的地形象。

三是借助户外广告传媒，增强旅游目的地形象的认知程度。在公交站台、高速公路、地铁及楼宇和电梯间等区位，借助平面和移动视频广告传媒，传播旅游目的地形象，扩大受众规模，增强目的地形象的认知度，使旅游目的地的形象广泛传播。

四、策划标志性的节事活动，积极提升区域形象

（一）西双版纳标志性事件系统分类

系统详细的项目规划方案被认为是使得地方政府在事件营销过程中利益最大化的基本保证。一些传统的促销方法（如一般的旅游交易会、节事活动等）已经失去有效性，地方政府应该探索更加具有特色的、吸引眼球的方式。从建立“低纬度山地度假旅游地，大湄公河次区域的旅游枢纽”发展目标出发，结合“热、傣、茶、边”四大旅游主题功能，西双版纳主要的标志性事件可作如下分类，见表 6-5。

表 6-5 标志性事件的分类

事件 类别	具体项目
国际性赛事	低纬度体育运动训练及赛事、大型文艺活动
传统性节事	基于传统并赋予现代性的民族节事活动：泼水节、赶摆节、民族音乐节、宗教节日
重点策划的特色活动	融合西双版纳地方文化的特色活动：斗茶大会，大象比赛等

（二）事件创造需求，事件促进地区协同发展

事件营销的效应表现在吸引更多的游客、在一定程度上平衡旅游的季节性变化。事件旅游不仅能提升区域和城市形象，更能促进招商引资、带动当地经济发展，同时，地区环境优化与基础设施建设也将得到不同程度的改善。

因此，通过事件积极创造需求成为西双版纳地方政府目的地营销的工作重点（专栏 6-10）。首先，由政府搭台，细致有效地选择重点市场，策划标志性的事件；其次，合理配置资源以调动当地企业、民众、协会共同参与的积极性；再次，要积极利用政治力量提升事件的影响力，政府应积极推动实现大湄公河次区域的跨境合作，要充分利用政治营销手段，整合多方资源，提升事件的影响力。

专栏 6-10：事件旅游

当前，事件旅游已经成为各国、各地方政府发展当地经济的最普遍、最重要的规划战略。通过标志性的节事活动策划宣传，促销旅游目的地的产品和服务，使目标顾客将本地区作为旅游目的地，进一步提高来访旅游者在本旅游目的地的消费。

对于事件旅游研究表明：事件是短时发生的一系列活动项目的总和；同时，事件也是其发生时间内环境设施、管理和人员的独特组合。一方面，事件旅游是对事件进行系统规划、开发和营销的过程，其出发点是使事件成为旅游吸引物、促进旅游业发展的动力、旅游形象塑造者、提升旅游吸引物和旅游目的地地位的催化剂，事件旅游发展战略还要对新闻媒介和不良事件的管理做出规划；另一方面，事件旅游要对事件市场进行细分，包括分析和确定什么人将进行事件旅行、哪些人可能会离开家而被吸引前来参与事件。

随着我国事件旅游的不断践行与发展，各地出现了很多成功的案例。例如，2008 年北京奥运会、2010 年上海世博会、1999 年昆明世博会、海南博鳌论坛等。

五、合理配置各方资源，整合目的地产品渠道

目的地旅游产品营销渠道的构建，不是政府可以独立完成的，但政府可以通过管理、联合、扶持、捆绑、规范等方法，合理配置各方资源，促进渠道的开发和高效运转。

1. 探索多元化渠道的商业模式

（1）重视传统渠道，加强与国内重要旅行社的合作，请各地旅行社来踩线；

（2）重视在线营销（如携程、芒果、Elong、去哪儿、驴妈妈、agoda）等网站渠道；

（3）重视俱乐部式的社区网站，论坛组织渠道；

（4）重视游客中心建设，使之不仅是政府和企业信息展示，还是产品展示、销售的多元渠道。

2. 推进在线旅行社的新业态发展

在日益发达的互联网时代，旅游消费者的个性化、多样化、专属化需求也随之凸显。人们对于日常接受信息的方式和媒介的转变，使得传统旅游推广的渠道也将必然跟着转变。与现代信息技术紧密结合的网络旅游、网络营销等新

业态的市场影响力迅速扩大，旅游运营方式正在加速转变。因此，西双版纳的旅游休闲产业的发展要积极推进在线业态。

(1) 加强与航空公司（机票），酒店（住宿）的结盟，国内如携程网、真旅网、芒果网、elong、daodao 等，国际如 agoda、booking 及重点面向东南亚的 sawadee 等，预订系统可以直接与航空公司和酒店对接，产品组合成套餐，形成低价竞争优势。

(2) 建设可以向全球个人及商旅用户提供“全实价、全网购、全天候、全球通、全支付”的高承诺旅行产品和服务的在线旅行预订网站。

(3) 面向大型龙头企业（青旅、国旅、携程）及线上旅行社建设官方门户网站旅游线路推荐的多元化营销，并鼓励中小型旅行社企业的建立。

第三节　地区旅游发展的多重治理模式探讨

一、协调多元利益关系

面对社会结构的变化和利益主体的多元化，在发挥政府主导作用的同时，积极引入区内外多元发展主体，建立“自上而下”与“自下而上”相结合的区域旅游结构，构建多元利益主体相协调的区域旅游治理模式（专栏 6-11）。这需要西双版纳研究国内外已有经验，结合本地“少数民族地区、边境地区、欠发达地区”的实际情况，面向大推进战略，积极协调各级政府与各方资本的关系，强化政府与资本的增长联盟；积极考虑社区利益，面向旅游扶贫，强化基层政府的桥梁作用，协调社区与资本在旅游发展中的利益关系；积极处理好西双版纳与中央和云南省的关系，力争各项有利于地方发展的优惠政策，努力成为“旅游经济与社会融合发展的先行先试区”。

专栏 6-11：从管理到治理（表 6-6）

“治理”一词在政治与行政管理范畴由来已久，治理的概念在西方区域（包括城市）公共事务管理中的频繁使用始于 20 世纪 80 年代。从本质上看，治理就是依靠多种相互影响的行为者互动的方式来达到对社会资源的合理配置和管理，弥补市场机制和政府控制的不足，最终实现区域内部利益相关者之间的协调。

表 6-6 治理与管理

	治理	政府管理
手段	以协调为主	以统治、控制为主
权力中心	分散的多元权力中心，包括私人部门和非政府组织	以政府为单一的、集中的权力中心
组织形态	上下互动的扁平化网络结构	自上而下的科层制结构
典型模式	伙伴关系、全球治理、流域治理、社区治理	

由于利益多元化，世界日益趋向复杂，传统的层级式控制无法持续。社会管理权力中心从传统的政府单一中心管理转向公共机构（政府）、私人机构（行业协会等非政府组织），以及公共机构和私人机构合作组织的多中心管理。各个中心之间的关系极为复杂：一方面，各权力中心互相依赖，因为没有哪个机构（包括政府）拥有充足的资源和知识可以独自解决所有的问题。在处理公共事务时，相互依赖的行为主体通过交换资源，共享知识，谈判目标，共同采取有效的行动。这也就要求政府与个人、企业、社会组织之间的关系由传统的统治与被统治关系转变成相互合作的平等伙伴关系。

另一方面，各权力中心可能产生对立。利益主体的多元化导致区域内的不同利益主体提出各自的利益诉求，这些利益诉求可能存在冲突甚至对立。而由于区域内的关系从层级式转向网络式，"在一个各种不同的子系统不断出现并且日益复杂的世界里，国家已经丧失了它的行动能力"。多权力中心使得政府无法在具有冲突的需求之间进行裁决，各利益主体之间的协调无法简单地通过命令和控制来实现，只能通过各主体之间的互动形成的治理关系来实现。治理理论的提出，给统筹多方资源、实现区域组织之间的协调和有效运作提供了新的思路。

二、构建服务型政府

1. 强化区域发展愿景宣传，积极实施大推进战略

积极实施愿景管理，通过规划统一思想，修编旅游发展总体规划，进而强化对规划的营销，强化对区域发展愿景的宣传，在"官产学民媒"达成共识，统一分散的市场决策主体，积极实施大推进战略。例如，成都万贯集团投资开发的大型生态景区——碧峰峡（专栏 6-12）。

专栏 6-12：碧峰峡模式[①]

碧峰峡是成都万贯集团投资开发的一个大型生态景区。位于四川省雅安市，辖区面积 20 平方公里，森林覆盖率达 90%，有“天府之肺”的美誉。万贯集团是四川省著名的民营企业，创建于 1986 年。业务范围涉及旅游、酒店、物业、房地产、商贸、餐饮、娱乐等多个行业。1998 年，万贯集团决定开发碧峰峡丰富的旅游资源。在碧峰峡的开发中，万贯集团独创了“碧峰峡模式”。“碧峰峡模式”目前已成为旅游景区开发的典范，成为政企合作的样板。

“碧峰峡模式”概括来说，就是在一个风景旅游区内，由政府统一规划，授权一家企业较长时间地独立经营和管理，组织一方或多方投资建设，统一规范、有序经营，达到资源优化配置、永续利用，使景区的社会效益、经济效益、生态效益协调发展。政府出资源、企业出资金，所有权、经营权、管理权“三权”分离的旅游开发模式，优化和创新了旅游产业结构，在保护自然资源、生态资源的前提下，实现了高起点规划、大资金投入、规范化管理、可持续发展。

2. 建设服务型政府，加强招商引资

完善政府公共服务职能，重塑招商引资业务流程，建立顺畅的引资渠道；建立健全投融资机制，采取多样化招商方式，扩大引资渠道；吸引国内外资本，尤其是优质的国内资本，积极导入外部知识、技术、人才；改善西双版纳投资环境。

3. 聚焦龙头项目，加强基础设施建设

重点聚焦龙头项目特别是大型旅游文化综合体的建设，如傣乡水城项目、万达项目、勐仑旅游小镇建设；重点聚焦重要的核心旅游基础设施，如昆曼高铁的服务配套设施建设。

4. 加强官产民利益协调，确保旅游用地供给

以新农村建设为契机，将改善农村居民生活生产条件与旅游经济的增长相统一，在确保当地居民利益的基础上，加强土地资源的整合，确保重点项目的用地供给，参见专栏 6-13。综合评估重大项目建设对区域经济的溢出效应，建立旅游用地储备制度，采取有步骤的供地计划，在建立良好的市场预期的前提下，确保地方政府在土地运营的利益最大化。

---

① 资料来源：作者根据相关资料整理，见 http：//baike.baidu.com/view/4219163.htm

专栏 6-13：以新农村建设为契机，加强旅游用地整合

大推进战略需要有弹性的要素供给为保障，在我国当前经济条件下，土地供给已经成为制约生产规模扩张的主要瓶颈。西双版纳实施旅游发展的大推进战略，一方面需要建立利益相关者的协调机制，及旅游发展的治理结构。另一方面，则需要加强对土地要素的整合及科学管理，在确保当地居民利益的前提下保障大型项目的用地供给。

三、完善公司加农户模式

1. 依托少数民族文化，大力发展参与式社区旅游

积极以少数民族社区为基础，努力以社区旅游资源、民俗活动为依托，大力发展参与式的社区旅游；确立社区发展核心目标，协调社区可持续发展和居民发展，增强社区能力；加强社区文化保护，构建社区旅游文化灵魂。强化公司加农户制度（专栏 6-14)，建立利益协调机制。保护社区资产、公共产品和以社区居民为载体的民俗风情文化，推动社区旅游产品开发，强化文化体验旅游，开发深度旅游。

专栏 6-14：为什么要选择公司加农户模式

为了应对社区旅游中分散决策带来的负面影响，社区旅游需要一个强有力的组织者。一方面，由于公民社会发育滞后，社区能力相对不足，意味着基于社区的自主旅游发展模式缺乏外部环境的支撑和自身条件。另一方面，市场化的改革使基于利润最大化决策的公司有能力也有意愿来填补乡村地区公民社会的相对缺位，成为社区旅游组织者。所以，公司加农户模式是当前中国制度环境下社区旅游发展的必然而无奈的选择。这种模式是中国市场化改革的产物，带有历史的进步性。但是，从西双版纳的实践而言，这种模式也已暴露出一定的局限性。为了发挥公司加农户模式的优势，规避劣势，在公民社会发育尚不完善阶段，必须强化基层政府对多元利益主体的协调作用。

2. 完善公司加农户模式，强化基层政府的利益协调角色

进一步完善公司加农户制度，强化基层政府参与社区旅游发展；对基层政府加以制度激励，强化基层政府的利益协调角色，强调政府在多元利益主体参与的社区旅游中的协调作用；协同政府、企业和社区三方利益，建立完善利益协调机制。

3. 在条件成熟的乡镇进行财政分成

选择景洪市内条件成熟的乡镇为试点，积极学习东部沿海地区经验，大力

推行县乡财政分成制度（专栏 6-15），推行经济业绩考核制度，强化基层政府经济发展动力；改进基层政府考核体系，突出强调对民生工作的考核，避免出现以牺牲社区利益追求经济效益的现象。

专栏 6-15：财政分成

公司加农户的治理，是目前在傣族园实践中比较成功的模式。但是从目前的情况来看，在傣族园的治理模式中，政府的角色并未扮演到位，其根源在于：

第一，财权与事权不匹配。对于勐罕镇政府而言，傣族园带来的仅仅是“事权”，而缺乏相应的经济利益。事权即勐罕镇作为地方政府需要承担属地管理的责任，直接对傣族园所在地的治安负责，因此游客越多意味着人员越复杂，亦意味着勐罕镇政府的工作量越大。缺乏相应的经济利益是由于税收机制的设计存在问题，勐罕镇政府并没有从傣族园的税收中得到财政收益。事权和财权的不对等，导致了勐罕镇政府对傣族园旅游公司持一定的负面态度。归根到底，乡财县管的财政制度是造成这种事权和财权不匹配的根源所在。

第二，社会关系存在二元结构。一方面，傣族园由橄榄坝农场控股，橄榄坝农场的人员组成以知青为主体。农场管理转移到地方以后，农场在行政级别上与乡镇政府持平，农场与乡镇政府仍然有强大的谈判能力。需要强调的是，由于缺乏亲缘关系及文化认同，作为资本方的农场缺乏推进社区发展、承担公共责任的动力。另一方面，社区居民以本地少数民族为主体，与乡镇政府有更密切的亲缘关系。当乡镇政府无法从公司增长中获取经济利益时，乡镇政府的立场会更多倾向社区利益的代言者，而非资本与社区的协调者。因此，农场文化约束的不足与基层政府经济激励的不足，促使社会关系的二元结构在一定程度上被强化，由此导致的冲突也阻碍了旅游业的和谐发展。

4. 建立跨社区的社区旅游协调机制

推广“政府协调下的公司加农户”模式，促进典型旅游社区的旅游开发。通过编制“西双版纳乡村旅游规划”实现政府对乡村旅游发展的引领作用，通过建立“西双版纳旅游网”完善乡村旅游营销公共服务平台。积极协调社区之间的竞争与合作关系，推动建立跨社区的旅游协调机制，如在政府主导下建立西双版纳社区旅游交流经验会、西双版纳乡村旅游大会、西双版纳“一寨一品”论坛等，通过交流与协调，促进社区旅游产品的差异化及发展经验的共享。

四、协调央地关系与跨国治理

1. 积极协调央地关系，力争成为“旅游经济与社会融合发展的先行先试区”

在中央对边境地区的经济发展高度重视的现实背景下，西双版纳积极响应2011年6月国务院办公厅印发的《兴边富民行动规划（2011～2015年）》，坚定贯彻“在‘十二五’期间用特殊政策引导市场资源向边境地区配置，确保生产要素集中投入边境地区，在边境地区基础设施建设和提供基本公共服务方面实行更加优惠的政策，优先安排支持边境地区基本公共服务发展，有关新政策、新举措在边境地区先行先试”的精神，积极协调央地关系，力争在有效管理的前提下，实施落地签证政策；积极争取中央支持，推动设立跨境旅游线路及航空班次，力争在《国务院关于支持云南省加快建设面向西南开放重要桥头堡的意见》的框架下，争取成为“旅游经济与社会融合发展的先行先试区”。

举办大湄公河次区域的国际论坛（专栏6-16），以第三方社会组织介入为途径，通过论坛向中央要政策；充分发挥本地投资的大企业、大集团在中央的游说能力，通过利益团体的公关活动影响公共决策，力争满足地方边境旅游发展要求的优惠政策。积极通过省政府、民主党派及全国人民代表大会等各种渠道反映问题、提出建议。

专栏6-16：“湄公河事件”与央地关系

湄公河事件的发生，进一步凸显了湄公河航道及西双版纳在大湄公河次区域的重要性。中央的态度及后续的处理措施表明，中央政府进一步明确了湄公河国际航道的安全性对国家利益的重要意义。从长治久安的角度来说，湄公河流域的安定和谐必须建立在完善的治理机制及旅游经济健康发展的基础之上。就西双版纳而言，建立跨境治理结构的关键在于处理好央地关系，即争取到更有利于地区发展的政策条件。湄公河事件的发生，为西双版纳争取对跨地区旅游经济增长与社会和谐发展更为有利的边境政策，并进而成为“旅游经济与社会融合发展的先行先试区”提出了要求。

2. 积极协调湄公河流域的跨境治理关系，建立国和国之间的协调平台

力争在“旅游经济与社会融合发展的先行先试区”框架内，通过多元手段优化跨境治理，搭建多样化的跨国协调平台。

建立旅游发展论坛。积极推动大湄公河次区域旅游发展论坛，通过共同努力提升到部一级，甚至上升到国家层面。在不同层级建立相应的委员会，争取将会址永久定在景洪市，以政治会晤奠定景洪在发展与东盟关系战略的中心地位。

建立定期会晤制度。在中央政府一级进行交流与磋商基础上，大力推进西双版纳地方政府与毗邻国家边境地区地方政府的协调与沟通，建立地方政府间的定期会晤制度，积极争取签订旅游共同发展的协议，在互惠互利的基础上共

同发展，如联合举办定期论坛等。

加强与对方国家职能部门的沟通与合作。加强与老挝在海关、银行、保险、仲裁方面的合作，促进边境旅游的正常发展；加强海关、公安（边防）、司法部门的合作，共同打击走私和各种犯罪活动，保障边贸旅游的良好环境。

推动跨境旅游投资。凭借国家对民族自治地方的倾斜照顾和优惠、西部大开发的优惠政策及沿边对外开放的各项优惠政策，进一步争取多项针对跨境旅游投资优惠政策，为跨境投资创造宽松的政策环境，推动跨境旅游投资。

推进大湄公河次区域的共同营销。协调整合西双版纳地区与大湄公河次区域的资源，在优势互补的条件下，联合开发具有全球竞争力的旅游线路。坚持各国“官产学民媒”互动，推进大湄公河次区域旅游发展的公共营销平台建设。

推进大湄公河次区域旅游服务标准一体化。在各国现有旅游标准的基础上，讨论建立统一的景区评定、饭店评定、交通标识等服务体系。强化旅游服务人员的联合培训制度，提高旅游服务人员的语言沟通能力及多元文化的适应能力。

第四节　文化资源产业化深度开发研究

一、确立西双版纳文化产业发展门类

按照活态/非活态和可交易性/不可交易性两个维度，将西双版纳文化资源划分为五大门类。

(1) 活态、可交易性强的文化资源，主要包括节事活动、民族歌舞、民间工艺和以物为载体的民俗文化等。

(2) 活态、可交易性弱的文化资源，主要包括价值观与世界观、以人为载体的民俗活动等。

(3) 非活态、可交易性弱的文化资源，主要是指那些已经消失或废弃了的文化物品、文化传统等，不属于文化资源产业化的开发对象。

(4) 非活态、可交易性强的文化资源，主要包括文物与遗址等。

(5) 综合性文化资源，主要包括普洱茶文化资源和佛教文化资源。

普洱茶文化资源还可以被划分为活态、可交易性强的茶主题节事活动，活态、可交易性弱的茶文化故事，以及非活态、可交易性强的茶马古道遗址等；佛教文化资源同样可以划分为活态、可交易性强的以物为载体的佛教文化艺术和活态、可交易性弱的佛教仪式（图 6-16）。

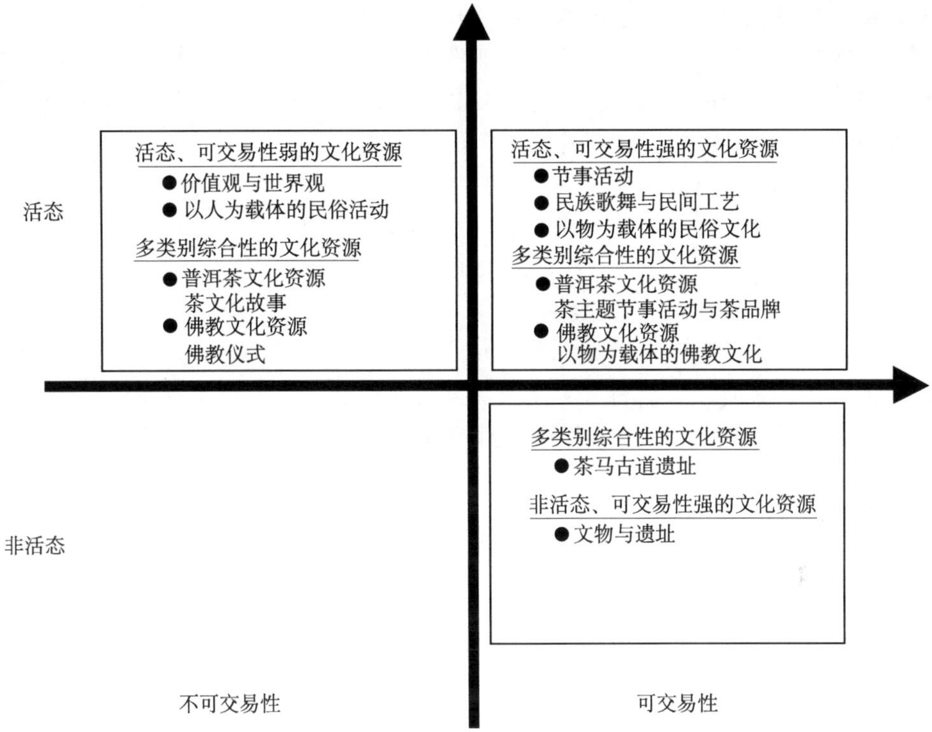

图 6-16 西双版纳可开发的文化资源分类图

活态/非活态维度衡量的是文化资源利益相关者的多元性及产品的参与度。可交易性/不可交易性维度衡量的是文化资源作为一种生产要素的可转移性及以企业为主体的市场化开发的可行性。一般而言，活态文化资源的利益相关者多，利益关系协调难度大，因此应强调开发主体的多元化，以及产品形式的参与性。非活态文化资源的利益相关者少，通常具有公共物品属性，因此开发主体应当以政府为主，产品形式以静态展示为主。可交易性意味着文化产品的生产要素可交易，文化资源可以通过市场机制实现优化配置，因此应当实行基于市场的开发模式。不可交易性意味着文化产品的生产要素不可分离，文化资源的所有权具有非排他性，不能通过市场机制实现资源的优化配置，应当强调政府的主导和社区的参与。

1. 重点开发活态、可交易性强的文化资源

利用活态文化资源开发参与式文化产品，能够丰富产品类型，增强文化吸引力；可交易性强的文化资源易于进行市场化开发，因此西双版纳要重点开发节事活动、民族歌舞、民间工艺和以物为载体的民俗文化等活态、可交易性强的文化资源，以保护和传承活态文化，传播地方文化形象，促进经济发展。

2. 灵活开发活态、可交易性弱的文化资源

灵活开发活态、可交易性弱的文化资源，意味着要有选择性地对价值观与世界观及以人为载体的民俗文化等资源进行开发，并与可交易性强的文化资源开发相结合，以充分挖掘资源的经济价值。

3. 保护性开发非活态、可交易性强的文化资源

保护性开发文物与遗址等非活态、可交易性强的文化资源，就是要坚持保护为主，并积极通过产业化开发实现保护与发展并进，文化与经济双赢。

4. 全面开发综合性文化资源

全面开发以普洱茶文化资源为代表的综合性文化资源，就是要积极打造普洱茶主题节事活动，善于利用文化包装普洱茶产品，大力开发茶马古道遗址旅游产品，以提高西双版纳普洱茶产业附加值，提升普洱茶文化品牌影响力。

二、明确西双版纳文化资源开发主体

大力发挥市场对资源配置的基础性作用和政府对市场的宏观调配作用，根据西双版纳文化资源的竞争性与排他性，明确不同文化资源的开发主体（图 6-17）。

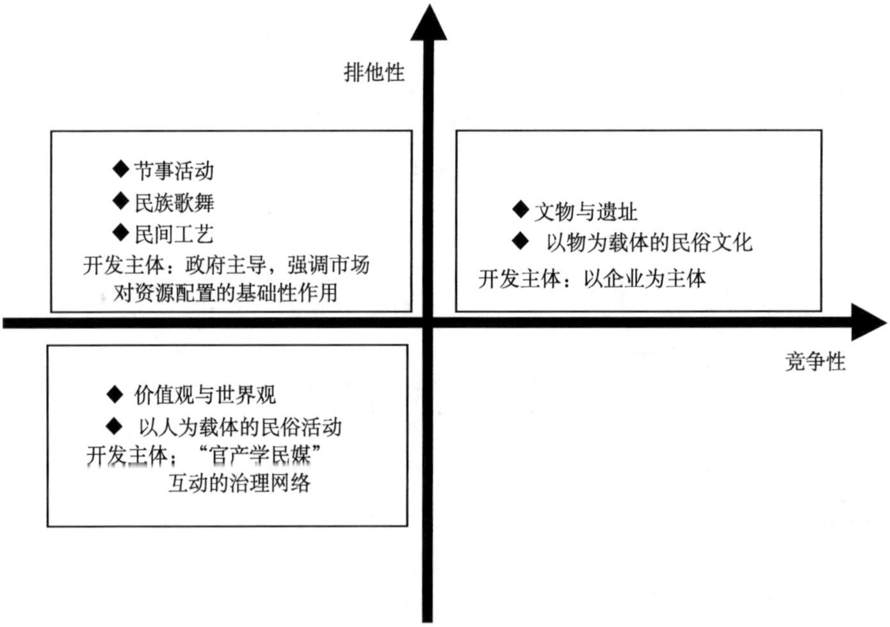

图 6-17 西双版纳文化资源的开发主体分析

1. 企业主导开发竞争、排他性文化资源

文物与遗址是可交易性强的文化资源，资源的消费具有竞争性和排他性，

可以由企业对资源进行市场化开发与运作。但是，文化遗址的所有权属于国家，因此首先需要政府把开发权和经营权出让给企业，然后由企业实施市场化运作，并且还需要政府对资源开发进行监督。

以物为载体的民俗文化是可交易性强的文化资源，资源的消费具有竞争性和排他性，可以通过市场机制实现有效配置，因此该类文化资源的开发主体是企业。

2. 政府和市场共同开发非竞争、排他性文化资源

节事活动是可交易性强的文化资源，因为活动主办权具有排他性，可以进行交易。但是，节事活动的消费具有非竞争性，并且节事活动的举办有助于提升举办地的知名度和美誉度，因此，需要政府大力支持，并强调市场对资源配置的基础性作用，以提高办节的效率和效益。

民族歌舞是可交易性强的文化资源，因为歌舞技艺的产权可以界定，能够进行交易。但是，民族歌舞的消费具有非竞争性，意味着民族歌舞能够产生广泛的影响力。因此，西双版纳政府应当重视民族歌舞艺人的培养和知识产权的保护，以利用民族歌舞的影响力来提高西双版纳的文化影响力，而民族歌舞的交易则需要依靠市场机制来进行。

民间工艺是可交易性强的文化资源，因为技艺可以传授。但是，民间工艺的开发面临着传统手工作业方式的低效率和低技术壁垒带来的竞争劣势。然而，现代人日益增加的怀旧与重视精神消费的心理使得传统民间工艺的消费市场逐渐扩大。因此，民间工艺具有市场开发前景，但需要政府和企业合作通过知识产权保护和品牌化策略来提升资源的排他性，发挥市场对资源配置的基础性作用，实现经济效益。

3. “官产学民媒”联动开发非竞争、非排他性文化资源

价值观与世界观及以人为载体的民俗活动都是可交易性弱的文化资源，因为资源与社区不可分离，产权难以交易。同时，因为资源的消费具有非竞争性，所以单靠市场不能实现资源的有效配置，需要通过官（政府）、产（企业）、学（学校科研机构）、民（社会公众）、媒（媒体）之间的良性互动才能实现。其中，政府承担着协调多元利益主体关系的职责，社区居民是资源开发的利益相关者和重要参与者，企业承担资源的市场化开发与经营任务，学校科研机构和媒体可以作为第四方组织，承担资源价值的评估和传播等责任。

三、西双版纳文化资源产业化开发策略

根据上述分析，针对不同文化资源的属性，提出西双版纳文化资源产业化开发的四大策略：政府参与式市场化运作策略、融入现代性的二次开发策略、基于社区的文化产品开发策略和面向大众观光的景区景点开发策略（图 6-18）。

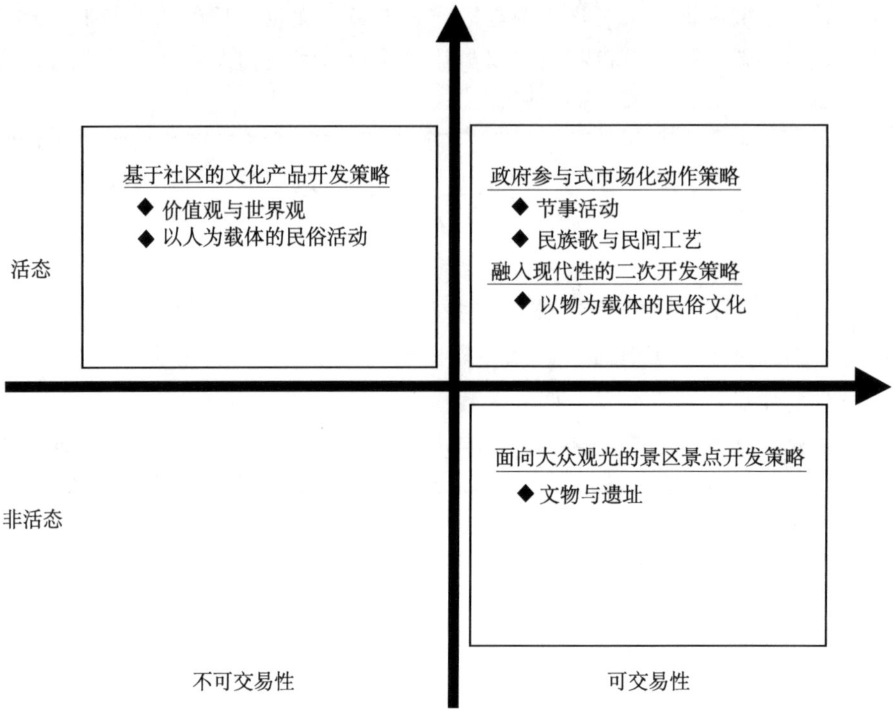

图 6-18　西双版纳文化资源产业化开发策略解析

（一）推进政府参与式市场化运作策略

针对节事活动、民族舞蹈和民间工艺，提出西双版纳地方政府参与式市场化运作策略，这一策略的核心是要确定政府和企业在文化资源开发中的分工，涉及社会利益的部分应由政府通过行政手段来解决，涉及经济利益的部分应由企业通过市场机制来运作，从而实现市场机制与宏观调配的良性互动。

1. 节事活动的政府参与式市场化运作

1）明确政府职能

首先，区分节事活动，确定办节方向。西双版纳的节事活动以民俗节庆、会展和体育赛事为主。针对不同类型的节事活动，政府主导的职责内容不同。

对于民俗节庆活动，政府的主导作用非常重要。因为举办民俗节庆活动主要是为了弘扬地方文化，提升西双版纳知名度，从而吸引旅游者和投资者，因此在以泼水节为代表的民俗节庆活动举办中，政府主要承担活动的策划、组织和协调职能。

对于会展活动，政府的主导作用主要体现在为产业搭建平台。因为会展活动的举办主要是为了宣传本地产业特色，推介地方企业，促进产业交流和贸易，吸引投资等，而企业一般没有实力组织起相应的展会，因此政府要发挥自身的能力，为企业和产业搭建起展销平台。

对于体育赛事，政府只需提供必要的市场规范指导即可。因为随着我国体育产业的发展，体育赛事的运作日益趋向市场化，政府只需监管市场秩序即可。

其次，建立政府办节专项基金来主导办节活动。政府主导作用的发挥需要资金的支持，通过建立政府办节专项基金，专款专用，滚动使用，可以有效保障节事活动举办所需的资金支持。

再次，鼓励和支持节事活动的市场化运作。政府应当鼓励和支持节事活动的市场化运作，逐渐实现政府由“办节”向“管节”职能的转变。因此，政府应当采用公开招标等市场方式，鼓励市场力量承办节事活动，并强化自身服务意识，为节事活动的市场化运作腾出发育成长的空间，发挥专业机构和社会各界参与办节的积极性、主动性。

最后，制定和执行有关法律法规，做好市场规范保障工作。为了维护地方形象，促进经济发展，政府必须切实担当起维护办节秩序的责任，对办节中的违规、违法操作要依法惩处；对办节中的公共安全、交通秩序、广告赞助、集资筹款、商业交易及重大接待等活动，政府要依法规范，提供基本保障，使各项活动顺利进行。

2）开发市场功能

充分挖掘节事活动的市场功能，才能激发市场力量承办节事活动的积极性。节事活动市场功能开发的重点包括：首先，建立以广告、票务、赞助、专营权转让等收入为主的多元筹资渠道，即通过开发节事活动的专营权转让和广告场地租赁功能，搞活票务经营，广开赞助之路等方式建立多元筹资机制。其次，开发节事纪念品，增加节事活动购物功能。最后，做足商业贸易，促进办节经济效益。

3）完善市场体系

大力培育或引进节事活动的中介服务公司，承担具体的办节业务和专业服务，推动政府职能的转变和市场化运作的发展。

2. 民族舞蹈的政府参与式市场化运作

1）明确政府职责

政府参与民族歌舞资源开发的目的是利用民族歌舞资源营销地方形象。因此政府要重点做好两方面的工作：民族歌舞资源的搜集整理和歌舞“原生态”品牌的建立与维护。

第一，民族歌舞资源的搜集整理。西双版纳的民族歌舞资源非常丰富，目前已经形成以傣族孔雀舞、傣族象脚鼓舞、傣族章哈、基诺族大鼓舞、布朗族弹唱等为代表的民族歌舞资源。政府应当继续挖掘和整理类似的民族歌舞资源，尤其是民间艺人的发现和培养，为利用民族歌舞营销地方形象奠定基础。

第二，歌舞“原生态”品牌的建立与维护。西双版纳必须树立起民族歌舞的“原生态”品牌。因为虽然民族歌舞扎根于民族社区，但随着现代传播技术的发展，这种资源的地方性与民族性被打破，成为公共资源，被其他地方、其他民族的人们开发利用，没有为西双版纳带来应有的回报。因此，西双版纳只有通过建立民族歌舞的“原生态”品牌（专栏 6-17），才能达到营销地方形象的目的，才能维护本地应得的利益。

专栏 6-17：“原生态”品牌的含义

大型民族歌舞集“云南映像”是“原生态”歌舞的一个典型例子。在这里，“原生态”的含义包括：舞蹈动作取自原汁原味的云南民族舞蹈元素，服装采取各民族着装生活原型，道具从民间收集真实的民间道具，70%的演员是来自云南各地（州）甚至田间地头的本土演员等（陈亚颦等，2007）。“云南映像”自上映以来，创下了中国民间舞商业性演出的奇迹，并荣获中国舞蹈界的最高奖“荷花奖”的五项金奖，充分说明了“原生态”歌舞的市场欢迎度和品牌影响力。

“原生态”的本质是表现文化主体精神。“云南映像”中的本土演员用生命起舞，用灵魂歌唱，表现出少数民族特有的世界观和价值观，使得观看歌舞表演不仅是视觉享受，更能获得文化和精神的愉悦感。

“原生态”歌舞中不可转移的文化主体精神决定了“原生态”品牌的不可模仿性和不可移植性。因此，“原生态”歌舞品牌能够成为营销地方形象的文化名片，为地方带来经济和社会效益。

因此，西双版纳政府应当高度重视民族歌舞“原生态”品牌的建立和维护。依托西双版纳州歌舞团等歌舞表演机构，通过人才培养和引进，资金扶持等手段来支持和鼓励“原生态”歌舞的创作。依据相关法规，维护西双版纳“原生态”歌舞品牌的知识产权，维护地方文化形象。

2）强调市场化运作

民族歌舞的市场化运作主要是为了通过市场机制传播西双版纳歌舞艺术，获取经济利益，因此运作的重点在于打造歌舞品牌和建立传播渠道。

第一，以企业为主体，通过市场运作，筹集资金，聚拢人才，打造西双版纳系列歌舞品牌。

第二，构建多元传播渠道，实现利益最大化。融入旅游，向旅游者传播西双版纳歌舞艺术；走出西双版纳，在全国甚至全世界进行商业性演出，提高西双版纳歌舞品牌的覆盖面；参加歌舞表演竞技比赛，获得权威认可，提升歌舞品牌价值；凭借现代传媒技术，制作歌舞音像产品，降低传播成本，开拓更加广泛的市场。

3. 民间工艺的政府参与式市场化运作

1）明确政府职责

西双版纳民间工艺资源的开发尚处于探索期，针对这一现状，政府应当重点做好以下工作：深化资源的保护与传承，加强技艺的宣传展示，积极扶持和规范相关产业发展。

第一，深化资源的保护与传承，就是要继续做好民间工艺资源的保存与保护工作，继续支持传承人传授技艺和学员的学习培训工作，鼓励学术研究和技术创新促进民间工艺的与时俱进。

第二，加强技艺的宣传展示，就是要构建西双版纳民间工艺资源的推介平台，多途径宣传展示西双版纳民间手工技艺。例如，组织各类民间艺人参加展览会、比赛等，制作播放民间工艺表演的视频，建立民俗博物馆进行定期展示等。

第三，积极扶持和规范相关产业发展，就是对合理利用民间工艺资源开发文化产品和服务的企业进行扶持，给予税收减免等优惠政策。规范市场秩序，强化知识产权保护，对破坏、歪曲民间工艺资源的企业进行惩处。

2）强调市场化运作

西双版纳民间工艺资源的市场化运作策略包括：以需求为导向进行产品创新，以文化为核心融入产业，即传统产业的文化化。

第一，以需求为导向进行产品创新，即以现代人的怀旧与精神消费需求为导向，推动民间工艺品在手工性、乡土性的基础上向精品化、现代化、特色化和多样化发展，实现民间工艺资源的市场价值。

第二，以文化为核心融入产业，即以民间工艺资源的文化内涵为核心融入旅游业、创意产业、制造业等相关产业，以产业发展促进资源向资本的转换。例如，通过民间工艺的展示体验融入民俗旅游，通过提炼民间传统工艺元素进行设计创新融入文化创意产业，通过开发民间工艺产品融入制造业。

（二）融入现代性的二次开发策略

以物为载体的民俗文化属于活态、可交易性强的文化资源，进一步开发的重点在于提高产品附加值，而融入现代性的二次开发正是提高产品附加值的有效途径，因此针对西双版纳的服饰文化、餐饮文化和建筑文化，提出融入现代性的二次开发策略。

融入现代性的服饰文化资源的二次开发的重点在于推广西双版纳民族服饰，主要是将西双版纳民族服饰文化元素融入到现代服饰设计中，从而拓宽民族服饰的市场。融入现代性的餐饮文化资源的二次开发的重点在于以现代性为方向改良民族餐饮，即面向市场需求，推动民族餐饮向精致化、现代化和品牌化发展，从而提高民族餐饮的产品附加值。融入现代性的建筑文化资源的二次开发的重点在于改造提升民族建筑，即将西双版纳传统的干栏式建筑提升为适合现代人居住的房屋，提升的方向是外观上传统建筑元素的保持，砖混结构与内部设施的现代性，从而既保留民族建筑特色，又具备现代居住功能。

（三）基于社区的文化产品开发策略

价值观和世界观及以人为载体的民俗活动属于活态、可交易性弱的文化资源，社区是重要的参与者和利益相关者，意味着社区必然是该类资源开发的重要主体之一，而且产品开发形式应当是参与式的文化产品。

1. 强调社区参与

强调社区的参与是因为参与式开发与管理是调动居民积极性和主动性的根本途径。虽然企业、地方政府、社区居民都是以人为载体的民俗活动资源的重要开发主体，但是由于资源与社区不可分离，因此该类资源产业化开发的成功必须依赖于社区的配合，而只有通过参与式开发与管理才能使资源的所有者获得相应的利益，从而从根本上调动起社区居民的积极性和主动性。

社区参与的途径设计：以傣族园“公司加农户”模式为参照，社区出资源，公司出资金，共同开发，共同受益。政府做好规范引导工作，协调公司与农户之间的利益关系，规范社区旅游市场的经营秩序。

2. 重视参与式产品开发

以参与式产品为开发方向，是综合考虑资源特性和市场需求之后的决策。以人为载体的民俗活动的活态性与动态性，以及旅游者追求文化体验的需求都要求该类资源向参与式产品转换。

参与式产品的开发应当以文化内涵为核心，以满足文化体验需求为目标，开发出趣味性强、文化特色鲜明的产品。

（四）面向大众观光的景区、景点开发策略

文物与遗址属于非活态、可交易性强的文化资源，具有参观游览的功能，因此应当面向现代化的旅游需求，进行旅游景区景点的开发，发挥文物与遗址的文化与经济效益。

文物与遗址旅游景区景点的开发与经营应当以满足旅游者文化观光需求为导向，以博物馆旅游和文化遗址旅游为主要形式，以旅行社为主要渠道开展经营活动。

开发的重点在于提供多样化的文化观光产品。例如，在博物馆旅游开发中应当注重动态和静态展示的结合，在文化遗址旅游中应注重通过讲故事活化静态的资源，增加旅游者的观赏情趣。

四、全州综合性文化资源产业化开发策略

（一）普洱茶文化资源开发

西双版纳的普洱茶产业已经具备较好的产业基础和优势，然而，对西双版纳普洱茶产业链（图 6-19）进行分析发现：目前西双版纳本地普洱茶产业主要处于低利润、弱控制力的上游环节，并被高利润的下游渠道环节所控制。原因在于：第一，上游环节的文化性不足，主要是因为缺乏标志性文化符号和文化形象传播渠道；第二，上游环节的市场集中度低，主要是因为茶树、土地等生产要素的不可流转性导致普洱茶的种植和粗加工活动呈分散分布状态；第三，上游产品的低附加值，主要是因为二次开发不够，产品的现代性和文化性不足。

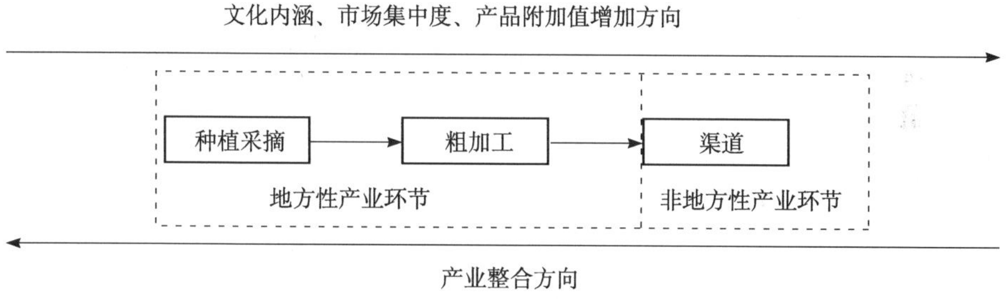

图 6-19　西双版纳普洱茶产业链

因此，为了提升西双版纳本地普洱茶产业的市场力量，强化上游环节在价值链中的控制力，提高本地普洱茶产业的经济效益和文化影响力，应当从以下几个方面进行改善和提高。

1. 增加普洱茶产业链上游产品附加值

提升产品的文化内涵和进行融合现代性的二次开发是增加产品附加值的两种重要途径。

提升西双版纳普洱茶产业的文化内涵，就是要学会“讲故事”，包括茶叶原产地的故事、茶叶生产的故事、茶叶品牌的故事等。由于故事属于非竞争、非排他性质的文化资源，因此政府和行业协会应当发挥主导作用，对相关的故事资源进行开发和演绎。

对西双版纳普洱茶产品进行融合现代性的二次开发，就是要在市场需求的引导下，对普洱茶产品进行多样化和精品化开发。产品多样化就是要开发更多满足现代人需求的茶叶产品，如更加方便携带和饮用的茶叶品种、有机普洱茶、普洱茶饮料和食品、普洱茶家居用品等。产品精品化就是要对茶叶进行深加工，在保证产品质量的基础上，重视产品形态和包装。

2. 提高普洱茶产业市场集中度

西双版纳普洱茶产业市场集中度低，分散经营格局明显，更不利于规模经济的实现和多样化产品的开发。为了提高西双版纳普洱茶产业的市场集中度，政府和行业协会应当发挥引导作用，形成种植、加工、销售一体化合作协议，整合优质资源，实现集约化经营。

3. 实施品牌化战略

实施品牌化战略是提高产品附加值，增强价值链控制力的有效途径。品牌化战略包括地方形象品牌和企业形象品牌两个方面，这里我们可以借鉴溧阳白茶产业的发展经验，参见专栏 6-18。

专栏 6-18：溧阳白茶产业

溧阳白茶产业起步于 2000 年，发展到 2010 年，白茶种植面积已经由当初的 90 余亩扩大到 1.5 万余亩，白茶的价格也由当初的 800～1 000 元/斤增加到 1800～2 800 元/斤。白茶产业不仅成长为富民产业，并且创造出一系列白茶名品，如“中国世博十大名茶”、人民大会堂特供茶、江苏省名牌产品等。

溧阳白茶的成功得益于产业链的一体化战略、品牌化战略和政府主导的节事营销战略等。产业链的一体化促进了溧阳白茶品质效益的提升。溧阳白茶发展初期，曾出现一哄而上引种、质量参差不齐、销售恶性竞争等问题。2004 年 8 月，由 4 家白茶的规模生产企业牵头，成立了常州市天目湖白茶专业合作社。合作社成立以来，通过全面实施“统一品牌，统一质量标准，统一生产技术规程，统一包装”的运作机制，取得了很大的成效，实现了产量、质量、效益同步大幅增长。此外，“反租倒包”等农村土地流转制度的出现促进了土地资源的集中，进一步促进了溧阳白茶产业的一体化发展。

品牌化战略是溧阳白茶产业制胜的关键。溧阳白茶产业自发展之初就特别重视品牌化经营，借助天目湖的名气，通过注册商标、制定标准；参加评比，提高知名度；通过认证、保证安全等途径逐渐打开、赢得并稳定市场，取得了产业发展的巨大成功。

政府主导的茶主题节事活动迅速提升了溧阳白茶产业的知名度。溧阳政府从 1991 年开始举办“中国溧阳茶叶节”，使溧阳茶叶声名鹊起，并成为宣传推介白茶的绝佳平台。2010 年，江苏省“陆羽杯”名特茶评比活动在溧阳的举办成为提升溧阳茶产业竞争力的又一契机。

树立地方形象品牌，就是要以政府为主体，严格实施茶叶质量监督工作，大力支持茶叶科技研发项目，持续推进茶农技术培训计划，着力构建茶叶贸易平台，积极策划茶主题节事活动，为西双版纳普洱茶产业又快又好发展奠定基础。

打造“西双版纳普洱茶”系列企业品牌，就是要以市场为导向，以资源为依托，以品质为核心，以营销为手段，塑造更多以“大益牌”为代表的普洱茶品牌。

4. 与旅游休闲紧密互动

西双版纳普洱茶文化与旅游业的互动不仅可以促进旅游业的繁荣，而且能够以旅游业为渠道传播普洱茶文化，从而提升西双版纳普洱茶的知名度和影响力。因此，应当依托普洱茶文化资源，积极开发茶马古道遗址旅游和古茶园体验旅游等，以丰富西双版纳旅游产品，传播西双版纳普洱茶文化。

（二）创新佛教文化资源开发

1. 开发以物为载体的佛教文化与艺术

第一，借鉴台湾地区中台禅院、无锡灵山大佛等创意，开发西双版纳独具特色的佛教文化旅游观光景点。以佛寺佛塔等佛教建筑为核心吸引物，开发小乘佛教文化观光旅游。

第二，开发佛教文化商品。围绕“贝叶文化”（专栏 6-19）开发贝叶经系列商品，包括贝叶经经典文学作品、书签、汽车吉祥挂件、钥匙扣链、像夹、纪念章等。

> **专栏 6-19：贝叶文化**
>
> 贝叶文化作为西双版纳的文化名片，是指以贝叶经为核心载体，以贝叶经所承载的佛教思想为主要价值观念体系，以贝叶经所记录的佛教典籍和傣族传统文化为主要内容，以贝叶经的制作、刻写、诵咏、供奉等相关佛事活动和民间习俗传统为典型表现形式的文化形态。

2. 重视表演佛教仪式

佛教仪式的开发主要以仪式的表演为主。政府应当发挥积极作用，为佛教仪式的展演搭建平台，促进西双版纳南传佛教文化向外界的传播。

五、西双版纳文化资源产业化开发十大工程

（一）民族餐饮改良工程

改良民族餐饮是为了提高西双版纳餐饮产品的附加值，从而满足现代人日益升级的饮食需求，并实现餐饮业经济效益的提升。傣味菜是西双版纳民族餐饮的代表性菜系（专栏 6-20），具有较好的产业基础和广阔的市场开发前景，因

此要大力实施以傣味菜为主的民族餐饮改良工程，借助“彩云之南”滇味推广行动，努力推动西双版纳傣味菜成为中国的重要菜系之一。

专栏 6-20：傣味的主要特点

烹调方法：烤、剁、蒸、腌

味道：酸、辣、苦、甜、生

原料：糯米，猪、牛、鸡、鸭、鱼肉，昆虫，野菜，米酒和普洱茶

名菜：包蒸杂碎、酸笋煮鸡、香茅草烤鱼、香竹饭、油炸青苔等

西双版纳的民族餐饮改良工程，需要着力推进民族餐饮的精致化、现代化和品牌化。

1. 民族餐饮精致化

精致化是提高餐饮产品附加值的重要途径。西双版纳民族餐饮精致化的主要手段包括烹调工艺标准化、就餐环境景观化、餐饮产品文化化和餐饮服务规范化。

首先，烹调工艺标准化。建议政府引导餐饮经营者成立专门的傣味标准化委员会，共同研究傣味烹调工艺的标准化，包括标准化菜谱、标准化菜肴制作程序、菜品质量标准化等内容，为傣味菜的规模扩张奠定基础。

标准化不意味着同质化，而应注重烹调工艺的创新。为了满足日益多样化的饮食需求，傣味菜要善于借鉴其他菜系的特点，在保持民族特色的基础上不断进行菜品样式和口味的创新。

其次，就餐环境景观化。通过保留干栏式建筑风格，使用带有民族特色的精美餐具，伴奏民族音乐或歌舞等途径实现就餐环境的景观化，不仅有利于餐饮产品档次的提升，还有助于城市旅游形象的塑造。

再次，餐饮产品文化化。搜集整理有关西双版纳民族餐饮的故事、传说及产品所反映的传统价值观念，将其附会于餐饮产品之上，并通过印刷品、网络、口头传送等方式进行宣传，从而增进西双版纳民族餐饮的文化内涵，增强消费吸引力。

最后，餐饮服务规范化。定期开展服务规范讲座，对服务员的仪容仪表、举止行为、服务技能等进行培训。在实际服务过程中，要求服务员能够做到尊重顾客、态度和蔼、操作娴熟，并尽量满足顾客的个性化需求，力求让顾客满意。

2. 用餐方式现代化

现代化的用餐方式主要是指分餐制，由于现代人追求卫生与健康，因此推行民族餐饮的分餐制必将受到消费者的欢迎。具体来说，分餐制可以通过使用公筷、服务员分餐、自助分餐等方式实现，实际操作过程中可以根据具体情况

采取不同方式。

3. 民族餐饮品牌化

品牌化是现代企业应对市场竞争的重要策略，有利于垄断利润的获得。因此，西双版纳民族餐饮业应当树立品牌化意识，积极打造品牌餐饮企业和著名菜品，并积极向外扩张，增强西双版纳傣味菜的影响力。

第一，餐饮企业品牌的打造。为了西双版纳民族餐饮业的发展壮大，建议政府通过奖励等手段扶持几家有实力的餐饮企业首先树立起自己的品牌，并形成示范效应鼓励更多的企业创造自己的品牌。鼓励企业导入现代连锁经营模式，扩大品牌影响力；引导企业在快餐、商务餐饮、旅游餐饮、高档餐饮等多个细分市场创立品牌，形成西双版纳民族餐饮的多级品牌体系。

第二，名菜名点的打造。企业品牌创立的关键在于名菜名点的打造，因此应当以企业为主体，以傣味烹调大师为主力，打造西双版纳傣味菜的名菜名点，并积极开展营销活动，确保品牌的经久不衰。

（二）民族服饰推广工程

民族服饰的推广是为了赢得更多的市场空间，获取经济利益并传播地方文化形象。然而，民族服饰的推广难是普遍现象，这主要是因为民族服饰的传统性、民族性与地方性，以及设计、营销等人才资源的匮乏，因此西双版纳民族服饰推广工程的重点任务就是要通过品牌化、时尚化与生活化来打破上述局限性并积极打造人才队伍来夯实产业发展基础。

1. 促进民族服饰向品牌化、时尚化与生活化发展

品牌化是现代商业运作的核心策略，是应对价格竞争的有效手段。因此，建议在澜沧江—湄公河流域国家文化艺术节期间举行的“水韵霓裳娑罗万象”东南亚少数民族服装秀的基础上，促进西双版纳民族服饰的品牌化。西双版纳民族服饰的品牌化要以企业为主体，以“水韵娑罗”品牌为原点，通过市场化运作，打造民族服饰品牌群落。

时尚化是突破民族服饰传统性的重要手段。实现西双版纳民族服饰的时尚化需要：第一，根据现代设计理念改造提升传统服饰，如设计生产民族服饰礼服系列产品；第二，举办民族服饰时装发布会，提高民族服饰知名度和市场影响力，扭转人们对傣族服装等于导游小姐、餐馆服务人员的传统认识，促进民族服装迈向时尚与现代。

生活化是突破民族服饰民族性和地方性的重要手段，也是扭转民族服饰主要用于表演和展示的现状、满足现代人生活着装需求的必要手段。因此西双版纳民族服饰的生活化要求服饰的设计、生产都要以满足现代人生活着装需求为目标，通过将民族服饰元素融入现代服装设计，采用现代服饰生产材料和技术

等手段来赢得大众市场。建议西双版纳本地的公共部门创新设计，率先引入傣服作为工作装，并且鼓励适度佩戴傣族饰品。

2. 推进民族服饰人才队伍建设

人才是推动民族服饰品牌化、时尚化和生活化发展的根本保障。西双版纳民族服饰的推广需要专门的设计、营销、策划等人才，因此政府需要发挥主导作用，制定专门的民族服饰人才引进与培育计划，继续加强与中央民族大学民族服饰研究所等科研院所的合作，开展民族服饰推广研究，培育一批民族服饰设计大师，并鼓励企业通过市场化运作吸引人才。

（三）民族建筑提升工程

西双版纳的民族建筑兼具居住和旅游功能，为了促进旅游业的发展，建筑艺术的传承，以及当地居民居住舒适度的提高，有必要对传统民族建筑实施现代化提升工程，从而更好地服务于当地居民生活和旅游者的观光、住宿需求。

西双版纳民族建筑提升的重点是在保持传统建筑元素的基础上向砖混结构提升，向设施现代化提升。

1. 传统建筑元素的保持

干栏式建筑集中体现了西双版纳的建筑艺术，传统建筑元素的保持就是在外观上要保留干栏式建筑特色，并将带有宗教元素、生态元素等的装饰图案体现在建筑设计中。

2. 砖混结构的提升

砖混结构具有造价低、施工技术简单、耐久性好等优点，因此推动民族建筑在保持传统建筑特色的基础上向砖混结构提升，有助于民族建筑的推广。

3. 设施现代性的提升

随着经济的发展，现代人对居住环境的要求日益提高，更追求舒适、便捷与卫生，因此西双版纳民族建筑的改造要注重内部设施现代性的提升，通过在室内布局、家用电器、卫生设施等方面的改进满足现代人的居住需求。

（四）贝叶文化产业化开发工程

开发贝叶经是为了弘扬贝叶文化，打造西双版纳文化名片，并获取经济效益，促进文化产业发展。贝叶文化产业化开发的重点任务包括：贝叶文化艺术人才的培养、贝叶文化产品的开发、贝叶文化产品的营销推广，以及贝叶文化产业化发展的政策保障等。

1. 大力培养贝叶文化艺术人才

为了实现贝叶经由宗教圣物向民间工艺品的转变，必须突破现有的寺院培养机制，建议企业与政府共同成立贝叶经学校，培养更多的贝叶经艺术人才，为贝叶文化产业化开发储备充足的人力资本。

弘扬民族文化精粹，推出贝叶经艺术大师。由西双版纳州政府主导，联合云南大学贝叶文化研究中心等机构，举办贝叶经大师评选活动，奖励并宣传优秀贝叶经艺术人才。组织西双版纳贝叶经艺术精英参加各类博览会或宗教交流活动等，提高贝叶经艺术大师知名度。

2. 以创新创意为手段开发多样化贝叶产品

首先，以贝叶为基本载体，以丰富多样的主题内容为线索，重点开发贝叶文化系列产品，如图 6-20 所示。

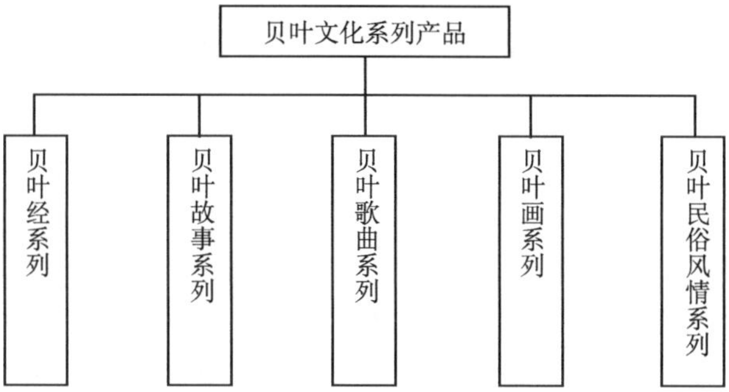

图 6-20 贝叶文化系列产品

其次，以产品功能为线索，向多产业渗透，开发形态多样的贝叶文化产品，开拓贝叶文化应用领域，如图 6-21 所示。

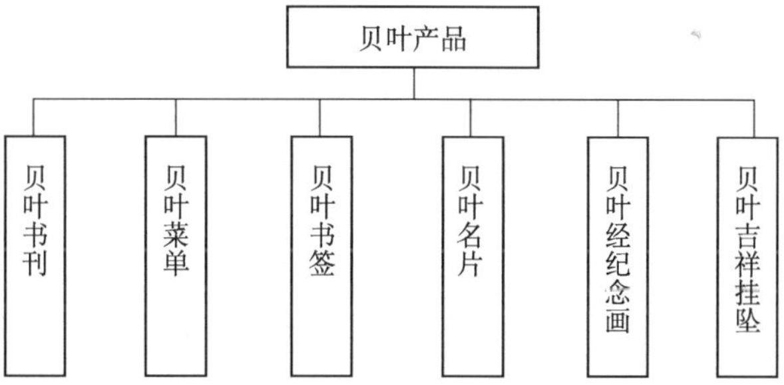

图 6-21 贝叶产品应用领域

3. 多举措营销贝叶文化产品

精选一批贝叶文化产品作为西双版纳政府指定礼品，通过政府高层馈赠打响贝叶文化品牌。

通过市场化运作，把贝叶文化商品作为重要的旅游纪念品向旅游者推介；建设贝叶文化商品特色街区，展示贝叶经制作过程并销售产品；挖掘贝叶经故事传说资源，拍摄系列影视作品，扩大贝叶文化影响力。

举办东南亚贝叶文化艺术博览会，增进西双版纳与泰国、老挝、缅甸的贝叶文化交流合作，宣传西双版纳贝叶文化精品，扩大产业影响力。

4. 健全贝叶文化产业化发展政策保障

为适应贝叶文化产业化开发的需要，西双版纳政府有关部门应发挥主导作用，出台贝叶文化发展政策，建立贝叶文化产业基金，与企业共同建立贝叶经学校，制定贝叶文化产业行业标准，建立贝叶经艺术品拍卖市场，扶持西双版纳贝叶文化产业快速可持续发展。

（五）普洱茶品牌化工程

为了增强西双版纳普洱茶产业的产业链控制力，提升产业经济效益，必须实施普洱茶产业的品牌化工程，打造普洱茶企业品牌、普洱茶社区品牌和普洱茶原产地品牌三大品牌群落。

1. 打造普洱茶企业品牌

以“大益牌”普洱茶为龙头，以产品质量和产品特色为核心，重视品牌理念的塑造与传播，打造西双版纳普洱茶企业品牌体系。

产品质量与特色是企业品牌建设的核心。因此，普洱茶生产企业首先要保证茶叶的质量，积极争取获得 QS 认证，鼓励企业进行普洱茶的有机食品和绿色食品认证，赢得消费者的认同；然后，努力塑造产品特色，创新产品形式，在传统紧压茶和散茶的基础上，生产更多方便、时尚、健康的普洱茶产品，如速溶普洱茶、袋泡茶、普洱茶饮料、普洱茶含片等。

品牌理念的塑造与传播是企业品牌形成竞争优势的关键。塑造企业品牌理念要善于挖掘普洱茶的文化内涵，并结合企业经营理念进行演绎。企业品牌理念的传播需要积极开辟多种途径，通过经销商宣传、零售、广告、新品发布会、展览等多种方式，伴随产品的销售传达给消费者。

2. 打造普洱茶社区品牌

引导普洱茶生产加工散户组成普洱茶专业合作社，共同打造统一的普洱茶社区品牌，如西双版纳六大茶山品牌。并以统一的社区品牌整合散户自有品牌，统一生产标准，统一销售渠道，统一营销策略，增强散户的议价能力和盈利能力。

以社区为景区，开展普洱茶文化社区旅游，聚拢人气，提高社区品牌的知名度和影响力。

3. 打造普洱茶原产地品牌

为了确保“西双版纳普洱茶”整体品牌的打造，地方政府应尽快完成“西双版纳普洱茶”原产地产品保护及原产地标识认证，明确标注其外地无法复制的营养、功效、工艺和水土环境，形成应有的技术壁垒；对纳入“西双版纳普洱茶”原产地保护的品种，统一标识和质量标准，并强化监督。

（六）体育赛事市场化工程

体育赛事市场化是体育产业发展的关键。目前，西双版纳体育产业初步形成了以提供体育训练基地服务和体育竞技赛事观赏为主的发展格局。为了体育产业的快速可持续发展，西双版纳政府迫切需要推进体育赛事的市场化工程，即通过引进和培育多元体育赛事市场主体、开发体育赛事无形资产、提升体育赛事级别和规模等手段逐步实现体育赛事的市场化运作。

1. 引进和培育多元体育赛事市场主体

体育场馆等基础设施的建设，体育赛事的策划、推广及中介服务等都需要由专门的市场主体来承担，因此政府要积极通过招商引资引入有实力的投资商、项目开发商、体育赛事经纪公司等专业机构，或者培育本地有实力的体育赛事经营公司。

2. 开发体育赛事无形资产

体育赛事无形资产的产权交易是体育赛事融资、盈利的主要途径。因此，要充分挖掘体育赛事的无形资产（如赛事徽标、冠名权、协办单位、指定商品等)，并通过赞助商招商、赛事电视转播权出售、广告招商、场地租赁、门票出售、体育彩票发行、特许纪念品销售等进行产权交易，获取体育赛事运作资金。

3. 提升体育赛事级别和规模

体育赛事级别和规模的提升意味着赛事影响力的提升，从而为西双版纳地方经济和社会的发展带来更大的促进效应。因此，西双版纳州政府应当以国家小球体育冬季训练基地为依托，积极承办更高级别和更大规模的体育比赛；打造出一批定期举办的标志性体育赛事，如“澜沧江·湄公河亚洲公开水域游泳邀请赛”；依托西双版纳的气候环境及地缘优势，策划组织更多种类的高级别体育赛事，如面向东南亚地区的国际皮划艇比赛、拳击比赛、户外自行车比赛等。

（七）景洪城市旅游化工程

随着旅游产业要素向城市的集聚，城市的旅游功能日益凸显。为了提升西双版纳整体旅游形象，促进旅游产业进一步发展，需要以景洪市为重点推进城市旅游化工程，通过城市面貌景观化、完善城市旅游功能、构建统一规范的旅游标识系统和旅游服务标准化，打造西双版纳城市旅游名片。

1. 城市面貌景观化

以景洪市为重点进行城市面貌景观化建设就是要把城市视为园林来规划建设，即在完善现代城市功能的基础上，以绿化、美化、净化为基本手段，通过对城市空间的景观化改造，突出体现景洪市“热、傣、山、水、边”的鲜明特色，实现城市和景观的融合。

对城市出入口、城市主干道、特色街区等主要空间进行景观化改造，主要有四种途径：①建筑外观要体现出傣家竹楼风情，并适当融入宗教建筑艺术元素；②绿化要展示出西双版纳作为“植物王国”的植被特色，努力实现一街一景；③利用景观小品营造来点亮城市空间，显示出民族和地方特色；④基础设施外观的艺术化，通过创意设计，开发出更多类似象脚鼓灯、孔雀灯的城市设施。

2. 完善城市旅游功能

以打造西双版纳“旅游商务区”为目标，从核心吸引物、中央商务区功能和旅游基本服务设施三个方面完善景洪市旅游功能，塑造西双版纳城市旅游名片。

第一，完善城市旅游核心吸引物体系。在不断提升现有自然、文化旅游景区景点的基础上，继续开发景洪市的节事旅游、购物旅游、会展旅游等产品，提升景洪市的旅游吸引力。

第二，完善城市中央商务区功能。完善中央商务区的商务办公、商业零售、政府办公、会议展览等功能，不仅是为城市本身的行政、商务、商业活动服务也是为旅游活动服务，而且城市中央商务区功能的水平也影响着城市的旅游服务水平，因此要重点完善景洪市的中央商务区功能。

第三，完善旅游基本服务设施。以打造集旅游信息查询、住宿、餐饮、交通、订票、购物、娱乐等服务为一体的多功能旅游集散中心为龙头，统领市内各游客中心、旅游景区、商业中心、餐馆酒店等旅游区点，通过信息发送、交换与反馈，组织、调控市内旅游流，构建起高效、便捷的景洪市旅游基本服务体系。

3. 构建统一规范的旅游标识系统

按照“以人为本、方便游客”的基本原则，重点构建景洪市旅游形象标识、旅游交通导引标识系统和旅游景区点解说系统，规范各类旅游标识牌的语言、内容和图形符号的使用，科学设置，定期维护，从而构建起统一规范的城市旅游标识系统，健全城市旅游服务功能，提升城市旅游品质。

4. 旅游服务标准化

强化服务意识，通过提供标准化服务，增强旅游诚信建设和公共安全建设，提升西双版纳旅游“软实力”。

全面开展西双版纳旅游服务的标准制定、推广和评价等工作。以旅游景区、酒店、餐馆、旅行社等旅游服务机构为对象，研究制定适用于不同行业的服务标准体系，实行服务等级评定制度，促进西双版纳旅游服务标准化发展。

强化旅游服务机构员工的服务意识，定期进行标准化服务培训和评比活动，确保员工服务技能达标。

增强旅游诚信建设和公共安全建设。加强市场监督，制定诚信经营量化考核制度，对旅行社、旅游景区、景点等旅游服务企业的信誉度进行考核，杜绝旅游过程中的宰客、强迫消费、欺骗等不诚信现象。制定西双版纳旅游公共安全事件应急预案，提升公安、交通、消防等部门的应对能力，及时疏导和调节旅游人流，防止火灾、拥堵、踩踏等恶性事故的发生。

（八）乡村社区旅游化工程

发展社区旅游是繁荣乡村地区经济，保护乡村景观和文化完整性的有效手段。因此，西双版纳要善于利用丰富的乡村旅游资源，积极开发乡村社区旅游，丰富西双版纳旅游产品体系，促进乡村地区经济、社会和生态的和谐发展。

1. 合理规划与开发

政府主导，组织旅游规划专家，实施居民参与的乡村社区旅游规划与开发。由于乡村社区旅游的核心要素是乡村景观和乡村生活，社区居民必然是重要的利益相关者，因此乡村社区旅游的规划必须有社区居民的参与，尊重居民的话语权和受益权，才能合理规划和开发乡村社区旅游产品。

社区居民的参与应当体现在：①规划项目小组组建过程中的居民参与；②居民对社区资源的评估和开发建议；③利益诉求的表达；④参与社区旅游的建设和利益分配等。

居民参与的社区旅游开发模式主要有“公司加农户”和“农户加农户”两种模式。“公司加农户”模式就是由企业投资进行旅游产品的开发和经营，农户凭借自有资源参与其中，如西双版纳傣族园所采取的模式。“农户加农户”模式就是由农户自发组成专业合作组织，进行旅游产品的开发与经营，如贵州“西江苗寨景区苗家乐协会”。

2. 积极推进主题化，发展“一村一品”

主题化是时尚化的落脚点，是形象树立的核心，是差异化的重要途径，如普洱茶休闲养生主题、民族风情主题、热带动植物风光主题等。因此，充分的主题演绎是西双版纳乡村旅游成功的关键因素之一。

主题演绎首先要强调个性，遵循“一村一品”的发展理念，深刻挖掘当地的文化、产业要素与环境特色，积极规避村寨间的同质化倾向及在价格上的低水平竞争，形成一批各具魅力的生态乡村与山寨。

为凸显个性，每个村寨应确立独立的、专属化的主题，通过主题演绎，将其贯穿于食、住、行、游、购、娱的各个环节。借鉴日本北海道的主题开发经验，西双版纳的主题演绎应在细节上下功夫，应在演绎手段上做文章，并且要结合时尚化发展要求，积极引进现代技术进行全方位的演绎。日本富田农场就是一个较好的案例，参见专栏 6-21[①]。

> **专栏 6-21：日本富田农场**
>
> 富田农场是位于日本北海道空知郡中富良野町北星地区一个种植花卉的主题农场，以大面积的薰衣草花田闻名，亦有种植其他各类花卉，如罂粟花、菊花等。农场内建有设施，制作各类花卉成品。由于花田的面积相当广阔，且颜色鲜艳，近年农场更成为旅游热点，几乎成为夏季旅游北海道人士的必到之处。

（九）文化博物馆集群工程

挖掘西双版纳民族文化精粹和自然文化精品，开拓思路，转换经营模式，建设文化博物馆群，繁荣博物馆文化事业和文化产业。

开拓思路，开发建设西双版纳州博物馆群。以西双版纳州自然博物馆和民族博物馆为参照，继续挖掘整理西双版纳的民族文化资源和自然文化资源，充分利用现代科技手段，开发如贝叶经文化博物馆、民间工艺博物馆、民族服饰博物馆等门类丰富、特色鲜明、专题性强的博物馆集群。

协调发展博物馆文化事业与文化产业。利用博物馆形式，开展文物保护、研究和传播展示等公共文化事业；同时要积极开发博物馆经营性文化产品和服务，如举办针对社会需求的专题展览、开发博物馆旅游纪念品和收藏品、举行专题讲座和培训活动、提供讲解服务等，从而通过开展经营性服务获取收益。

引入生态博物馆理念，研究建设西双版纳生态博物馆群，参见专栏 6-22[②]。按照生态博物馆建设的整体保护、就地保护、社区参与等理念，以西双版纳布朗族生态博物馆为起点，研究建设西双版纳民族生态博物馆、普洱茶生态博物馆等，保护和延续地方文化传统。

> **专栏 6-22：生态博物馆**
>
> 生态博物馆是将整个社区作为博物馆空间，以期对社区的自然遗产和文化遗产进行整体保护，以各种方式记载、保护和传播社区的文化精华并推动社区向前发展。

---

① 资料来源：作者根据相关资料整理，见 http：//zh. wikipedia. org/wiki/富田农場

② 资料来源：作者根据相关资料整理，见 http：//baike. baidu. com/view/190603. htm

生态博物馆对于自然生态和人文生态的整体保护，是一种特别有效的博物馆形式，特别有利于科研价值和旅游价值的开发，为民族旅游文化开发和保护提供了一个符合可持续发展原则的持续旅游发展模式。

1995 年中国和挪威两国政府已联合在贵州六枝特区梭嘎乡创建了梭嘎苗族生态博物馆，这是中国乃至亚洲的第一座生态博物馆。中挪两国已拟定再建贵阳花溪区镇山村布依族生态博物馆、锦屏县隆里古城（汉族）生态博物馆、黎平县肇兴乡安堂寨侗族生态博物馆，以形成不同文化类型的民族生态博物馆群。贵州生态博物馆群的建立，开创了中国运用生态博物馆形式对社区民族文化和自然环境进行全方位保护的先河，对于处在多数或主流文化包围之中的少数民族及其文化精华的保护和延续具有重要意义。

（十）文学艺术繁荣工程

全州要坚持“为人民服务、为社会主义服务”的方向，贯彻“百花齐放、百家争鸣”的方针，挖掘整理民族民间文化资源，大力加强文学艺术创作队伍建设，深入推进文艺精品创作，积极开展文艺精品的宣传推广工作，促进西双版纳文学艺术繁荣发展。

1. 挖掘整理民族民间文化资源

依托西双版纳少数民族文脉深厚的资源优势，深入开展民族民间文化资源的挖掘整理工作。加大傣、哈尼、布朗、拉祜等多种民族文化和地域文化开发工作力度，重点挖掘整理民族民间文学、音乐、歌舞、工艺、美术等资源，积极组织文学艺术专家深入基层开展采风活动，促进西双版纳标志性原创文学、原生态歌舞、花鸟画等作品的创作。

2. 加强文学艺术人才队伍建设

繁荣文学艺术创作，必须加强文学艺术人才队伍的建设。①加强文艺骨干的培养。由西双版纳州文学艺术界联合会牵头，建立完善文学、音乐、美术、舞蹈、戏剧、影视等类别文艺骨干人员档案，联合有关科研院所和文化经营单位，对重点文学艺术创作人员实行动态管理和有计划培养，定期举办培训和交流活动，促进文艺骨干创作水平的提高，建立完善有效的人才梯队建设网络和人才输送渠道。②建设文艺创作激励机制。

研究设立“西双版纳文学艺术创作基金”，用于资助文学艺术作品的创作，奖励获得全国和全省重要奖项的文艺作品，资助少数民族民间艺术家创作，资助重大文艺演出活动和群众性文艺活动等，促进西双版纳文学艺术作品创作。

3. 积极宣传推广文艺精品

第一，参加文艺比赛，赢得权威认可。积极组织西双版纳文学艺术创作个人与团体参加国家和地方各类文艺评比活动。例如，全国“五个一工程”评选、全国舞蹈大赛、少数民族文学创作“骏马奖”等，争取获得奖项，赢得名誉。

第二，参加大型文艺演出活动，打响西双版纳文艺品牌。例如，通过参加全国性文艺演出、重大体育赛事开闭幕式表演、重大节事活动的文艺演出等活动，展示西双版纳文艺作品魅力，打响西双版纳文艺品牌。

第三，市场化运作，提升市场影响力。研究文学艺术作品的推介制度，促进文艺作品进入市场。例如，与著名音乐、舞蹈艺术家及流行歌星等签约，演绎西双版纳音乐舞蹈作品；邀请知名影视制作人，以西双版纳文学作品为题材，拍摄影视作品；鼓励有实力的文化经营企业创作并运作彰显西双版纳特色的文化演艺作品等。

第七章
商贸与流通产业发展研究

第一节　商贸与流通产业发展现状和特征分析

西双版纳与东南亚国家具有地缘和亲缘上的邻近性，因而其商贸的发展自古就与周边国家有着密切的联系。勐腊县的易武、景洪市的勐宋和勐海县的打洛等很早就成为西双版纳通往周边国家的骡马驿道，通过以货易货的形式，人背马驮，与老挝、缅甸和泰国等开展活跃的贸易，早期交换的商品以茶叶、农具、日用品等生活性产品为主。抗日战争和解放战争时期，社会的混乱一度使外经贸呈现萧条的景象，基本处于停滞的状态。直到 1984 年，随着中老、中缅关系的改善，以及 20 世纪 90 年代初期，磨憨、打洛及景洪等口岸陆续开放，西双版纳的对外贸易才重新开始活跃。随着大湄公河次区域经济合作机制的建立和不断深化，2010 年中国—东盟自由贸易区正式成立，以及昆曼公路的全线贯通，西双版纳的商贸流通得到了快速的发展。

2006～2010 年西双版纳商贸流通规模不断扩大，且增长速度非常显著。2010 年，全州社会消费品零售总额达 50.6 亿元，比上年增长 21.8%，2006～2010 年西双版纳社会消费品零售总额年平均增长速度达 18.7%（图 7-1），并初步形成了具有本地特色的一批专业市场，如农产品、玉石、普洱茶等。对外经济贸易总额为 10.34 亿美元，相对于 1978 年的 279.5 万美元，增长了近 370 倍，且 2008～2010 年均处于高速增长，年增长率分别为 38.7%、44.4%、34.8%，其中，进出口贸易 9.25 亿美元，增长 37.5%（表 7-1）。此外，对外经济技术合作不断推进，在鼓励企业对外投资、承包工程和劳务输出，以及推进替代产业由单一种植型向更深入、更广泛的领域合作等方面也都取得了较快的发展。

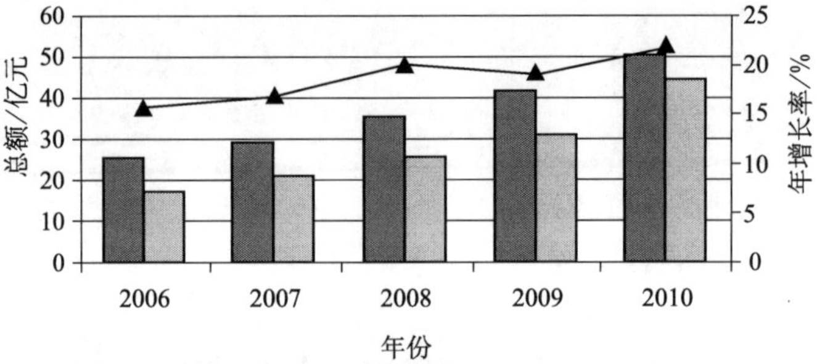

图 7-1 2006～2010 年西双版纳社会消费品零售规模及增长

资料来源：《西双版纳傣族自治州统计年鉴》(2007～2011)

表 7-1 2010 年对外经济贸易及增长速度

	规模/万美元	比上年增长/%
对外经济贸易总额	103 366	34.8
进出口贸易	92 508	37.5
进口	25 216	27.5
出口	67 292	41.6
边民互市	5 842	20.2
经济技术合作	5 016	11.2

资料来源：《西双版纳傣族自治州 2010 年国民经济和社会发展统计公报》

然而，西双版纳商贸流通业发展的问题更需重视，可以总结为以下三点：

一是商贸流通市场规模偏小，尚缺乏规模经济和品牌效应。在总体规模上，既体现为城市化和人均消费能力相对较低所导致的本地的商业发展水平较低，市场规模较小，又体现为对外贸易的规模尚有很大的提升空间。专业市场虽多不强，在农产品、普洱茶及少数民族特色商品等方面未能形成较强的品牌效应，从而未能与旅游业形成良好的协同效应。

二是物流产业起步晚、发展慢且规模小。主要制约因素包括：交通基础设施建设滞后，尽管公路建设不断加快，但是目前西双版纳对内、对外均未能形成通达性较好的交通网络，交通仍然是制约发展的瓶颈；物流专业基础设施不配套，自动化与信息化程度低，专业化程度较低；管理分散，物理业管理权限被划归若干部门，缺乏物流产业发展规划；此外，缺少基于边境口岸发展国际物流的经验及相关专业性人才。

三是对外贸易结构需要继续优化。当前，西双版纳进口商品以矿产品、木材等资源性产品为主，出口商品以果蔬、农产品、机电产品和日用品为主。在对东盟市场的出口中，以 2012 年 1～4 月数据为例[①]，机电产品出口 8232 万美

---

① 资料来源：西双版纳州商务局．2012.1～4 月全州口岸外贸进出口快速增长．http：//www.ynf.gov.cn/ynczt _ model/article.aspx? id=1830646 [2012-06-08]

元，占全州口岸出口额的33.8%；农产品出口5327万美元，占全州口岸出口额的21.9%。在与以东盟为主的互补性货物贸易中，西双版纳的贸易结构正在不断优化，出口大类商品包括机电产品、农产品、交通运输设备、化学工业品、纺织品、电力等劳动密集型和技术密集型产品，特别是机电产品和农产品出口规模日益扩大，各类资源型产品出口增速放缓。随着区域经济合作的不断加强，西双版纳不仅要保持传统货物贸易的优势，也应当加强外向型产业的发展并注重出口产品附加值的提升，还要抓住机遇和创造条件发展服务贸易，如边境结算和金融服务。

总体而言，近年来西双版纳商贸流通迅速增长。这在很大程度上得益于昆曼公路的全线通车。从磨憨口岸出境，昆曼公路经老挝至泰国清莱府与泰国公路相连，直达曼谷。这一国际大通道的全线贯通，标志着中、老、缅、泰四国陆路物流圈已基本形成，南北经济走廊初见雏形，为下一步四国乃至柬埔寨、越南、马来西亚等国家开展跨境运输合作奠定了基础。泛亚铁路建设的不断推进，将进一步加强区域交通一体化，大大促进商贸流通的发展。未来一个时期，在国际层面上，中国—东盟自由贸易区和大湄公河次区域经济合作不断深入发展，“GMS经济走廊”全面开通；在国家层面上，不断提升对外开放水平和相继出台相关政策措施，鼓励加快转变外贸增长方式；在地方层面上，基于“开放活州”战略，西双版纳提出在口岸基础设施建设、产业发展、经济结构调整方面不断提升和加强，这些都为西双版纳商贸流通的发展带来巨大的机遇和良好的环境。

第二节　商贸与流通产业发展的主要思路探讨

一、发展思路和目标

（一）发展思路

1. 商贸流通业实现五大新突破

一是突破现有商贸流通规模，在现有规模基础上进一步促进全州商贸流通业通过业态创新、品牌创新、管理创新，做大做强；二是促进商贸流通业稳步增长，力争产业增长率、就业比重不断突破；三是推进流通产业现代化，推广信息化，实现敏捷商贸；四是实现传统产业升级，实现经营模式突破；五是提升开放水平，确保对内、对外商贸业水平实现突破。

1）以“开放活州”作为产业发展的战略方向

以泛珠三角经济区、大西南经济协作区、大湄公河次区域经济合作区、中国—东盟自由贸易区为区域依托，以实施“桥头堡”战略为契机，立足周边，拓展东盟，面向世界，坚持对外开放与对内开放相结合，把“走出去”与“引进来”更好地结合起来，以更加开放的姿态打造成为中国参与大湄公河次区域经济合作的重要前沿地区，及中国通往东南亚、南亚的窗口基地。

2）以口岸和通道建设作为“大流通商贸”的实施重点

以进一步加强口岸建设和管理为抓手，以泛亚铁路中线、昆曼公路等大通道开通为契机，以推进人员、货物便捷通关、优化贸易投资环境为重点。全面加强磨憨、打洛、景洪港、西双版纳机场四个国家级口岸和重点边境交通设施建设，努力实现勐龙、勐满、关累码头等口岸的升级，加强“大通关”建设和协作机制，推动综合物流体系和多式联运一体化口岸服务体系建设，充分发挥海关、检验检疫、边防检查等多部门的职能，全面实施大流通商贸的产业发展战略。

3）以“创业富民”指导专业市场的发展实践

要集中精力抓好关系西双版纳发展的带有全局性、战略性和牵动性的大市场，集中力量办大事，做到高起点规划、高标准建设、高水平运营、高品质服务。以一种战略性的眼光来看待西双版纳专业市场的发展、转型和升级过程中的创新，包括主导产业、经营模式、区域优势、管理体制及激励机制等创新。

4）以区域市场需求为导向实现物流协同发展

遵照国务院《物流业调整和振兴规划》的指导方针，充分发挥连接东南亚国家的重要交通枢纽的区位优势，以满足东南亚、南亚地区不断增长的天然橡胶、傣药南药、生态食品、生态用品等物流需求为导向，以提高物流效率、降低物流成本为核心，以绿色物流的理念整合、改造现有的物流资源，不断“完善体系、升级业态”，做到“水陆空对接、联动发展”，促进西双版纳物流产业的现代化进程，实现国民经济的跨越式发展。

5）以“兴边富民”行动促进城乡商贸流通的升级

根据国务院《兴边富民行动规划（2011～2015年）》的规划内容和指导精神，从西双版纳自然生态条件、经济社会发展水平和文化形态及东南亚国家情况等实际出发，以改善和保障民生为根本出发点，通过“菜篮子”工程推进集贸市场改造升级，通过“万村千乡市场工程”和“家电下乡”等惠民工程，大力提升城区和乡镇的商贸流通基础设施和体系建设。

2. 发展两套商贸系统、完善四大服务功能

1）完善提升“生活服务型商业系统”

面向西双版纳的旅游度假者、创业者和投资者，尤其是旅游度假者，通过完善和开发多样性、差异化的旅游、休闲商品服务、娱乐服务和信息服务等各

种服务功能，确保其享受的商业服务环境与国内外发达地区“无差异”，完善提升“生活服务型商业系统”。

2）强化提升“产业服务型商贸系统”

面向西双版纳制糖、制茶、水电、建材等传统产业和傣药南药、汉麻、生物质能源、林产品加工、天然橡胶加工、绿色农产品加工等新兴产业，以及“蔬菜换石油”“花卉换水果”“冷果换热果”项目，做好“通道、基地、平台、窗口”四篇文章，确保全州内外工业产品的商贸流通和进出口贸易的“无障碍”，强化提升“产业服务型商贸系统”。

西双版纳应坚持“高端、高效、高辐射力”的商业发展方向，促进现代商业与传统商贸相结合、生活服务与产业服务相结合、商业外贸与内贸相结合，着力推动全州资源配置市场化、商业服务敏捷化、服务标准国际化、发展环境法治化，加快商贸流通的业态升级和产业融合发展。通过发展两套商贸系统、完善一张商业网络，积极发展西双版纳的商贸流通服务业，努力实现商业的旅游休闲、保健养生、生活服务、生产服务和贸易集散多项功能的整体提升和完善。

（二）总体目标

抓住中国—东盟自由贸易区建立和“桥头堡”战略实施机遇，依托西双版纳独特的区位、交通、产业等综合优势，构筑主题明确、层次清晰、功能完善、布局合理、具有时代特征和地域特色的现代商贸服务业体系，将西双版纳打造成为大湄公河次区域既具有深厚的人文底蕴又兼具现代发展活力的区域商业中心地。

1）建成国际化的“购物天堂”

以人为本，与“宜居傣乡”相适应，形成业态先进、结构优化、布局合理、辐射力强、市场繁荣、商业经营服务功能完善，既引导、满足消费，又创造、扩大消费的贸易流通交易地、流行商品的发祥地、著名品牌的集聚地，积极开展西双版纳旅客免税购物政策试点。

2）建成网络化的流通体系

以产业为依托，与交通网络相衔，构建高能级、远辐射的现代服务业集聚区、大型商品交易市场和物流基地，形成支撑西双版纳建设桥头堡前哨的国际一流的商贸流通体系。

3）建成信息化的现代商业

体现西双版纳的民族文化与人文底蕴，实现先进商业科技手段、田园式生态环境和绿色营销一体化联动发展，成为软、硬件设施水平高端，交易和服务方式新颖，科技、管理、人才、资金等优势资源充分集中的现代化的、具有较强竞争力的支柱产业之一。

（1）在物流领域，形成以景洪为中心，覆盖勐海县、勐腊县的“空间布局优化合理、产业体系基本健全、水陆空联运有效衔接、管理运营便捷高效、政策保障合理到位、区域物流联动发展”的多功能物流中心，使物流产业体系、技术支撑体系和政策保障体系得以协同推进，“第三利润源泉”得以充分挖掘，物流产业达到现代物流的标准，满足建设面向东南亚、南亚枢纽的经济需求，将景洪建设成为我国西南面向东南亚、南亚的昆曼通道上重要物流枢纽城市，建设成为中国—东盟物流平台。

（2）在商业领域，加快建设发挥流通优势的景洪中心商业区和勐海、勐腊商业副中心区，重点加强旅游特色商业、边贸商业和乡镇商业的发展。以提升消费品质、满足多样化需求为中心，构建主题明确、层次清晰、功能完善、布局合理、具有时代特征和地域特色的现代零售贸易产业体系，完善惠民利民的居民生活服务体系，推动产业关联密切的生产资料流通体系，把西双版纳打造成为立足大西南面向东南亚、南亚的现代化区域商业中心地。

（3）在口岸领域，积极参与“桥头堡”建设，立足于做“桥头堡”的“桥头堡”，加强磨憨等口岸的基础设施建设，建立和完善中老泰地区六方合作会议机制，努力将“西双版纳州边境旅游贸易交易会”办成较有影响力的国际品牌，力求中国磨憨—老挝磨丁跨境经济有更新的突破。

（4）在专业市场领域，顺应商贸流通产业蓬勃发展的良好态势，把握当地产业特色和东南亚、南亚区域的市场需求，以经营茶叶、橡胶、热带水果等农副产品和轻工业小商品为发展专业市场的突破口。通过“联动发展、集聚成长、提升档次、规范经营”，推进市场与产业联动的发展格局，形成综合性市场集聚成长、各类特色市场专业化发展、本地开放型市场分级分批推进、规范有序经营的专业市场集群。

二、空间布局导向

1. 总体布局构思

以昆明—曼谷为“纵向”发展主线，串联现代商贸服务业各个产业层次，构成一体化发展商贸轴线，成为联结“昆曼”的商贸发展走廊。以现代服务业集聚区为载体，辐射面向东南亚、南亚，塑造大湄公河次区域商业门户形象。以独具特色的现代休闲风情区为载体，以休闲商业为发展动力，打造户外活动产业基地，成为次区域旅游休闲度假中心。以现有的交通优势和特色产业为依托，发展高能级、远辐射的现代化的大型商品交易市场群和商贸圈，提高流通效率、优化资源配置，逐步成为西双版纳大宗商品主要贸易中心之一。

2. 产业布局导向

(1) 物流领域:“115”,1个景洪多功能物流中心,1个磨憨国际(保税)物流园和5个集散物流中心:打洛、勐龙、关累、景洪港和勐满(图7-2)。

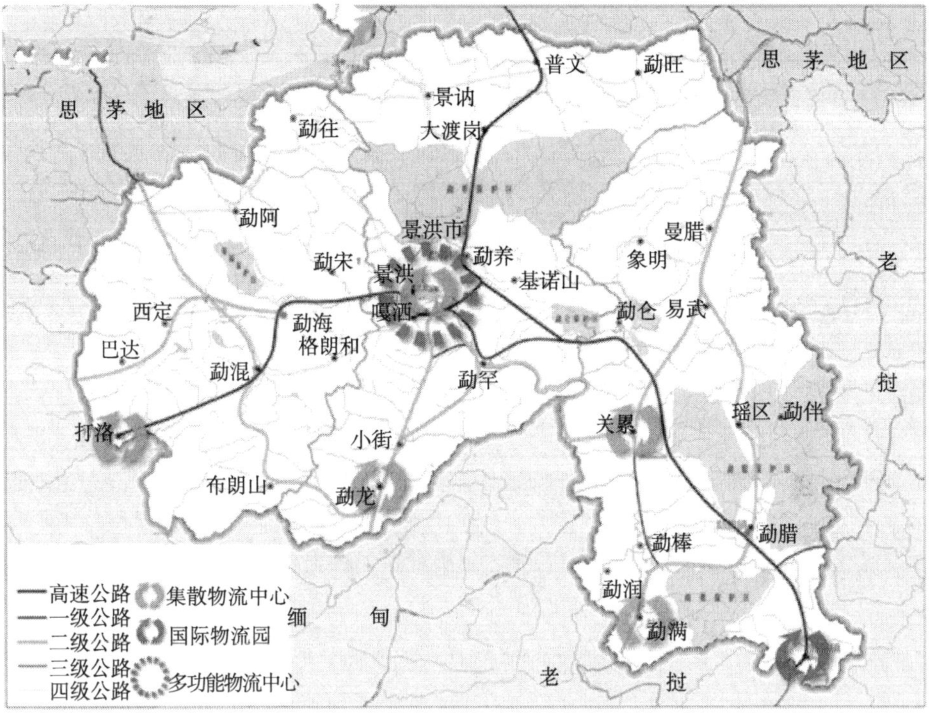

图 7-2 西双版纳物流空间布局

(2) 商业领域:“1211”,1个商业中心区:以景洪中心城区及嘎洒片区、嘎栋片区、江北片区和曼弄枫片区为全州的商业核心区域。2个商业次中心区:分别以勐海镇和勐腊镇为中心,完善商业次中心。1个旅游商业网络:以民族园、野象谷、热带花卉园等旅游景区为载体,完善全州的旅游商业网络。1个便民商业体系:覆盖全州城乡社区的便民惠民商业体系。

(3) 口岸领域:“1337”,1个重点:磨憨口岸。3个主要:打洛口岸、景洪港、西双版纳机场。3个新建:勐龙、勐满和关累码头。7个节点:曼庄、尚勇、勐润、朱石河、勐宋、巴达和布朗山(图7-3)。

(4) 专业市场领域:“341”,3个特色市场:橡胶仓储交易市场、茶叶交易市场、中泰果蔬批发市场。4个口岸边贸市场:磨憨口岸边贸市场、打洛口岸边贸市场、勐龙口岸边贸市场、勐满口岸边贸市场。1批服务本地的小型市场:景洪市景兰集贸市场,江北农贸市场,叶茂水果批发市场,金鹤、永顺、天天、华项、洪发、顺发钢材等建材市场;勐海县的勐海镇集贸市场,粮食批发市场,黎明农场集贸市场,老街建材市场;勐腊县集贸市场。

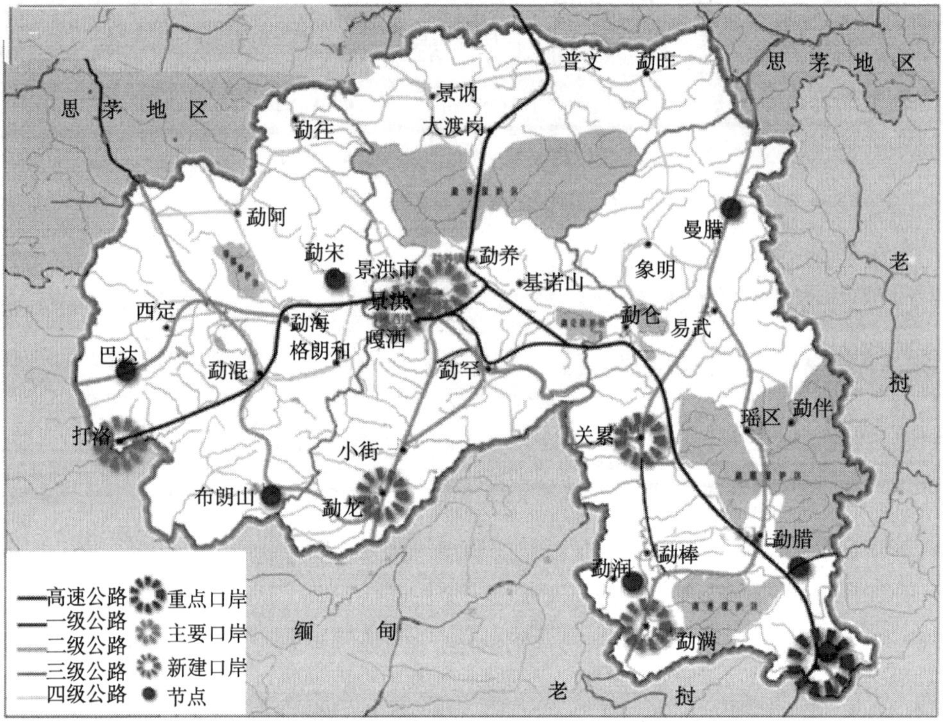

图 7-3　西双版纳口岸空间布局

第三节　重点领域、主要任务和对策

一、积极推进物流产业发展

坚持物流体系化、信息化、网络化、专业化四化建设，多种物流方式共同发展，物流内部产业推进和外部环境建设并举，实现西双版纳物流产业快速稳步发展。

（一）构建物流产业体系

物流产业内涵丰富，不仅指仓储和运输，还包括物流信息处理、流通加工、包装、配送等多个环节，涉及的上下游产业众多。因此，西双版纳要实现物流突破发展应推动物流产业化建设，积极引导和发展上下游相关配套产业，从而实现全州物流业集群化发展。

西双版纳在发展现代物流产业群的过程中，需要重点培育的企业类型包括：

高技术水平的仓储企业，综合化、网络化和信息化的并且具有高技术水平和管理水平的现代运输企业，支持电子商务并且具有现代化服务能力的高效配送企业，具有综合物流管理能力的物流管理企业，货代、船代企业等物流产业链上的企业。重点发展位于核心部分的核心业务，在促进包装、装卸、运输和仓储等环节标准化、信息化的同时，加速推进物流信息处理能力，建设安全的、便于接入的、中小企业负担得起的公共信息平台。

在水平方向上，延伸价值链，做好物流核心业务的上游基础产业，吸纳和扶持物流包装材料制造企业、物流装备制造企业和物流仓储设备提供商投资西双版纳。加大对下游物流服务产业的服务力度，结合西双版纳的农副产品和轻工食品提供专业化物流服务。在垂直方向上，完善相关支持配套产业，特别是金融、通关等服务机构和相关船代、货代公司进驻物流中心和物流园，积极鼓励物流技术咨询企业落户西双版纳，形成西双版纳物流产业集群（图 7-4）。

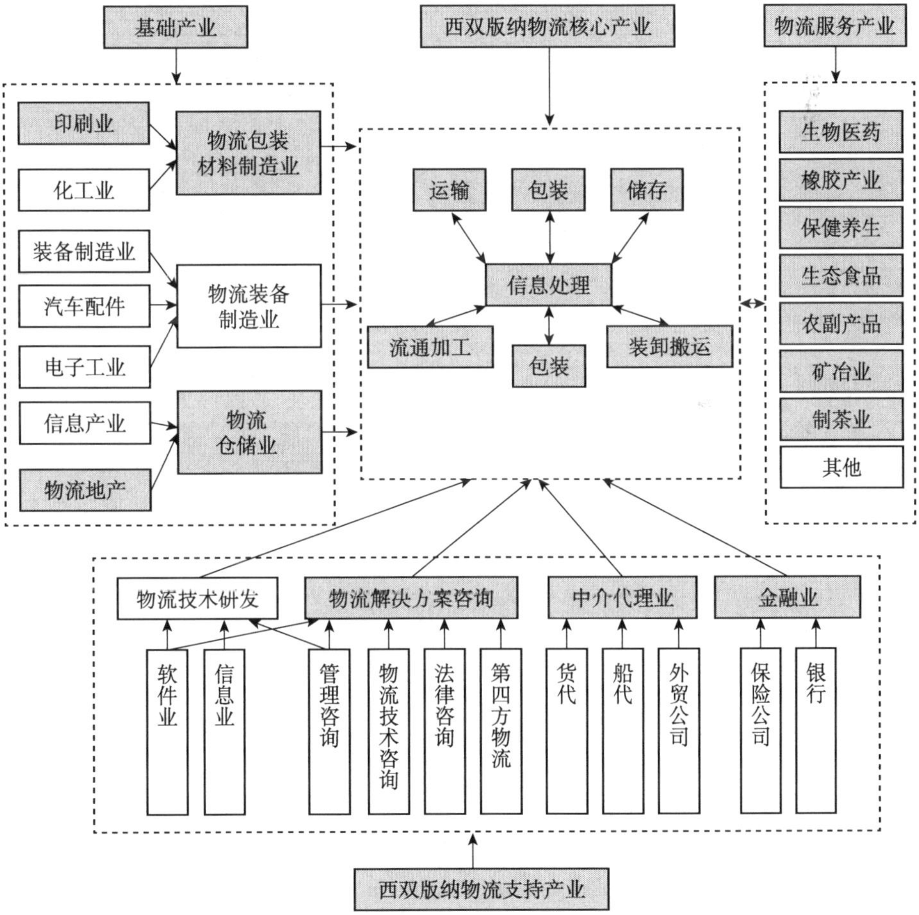

图 7-4　西双版纳物流产业体系

注：深色方框为重点发展领域

（二）完善物流政策体系

物流产业作为现代服务业，产业活动内容除了物流本身之外，还涉及多个政府职能部门，如海关、工商、税务、财政、交通、消防、卫生检疫、土地、城管等委办局，审批环节繁杂，税费多样，物流企业申报过程长，降低了运作效率，影响物流企业投资热情，进而阻碍物流产业发展。同时政府对于物流业扶持政策不完善，政策体系不配套，不利于物流产业健康发展。

尽快打造物流业发展的政策体系，包括支持性政策、引导性政策和发展性政策。通过出台税收优惠政策、引导工商企业剥离物流业务等一系列措施和手段，营造便捷宽松的投资环境、开放公平的市场环境、重视人才的发展环境（图 7-5）。

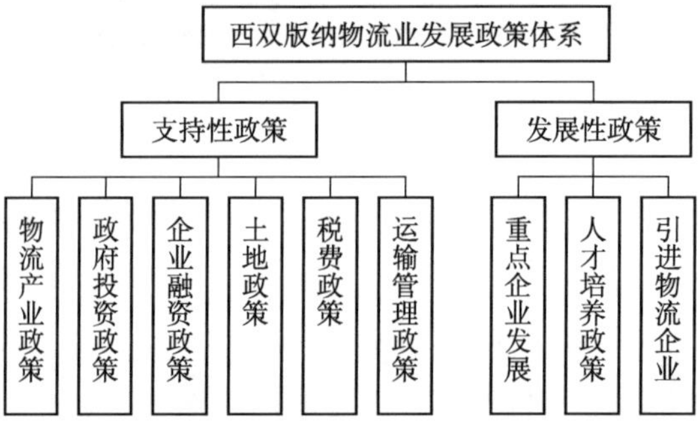

图 7-5　西双版纳物流业发展政策体系

（三）引导物流组织体系建设

物流业的发展不仅要依靠政府扶持和企业投资，还需要社会各界予以互动，需要官、产、民、媒各方共同努力。西双版纳目前在发展物流业方面面临着结构缺失，仅依靠政府和相关物流企业，民间协会、需求企业、媒体和人才培养机构等组织角色缺位。

专业性的物流协会能够对行业进行规范和引导，协调行业发展，代表行业利益同政府进行沟通，使政府能够了解物流企业发展的现实所需（专栏 7-1）。同时先进成熟的物流协会能够承担诸多行业发展的附加功能，如市场调查功能，到周边地区调查企业的物流需求，为本地区物流企业提供资讯，搭建平台，促进物流企业与制造业企业和商贸业合作，拓展本地物流企业市场范围；技术和信息咨询功能，积极了解国内外物流产业发展最新动态，追踪适合本地区物流企业需要的物流先进设备和物流发展资讯等。西双版纳应该在政府的支持下，促进物流企业建立协会，真正发挥协会等民间组织的优势，促进政府和产业界互动。

专栏 7-1：物流协会的作用

物流协会对于物流业的发展至关重要。放眼世界，独立、健全的物流协会是相关地区发展物流必不可少的推动因素。

美国物流业发展中协会就起着举足轻重的作用。美国物流协会由个人和公司会员组成，是一个职业或行业发展协会，目前拥有3000多个会员。美国物流协会是国际性的组织，由董事会和顾问委员会共同进行管理，还有地方分会。美国物流协会的职责，一是对物流业进行研究，促进行业规章制度和标准的制定；二是为会员提供相互交流的机会，如每年至少组织两次物流研讨会，对行业发展中的一些重大问题和经验进行研讨交流；三是发行杂志和报纸；四是对新理论和业务进行探讨；五是与有关高等院校合作，进行物流教育培训，颁发物流培训证书，对物流人员进行从业资格认证；六是对物流分会进行业务上的指导和管理；另外还设有三个机构对特别具体的事情进行物流服务。美国物流理论研究和实际运用，以及物流业的发展一直都走在世界前列，这同美国物流协会多年来的不懈努力是分不开的。美国物流协会极大地促进了现代物流业的发展。

同时，要加强各种媒体对于物流业的宣传和关注力度，宣传现代物流理念和作用，改变西双版纳对于物流业仅是“运输和仓储”的错误观念，引出企业对于物流产业的需求，真正发挥物流产业为企业降低成本，提高运作效率的作用。

（四）建设物流基础设施平台

以“物流通畅、服务周全、客户满意”为宗旨，建设以景洪为中心，涵盖勐海、勐腊的多功能物流中心，发展铁路沿线站点物流，重点做好景洪、勐养物流仓储；景洪、勐腊、磨憨铁路沿线物流节点，建设以磨憨口岸、打洛口岸、勐龙口岸和关累码头、景洪港为一体的货物集散物流中心，建设畅通、完备的物流基础设施平台。

以景洪为中心作为西双版纳核心物流企业发展的硬件依托，对于口岸、码头及相关物流中心（节点）给予基础设施建设方面的优先考虑；充分利用现有的仓储设施，盘活存量资产；对于铁路、公路，重点通道附属设施建设充分发挥已有设施的潜力，充分利用现有的资源；通过对货运通道、配送道路体系的使用权的分配和调整，支持物流核心企业的经营规模扩大和市场分担率提高，以此作为配送业发展的行业管理依托。

探索发展多式联运（专栏7-2），实现公路、水路、航空等多种物流的无缝对接，将来还要抓住泛亚铁路投入运行的重要机遇，充分发挥西双版纳在昆曼公路上的枢纽作用，努力提高澜沧江的河道通航能力，加强西双版纳机场的建设和服务能力，加强新建公路、港口转运设施的统一规划和建设，重点规划建设与公路有效衔接的大吨位、集装箱码头，完善集疏运网络。未来一段时期，随着中老泰铁路的建设运行，西双版纳将实现进一步夯实交通运输基础设施，形成集铁路、公路、水路、航空“四维一体”的综合运输网络布局。

专栏 7-2：多式联运[①]

多式联运是把多种运输方式连接起来的运输方法，具有安全、快捷、手续简便、运输合理、结汇及时、包装节省等优点。最重要的是，多式联运在两种或两种以上运输方式的交接过程中避免了货物的二次清点和包装，并使货物存储的难度降低、存储的时间缩短，使交接手续更加简便、迅速、准确，提高了货物的运输效率，降低了费用的消耗。

多式联运是运输组织技术的发展和革新，与分段联运相比，多式联运不仅仅是不同运输工具进行的联合运输，更重要的是在全程运输中只采用一份运输合同，由多式联运经营人作为合同承运人统一组织全程运输，负责将货物从接货地运往交货地。因此它是一种体现整体性的高效率联运组织形式。

（五）建设物流信息系统，实现商品流通高效敏捷

优先构筑西双版纳公共物流信息系统和网络，推动政府相关系统及企业信息系统的接入。构筑与海关、税务、公安、港口、铁路、公路、航运、银行等部门相互连通的信息平台，将相互分割的物流企业和职能部门逐步纳入统一的网络体系。

以企业需求为导向，以物流信息标准为要求，设计合理的入网运作模式；通过示范工程，引进电子数据交换（electronic data interchange，EDI）系统，再造企业经营流程，提高企业经营绩效，从而以点带面、逐步推广。

建立公平的法规和技术认证体系，加速物流信息技术提高与发展的进程。加强政府在物流信息技术的研究及人才培训工作。加快西双版纳物流信息共享协议的编制工作，与泛珠三角、大西南，以及东南亚、南亚等地区的其他信息系统对接，力争形成西双版纳连接省内外、辐射东南亚、南亚的物流信息网络。

（六）推进企业的现代化和社会化，促成业态升级

培育品牌企业，提升现代化水平。西双版纳的物流企业尚处在“小、散、

---

① 资料来源：作者根据相关资料整理，见 http://wiki.mbalib.com/wiki/多式联运

弱”的“完全竞争”状态，全社会物流运行效率偏低，“大而全”、“小而全”的企业物流运作模式还相当普遍。需要通过培育品牌物流企业，实现规模和管理水平的双重突破；并以品牌企业为示范，带动中小物流企业向现代形态全面提升。鼓励一批物流企业实行强强联合，实现物流资源的有效整合，培育品牌企业。适度引进中远物流、联邦快递等一批国内外知名物流企业，鼓励其在西双版纳设立分支机构或与西双版纳货代企业组建合资企业，提高西双版纳现代物流的整体管理水平。鼓励和引导品牌物流企业完善服务功能，提升服务水平，利用资本市场，做大做强做优，努力成为全州物流业发展的中坚力量。

推进物流企业的社会化水平。受相关行业政策和经济发展阶段的制约，西双版纳社会化物流需求不足和专业化物流供给能力不足的问题同时存在，物流业务难以从工贸企业中剥离。鼓励制造和商贸企业整合物流资源，优化物流流程，大力推进制造企业物流服务外包，促进企业物流社会化和专业化，提高核心竞争力。大力发展第三方物流，推动物流企业与生产、商贸企业互动发展，促进供应链各环节有机结合。鼓励现有运输、仓储、货代、联运、快递企业的功能整合和服务延伸，加快向现代物流企业转型。加强运输与物流服务的融合，为物流一体化运作与管理提供条件。

（七）加强边贸物流建设，发展特色产业的供应链体系

把西双版纳定位为中国 东盟“物流平台”、昆曼大通道上的重要枢纽，桥头堡战略的前沿基地，向国内融入泛珠三角、大西南物流网络，向国外对接老挝、缅甸及泰国等东南亚、南亚国家，大力发展口岸物流及相关配套，吸引辐射区域的货物在西双版纳集散中转、对外贸易。构建与区域内物流产业紧密配套的物流联动保障体系，共同培育统一开放、通畅高效的边贸现代物流市场体系。

结合大通道和口岸建设，以设立保税物流中心为载体，大力发展口岸贸易物流。按照《云南省商贸流通总体规划》的布局，在景洪等地设立功能完善的国际物流园区，以泛亚铁路中线建设为契机，建设澜沧江—湄公河国际物流合作区，重点建设景洪、磨憨重要物流节点，加强各物流节点的多式联运物流设施建设，提高国际货物的中转、配送能力。积极实施“走出去、引进来”战略，鼓励省内物流企业开拓国际市场，引进国外先进物流运营商，学习和吸收其现代化的运营技术和经营管理理念。

针对西双版纳自身和周边城市的不同区域经济发展特点和产业特色，能源、矿产、农产品、生物等重点领域物流发展，加快发展国际物流和保税物流。实施物流产业特色发展的战略，加快发展天然橡胶、傣药南药、生态食品、热带水果等统一配送体系，提高物流配送效率。加强农产品物流标准体系建设，发

展农产品冷链物流。加强钢材、建材、水泥及重要矿产品等物流设施建设，建立能源和原材料物流体系。加快推进应急物流体系建设，建立专业物流配送中心，提高应对战争、灾害、重大疫情等突发性事件的能力，确保社会稳定和人民群众的生命、财产安全。

（八）加强农村物流网络建设，完善特种商品流通体系

坚持服务“三农”，落实“兴边富民”，以“万村千乡市场工程”农家店和配送中心为依托，以加强农村市场体系建设为重点，建立、健全长效管理机制，加大配送中心建设，发挥供销合作社的作用与市场配置资源相结合，扶持天顺、供销社等商品物流配送中心，提高配送效率。不断完善日用消费品的连锁经营网络，形成以配送中心为龙头、城区店为核心、乡镇店为骨干、村级店为基础的农村日用品的现代物流网络。加快推进农产品从产地到销地的直销和配送，完善鲜活农产品储藏、加工、运输和配送等冷链物流设施。推进“一网多用”“双向流通”“小网店、大网络”的安全高效、方便快捷的农村现代流通服务体系，促进城乡一体化发展。

健全特种商品流通体系。规范成品油市场流通体系，严格贯彻执行国家的政策和地方规定，科学规划布局，严格把关准入，适时实施整合，形成设施先进、功能齐全、竞争有序、布局合理的成品油销售网络体系。强化生猪定点屠宰的管理，全面提升屠宰行业的工艺、设备和机械化、自动化水平，完善生猪屠宰管理体系，确保食品安全。规范再生资源回收网络，规划布局站点，逐步规范建设，培育一家大型再生资源回收企业，改造一批乡镇、社区再生资源回收站（点）。

二、转型提升商业服务

以需求为导向，重点推进景洪商业建设，在提高商业集聚度的同时，完善西双版纳商业服务功能，增强繁荣、繁华气息，实现差异化、特色化、敏捷化发展。

（一）推动商业升级转型，建立高效畅通的现代商业体系

1. 建立城乡协调发展的消费品流通体系

建设繁荣、繁华的城市商业，进一步加快景洪中心城市商业服务业的发展，逐步形成以服务经济为主的产业结构。提高嘎洒、嘎栋、江北、曼弄枫、勐海、勐腊等商业次中心的服务能力，加强商业基础设施建设，繁荣活跃消费品市场，促进产业结构调整。建设双向流通的农村商业。围绕兴边富民、建设社会主义新农村，构建农村新型商业网络。实施“万村千乡”市场工程，形成城乡之间

消费品、农业生产资料和农产品双向流通、高效顺畅的现代农村市场体系。

2. 建立便民利民惠民的居民生活服务体系

发展贴近居民生活的社区商业，规范发展便利型社区居民生活服务业，促进生活服务的社会化。重点改造建设社区生鲜食品超市、便利店、早点快餐店、菜市场、修理、家庭服务、废旧物回收等商业网点，完善新建社区商业配套设施，建设集购物、餐饮、休闲、服务等多功能为一体的新型社区商业服务体系。营造安全放心的人本化服务环境，培育若干家绿色市场。加强畜禽屠宰、酒类流通、成品油经销等关系群众健康安全的重要商品的法制化、标准化管理，逐步形成安全型消费、节约型消费和环保型消费的市场环境。建设多功能的居民消费服务网络，大力发展餐饮、美发美容、住宿、洗浴、洗染、修理等生活服务业，以及拍卖、典当、租赁、再生资源回收利用、二手车流通等专业化服务。

3. 建立产业关联密切的生产资料商业体系

增强区域生产资料市场服务功能，加快基础设施建设，改善交易手段，应用现代信息管理技术，培育橡胶、建材等生产资料交易市场，增强服务功能。

（二）坚持“开放活州”，构建高辐射的外向型商业格局

1. 加快“边境贸易圈”建设

加强全面布局和战略规划，加快对外贸易发展，把握我国与东盟经贸关系加快发展的时机，着力构建大湄公河区域贸易合作平台，深化与老挝、缅甸、泰国等周边领国的贸易合作，加强“边境贸易圈”建设。不断优化进出口商品结构，推进优势产业和出口基地建设，培育优势品牌产品，拓展橡胶、木材、南药等加工贸易，推动出口产品的技术含量和附加值。进一步加大进出口配额争取力度，扩大植物产品、机电产品、纺织品、建材、交通运输设备等大宗出口和国内需求的原材料和资源性产品的进口，抓好“三换”项目的实施和拓展。

2. 大力发展会展商业，培育区域性国际会展中心

围绕西双版纳会展业国际性的特征，以及产业支撑、市场需求、软硬件设施三大要素，充分发挥告庄西双景、国际会展中心、世纪金源等重点项目的影响力及其新建会展设施作用，全面打造提升西双版纳边境贸易旅游交易会、中老缅泰柬越“六国艺术节”、西双版纳农产品交易会等节庆活动，积极挖掘展览资源，改善会展服务，优化展场设施，培育和引进会展专业人才队伍，开发具有独特优势和良好市场前景的新型展会，培育一批面向国内外市场的专业性商品展会，引导和促进会展经济向市场化、专业化、品牌化、国际化方向发展。打造国际综合会展中心，成为拉动西双版纳商贸流通服务业的新增长点。

3. 促进边民互市贸易的进一步发展

贯彻《云南省边民互市贸易管理办法》，推动磨憨、打洛、勐龙、勐满、曼

庄、尚勇、关累、勐润、巴达等边民互市场（点）的规划建设，以磨憨边民互市场建设为重点，推进打洛、勐龙、勐满边民互市场建设，积极争取并用好边民互市政策，完善边民互市管理，推动磨憨中老边境“国际赶摆”活动不断扩大规模和提升水平，使边民互市交易额逐年增长。

（三）优化配置集聚增长，建成多层次的专业市场体系

1. 打造专业市场集聚区

发挥综合性专业市场的集聚优势，推动中泰果蔬分拨中心、磨憨等市场的集聚成长。重点扶持产品辐射东盟的龙头市场，整合“西双版纳边贸”市场品牌，打造专业市场集聚区。强化专业性市场的产品特色和专业优势，培育建设以家居建材、汽车 4S、特色农产品、特色旅游小商品、野生菌交易市场等为特色专业市场，统筹规划、划行归市，培育一批组织规模较大、现代化水平较高、服务于生产与流通的专业市场，打造面向中国西南地区具有核心竞争力的产品集散中心，努力建成州、市（县）、乡（镇）三个层级的批发市场体系。

2. 探索升级企业形态，规范经营管理

鼓励具备一定规模、条件相对成熟的企业和商户率先实现升级改造。积极争取并利用好对边贸的优惠政策，在批发企业中大力推广电子商务，强化大型批发企业的物流配送功能，依托大型批发企业的示范带动作用，逐步实现对中小企业的升级改造。提升管理者的管理水平，使管理者成为市场建设的领导者和服务者。发挥私营个体经济协会的作用，及时收集商户对专业市场的意见和建议，满足商户的多元需求。

3. 推进市场与产业联动发展

引导全州的市场与地方产业协同发展，完善专业市场与上游产业之间的产业链条。引导当地的生态农业、旅游业和轻工产业支撑专业市场的可持续发展，打造专业市场商品货源地。发挥专业市场为中小企业提供共享销售渠道的信息优势，带动当地农业和轻工产业的进一步繁荣，构建“小产业、大集群，小企业、大市场”的发展格局。进一步培育物流、加工、包装、广告、会展、金融、IT、咨询、餐饮等配套产业。重点推广现代物流，深化农副产品加工，引进并培植工艺包装、创意设计、广告宣传、商贸会展等文化创意企业；逐步发展金融、咨询等生产服务业，提升专业市场的整体竞争能力。完善信息服务、物流仓储等公共服务设施。新增、改造信息化服务、检验检测等公共服务平台，配套冷链物流和仓储设备，完善各项发展所需的软硬件环境。

4. 统筹专业市场的城乡协调发展

以乡镇为依托，完善服务于当地农产品生产、方便农民交售的农产品收购网络，以及服务于城乡居民生产、生活需要的产品配送网络。鼓励农村批发贸

易产业向上下游延伸。一方面向生产领域延伸，建立市场带基地、基地带农户的产业链，办好各种农副产品批发基地，培育专业化、工厂化生产；另一方面向零售领域延伸，细化加工和配送功能，形成农产品批发市场与零售店或大宗末端消费者之间配送—销售—消费的有机链条。进一步规范、改造农村集贸市场。完善农贸市场的基础设施，有条件的乡镇应逐步配置产品保鲜设施、加工与配送中心和检疫检测设施；保证产品安全，维持环境卫生；做到室内经营，将农贸市场按产品种类进行合理分区。在基础设施的翻新、改造中给予政策和资金支持。

（四）打造区域性商业品牌，积极发展旅游商业

1. 实施“品牌战略”，提升市场竞争力

按照“企业科学管理、员工热诚服务、市场创立品牌”的思路，以提高“顾客满意度”为中心，大力推进“规范服务、星级服务、品牌服务”等三个层次的优质服务活动，积极培育一批在省内及国内外具有良好声誉和广泛影响的商业企业品牌和服务品牌，振兴民族品牌，通过品牌的带动和示范效应，提升企业的市场竞争力和商业服务的质量与水平。

2. 挖掘民族文化底蕴，树立文化商业标识

深入挖掘西双版纳特色文化，结合勐巴拉纳西等大型文艺演出、诗画展览及文化创意产业发展，结合野象谷、民族园等景区发展，依托傣族“泼水节”、哈尼族“嘎汤帕节”、瑶族“盘王节”、基诺族“特懋克节”、拉祜族“拉祜扩节”等少数民族节庆活动，打造少数民族文化、精品茶文化，丰富象文化的内涵，以特色专卖店、休闲小品、创意工艺店等形式，发展具有西双版纳文化底蕴的有品质的文化商业，进一步推动本土文化的传承和延伸。

3. 切实升级旅游景区市场服务

打造提升集购物、休闲、餐饮于一体的沿江文化旅游经济带，推进沧江新区、大渡港茶园旅游小镇、嘎洒旅游小镇、勐罕旅游名镇和勐龙旅游黄金线等景区配套市场建设力度，提高基于景区的旅游商业的管理和服务水平，优化市场卫生环境，打造一批具有西双版纳特色和文化内涵的旅游纪念品和工艺品，以旅游景区市场带动旅游纪念品、工艺品的开发、生产，提升土特产品的加工、包装水平，促进旅游特色产品加工业的发展，构建旅游商品产销基地。

（五）加速商业科技进步，提升产业现代化水平

1. 实施“敏捷商业”工程

促进西双版纳商业科技的转化成果应用。积极运用现代经营方式、信息技术和管理手段改造传统商业，重点实施信息技术、自动化技术、现代营销和管

理技术的研究、开发与应用工程。提高商业企业信息化投资占总投资的比重，促进商业设施现代化、智能化。引导和支持商业企业运用以供应链管理和信息技术为核心的现代流通技术改进业务流程、交易方式和经营手段，促进单品管理、企业资源计划（ERP）、客户关系管理（CRM）、供应链管理（SCM）、供应商管理库存（VMI）、射频识别技术（RFID）等新型经营管理技术的应用，提高企业的现代化管理水平。

2. 开展“信福工程”，构建西双版纳商业信息服务体系

以商务部政府网站为依托，利用电信公用数据网络，建设集商业政务信息、市场监测调控、行业绩效评价、企业购销信息、企业信用评价、城市商业地理信息系统等综合功能于一体的综合信息资源网络平台。重点向中小商业企业、农村连锁经营网点、各类批发市场业户提供包括商业政策、市场动态、商品价格、货源动态、市场趋势、业务咨询、信息发布等多方面的商业信息服务，建立商业信息资源共享和交换机制。

3. 稳步推进电子商务，引领交易方式创新

重点推进西双版纳大型商业企业电子商务应用，建立以产业链为基础，以供应链管理为重点的企业间电子商务平台，提高市场反应能力和综合竞争力。积极支持中小商业企业电子商务应用，提高商务效率，降低交易成本，促进中小企业的信息化发展。大力推广面向消费者的电子商务应用，发展新型电子商务模式，创新服务内容，建立并完善企业、消费者在线交易的信用机制，提高在线支付规模，引导商业银行建设安全、快捷、方便的在线支付平台，大力推广使用银行卡、网上银行等在线支付工具。

（六）倡导低碳消费理念，建设资源生态商业

1. 树立绿色、低碳理念

以节能降耗为重点，构建低碳消费结构，倡导文明健康的生活方式。倡导以低碳为导向的共生型消费生活方式。培育全民低碳消费意识，提升居民生活质量和品质。大力宣传和发展低碳消费文化，由政府与媒体结合，广泛营造低碳消费的文化氛围。联合全州各级政府部门、社会团体、科研院所、重点企业等，开展形式多样的宣传活动，形成节能的社会氛围，不断增强全社会的节能意识。制定切实可行的景洪城区和景点区域无汽车、无柴油车的方案，可在勐养镇设置大型车辆换乘中心，对换乘车辆及物流进行有效“疏导”，将景洪率先建设成为低碳城市。

2. 建设资源节约型商业，促进产业可持续发展

依靠科技进步和技术创新，大力推进商业效益增长方式的转变。扩大节能、节电、节水、节材、生态型、环保型商品和服务的市场份额，规范节能

产品流通市场，推广应用高效的节能产品。大力发展循环经济，健全和完善再生资源回收网络，加强报废汽车、废旧金属、废旧家电及电子产品的回收利用和监督管理，鼓励商场、超市、便利店设立包装物回收点，大力推广和发展散装水泥。

3. 推进“三绿工程”，突出健康生态的商业供给

结合西双版纳“热、傣、山、水、边”的区域特色，实施以“提倡绿色消费，培育绿色市场，开辟绿色通道”为内容的“三绿工程”，鼓励企业加工低冷藏、小包装、新鲜净为主的农产品进入配送网络，积极开办农产品超市、社区网点，构建统一高效、卫生安全的鲜活农产品绿色通道。加强农产品集贸市场的经营环境和设施的改造，大力发展放心食品、绿色食品、有机食品和绿色环保产品的销售专区、专柜、专卖店，力争使大多数农副产品批发市场和生鲜超市达到绿色市场标准。建立通过认证的品牌化绿色农产品通道，同时加强畜禽屠宰、酒类流通、成品油经销等关系群众健康安全的重要商品的法制化、标准化管理，逐步形成安全型消费、节约型消费和环保型消费的市场环境。

（七）整顿和规范市场秩序，推动体制和机制创新

1. 规范市场经营行为，建设竞争有序的大市场

严厉打击制售假冒伪劣商品、商业欺诈等违法行为，强化流通领域食品安全管理，建立规范的质量检验检测报告制度，制定并实施商品追溯制度和退市制度。建设统一开放、竞争有序的市场秩序，清理并取消阻碍商品流通的各种障碍和壁垒，向各种经济成分的市场主体开放市场，建立公开、平等、规范的行业准入制度。加强商业领域知识产权保护，建立“保护知识产权信息平台”和“反商业欺诈预警监管平台”。完善行政执法、行业自律、舆论监督、群众参与相结合的市场监管体系。

2. 推进商业信用体系建设

推进商业信用体系建设，弘扬诚实守信的职业道德。依据企业经营行为、商品质量、服务规范、顾客投诉、合同履约、信贷纳税等信用记录为重点，依托行业协会等中介机构，重点推进畜禽屠宰加工、酒类批发营销、成品油仓储批发零售、再生资源利用、汽车品牌销售、大型零售商业企业、区域性批发市场、规范化商业街区、拍卖行业、美容美发、餐饮服务、典当服务这 12 个行业和领域的信用数据库建设。加快建设中小企业和个体私营工商业户的经营信息和信用数据库建设。建立规范、完善的信用档案、信息收集、等级评价、公开披露、行政处罚、监督自律制度和失信惩戒机制。开展“诚信兴商”宣传活动，大力弘扬商业职业道德、信用规范和传统商业文化，提高市场主体的诚实守信意识和自我维权意识，营造诚实守信的社会氛围。

3. 坚持以人为本，保障食品安全流通

从抓好全州百姓的“米袋子”“菜篮子”入手，坚持以人为本，建立和完善流通领域农产品质量安全检验检测体系，加强对农产品加工链、供应链的全程监控。对关系人民群众健康安全的商品，实施严格的质量安全、等级、计量、包装、标识的标准化制度和市场准入机制，建立主副食品配送网络，构筑安全便捷的食品流通体系。

4. 深化流通体制改革，构建现代市场体系

流通体制处于市场化改革的前沿，推进流通体制改革是全市商业持续发展和繁荣振兴的动力。要以建设统一、开放、竞争、有序的流通体系为目标，统筹城乡流通产业发展、推动流通领域结构调整和增长方式转变，加快促进流通领域产业结构、市场结构、消费结构、商品结构和所有制结构的调整。深化农村流通体制改革，培育适应社会主义新农村建设要求的市场主体，形成城乡之间消费品、农业生产资料和农产品双向流通、高效顺畅的流通网络。深化生产资料流通体制改革，培育跨区域的品牌化生产资料交易市场，增强流通与现代制造业、新型原材料工业和现代农业之间的产业关联度。深化酒类、食盐、农业生产资料等重要商品流通体制改革，建立适应市场经济要求的调控机制。制定公平的市场准入和竞争规则，规范企业经营行为，推进商品批发环节组织形式和营销方式的改革创新。深化流通行政管理体制改革，加强商业主管部门的社会管理、公共服务及宏观调控等方面的能力建设。构建适应市场经济客观要求的商品自由流动、市场公平竞争、企业依法经营、政府科学管理的现代流通体制。

三、加强口岸能力建设

（一）加强口岸基础设施建设

围绕“口岸强州”、建设“口岸大州”的目标，积极争取国家和云南省项目与资金的支持，进一步加强磨憨、打洛、景洪港、西双版纳机场4个国家级口岸和重点边境通道的基础设施及配套设施建设。抓好勐龙、勐满和关累码头等新口岸的建设，进一步完善曼庄、尚勇、勐润、朱石河、勐宋、巴达、布朗山等边境通关查验设施建设，实现口岸建设“一年一变样、三年大变样、五年大改观”。

以泛亚铁路中线建设为契机，全面改善和提升基础设施，进一步完善规划，优化布局，加快中国磨憨—老挝磨丁跨境经济合作区、国家级重点开发开放试验区、国家级边境经济合作区建设，完善磨憨口岸检验货场建设，推进回泵箐

货物通道各项配套设施建设，建设好磨憨铁路新口岸，打造中国—东盟自由贸易区和大湄公河次区域“南北经济走廊”的一流标杆口岸。加快打洛口岸景观大道和广场等项目建设，做好打洛口岸正式开放的后续建设工作。加快景洪港联检楼改造，努力把景洪港建设成为“东方多瑙河”的中国第一港。加快西双版纳机场改扩建工程建设，完善口岸查验设施，推进国际航空货运。加快关累码头集装箱泊位建设，推进关累码头成品油泊位和勐罕码头作业区全面建设。

（二）进一步提升口岸通关服务能力

积极争取并运用好国家支持云南加快建设“桥头堡”及兴边富民等优惠政策，积极参与大湄公河次区域合作进程，加强和完善中、老、泰边境地区六方合作会议机制，积极推动会议确定事项的落实及履行《中国—东盟全面经济合作框架协议》。进一步加强与老挝、缅甸、泰国等邻国的合作，促成双边、多边通关便利化相关协议的签订和落实，促进“一站式”通关检查程序实施。促成中国磨憨—老挝磨丁口岸联检部门定期会晤制度，加强对外金融合作，协调推进跨境贸易人民币结算试点工作，提升沿边开放水平。

进一步加强云南省出入境检验检疫局等相关部门对西双版纳口岸通关的指导和协作，理顺州、县口岸管理的机制体制，完善全州口岸管理与联检部门的配合协作，完善磨憨、打洛等口岸的自助通关系统，加快口岸通关的信息化建设，强化口岸安全通关的执法监管与应急处理水平，进一步推进昆曼国际大通道中泰货物车辆甩挂接驳和冷链换柜吊装跨境运输，不断提高通关的服务效率和能力，努力建设监管规范、服务高效、通关便捷的现代口岸。

（三）加强口岸发展的贸易支撑

大力开展境外投资合作。加快“走出去”的步伐，积极推进对外投资合作发展，建立健全对外投资的鼓励扶持政策，完善对外投资合作的保险、担保、信息、咨询等专业服务体系，不断扩展合作领域和层次，重点推进老挝南塔省中老农业科技合作项目和乌多姆赛省纳莫水泥厂、中乌橡胶加工厂等项目建设。抓住国家鼓励产业梯度转移、实行关税配额优惠政策，以及欧美对贫困国家给予关税配额优惠的机遇，引导劳动密集型产业向境外投资发展，推动境外替代种植转型发展，加快发展对外承包工程，鼓励对外劳务合作，支持企业参与境外经贸合作园区的建设。

不断提高利用外资水平。实施“引进来”战略，不断创新招商引资的方式，加大招商引资的力度，以优势的发展项目吸引外商和国外大型企业来州投资兴业，利用节庆、会展、园区建设等平台，做好外商投资促进活动，发挥商会、协会、侨联、工商联和驻外办事机构等桥梁拓展招商渠道。贯彻落实州委“一个决定、三个配套制度”的改善外资投资环境的指导精神，完善公共服务体系，构建外商投资公平正义的法制环境、政务环境、信用环境、社会环境和生态环境，建立绿色通道，加强部门间协作，提高审批效率和服务水平。进一步优化外商投资结构，围绕橡胶加工产业、傣药南药产业、特色食品加工、生物特色产业等，积极引导外商投资科技含量高、经济效益好、资源消耗低、环境污染小、有利于产业链的形成及升级产业结构的发展项目，努力提高利用外资的规模和水平。

第八章
生产性服务业发展研究

第一节　生产性服务业的低效均衡问题探讨

2010年西双版纳全部工业总产值596 735万元，同比增长17.4%。其中，轻工业总产值211 648万元，增长20.1%；重工业总产值385 087万元，增长15.5%。全年规模以上工业总产值519 787万元，同比增长13.8%。规模以上工业增加值295 071万元，增长10.1%。其中，铁矿采选业增加值45 751万元，增长0.4%；精制茶加工业增加值58 792万元，增长24.3%；制糖业增加值23 035万元，增长17.1%；电力生产业增加值101 389万元，增长5.9%；电力供应业增加值32 555万元，增长8.9%。主要工业产品中，发电量、精制茶、铁矿石、糖、啤酒、中成药产量保持增长，已初步形成了以制糖、水电、建材、矿冶、制茶等产业为重点的特色工业体系，同时依托地方良好的农业基础和独特的区位优势，积极培育傣药南药、汉麻产业、天然橡胶加工业、林产品加工、生物柴油业、绿色农产品加工业、进出口贸易加工业等后续产业。

西双版纳工业经过多年的努力，有了较大发展，但仍存在着诸多不容忽视的深层次的因素，从根本上制约了全州工业经济的快速增长。在认识上，对发展工业经济的重要性、必要性、可行性认识还不够深刻，重视不够，投入不足，对工业的概念理解有偏差，存在片面地将发展工业与旅游业和农业产业化对立起来的问题，视工业为环境保护的天敌，甚至到了视工业为畏途，谈“工”色变的地步，导致在一定程度上忽视了工业经济的发展。在发展思路上，未适时编制切实可行的具有前瞻性的加快工业发展的规划，在具体工作中缺乏强有力的政府宏观经济调控手段，更谈不上加强工业、农业与生产性服务业的联动与融合发展。

生产性服务业是指直接或间接为生产提供中间服务的服务性产业，它涉及信息收集、处理、交换、管理等活动，其服务对象主要是商务组织和管理机构，其范围主要包括仓储、物流、中介、广告和市场研究、信息咨询、法律、会展、税务、审计、房地产业、科学研究与综合技术服务、劳动力培训、工程和产品维修及售后服务等。首先，西双版纳生产性服务业存在供需均不足的情况。一方面，西双版纳尚处工业化早期，工业的生产方式比较落后，技术进步、产品开发和产业升级的速度较为缓慢。工业生产的产品技术和价值的低端性决定了本地对生产性服务业的低需求。同时，农业大但不强，难以发挥对服务业的带动作用，成了制约西双版纳国民经济快速协调发展的“瓶颈”。另一方面，低需求也导致本地生产性服务业的供给不足，对工、农业的拉动不够，存在着生产性服务意识淡薄、服务效率低、配合意识差等问题，且生产性服务业投资环境不够理想，导致投资渠道少、投资领域窄、投资规模小、外来服务企业少。其次，由于体制、政策的原因，生产性服务业的市场准入门槛普遍高于工业，管制过多、市场化程度低的问题较为突出。再次，全州工业布局相对分散，城市化相对滞后，生产性服务业没有形成有效集聚。最后，随着交通和信息技术的飞速发展，西双版纳的工业及农业的生产性服务往往由昆明甚至外地高等级的服务中心地承担，从而本地生产性服务业锁定在一种比较严重的低效均衡状态（图 8-1）。

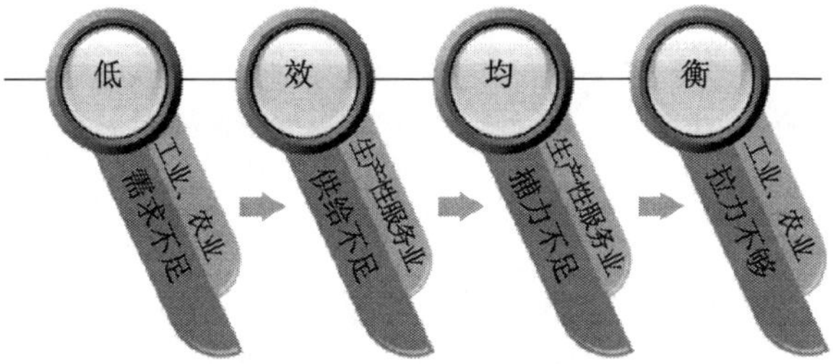

图 8-1　西双版纳工业、农业与生产性服务业之间存在低效均衡

实际上，从生产性服务业发展这一现象本身来看，伴随着生产组织方式的变革（如弹性生产方式的采用）和专业分工细化的趋势，工业企业基于自身核心竞争力，对价值链进行分解的趋势也就变得非常明显。它们将自身价值链的一些支持活动，甚至是基本活动都外包①出去。例如，人力资源活动、会计活动、研发设计、采购活动、运输、仓储、售后服务等。由于存在规模经济，这些外包出去的业务就逐渐形成了独立的产业，这些产业在为客户提供专业化服务的同时，自身的业务水平也不断提高，同时分工也更加细化，提供服务所发

① 外包（outsourcing）就是通过契约的方式将企业经营所需要的资源和能力，但是非核心的能力交由外部服务者来提供

生的成本的也在不断降低，规模经济效应和学习效应不断得到释放，进而又推动工业企业将更多业务进行外部化，从而进一步促进了生产性服务业的发展。

人类社会发展到工业社会及后工业化社会以后，相应地，经济活动也由以制造为中心逐渐转向以服务为中心。服务业尤其是以金融、物流、信息等为主的生产性服务业与制造业的关系日益紧密，并呈现出互动发展的趋势。一方面，制造业的中间投入品中服务投入所占的比例越来越大，如在产品制造过程中信息服务、员工培训服务、研发和销售服务的投入日益增加。另一方面，制造业服务化的趋势日益明显。目前，对于工业与生产性服务业的相互关系，主要存在三种观点，即需求遵从论、供给主导论和融合互动论（图 8-2）。

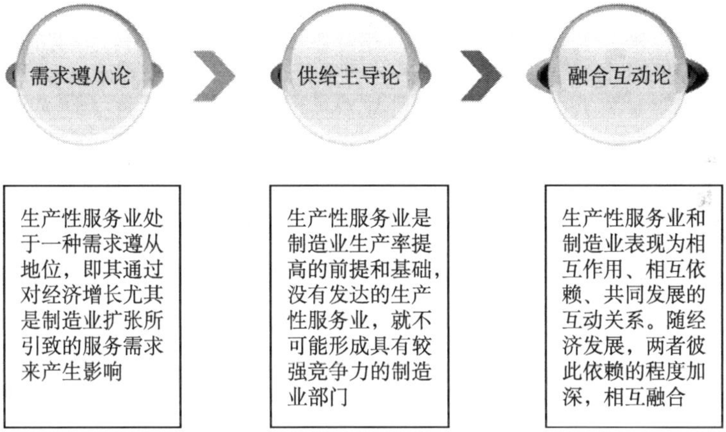

图 8-2　生产性服务业与制造业相互关系的三个主要观点

从发达国家生产性服务业发展的经验来看，生产性服务在制造领域的作用也在发生着变化，从最初以辅助管理为主的润滑剂作用，发展到 20 世纪 70～90 年代以管理支持功能为主的生产力作用，从 20 世纪 90 年代以来，转向以战略导向功能为主的推进剂作用（表 8-1）。

表 8-1　生产性服务业在制造领域的作用变迁

第一阶段（20 世纪 50～70 年代） 辅助管理功能（“润滑剂”作用）	第二阶段（20 世纪 70～90 年代） 管理支持功能（“生产力”作用）	第三阶段（20 世纪 90 年代至今） 战略导向功能（“推进器”作用）
	物流服务	信息技术
财务	管理咨询	创新和设计
存货管理	金融服务	供应链管理
证券交易	房地产	金融中介

资料来源：李江帆和毕斗斗，2004

发展生产性服务业对西双版纳的工业、农业发展意义重大，决不能忽略生产性服务业来单纯发展工业或者农业，两者是融合互动关系，而发展什么方向，发展什么内容，就要取决于西双版纳当地工业经济、农业经济的未来和方向。可以说，现代区域经济的发展，首先是区域主导产业的成长。因此，区域产业结构的优化，关键在于正确分析和选择主导产业及其发展政策，这是解开西双版纳生产性服务业低效均衡锁定的出发点。

第二节 新型工业化与西双版纳工业主导产业选择

一、区域主导产业的基本特征

主导产业是发展速度快、在产业结构系统中起引导带动作用，对一个地区国民经济增长贡献大的产业。主导产业与支柱产业不同，支柱产业强调的是在国民经济中的比重，而主导产业的本质是在产业结构中起引导和带动作用，并且决定了一个区域产业结构未来发展的方向和模式，引领着整个区域经济体系的形成与演化（专栏 8-1）。正确评价西双版纳地区工业结构，明确工业主导产业及其与辅助产业、一般产业的关系，对于全州生产性服务业的发展具有重要的意义。

专栏 8-1：经济学家所谓的主导产业和判定基准

主导产业是发展速度快、在产业结构系统中起引导带动作用，对一个地区国民经济增长贡献大的产业或产业集群。美国经济学家罗斯特认为，主导产业的主要特征有：①引进新的生产函数；②明显快于整个经济增长率；③具有广泛地采取多种手段带动或启动其他产业增长的功能。

关于主导产业选择基准的确定，国内外从理论到实践上都做了许多探索，其中有代表性的有：典型主导产业选择基准、赫希曼标准、罗斯托标准、筱原基准、动态比较费用基准等，近年来我国一些学者也根据国情提出过相应的基准。总体来看，主要是从产业结构演化规律、主导产业的特点及本地区瓶颈因素等角度来考虑的，而且这些基准在不同的社会经济历史条件下都有不同的侧重。

主导产业具有市场性、技术成熟性、大规模性和产业关联性特征。就区域主导产业而言，其本身又具有这样一些特征：①区域主导产业是社会劳动地域分工基础上形成的区域专门化生产部门，在区际贸易和区外市场竞争中担任主角，具有较高的商品率和较强的市场竞争能力；②区域主导产业是区域优势的集中体现，具有较高的生产增长率和规模效益，是区域经济中最具优势的产业部门；③区域主导产业在区域产业链中处于关键环节，对区域内其他部门具有强烈的直接或间接影响，能带动区内一大批产业的兴起和发展；④区域主导产业是比较新兴的、具有动态性质和先进技术含量高的产业。

综上所述，区域主导产业具有两大产业功能：对区内，它是区域经济优势的综合体现，处于区域产业链的关键和核心，具有带动区域经济全局发展的功能；在区外，它是全国或更高层次区域同类产业的主要专业化生产基地，标志着该区域在全国或更高层区域地域分工的地位，具有较强的输出功能。区域主导产业发挥主导作用的一个重要机制在于通过满足区外需求，带动区内产业发展和区域经济增长。基于以上分析，在西双版纳工业主导产业的选择与确定中，必须坚持这样的原则：①坚持“有所为，有所不为”；②强调战略性与前瞻性；③更多地着眼于与其他地区之间的产业分工协作关系；④注意协调与整个 GMS 经济圈等高一级地区产业发展战略之间的关系；⑤重视西双版纳社会经济及环境的可持续发展。

二、西双版纳工业主导产业分析基准

根据区域主导产业的特征和功能，一个产业必须同时具备较大的产业规模、较明显的比较优势、较高的产业关联效应及较强的区际竞争能力，才能称其为区域主导产业，可用下面几个方面衡量。

产业规模，作为区域主导产业，其产业规模必须足够大。这里的产业规模具有三层含义：一层是产业的绝对规模；一层是产业在区域内的相对规模；一层是在全国或更高层次区域中同类产业的相对规模（可以用区位商表示）。只有这三个层次意义上的规模同时都大，才能表明主导产业真正形成。

经济效益，经济效益是衡量产业对资源合理使用的程度，即投入产出的效率。一个产业具有较高的经济效益才能有力地推动区域经济的发展，因此具有较高的经济效益，尤其是具有持续上升的经济效益，是一个产业成为区域主导产业的重要条件。

发展速度，快速发展的产业反映出该经济部门的充满活力，前景广阔，能够吸引更多的资金、技术及人才等进入，形成供给和需求都比较旺盛的局面，是主导产业选择的基础之一。

环境效益，区域主导产业要以可持续发展为原则，绝不以高污染、高能耗、高水耗、低收益产业为发展方向，这也是我国产业转型升级的根本要求。因此，在产业层次要重视资源消耗、环境污染等指标的表达。

市场需求，地区主导产业的评价应充分体现市场需求情况，把那些市场需求弹性高的产业作为主导产业优先发展。只有这样才能发挥区域优势，建立起具有较强竞争力的产业结构，引导和带动区域经济的发展。

比较优势，区域主导产业要求充分利用自己的区域优势实行产业分工，主导产业本身应是具有较高生产率、较强的经济实力和雄厚的规模，具有明显竞争优势的产业，这样才能带动和促进其他相关行业的进步与发展。

产业关联，区域主导产业对区域经济的带动效应，可以分为直接作用于区内产业和最终带动区域经济增长。一个产业只有与其他产业具有广泛、密切的技术经济联系，才有可能通过集聚经济与乘数效应的作用带动区域内相关产业的发展，进而带动整个区域的经济发展，因此，产业关联效应是选择区域主导产业的一个重要基准，即选择那些产业延伸链较长、带动效应大的产业作为主导产业。有些产业虽然比较优势大，或者产业规模大，但如果与区域其他产业部门联系不紧密，也不能成为区域主导产业。

三、工业主导产业指标体系与计算方法

主导产业选择的合理与否直接关系到经济发展战略的成败，是一个多因素、多准则、多目标的决策问题。就西双版纳的工业而言，这里将以上七个重要方面分为初选、精选两大层次：首先根据经济总量、经济效益及发展速度对工业行业进行综合分析，初步形成若干候选产业，然后根据市场需求、技术进步、比较优势和产业关联等基准进行系统分析和评价，最终清晰地识别西双版纳全州工业主导产业。根据这一原则，具体设计以下的工业主导产业选择指标体系（表 8-2）。

表 8-2 工业主导产业初选指标体系

评价 内容	指标设计	测算方法	备注
产业规模	总产值规模	$S_i=Y_i/\sum_{Y_i}$	Y_i为 i 工业总产值； I_i为 i 工业增加值； K_i为 i 产业固定资产原值； U_i为 i 产业实现的利税总额； L_i为 i 产业劳动力数量； t，t'分别为报告期与基期年份
	增加值规模	$Z_i=I_i/\sum_{I_i}$	
	固定资产规模	$S_{K_i}=K_i/\sum_{K_i}$	
	就业规模	$S_{L_i}=L_i/\sum_{L_i}$	
	利税规模	$S_{U_i}=U_i/\sum_{U_i}$	
经济效益	工业增加值率	$Z_{I_i}=I_i/Y_i$	
	全员劳动生产率	$Z_{L_i}=Y_i/L_i$	
	资金利税率	$R_{K_i}=U_i/K_i$	
	产值利税率	$R_{Y_i}=U_i/Y_i$	
发展速度	总产值增长速度	$V_{Y_i}=(Y_{it}-Y_{it'})/(t-t')$	
	增加值增长速度	$V_{Z_i}=(I_{it}-I_{it'})/(t-t')$	
环境效益	能源消耗	万元产值综合能耗	
	废水排放	万元产值废水排放量	
	废气排放	万元产值废气排放量	
	固体废物排放	万元产值固体废物产生量	
	粉尘排放	万元产值粉尘排放量	

通过初选得到候选产业后，进入以主导产业基准为判据的终选阶段，其选

择基准如下（表 8-3）。

表 8-3 工业主导产业终选指标基准

主导产业 选择基准	测算模型	备 注
市场需求	需求收入弹性系数＝某一产业产品的需求增加率/人均国民收入的增加率。实际测算以产业弹性 E_{it} 衡量， $E_x=\dfrac{Q_i\Big/Q_i}{\sum\limits_{i-1}^{a}Q_a\Big/\sum\limits_{i-1}^{a}Q_a}$，$t^1>t$， Q_{it} 为在 t 时点第 i 个产业的产出量；n 为区域产业数量	$E_{it}>1$ 的产业将在总产值中占有更大的份额； $E_{it}<0$ 的产业绝对产出量呈减少的趋势； $0<E_{it}<1$ 的产业其产业比重呈萎缩的趋势
比较优势	比较优势系数 CS＝CC×CX 比较集中率系数（区位商） $\mathrm{CC}=\dfrac{C_{ik}\Big/C_i}{C_k\Big/C}$ C_{ik} 为 i 地区 k 产业的产值（从业人员）；C_i 为 i 地区所有产业的产值（从业人员）；C_k 为全国 k 产业的产值（从业人员）；C 为全国所有产业总产值（总从业人员） 比较市场占有率系数 $\mathrm{CX}=\dfrac{X_{ik}\Big/X_i}{x_k\Big/x}$ X_{ik} 为 i 地区 k 产业的产品销售收入；X_i 为 i 地区所有产业的产品销售收入；X_k 为全国 k 产业的产品销售收入；X 为全国所有产业的产品销售收入	区位商是衡量区域专门化生产程度的基本指标，作为区域主导产业，区位商应该大于 1，而且越大越好
产业关联	产业关联系数 RS＝RC×RX 产业影响力系数（RX）＝该产业纵列向逆阵的平均值/全部产业纵列逆阵系数的平均值的平均； 产业感应度系数（RC）＝该产业横行逆阵的平均值/全部产业横行逆阵系数的平均值的平均	“两高”部门是主导产业的最佳选择，“一高一低”部门存在可能性，“两低”部门则不宜。逆阵指投入产业表中里昂惕夫逆矩阵

资料来源：李国平，薛领等，2008

针对以上指标体系，对每个评价内容所属的各个指标分别采用主成分分析建立综合评价函数，其核心是通过主成分分析，选择 m 个主分量 y_1，y_2，…，y_m，以每个主分量 y_i 的方差贡献率 a_i 作为权数，构造综合评价函数：$F=a_1y_1+a_2y_2+\cdots+a_my_m$ 其中 y_i（$i=1$，2，…，m）为第 i 个主成分的标准化数值。采用主成分分析进行综合评价具有全面性、可比性、合理性等特征。具体分析步骤如下：

（1）原始数据的标准化处理，即在计算前，为了消除变量之间在数量级上或量纲上的不同，需要对原始数据进行标准化处理；

（2）求标准化数据的相关矩阵 ***R***，并计算 ***R*** 的特征根和特征向量；

（3）根据方差贡献率确定综合评价函数 F 的变量权重；

（4）计算综合评价函数 F 并计算结果；

（5）进行产业排序和分析。

结合指标体系进行主导产业的终选，主要采用层次分析法（analytic hierarchy process，AHP）。层次分析法是一种定量和定性相结合的系统分析方法，其基本思路是：首先，将所要分析的问题层次化，其次在此基础上，根据问题的性质和所要达到的总目标，将问题分解为不同的组成因素，并按照因素间的相互关联影响及隶属关系将因素按不同层次聚集组合，形成一个多层次分析结构模型，最后系统归结为最低层（方案、措施、指标等）相对重要程度的权值或相对优劣次序排序问题。层次分析方法的基本过程，大体可以分为六个基本步骤：①明确问题；②建立层次结构；③构造判断矩阵；④层次单排；⑤层次总排序；⑥一致性检验。

四、西双版纳工业主导产业测算

根据 2007～2009 年《西双版纳傣族自治州统计年鉴》中相关数据，对上述指标体系进行主成分加权求和处理计算，得出西双版纳工业分行业各个指标的综合得分（表 8-4）。

表 8-4 西双版纳产业 7 个基准指标的标准化综合得分

产业	基准指标标准化综合得分						
	产业规模	经济效益	发展速度	比较优势	市场需求	产业关联	环境效益
黑色金属矿采选业	0.8566	1.0953	0.8346	0.5790	0.1592	0.5154	−0.5267
有色金属矿采选业	−0.3755	0.9135	0.1221	−0.4065	1.8531	1.7996	−0.1567
制糖业	0.1388	−0.1810	−0.0659	−0.1631	−0.5916	−0.6961	1.3255
酒精及酒的制造业	−0.5004	−0.8228	−0.0880	−0.4035	0.0000	−0.5984	0.3384
软饮料及精制茶加工业	1.3921	0.6467	−2.3455	3.4753	−1.7339	−0.3983	0.3384
木材加工及木、竹、藤、棕、草制品业	−0.3025	0.0634	−0.0662	0.0487	0.3037	0.1029	0.5503
肥料制造业	−0.5091	0.7860	−0.1316	−0.4106	−0.4044	0.8982	−0.8594
专用化学产品制造业	−0.5542	−1.1241	−0.1367	−0.4108	0.2692	1.0116	−0.8594
医药制造业	−0.4725	0.0422	−0.1365	−0.3972	−0.7498	−0.3229	0.7656
水泥、石灰和石膏制造业	−0.3600	−0.7106	−0.0502	−0.3929	0.0896	−0.1032	−0.8475
水泥及石膏制品制造业	−0.5535	−0.7542	−0.1265	−0.4108	0.0000	−0.5919	−0.8475
铁合金冶炼业	−0.3801	0.5493	−0.1586	−0.4094	−0.7462	−0.4736	−0.9130
电力、热力生产和供应业	2.0932	0.4335	2.4815	−0.3491	1.8996	5.3510	−0.8339
水的生产和供应业	−0.4729	−0.9372	−0.1324	−0.3490	−0.3476	−0.6849	2.5259

需要说明的是，酒精及酒的制造业，水泥及石膏制品制造业只有一年的数据，故无法求得市场需求，以其他产业取平均值，标准化后，用于最终的主导产业计算。另外，下列各图为各基准指标测算结果的行业分布图，行业标准值为正、负值仅表示该行业与该基准指标平均水平的关系（图 8-3～图 8-9）。

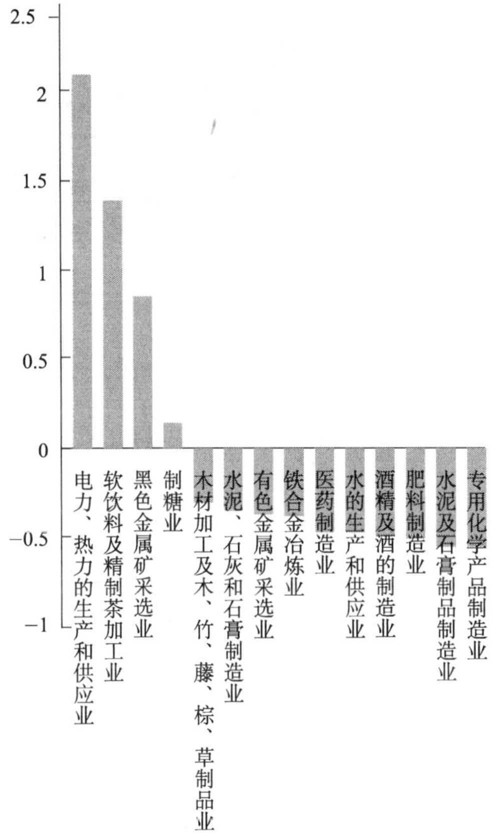

图 8-3　西双版纳主导产业的产业规模

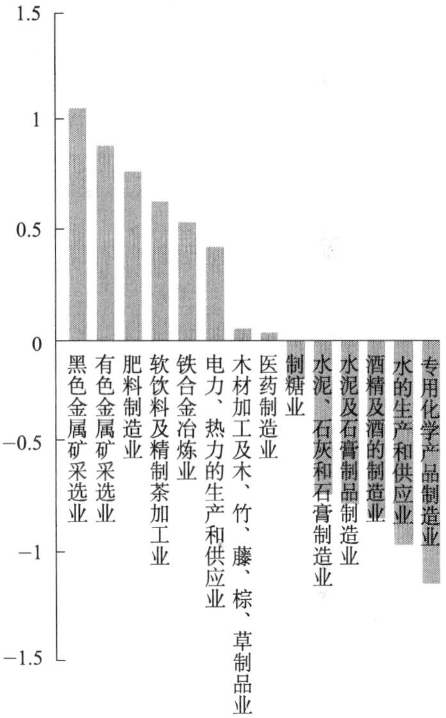

图 8-4　西双版纳主导产业的经济效益

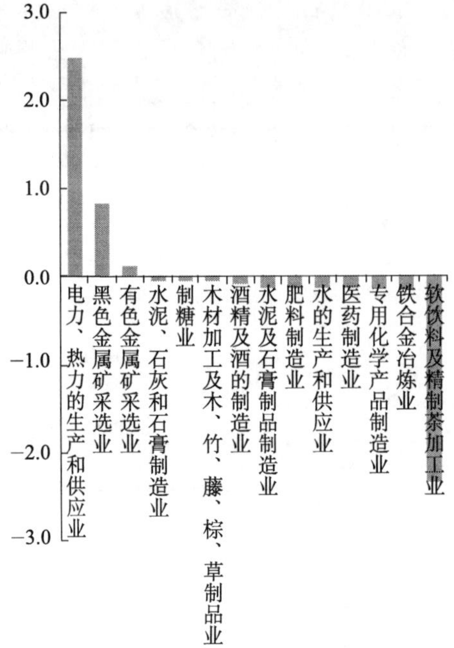

图 8-5 西双版纳主导产业的发展速度

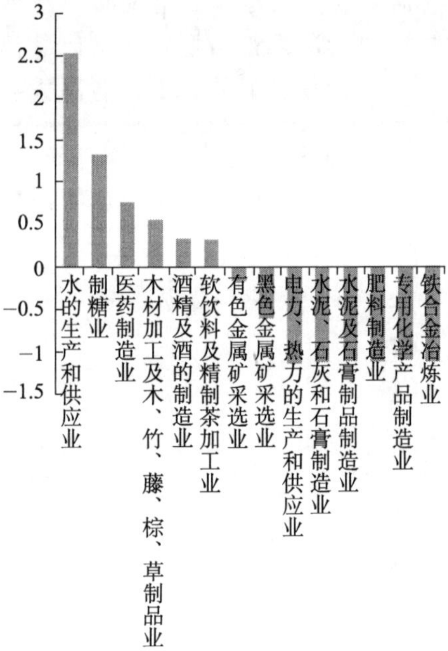

图 8-6 西双版纳主导产业的环境效益

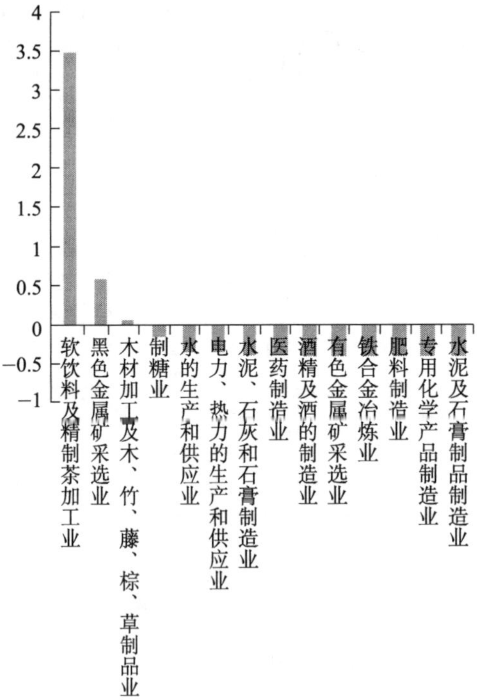

图 8-7 西双版纳主导产业的比较优势

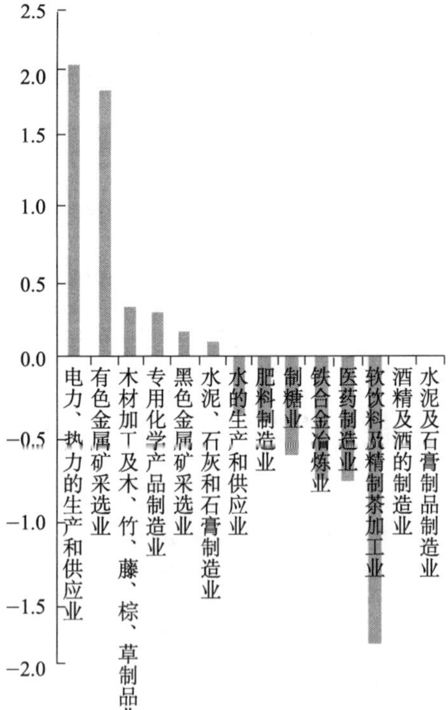

图 8-8 西双版纳主导产业的市场需求

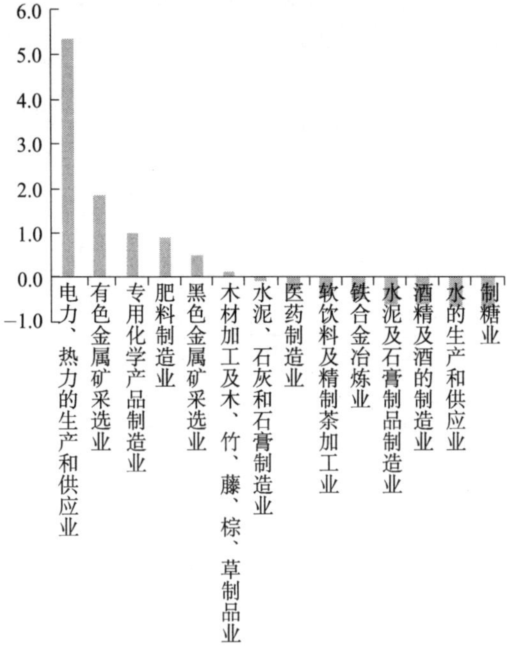

图 8-9　西双版纳主导产业的产业关联

以上 7 个基准在区域主导产业中的重要程度和所起的作用不同，通过 AHP 方法进行权重分配。为了将比较定量化，层次分析中采用比率标度方法，从而构成判断矩阵。首先，通过计算判断矩阵的最大特征根及其对应的特征向量，计算出某一层元素相对于上一层某个元素的相对重要性权值。其次，用上一层因素本身的权值加权综合，即可算出某层因素相对上一层的相对重要性权值。最后，依上而下可计算出最低层因素对于总目标的相对重要性权值。

通过专家打分，用 1～9 比率标度法判断各项基准的相对重要性，建立判断矩阵并采用和积法计算权重如下（表 8-5、表 8-6）：

表 8-5　西双版纳主导产业基准判断矩阵

	比较优势	市场需求	产业规模	经济效益	环境效益	发展速度	产业关联
比较优势	1	3	3	5	5	7	9
市场需求	1/3	1	3	5	5	7	9
产业关联	1/3	1/3	1	3	3	5	7
经济效益	1/5	1/5	1/3	1	3	5	7
环境效益	1/5	1/5	1/3	1/3	1	3	5
发展速度	1/7	1/7	1/5	1/5	1/3	1	3
产业规模	1/9	1/9	1/7	1/7	1/5	1/3	1

表 8-6 西双版纳主导产业基准权重结果

	比较优势	市场需求	产业规模	经济效益	环境效益	发展速度	产业关联
权重	0.357 061	0.258 733	0.151 149	0.107 764	0.067 926	0.036 611	0.020 756

根据各个基准的权重即可综合测算出西双版纳工业主导产业最终的选择的总排序，如表 8-7 所示。

表 8-7 西双版纳工业主导产业最终选择的综合排序

排序	产业	标准值
1	电力、热力的生产和供应业	1.3000
2	软饮料及精制茶加工业	0.7678
3	有色金属矿采选业	0.6908
4	黑色金属矿采选业	0.4564
5	木材加工及木、竹、藤、棕、草制品业	0.1468
6	肥料制造业	−0.1045
7	专用化学产品制造业	−0.1202
8	制糖业	−0.2455
9	水的生产和供应业	−0.2622
10	水泥、石灰和石膏制造业	−0.2762
11	酒精及酒的制造业	−0.3138
12	医药制造业	−0.3429
13	水泥及石膏制品制造业	−0.3911
14	铁合金冶炼业	−0.4273

通过以上对工业的测算可得，西双版纳未来产业应着重发展电力的生产和供应，软饮料及精制茶加工业，有色金属矿采选业，黑色金属矿采选业，木材加工及木、竹、藤、棕、草制品 5 个主导方向（图 8-10）。

五、西双版纳工业发展综合评价

结合本地的实际情况，西双版纳的产业可以分为主导产业与潜导产业两大板块，其中以水电业为代表的新能源、以制茶和饮料为特色的生态饮品业、以有色金属和黑色金属为代表的矿冶业和以木材、竹、麻为代表的生态用品业是当前一段时期的工业发展的主导产业。根据国家和云南省的政策导向，以及西双版纳的资源禀赋，生物医药制造业将成为未来全州发展的潜导产业。

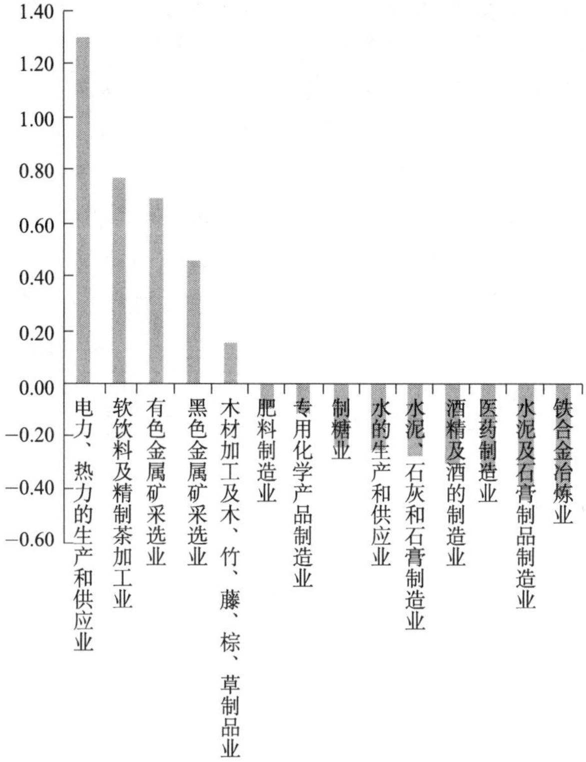

图 8-10 西双版纳主导产业选择的综合排序

（一）工业主导产业判断

水电业，西双版纳水能蕴藏量约 400 多万千瓦，居全省第四位。电力工业是西双版纳州极具发展潜力的后续产业。全州境内有澜沧江水系大小河流 2761 条，其中，较大河流有 20 余条；集水面积大于 1000 平方千米的澜沧江一级支流有南果河、流沙河、补远江、南腊河、南览河等 6 条；较小的一级支流有勐往河、南昆河、南养河、南鄂河、南木冷河等；集水面积大于 1000 平方千米的二级支流有普文河。总体来看，水电资源十分丰沛，代表性企业包括西双版纳电业局、景洪市电力公司、景洪农场电厂、勐海电力公司、勐腊电力公司、回洼电站、金凤电站等，但全州电力供应偏紧问题依然存在，对工业生产造成一定影响，电力管理体制也有待进一步理顺。

制茶业，西双版纳是“普洱茶”的原产地中心。茶业是西双版纳州历史悠久的传统产业，其名牌产品“普洱茶”“滇红”“滇绿”闻名国内外，在西双版纳产业中有显著的比较优势，代表性企业包括大渡岗茶厂、勐海茶业有限责任公司、黎明茶厂等。然而，全州精、粗加工企业布局仍然存在“散、小、乱”，难以实现生产的集约化、规模化，原料市场呈现无序竞争，产业的研发创新和创意设计严重不足。

矿冶业，西双版纳州矿产资源较为丰富，种类较齐全。目前，共发现矿产地266处，矿种32种，已探明储量的矿种20种，主要矿种有铁、锰、铜、铅、锌、金、煤、岩盐等，其中稀有稀土、岩盐、铁矿产资源在全省占有重要地位，已探明的独居石及岩盐资源储量居全省之冠，磷钇矿资源储备是云南省唯一的重稀土资源地，铁、锰资源是西双版纳州最具特色的矿种，为全州矿业的发展提供了后续资源。总体上看，西双版纳矿业发展具有较大的潜力，现有各类矿山企业超过百家，冶金类代表性企业有景洪锰合金厂、勐海县勐满光贺金矿等。然而，目前的发展存在明显的“两低”问题：一是多数矿山和矿产业深加工企业规模小、生产工艺落后、深加工能力较弱、产品附加值低、资源利用率低。二是矿业开发主要以卖原料为主，矿产品深加工程度低，产品价值低。

生态用品业：西双版纳是天然植物王国，全州水热协调，生物种类十分丰富，森林植被类型多样。境内有高等植物5000多种，约占全国高等植物总量的1/6，发展农特产品加工业有着得天独厚的自然资源。生态用品业实际上与过去的农特产品加工业类似。虽然全州生态绿色资源十分丰富，但开发利用程度较低，除汉麻、制茶情况稍好外，制糖、橡胶初加工等仅粗具规模，畜禽制品加工、香料、水果蔬菜加工等尚未形成气候，农业产业化水平较低。西双版纳农特产品加工主要以原料型加工为主，产品附加值很低。

（二）工业潜导产业分析

生物医药制造，西双版纳发展以傣医药为主的生物制药产业具有明显优势。西双版纳是我国热带天然药用植物资源最为富集的地区，是传统南药重要的生产地，拥有药用植物约1000余种。傣医药已有两千多年的历史，是傣民族优秀传统文化的重要组成部分，1983年被国家确定为继藏、蒙、维之后的中国第四大民族医药。全州代表性企业有西双版纳制药厂、西双版纳雨林制药有限责任公司、中国医学科学院名盛制药厂等。目前发展存在几个问题：一是已收集、整理的民间单方、验方多，完成各阶段研究、实验并获得国家标准文号的少，谈不上知名品牌，知名品牌体系更无从谈起。二是研发机构承担傣医药产业的产品孵化功能的能力有待加强。三是生产企业规模小、产品重复生产，市场占有率低。

未来一段时期，西双版纳提出要大力发展农业产业化和新型工业化，改造提升制糖、制茶、水电、建材等传统产业，培育壮大傣药南药、汉麻、生物质能源、林产品加工、天然橡胶加工、绿色农产品加工等新兴产业，加快三个工业园区建设步伐，集中力量培育壮大天然橡胶、傣药南药、生态食品、生态用品、文化旅游、电力“六大支柱产业”。要竭尽全力发展生物产业，着力推进龙头企业建设、基地建设、精深加工、市场开拓、品牌培育、科技创新、招商引资“七大工程”和天然橡胶基地、傣药南药基地、普洱茶基地、竹产业基地、生态食品基地、生物油基地、汉麻产业基地“七个基地”建设；做强做大天然橡胶、傣药南药、生态食品和生态用品“四大板块”；竭尽全力推进文化旅游和电力产业，促进产业结构优化升级。以上论断和规划符合西双版纳产业发展的战略方向，需要相应的生产性服务业的协同与联动，进一步通过问卷调查分析西双版纳的生产性服务业需求。

第三节　西双版纳生产性服务业需求调研与分析

本次问卷调查采用抽样调查取样的方式，受访的企业共有135家，大致平均分布于西双版纳一市两县，包括景洪市、勐海县、勐腊县。从注册资本来看，大部分企业是地区龙头企业，规模以上企业占比超过总样本量的70%。从所有制情况来看，70%企业是有限责任公司，其次是国有独资和民营独资公司。从行业分布来看，涵盖了制胶、冶金矿业、进出口贸易、房地产开发经营和旅游服务等行业，这同西双版纳目前的主要产业结构一致，保证了问卷结论的可借鉴性。

一、调查问卷分析

（一）受访企业基本情况

1. 70%受访企业的所有制性质为有限责任公司

此次参与调查的企业（图8-11），近70%的所有制性质是有限责任公司，此外还有一些国有独资和民营独资公司。

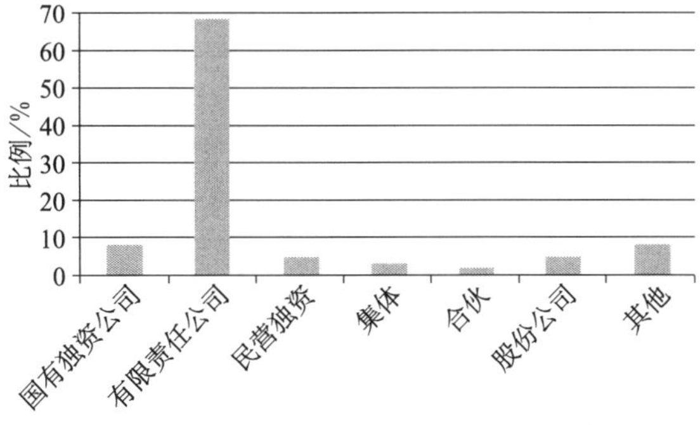

图8-11　参与调查的西双版纳企业所有制形式

2. 七成受访企业资产规模在500万元以上

经过统计，在这次受访的企业中，规模以上（年销售额在500万元以上）的企业占71.6%，而中小企业只占28.4%（图8-12）。这与此次调查以有一定影响力的企业为主有关，但也在一定程度上反映了西双版纳的中小企业缺失的现状。这将意味着，西双版纳在规划为大企业提供服务的同时应有针对性地培育中小企业，为中小企业提供创业、发展的机会，拉动地方服务需求。

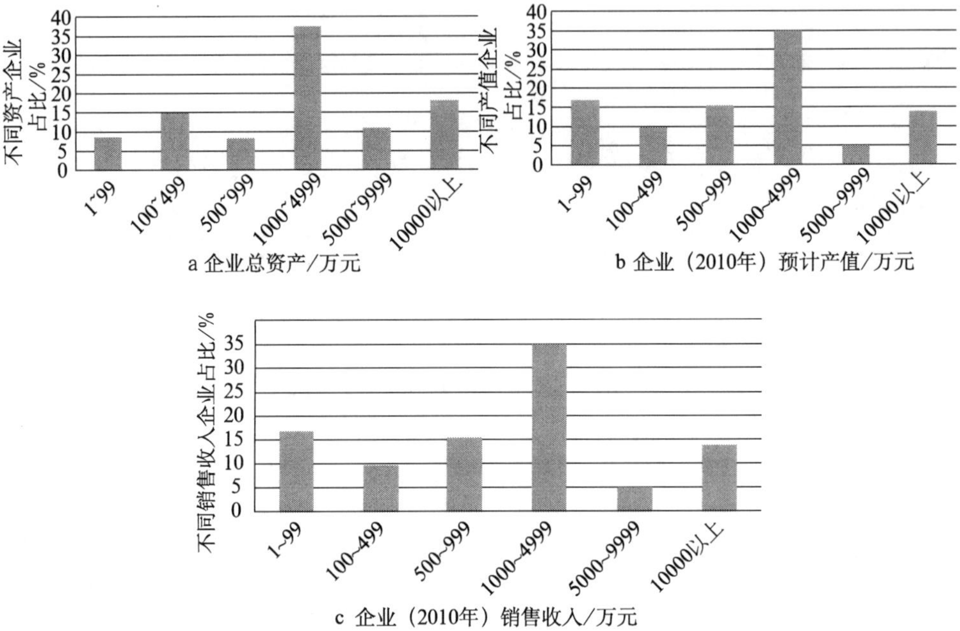

图8-12 西双版纳企业资产规模

3. 多数受访企业的经营范围在制胶、冶金矿业和进出口贸易等领域

由对企业经营范围的调查统计分析可以看出，参加此次调研的企业，主要集中在制胶、冶金矿业和进出口贸易等行业，其他经营范围主要包括房地产开发经营、旅游服务和商品零售等（图8-13）。

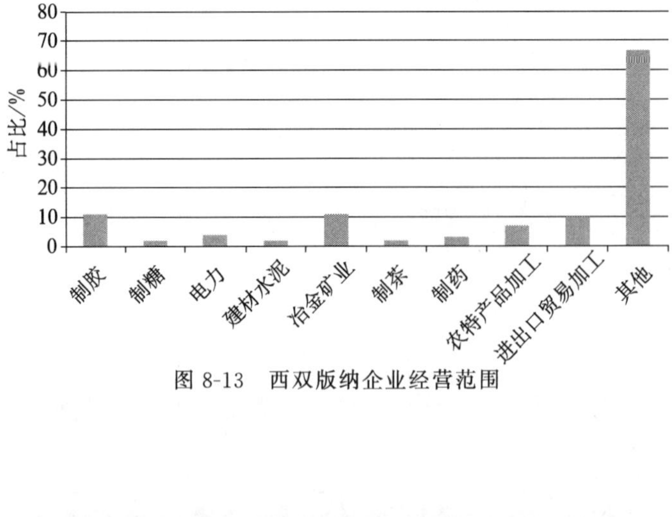

图8-13 西双版纳企业经营范围

（二）企业生产性服务需求整体调查

1. 仓储运输为企业主要支出的生产性服务项目

综合分析来看，企业支出最多的生产性服务业项目首先是仓储运输，有34%的受访企业表示仓储运输是主要支出的生产性服务项目，可见西双版纳的企业相对缺乏独立的仓储运输能力，对于仓储运输服务的需要更是十分迫切；其次是金融信贷和广告营销，也是目前企业的主要生产性服务支出项目（图8-14）。西双版纳应根据企业具体需求，有针对性地发展企业主要支出的服务领域。

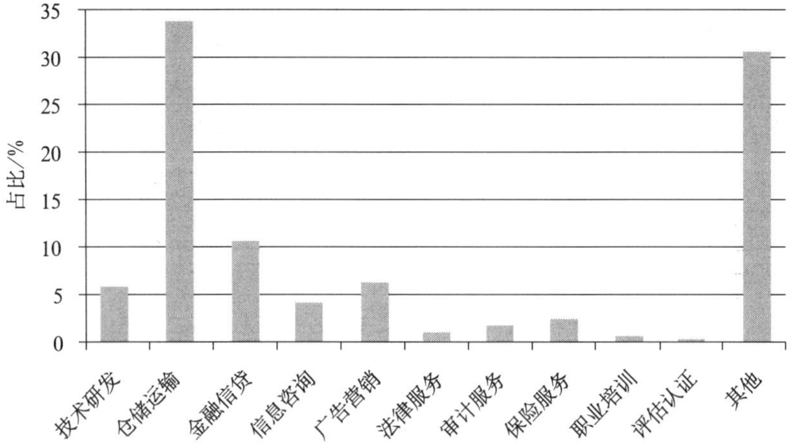

图 8-14 西双版纳企业主要支出的生产性服务项目

2. 大部分受访企业对目前的生产性服务表示比较满意

受访企业中认为目前生产性服务业的总体情况“很好”的占11%，“好”的占43%，认为总体情况“一般”的占44%，无选择“较差”的样本（图8-15）。

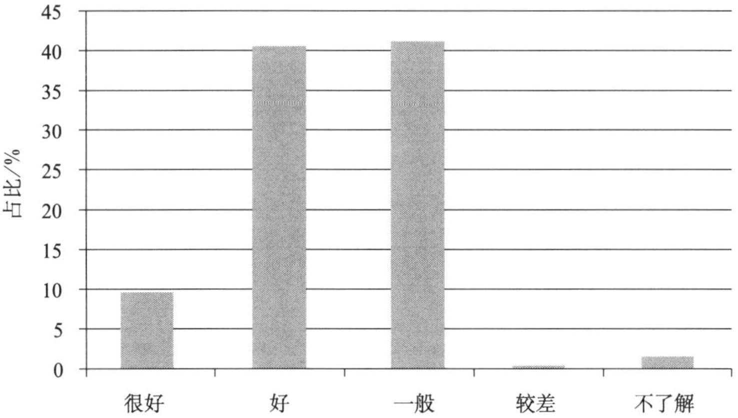

图 8-15 西双版纳企业对当前生产性服务的总体评价

对于技术研发、仓储运输、金融信贷、广告营销、信息咨询、法律服务、审计服务、保险服务、职业培训和评估认证各个具体的服务行业，大部分的受访企业都给予了"好"和"一般"的评价（图 8-16）。各行业评价中"很好"和"好"的比重之和较高的为审计服务和保险服务，较低的是技术研发和信息咨询两个行业，评估认证和法律服务的满意度也相对略低。

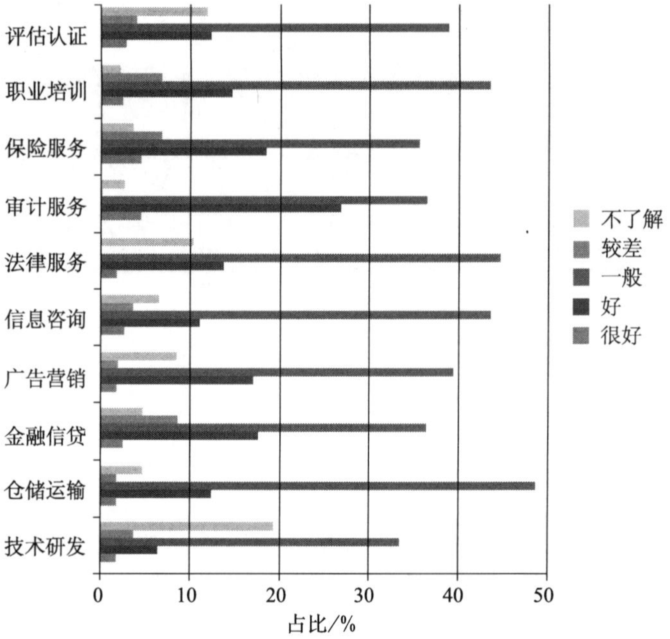

图 8-16 西双版纳企业对各个服务行业的总体评价

3. 金融信贷和技术研发是企业最急需的生产性服务

调查结果（图 8-17）表明，企业认为最急需的生产性服务业是金融信贷，这说明西双版纳地区企业处于快速发展阶段，急需资金扩大规模。其次需要的是技术研发，技术研发需要大量相应的高素质创新型人才支撑，对当地的教育和人才培养、引入机制提出了较高要求。

（三）企业研发情况调查

1. 大多数受访企业没有自己的研发机构

调查结果（图 8-18）显示，技术研发是企业十分需要的生产性服务，那么，西双版纳企业目前的研发情况如何呢？受访企业中规模以上的占比超过70%，在规模以上企业中，只有21%建立了研发部门。总体来看，受访企业中只有17%建立了研发部门，绝大多数企业尚未设立自己的研发部门。从研发机构设立的方式来看，70.8%的企业是独立设置的，8.3%的企业采取与国

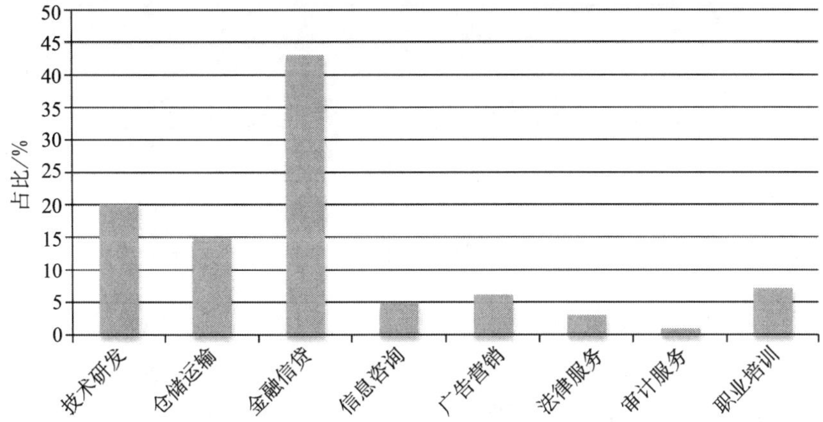

图 8-17 西双版纳企业最急需的生产性服务项目

内高校或科研院所合作建立的方式。此外，2010 年技术研发的投入在 50 万元以上的受访企业占比 35%，投入在 100 万元以上的受访企业只有 13%，研发投入额占销售收入的比重差距很大，部分企业只有 2%，也有不少企业达到 10%以上，反映出西双版纳企业的技术研发投入不足，且企业间存在较大差距。

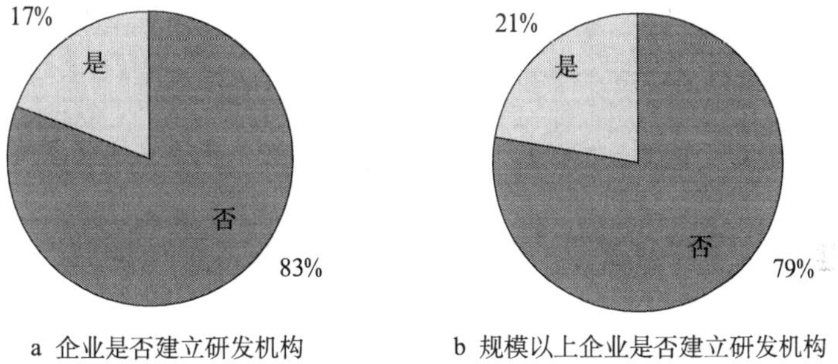

a 企业是否建立研发机构　　b 规模以上企业是否建立研发机构

图 8-18 西双版纳企业研发状况

2. 半数左右的受访企业求助过技术机构

调查统计（图 8-19）显示，54%的受访企业求助过技术机构，但是“经常”求助的只占 2.6%，“有时”求助的占 26.7%，25%的企业则是“偶尔”求助技术机构，而从未求助过技术中介的占 45.7%。可见，西双版纳的企业虽然对技术研发有不小的需求，但仍有半数的企业从未求助过技术中介。

3. 政府财政资金支持等是企业技术创新最需要的支持

在企业技术创新最需要政府哪些支持的调查中，政府的财政资金支持占比

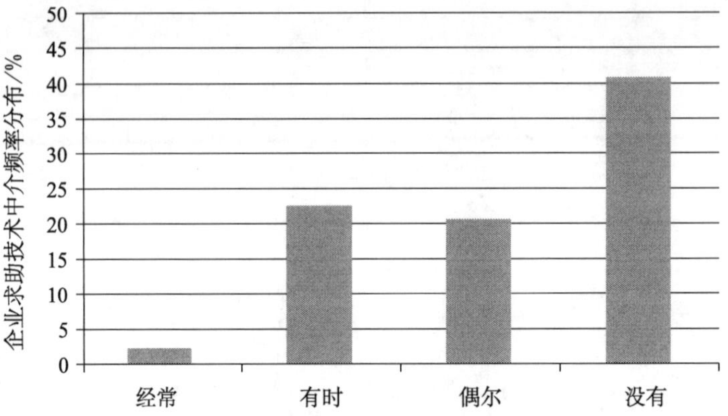

图 8-19 西双版纳企业求助于技术中介的情况

最高，为 57%；其次为税收减免，为 16%；第三位是专项贷款支持，占 13%（图 8-20）。前三项均为资金相关的政府支持，企业的技术创新是一个投入大、风险高、回报周期长的领域，政府在资金上的大力支持和引导是企业不断实现技术创新的保障。此外，还有较大部分的企业认为政府应建立完善的服务体系（如信息咨询、人才培训、技术指导、贷款担保等）来保障企业技术创新。

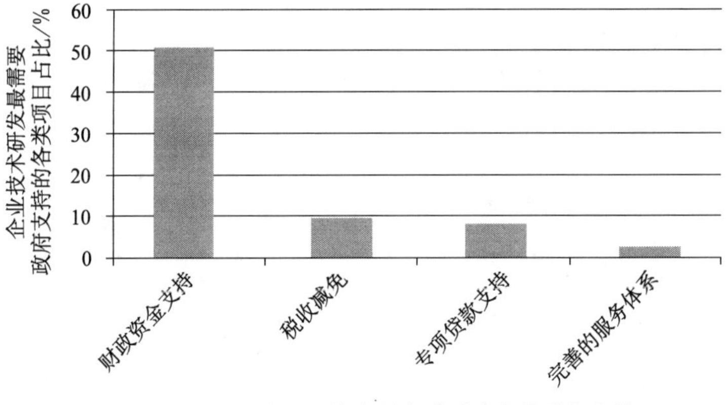

图 8-20 西双版纳企业技术研发需要政府的哪些支持

（四）企业物流情况调查

1. 八成受访企业没有自己的物流部门

问卷调查结果显示，20%的受访企业有专门的物流部门。其中，在 71.6%的规模以上受访企业中，有专业物流部门的比例为 22.7%（图 8-21）。采购物流和成品仓储是企业物流部门主要的工作职责。同时也可以看出，绝大部分的企业没有自己的专业物流部门，规模以上企业有 77.3%没有专业物流部门，这说明西双版纳企业的物流服务有很高的外包比重。

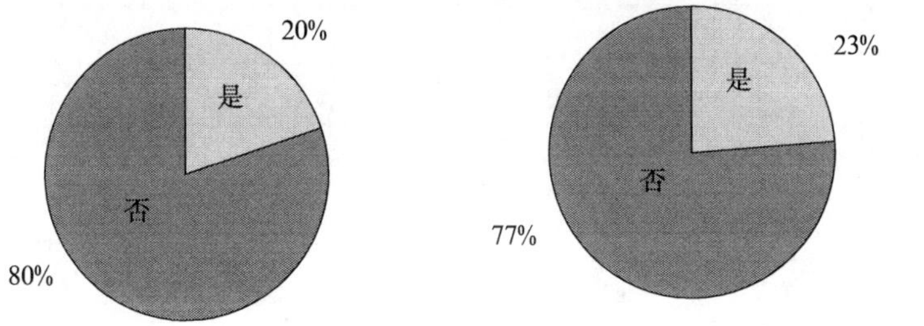

a 企业是否成立专门的物流部门　　b 规模以上企业是否有专门物流部门

图 8-21 西双版纳企业物流情况

2. 中转运输是企业外包最多的物流业务，也是最希望物流商提供的服务项目

调查结果显示，有 35.9%的受访企业外包的物流业务是中转运输，同时，中转运输也是企业希望物流商未来提供最多的服务项目，占比 21.5%。可见，中转运输是西双版纳企业目前及近一段时间来最为需要的服务项目。此外，仓储保管和市内配送是企业外包较多的业务类型，而对于未来物流商提供的服务项目，除了仓储保管和市内配送以外，代为报关、信息管理也是企业希望物流流商提供的服务。(图 8-22)。

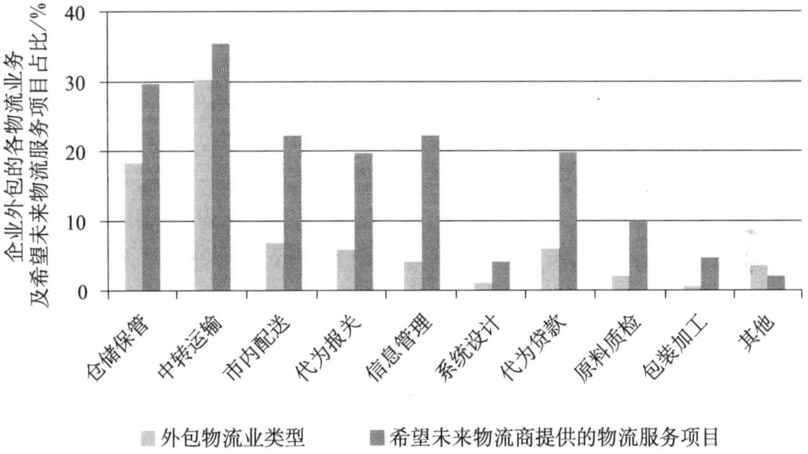

图 8-22 西双版纳企业的外包物流业务

3. 两成企业认为物流商应降低服务价格

对于物流商在哪些地方需要改进的调查项目中，有 24.2%的受访企业认为目前西双版纳的物流服务价格比较高，“降低服务价格”是他们最希望物流商改进的地方。“提高信息传递效率”、“提供个性化服务”、“满足企业需求波动的能力”、“提高作业速度”也是企业比较希望物流商改进的地方（图 8-23）。

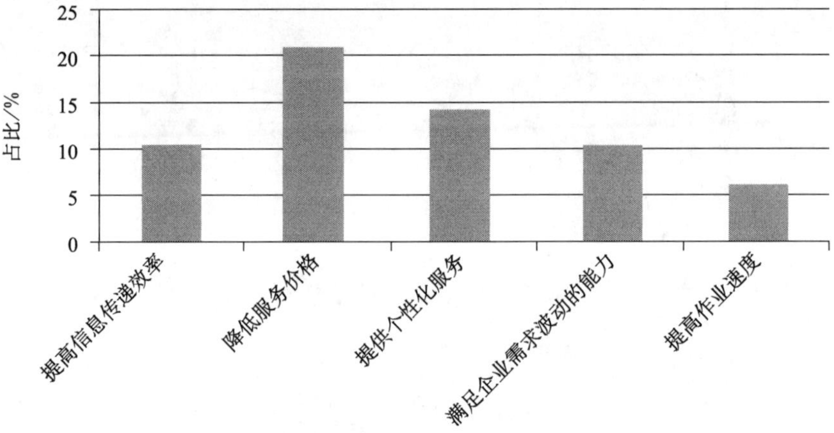

图 8-23　西双版纳物流商需要改进的项目

4. 景洪市中心及嘎栋、江北片区是企业认为比较合适的物流区域

受访的企业对于未来物流区的位置有不同的看法，总体来说，认为应该配置于景洪市嘎栋片区、江北片区和中心城区附近的比例较高，分别为 20%、19.3%和 19.3%（图 8-24）。

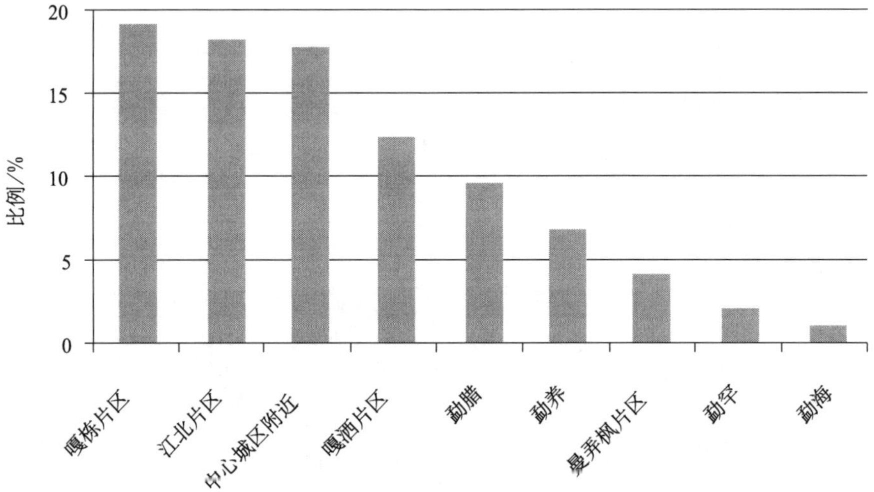

图 8-24　西双版纳企业认为比较合适的物流区域

（五）企业信贷情况调查

1. 企业资金状况和贷款意愿满足程度一般

从被调查的企业来看，过去三年里资金状况整体情况一般。“很好”的企业较少，只有 5.4%；有 54.6%的企业处于“好”和“一般”的状态。值得注意的是，有 32.3%的企业的资金处于“较紧张”的状况，另外 7.7%的企业资金“严

重不足”，这个比例偏高（图 8-25a）。

对于企业贷款的满足程度的调查，在 124 家受访企业中有 50 家，占比 40.3%的企业贷款意愿满足程度“一般”；没有企业表示贷款非常容易满足，表示“容易”满足贷款意愿的企业仅占 5.6%。约 41%的企业认为难以满足贷款意愿（图 8-25b）。

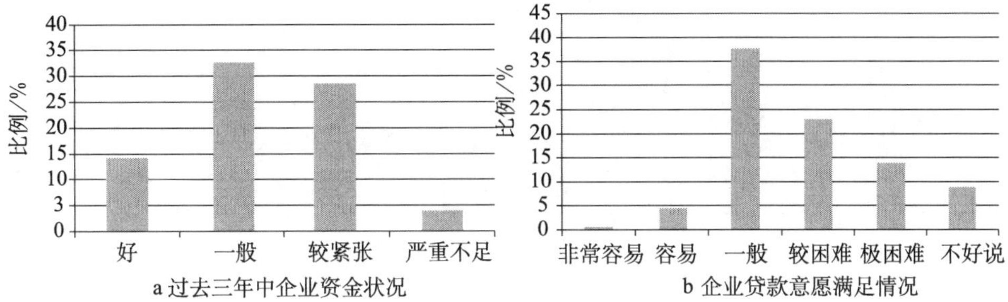

图 8-25 西双版纳企业信贷情况

2. 流动资金来源于银行贷款的受访企业近半

从调查结果来看，48.8%的企业流动资金来源是通过向银行贷款，企业自身的积累排在企业首要融资第二位，占比 40.8%，此外还有 6.4%的企业选择同行企业和其他私人贷款（图 8-26）。可见，西双版纳企业的流动资金来源比较单一。

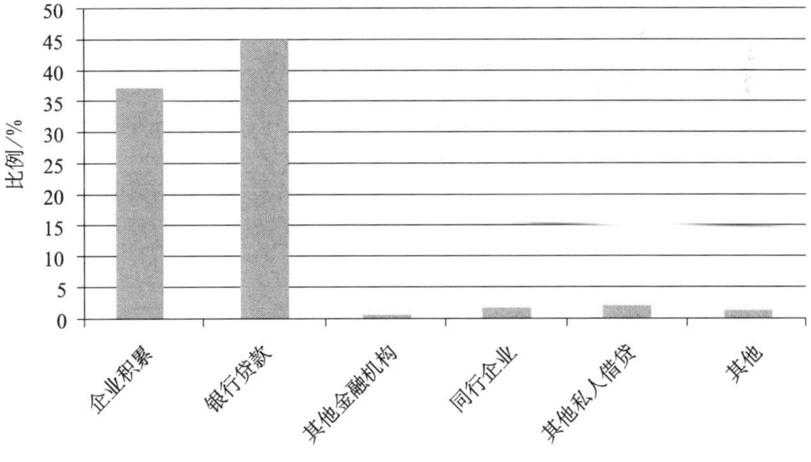

图 8-26 西双版纳企业流动资金来源

3. 大部分没有贷款的企业的原因是银行等金融机构手续繁琐

对于没有贷款的企业，普遍的原因主要有：银行等机构手续繁琐，批复申请费时长；贷款的利率过高，企业承担能力不足；自身发展资金充裕，不需要贷款；没有合适的抵押品等。其中，认为银行等金融机构手续繁琐的比重最高，为33.5%，原因是利率过高和自身资金充裕的占比分别为19.9%和19.3%（图8-27）。

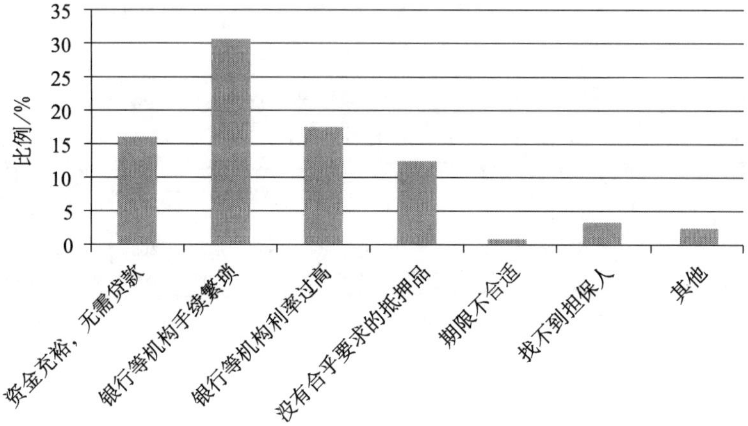

图8-27　西双版纳企业没有贷款的原因

（六）企业营销情况调查

1. 近六成的受访企业有自己的营销机构，市场拓展是主要需求

在被调查的企业中，拥有单独市场营销部门的企业达到55.2%，应该说西双版纳受访企业对市场营销还比较重视，而营销服务的市场需求还有发掘。企业在营销方面的主要需求根据重要程度排列显示：34.6%的企业认为市场拓展是营销方面的主要需求，其次是营销人员和销售网络，分别为28.2%和24.8%（图8-28）。

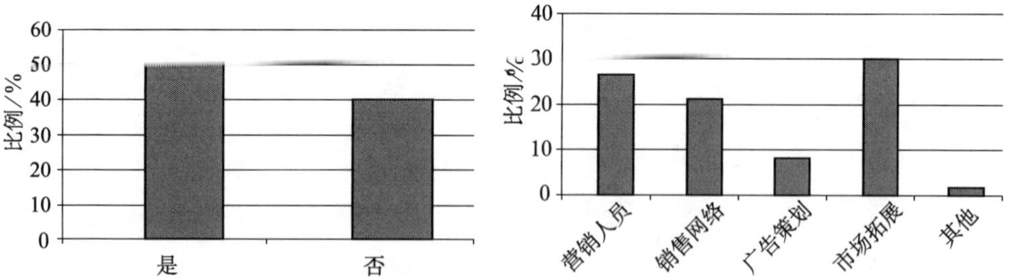

a 企业是否有单独营销部门　　b 企业在营销方面的主要需求

图8-28　西双版纳企业营销情况

2．四成受访企业求助过营销中介，七成被求助中介机构在本地

调查结果显示，目前 34.5％的企业寻找过专业的营销和广告等中介服务，这说明当地的营销中介机构的市场还有进一步扩大的潜力。对于选择中介机构的企业，有 68％的被求助中介为西双版纳本地机构，其中景洪地区中介机构占绝大多数；有 22％的被求助中介为昆明的中介机构(图 8-29)。

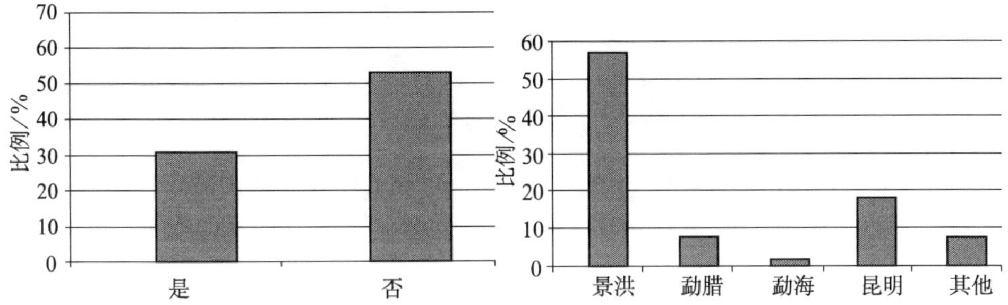

a 企业是否求助过营销中介机构　　b 企业求助过的营销机构所在地

图 8-29　西双版纳企业求助营销机构情况

（七）企业若干专业服务情况调查

1．近七成受访企业没有求助过信息中介，半数企业认为有需求

从调查统计结果看出目前西双版纳企业现状为：55.7％的企业有相关的需求，主要是市场供求信息、管理经验、行业动态、新产品和新项目的研发、技术攻关等信息服务，但也有 36.6％的企业暂时没有信息咨询服务的需求。目前求助于专业信息咨询服务中介机构的企业尚不多，有 34.4％的企业选择中介机构，这些中介机构约 69％位于西双版纳本地，22％位于昆明，以及 8.7％位于其他地区(图 8-30)。

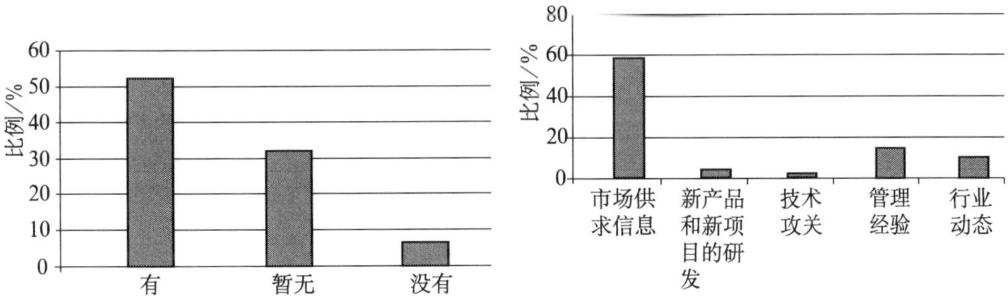

a 企业是否有信息咨询需求　　b 企业信息咨询需求类型

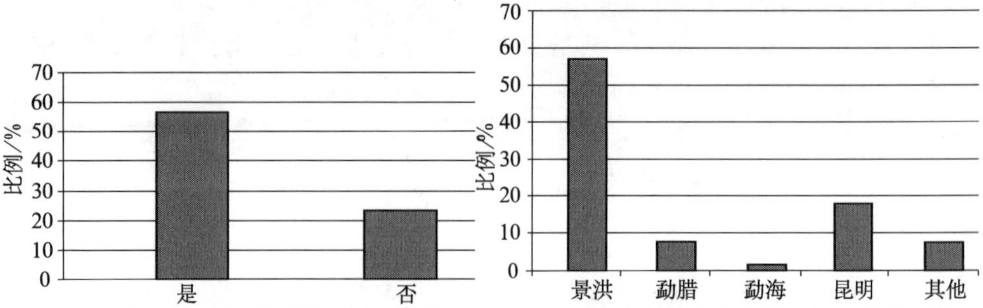

c 企业是否求助信息咨询类中介机构　　d 企业求助过的信息咨询中介机构所在地

图 8-30　西双版纳企业求助信息咨询情况

约 40%的受访企业认为当前西双版纳的信息服务业“完全能够”和“基本能够”满足需求，但也有 43.6%的企业认为“不能”满足需求和 16.2%的企业认为“远不能满足”（图 8-31）。企业对信息服务的需求应该说与企业所在的行业有密切的关系，但是在当今越来越激烈的市场竞争中，专业化的信息服务可以帮助企业迅速发现自己在市场中的位置，寻找有力的发展方向，制定有效的发展战略，开发出具有独特市场需求的新产品，在竞争中赢得一席之地。因此，专业信息服务的重要性不容忽视，应纳入未来 5～10 年的中长期战略发展行业。

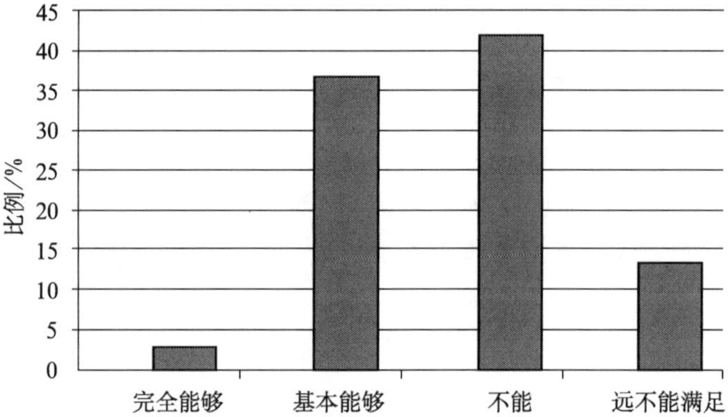

图 8-31　西双版纳企业现有信息服务水平情况

2. 四成受访企业有法律服务需求，但半数以上没有求助过法律中介

从调查统计结果可以看出，目前 42.1%的受访企业对法律服务有较强的需求，且有 40.1%的企业通过专业的法律中介机构满足日常及特殊时期的法律咨询和相关事务处理的需求，并且这些中介主要是西双版纳本地尤其是景洪市的机构。共有 39%的企业认为当前的本地法律服务“完全”和“基本”能够满足需求，而认为“不能”和“远不能”满足需求的企业过半，分别占 43.6%和

16.2%（图 8-32）。有相当一部分企业反映希望能够增强从业法律人员素质，为企业提供更好的服务，一定程度上反映出本地法律人才不足的现状。本地法律服务有比较大的需求和发展空间，如果做大做强，很可能为本地企业接受并辐射周边。

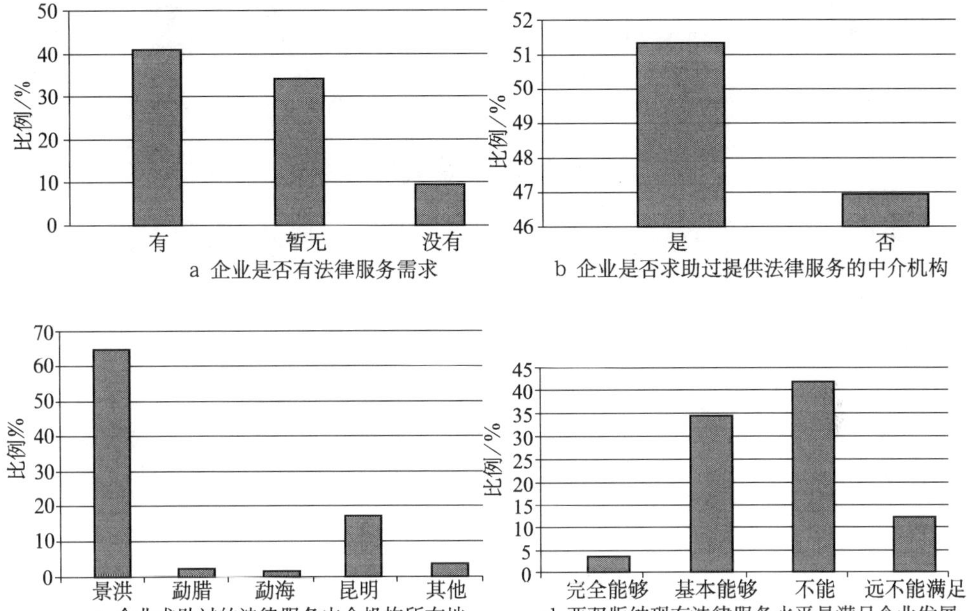

a 企业是否有法律服务需求
b 企业是否求助过提供法律服务的中介机构
c 企业求助过的法律服务中介机构所在地
d 西双版纳现有法律服务水平是满足企业发展

图 8-32　西双版纳企业法律服务需求情况

3. 六成受访企业有审计服务需求，多数企业求助过审计中介

就调查结果来看，64.7%的受访企业对审计服务有需求，并且有七成左右的受访企业曾求助过专业的审计中介机构，求助过的多为景洪本地相关机构（图 8-33）。这说明，受访企业所属的行业和发展时期已进入对审计服务需求较大阶段，并且，对审计服务的需求会随着企业的发展壮大而越发体现出来。

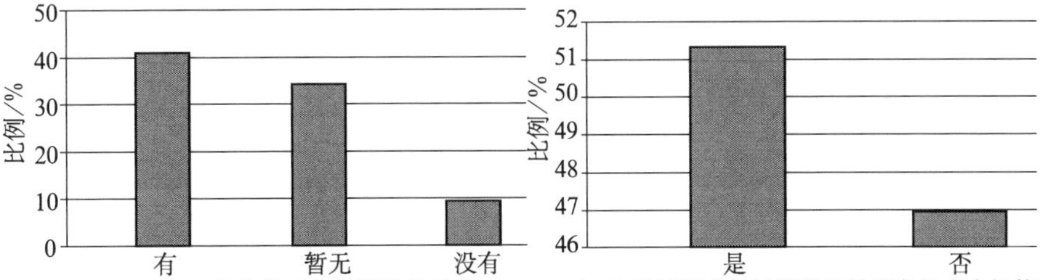

a 企业是否有审计服务需求
b 企业是否求助过提供审计服务的中介机构

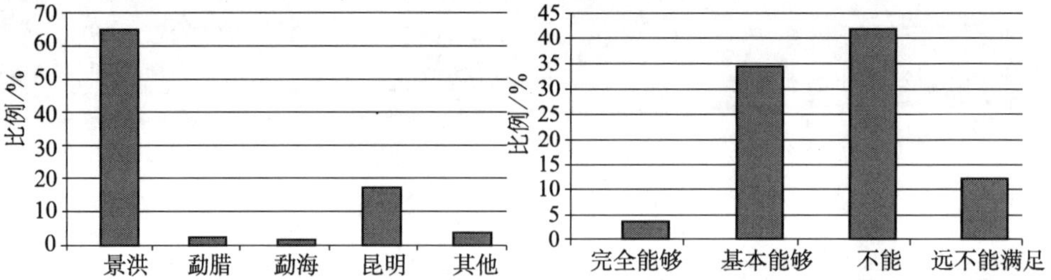

c 企业求助过的审计类中介机构位于　　d 西双版纳现有审计服务水平是否满足企业发展

图 8-33　西双版纳企业审计服务需求情况

4.63%的受访企业有定期的员工培训，本地基本能够满足培训需求

就调查结果来看，63.1%的企业有定期培训制度，培训的方式多为集体培训，以及内部培训和外派培训相结合。就西双版纳目前所提供的职业培训来看，50.7%的企业认为“完全能够”和“基本能够”满足需要，其余的认为不能满足（图 8-34）。综合分析，我们认为职业培训在西双版纳有很好的发展前景，培育一些市场型的专业培训机构，既可以满足企业的培训需求，也可以为大部分自己无力提供培训的企业提供这部分服务外包出去。长远角度来看，也有利于持续提高西双版纳劳动力资源的素质，提升劳动效率，加强技术进步和创新。

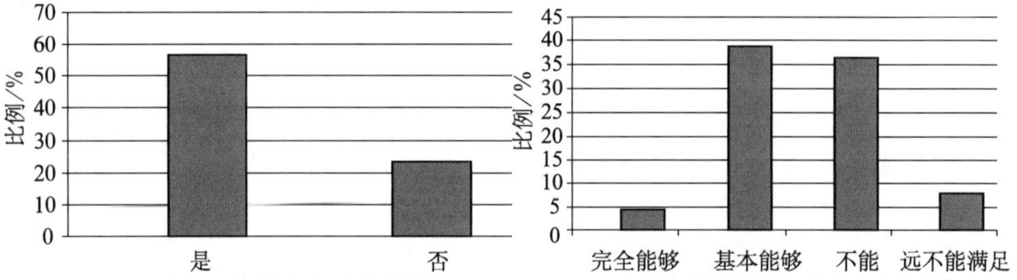

a 企业是否有定期培训　　b 西双版纳能否满足企业职业培训发展

图 8-34　西双版纳企业培训需求情况

5. 约半数受访企业有明确的评估认证服务需求，九成认为西双版纳应建立此类机构

就现状来看，45%的受访企业存在明确的评估认证服务需求，而其他企业表示暂时没有这方面的需求。52.1%的受访企业曾选择专业的中介机构提供评估认证服务，这些机构主要（68.9%）分布在景洪市，也有近 23%的企业选择昆明。从西双版纳评估认证服务的建立来看，95%的受访企业认为西双版纳需要建立较为完整、具有一定规模的专业化评估认证服务机构（图 8-35）。

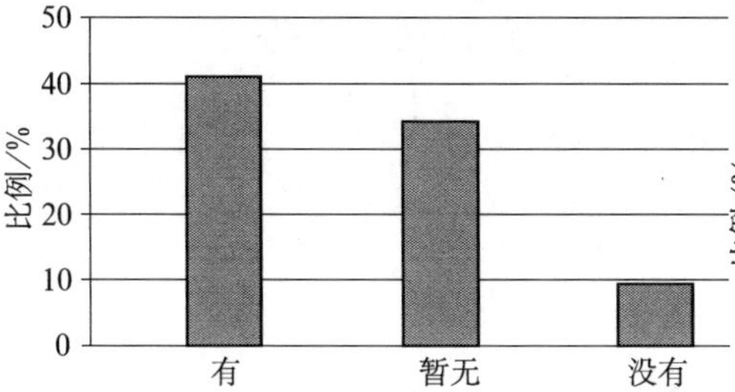

a 企业是否有评估认证服务需求

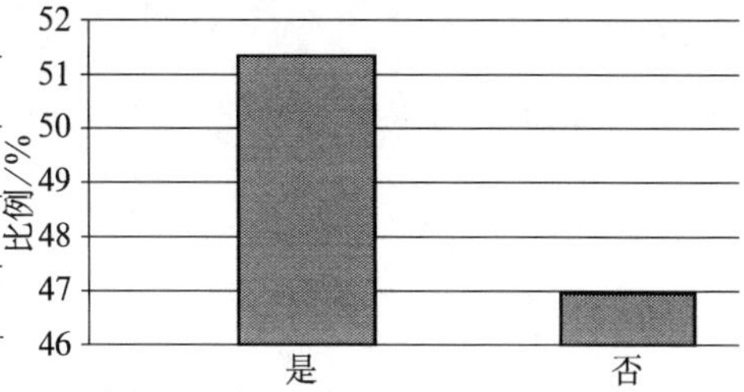

b 企业是否求助过提供评估认证服务的中介机构

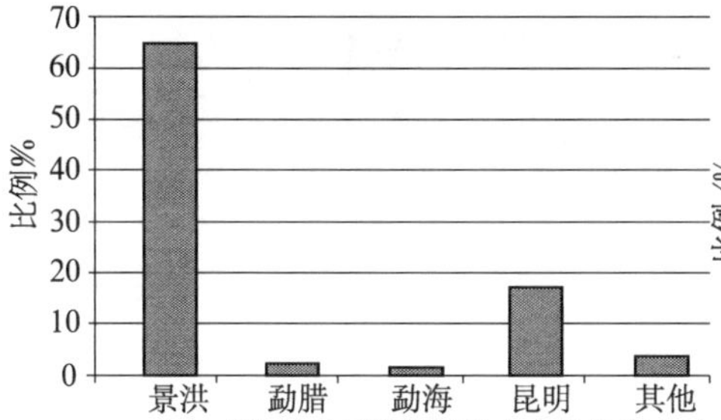

c 企业求助过的评估认证类中介机构所在地

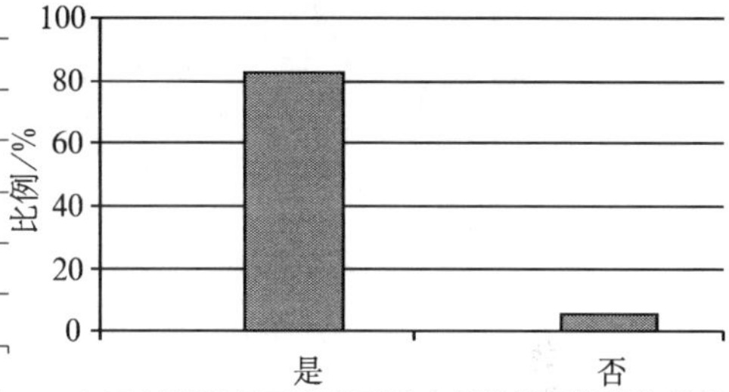

d 西双版纳是否有必要建立评估认证的服务机构

图 8-35　西双版纳企业评估认证服务需求情况

6. 大部分受访行业没有行业协会，超过半数的没有行会的企业认为有必要建立

对于行业协会的需求调查发现，57.4%的受访企业所在的行业没有行业协会，42.6%则有行业协会。对于有行业协会的受访企业，其中 42.9%认为行业协会发挥的作用比较大，此外认为发挥作用一般和基本没发挥什么作用。对于所在行业没有行业协会的受访企业，认为有必要建立行业协会的企业比重高于认为没有必要建立的企业比重，分别为 61.5%和 38.5%（图 8-36）。可见，行业协会在行业发展上有一定的积极作用，对于没有行业协会的行业，政府可按照行业发展水平和规模逐步引导建立行业协会，以便共享资源、开拓市场、集聚发展。

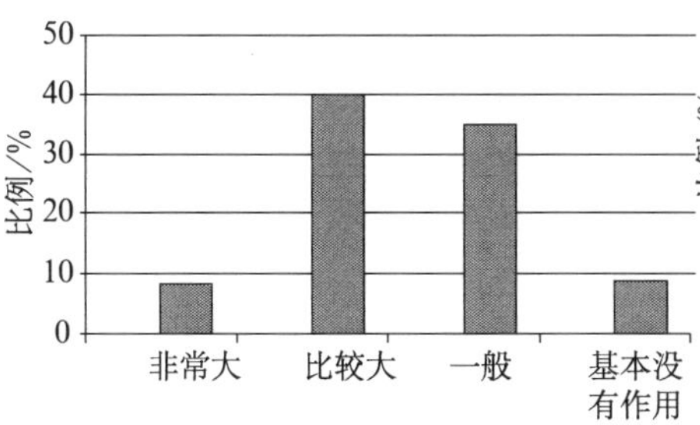

a 若有，则行业协会发挥的作用如何

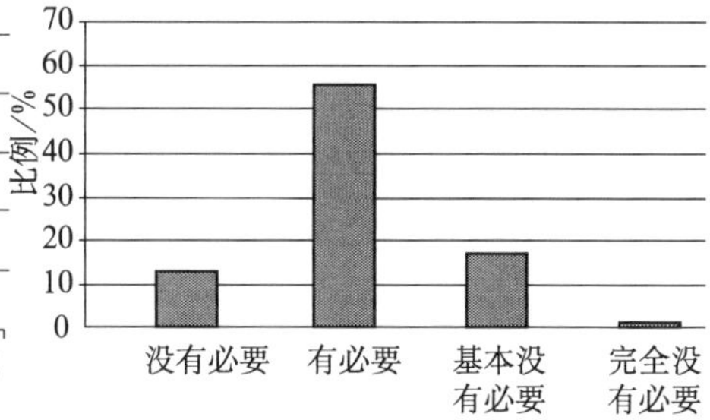

b 若无，则是否有必要建立行业协会

图 8-36　西双版纳企业行业协会情况

（八）政府对企业的扶持措施与企业经营环境评价调查

1. 超过半数的受访企业享有政府的政策支持和财税优惠

问卷调查统计结果显示，59.4%的受访企业均享受政府政策支持和财税优惠。在企业享有的支持和优惠中，有 53.4%是税费优惠，41.4%为财政贴息的支持，3.4%是政府信用担保，还有 1.7%的政府直接投资（图 8-37）。

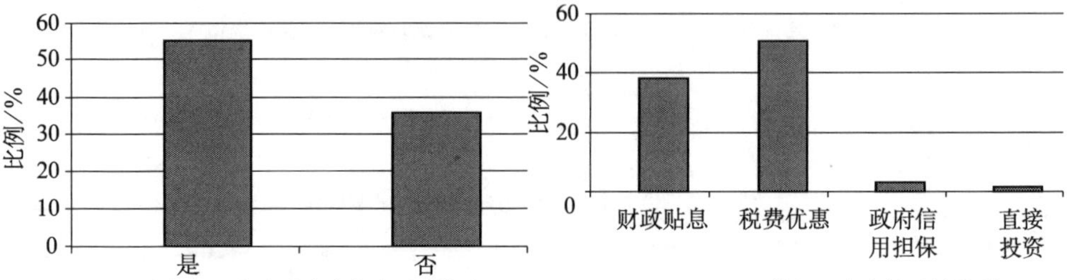

a 企业是否享有政府支持和财税优惠　　b 若是，享有的政策类型

图 8-37　西双版纳企业享有政府支持和财税优惠情况

2. 资金不足和政府支持不足是企业面临的主要问题

综合调查分析发现，将近 1/3（27.8%）的企业面临的首要问题是资金不足，政府支持不足、政府的政策制约、管理水平不高和人才不足等也是不容忽视的重大难题（图 8-38）。迫切需要发展金融服务，集中政府支持力量到最需要的领域，推动体制创新改革，扶植鼓励研发创新，以及一系列的人才培育引进政策来为企业的进一步发展提供支撑，现代服务业的全面发展是西双版纳提升投资和经营环境的决定性因素。

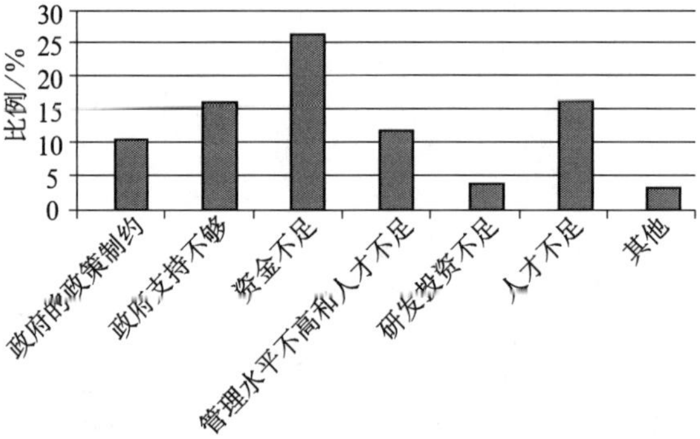

图 8-38　西双版纳企业面临最主要问题

3. 资金和区位优势是受访企业普遍认为的自身发展优势所在

统计结果显示，各有 20.2%的企业认为，与其他企业相比，自己的最重要优势是“资金优势”和“区位条件”（图 8-39），这说明西双版纳是一个基础条

件比较优越的投资宝地。作为云南省桥头堡建设的主要阵地和中国直接面向东南亚的窗口，随着大通道建设的推进，西双版纳的区位优势更加凸显，并且已有一定数量的规模企业拥有比较好的融资能力。“市场优势”是较多受访企业认为自身的优势所在，这说明西双版纳拥有宝贵的国内外市场资源和腹地潜力，这也是吸引企业落户的关键因素。此外，基础设施和资源供给优势也是受访企业认为比较明显的发展优势，反映了西双版纳丰富的自然资源和以综合大通道为主的基础设施建设前景的良好。如果前面所述的发展制约因素能够很好地得到解决和改善，西双版纳企业的区位优势和市场优势将得到进一步的发挥和释放。

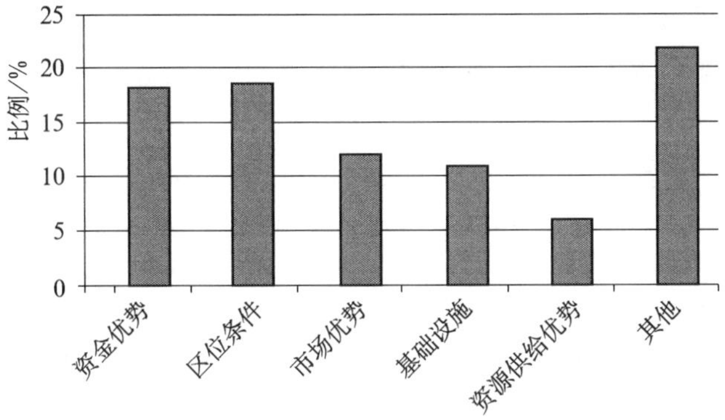

图 8-39　西双版纳企业自身的优势

二、调查结论与建议

综合问卷调查各项分析，可以得出如下结论：

1. 企业对目前的生产性服务满意度尚可，但一些专业服务仍不能满足需求

半数以上受访企业对目前企业生产性服务需求的满足程度表示满意，认为“很好”和“好”的比重之和为 54%。但是，在技术研发、信息咨询等专业服务领域，近半数的受访企业认为目前西双版纳无法满足企业的这方面服务需求。可见，西双版纳应有针对性地提升专业服务能力。

2. 金融信贷和技术研发是企业普遍认为急需的和支出最多的服务项目

调查显示，企业最急需的生产性服务业是金融信贷，其次是技术研发。可见，西双版纳的产业目前正处于快速发展阶段，企业融资问题亟待解决。从对企业研发状况的调查中可看出，规模以上的企业中建立研发部门的只有 21%，超过半数的受访企业求助过技术机构。这说明，政府一方面需在资金支持和税费减免等方面鼓励企业的研发创新；另一方面，也需要为没有自己研发部门的企业提供技术咨询服务。

3. 企业对现代物流的需求正在逐步增强

目前八成受访企业已经没有了自己独立的物流部门，但是物流业务类型仍停留在中转运输、仓储保管等传统的环节，物流专业化服务还十分不足，企业对物流信息管理、物流系统设计和包装加工等现代物流的需求正日益加强，对规范、专业的物流中心也有强烈的需求，并且普遍认为配置在景洪的嘎栋片区、江北片区和中心城区附近较为合适，第三方物流在西双版纳有极大的发展空间。

4. 资金不足是企业发展的主要问题，信贷业发展值得关注

近 1/3 的受访企业认为资金不足是企业发展面临的主要问题。在过去三年中企业的资金状况和贷款意愿满足程度一般，更多的企业资金来源主要靠银行贷款和自身的积累，手续烦琐、利率过高、没有合适的抵押品和担保人是企业没有贷款的主要原因。要支持西双版纳的龙头企业做大做强，扶植西双版纳的中小企业壮大发展，有力的信贷保障是不可或缺的条件，因此，如何拓宽企业融资渠道、促进信贷业的发展是值得重点关注的问题。

5. 市场营销服务还未得到企业足够的重视，而专业营销人才是关键

调查结果显示，企业对市场营销服务的重视程度较为一般，有 55.2%的企业有自己的营销部门，约四成企业求助过营销中介机构。其实，市场营销对企业的发展有着十分重要的作用，此类服务也有巨大的市场需求和潜力。企业最主要的营销需求是市场拓展，培养专业的市场营销人才也是未来职业培训的重点方向。

6. 企业对审计服务和职业培训等专业服务的需求较大

企业普遍存在着对职业培训、法律服务、信息咨询、评估认证和审计服务等专业服务的重大需求，但是目前来看，最主要的需求在于审计服务，其次是职业培训和信息咨询等，64.7%的受访企业表示对审计服务有需求，63.1%的受访企业都有定期的培训，55.7%的受访企业表示有信息咨询需求。43.6%的企业认为现有信息服务业不能满足需求，主要存在几个问题：一是专业化不足，专业机构和人才较少；二是信息化不足，网络和现代传媒基础设施建设有待加强；三是一部分服务被昆明及其他地区分流。西双版纳应规范专业服务咨询市场，并且进一步培育和发展本地的专业服务机构。

7. 政府给予工业企业的支持力度较大、范围较广，对生产性服务业的重视程度有待提高

从调查结果可以看出，近 60%的受访企业享受政府的政策支持和财税优惠，在规模以上的企业之中，有近 70%的企业享受政府优惠政策，可见，西双版纳政府对企业的支持力度之大、范围之广值得肯定。同时，这也说明西双版纳正进入工业化时代，对工业的优惠政策某种程度上妨碍了服务业从工业的剥离和壮大发展。事实上，当工业化发展到一定阶段，对服务业的需求将大大增加，也可以说现代服务业的发展滞后会严重阻碍工业的持续发展，因此，西双版纳

应将对工业的优惠政策同样惠及服务业，大力鼓励现代服务业的发展。

基于以上分析，第四节将从支撑创业、创新和商务服务等几个方面重点阐述生产性服务业的发展战略、方向和内容。

第四节　生产性服务业发展思路与布局导向

一、总体发展思路

紧紧依托大湄公河次区域的发展市场，以完善生产性服务功能、提升商务服务品质为突破，以“金融服务、科技研发、专业服务、信息服务”四大产业为支撑，以“面向主导产业，引领区域经济”为重点，打造功能比较完善、结构相对合理的现代生产性服务体系和区域创新体系。

（一）面向主导产业、引领区域经济

国家应借鉴北海道开发的成功经验，而西双版纳要通过“请进来”“走出去”“找上门”等一系列措施，加大招商引资力度。不仅要大力引进国内外的生产性服务企业，而且要鼓励和支持西双版纳的工商企业借助桥头堡的机遇走出去、找上门，促进生产要素的重新组合与合理配置，实现双向互动的区域经济发展和社会进步。

生产性服务业的发展应以当地的产业发展水平和产业结构特点为基础。根据西双版纳工业主导产业的特点，以及旅游业和农业遇到的发展瓶颈，通过相应服务业的发展来解决经济发展中的问题，促进产业结构优化升级（表 8-8）。

表 8-8　工业主导产业对应的生产性服务业需求

工业主导产业	生产性服务业
电力、热力的生产和供应业	物流 技术研发 金融服务
软饮料及精制茶加工业	技术研发 广告营销
有色金属矿采选业 黑色金属矿采选业	物流 技术研发 金融服务
木材加工及木、竹、藤、棕、草制造业	物流 技术研发 广告营销

根据第三节对西双版纳企业的生产性服务业需求调查结果，围绕西双版纳经济特征与产业方向，未来应该重点发展的服务业包括金融服务业、科技服务业和广告营销等专业服务业。金融服务业为当地企业尤其是中小企业提供更多的资金，缓解企业资金不足的困境。科技服务业为当地的工业企业和农业提供科研支持和人才保障。专业服务业为企业提供包括法律、会计、广告营销、培训等专业服务，实现商务服务、管理咨询服务的突破性发展。

（二）服务中小企业，鼓励创业创新

"大小并举"，既要重视大型企业的招商引资、整合提升，也要重视中小企业的培育扶持；既要重视一些大的主导产业的巩固和建设，也要重视本地区潜导产业、新的经济增长点的发掘和培养。只有不断丰富服务经济内涵，拓展发展的空间，才能实现西双版纳经济可持续发展。

要做大做强一批工业企业，引进一批龙头企业的同时，鼓励全民创业，发展服务经济，形成促进以创业带动就业的组织领导、政策扶持、创业培训、创业服务和目标考核五大体系，全力构建创业服务、创业载体、创业融资三大平台，形成崇尚创业、支持创业、促进创业的良好环境，形成以中小型创业企业为主体，个体经济组织共同发展的新型创业格局。

（三）软硬兼施，实现"规模、扎堆、溢出"三种效应

"软硬兼施"，既要重视有形资源的开发利用，也要重视无形资源的开发利用。既要重视基础设施和一些硬技术项目的投资建设，也要重视强化组织管理，以及体制和机制等的创新；既要重视有形产品加工生产能力和产出率的提高，也要重视品牌建设和产品营销定价能力提升，打造软实力。

要深入挖掘西双版纳的生产性服务需求，通过科学规划、功能分区，提供制造业运营流程所需的认证、外贸、咨询、法律、会计、设计、广告、信息、物流、仓储、通信、金融、培训、人力资源、租赁、会展、税务、环境、科技等领域的集成和集聚，形成"规模效应"、"扎堆效应"和"溢出效应"，引导西双版纳工业实现规模经济、技术升级和自主创新。

（四）营建"智慧西双版纳"

以西双版纳服务业现代化为目标，以数字政府和电子商务建设为龙头，以信息技术、网络技术、物联技术应用为主导，以提高西双版纳服务效率和信息服务水平为核心，努力构筑"一个综合服务平台，保障和资源两个基础，政府服务、企业服务和居民服务三大体系"，借助信息化、网络化和智能化促进地区经济发展和社会进步。

二、空间布局导向

随着景洪等中心城市在西双版纳范围内集聚资金、人才、技术、信息等产业要素能力的大幅提升，建立基于比较优势和产业链区别定位之上的区域分工体系越来越具有经济性和现实意义。未来一段时期，全州应按照“集约资源、集聚发展”的原则，大力推动生产性服务产业集群在空间上集中发展，形成增长合力，以点带面最终促进西双版纳生产性服务业的快速发展。根据西双版纳现有产业资源和服务业发展条件，建议布局澜·湄生态商务区、景洪创业创新科技苑及磨憨商务园。

（一）澜·湄生态商务区

树立“生态和谐、环境友好”的生态商务区发展理念，将生态环境因素纳入到经济发展系统中，保持基地和外包产业高效、稳定、协调和可持续发展。通过建设生态商务区，不仅实现园区企业从高能耗、低效率的传统办公方式向低能耗、高效率、更舒适的环境友好办公方式的全面转变，同时还在确保生态环境保护的同时实现园区企业与自然景观的和谐发展。

在区位选择上，景洪市作为中国—东盟自由贸易区的“桥头堡”沧江新区因此也将成为西双版纳州与东盟两个市场全面合作的“蓝色前沿基地”，拥有难得的滨湖亲水的生态资源，是发展环境依赖型商务服务的理想之地。因此，依托澜沧江畔良好的生态环境，满足现代企业追求生态办公的需求，立足沧江新区，打造澜·湄生态商务区（ecological office district，EOD），主要服务于生产性服务市场，大力营造生态型、人性化、现代化的环境，包括低密度别墅式高档办公区、研发大楼、科技会馆、科技信息中心、国际交流中心、产品展示中心、高级商务中心、研发创意中心、科技展厅、大学教师 SOHO，以及时尚咖啡馆、酒店、公寓、娱乐中心和时尚专卖店等满足研发、商务和生活需求的多种设施，促进生态友好型现代服务业的集聚成长。

澜·湄江生态商务区要以园区大容量快速网络基础设施为基础，与数据、传媒、检索、邮政、通信，以及知识产权、技术标准搜索平台等专业机构和企业建立合作关系，充分利用高速畅通的互联网络，有效搭建信息共享技术支持平台，帮助企业挖掘国内外前沿需求，跟踪最新市场动态。建议成立西双版纳橡胶产品交易和结算中心和西双版纳普洱茶价格信息中心，并将西双版纳金融资产商品交易所迁入。

（二）景洪创业创新科技苑

以景洪工业园嘎栋片区为基础，按照“政府引导、企业主体、市场运作”

的模式，充分考虑西双版纳本地经济发展的现实需求，结合本地区资源，围绕集聚区，探索建立科技园、商务园和金融园等功能区域，主要承担西双版纳面向工业园区最主要的创业、创新与商务服务功能，是未来西双版纳研发创新、商务活动、营运总部和专业化生产服务的辅助区域，也是西双版纳的经济、交通、信息、服务、管理、文化等社会活动的交汇区。

景洪创业创新科技苑重点引入提供技术研发、检测实验、技术成果转化、科技信息、技术咨询、技术交易、科技项目申报、商标注册、专利申请等有关科技服务的现代服务型企业和机构。争取沿海发达地区高等院校到西双版纳设立产学研基地或设立分院，吸纳研究中心、工程中心、重点实验室、技术转移机构等到西双版纳来，共同构建西双版纳创业创新科技苑，促使产学研一体化，加快科技成果转化速度。

（三）西双版纳保健品园区

探索适合西双版纳后工业化发展的道路，建成一个集研发、生产、贸易、医疗、养生、保健、康体为一体的现代化、国际化产业园区，力争成为我国第一个保健品的研发、生产、销售、流通、服务为主导的产业区，成为我国、东南亚地区保健养生产业发展示范区，包括研究开发区、生产加工区、贸易物流区、健康疗养区和综合服务区等。

（四）磨憨商务园

依托国际大通道建设，充分发挥独特的区位优势，利用国内外两种资源和两个市场，围绕中国与东盟经济的互补性和产业需求，以磨憨经济开发区或综合保税区为基础，发展配套的生产性服务业集聚园区。

第五节　重点领域、主要任务和对策

一、完善金融体系，着力推进金融服务业

1. 打造“澜·湄生态商务区”

近年来，西双版纳金融业实现历史性的新跨越，全州共设近 40 家的金融机构，银行业机构营业网点近 140 个，全州 31 个乡镇都覆盖了金融服务机构。在加强基础设施建设，提高金融服务网点覆盖面的同时，建议以为“澜·湄生态商务区”为主要承载，更加积极地吸引银行、保险及其他金融机构到西双版纳

落户，创造条件使大湄公河次区域国家的金融机构来景洪设立分支机构，打造澜湄次区域金融中心，形成金融产业集群，打造大湄公河次区域的国际商务核心区，建设一个崭新的景洪“陆家嘴”。

2. 吸引国内外金融机构来西双版纳落户

谋求西双版纳与上海金融合作和产业对接。加强与沿海发达地区的银行、保险的联系和沟通，加大西双版纳与沿海发达地区金融产业对接，重点吸引和鼓励沿海发达地区金融、保险公司、分支机构落户景洪。争取上级政策支持和金融合作优先审批，建立、健全长三角与桥头堡产业互动发展的长效机制。推动金融机构积极开发新的业务发展模式，积极引进跨境金融业务，满足东南亚外资企业不断增加的金融服务需求。

3. 深化区域金融合作，加强面向 GMS 的金融服务能力

(1) 协力推进大湄公河次区域金融一体化进程。进一步拓宽次区域合作领域，加强区域金融合作交流，探索边境地区金融交流与合作机制，尽快将金融合作内容纳入大湄公河次区域经济合作框架中，共同研究解决人民币跨境流通面临的各种问题（专栏 8-2），用好用足境外人民币直接投资相关政策，放宽现行货币兑换政策标准，进一步加快人民币区域化进程。完善面向 GMS 的良好的金融服务平台，加快建立与境外银行结算合作关系，进一步完善涉外金融政策，规范跨境资本流动秩序。

专栏 8-2：中国与老挝、缅甸的双边金融合作

国家层面上，2002 年 2 月，中、老两国中央银行签署《老挝人民民主共和国银行与中国人民银行双边合作协议》。2006 年 11 月，国家开发银行与老挝中央银行签署金融合作协议，就资金方面的合作、互通信息、定期交流等事宜达成合作共识。中国国家开发银行还将根据需要帮助老挝中央银行培养人才。2001 年 12 月中缅签署《中缅两国政府关于鼓励促进和保护投资协定》，2004 年 3 月签订《中缅两国政府关于促进贸易、投资和经济合作的谅解备忘录》。目前缅甸已同意中资银行和中缅合资企业在缅银行开立人民币账户，使中方投入缅甸的人民币可以兑换成外汇券，并按市场汇率兑换缅币。

云南省层面上，2010 年 7 月，云南省地方性商业银行富滇银行与老挝外贸银行签订人民币代理清算协议，启动中老一般贸易人民币跨境结算业务；2010 年 11 月，富滇银行在老挝设立代表处，并与老挝外贸银行签署老挝基普账户清算协议，正式启动互开账户清算合作业务；2011 年 6 月，富滇银行正式启动中老本币跨境结算，并对老挝基普兑人民币汇率进行挂牌。老挝基普兑人民币汇率挂牌是人民币与周边毗邻国家货币直接定价的重要尝试，将

为中老经贸、次区域金融合作发展注入新动力。2010 年 11 月，富滇银行在老挝万象设代表处，实现了云南金融企业“走出去”零的突破。

（2）积极争取桥头堡“走出去”的金融扶持政策。在充分利用好国家财政扶持政策的基础上，通过各种渠道，借助省一级政府力量，向国家积极争取从融资、国际结算、外汇管理、投资保险、投资担保等方面支持西双版纳经济发展和对外开放的金融扶持政策，加强财政政策与金融政策协调配合，为沿边地区企业“走出去”提供强有力的金融支持。提升边境口岸金融服务功能。规划和建设好磨憨综合保税区，发挥“境内关外”保税区低税率得天独厚的优势。力争省府支持，将景洪建成与瑞丽协同的离岸金融中心。

（3）加强区域金融交流与合作的平台建设。建议举办“西双版纳区域合作与金融发展高峰论坛”，并且借助云南省内现有对外经济合作平台，借助“昆交会”、“边交会”等活动和会展，通过“金融对话”、“金融论坛”搭建双边、多边金融交流平台，通过加强交流加快推进次区域货币金融合作。

4. 大力推进保险、担保等非银行业金融机构发展

在西双版纳已经形成的保险、担保、小额贷款等其他金融机构业务规模基础上，鼓励本地金融机构发展非银行金融业务，引进外来非银行金融机构，为全州工商企业提供更为灵活的差异化服务，提高其对金融业增加值的贡献，提升金融业整体发展水平。

（1）逐步提升担保、保险业在金融业中的比重。出台扶持政策，支持担保机构、保险等金融配套服务行业的发展。拓展保险服务功能，提升保险业的作用，加强保险业与银行、担保业的合作，实现“投担联动，投贷联动”。积极推动保险产品创新，进一步扩大保险覆盖面，提高保险密度和深度。充分发挥保险服务、保障功能，加快保险公司分支机构设置和服务网络建设步伐，创新设计既符合目前西双版纳边境产业及贸易发展要求，又适合西双版纳特色和民族群众消费习惯的区域性保险产品。加强与大湄公河次区域各国跨境保险领域的合作，促进其对保险行业和相关产业的带动作用。

（2）鼓励业务创新与多样化发展。在巩固发展全州银行业的同时，逐步发展保险、证券、信托、融资租赁、典当等其他金融机构的业务。出台优惠政策，扩大发展规模，继续培育和扶持本地信用担保机构，做大信托、典当、小额贷款等其他金融机构的业务规模。出台扶持政策，鼓励金融创新，引进天使资金、风投创投等先进非银行金融形式在西双版纳的发展。鼓励证券、期货经营机构到西双版纳设立分支机构，鼓励在景洪设立股权和其他资产的交易机构。完善“西双版纳金融资产商品交易所”的支撑与运营环境，带动西双版纳金融中介、投资、产权交易等相关金融服务业的发展。

5. 加强金融产业与其他领域的融合发展

充分利用西双版纳的地缘优势，培育和促进总部办公、研发设计、物流供应链管理、商贸服务等领域的发展，抢抓桥头堡机遇，积极推动金融服务产业与其他产业的融合，在支持其他产业发展的同时实现西双版纳金融服务产业的进一步发展。

（1）推进科技金融，物流金融，商务金融等金融专项业务开展。大力推进科技产业与金融产业的融合，为科技企业寻求融资提供便利。为促进科技开发、成果转化和高新技术产业发展提供全面的金融工具、金融制度、金融政策与金融服务，构建包含政府、企业、市场、社会中介机构等各种主体的一个全面体系。依托昆曼大通道，面向物流业的运营过程，应用和开发各种物流金融产品，有效地组织和调剂物流领域中货币资金的运作。

（2）通过政、银、企的协同互动促进全州金融业发展。搭建项目融资平台，推动金融部门加强与主导产业、重点企业的沟通和联系，加大金融服务业对其他产业链、产业集群的资金支持力度，创造良好的企业融资环境。积极建立西双版纳政、银、企良好的沟通协调机制，建立对高风险企业的风险预警体系。完善民族贸易和民族用品生产优惠利率贷款政策，支持边疆少数民族地区做大做强民贸民品企业和出口加工企业。

6. 努力构建多层次、多渠道的服务体系

在金融企业、金融业务、金融市场和金融开放等方面进行金融改革和创新，建立多层次、多渠道、保障有力的金融服务体系，全面发挥金融对经济发展的支撑保障作用，促进贸易规模化、便利化、形成全方位、宽领域、多层次的对外开放格局。

（1）积极拓展直接融资渠道。继续扩大西双版纳银行业金融机构业务范围，创造条件提升本地商业银行信贷额度，积极鼓励非银行业金融机构的发展，拓展直接融资渠道，逐步建成金融机构齐全、金融产品丰富、金融服务完善的多层次投、融资体系，努力扩大直接融资规模。

（2）建设灵活便捷、覆盖全面的间接融资体系。建立健全的企业贷款融资机构，鼓励地方民间金融机构的发展。建立完善的企业信用补充系统，包括企业信用担保系统和信用保险系统，发挥企业信用担保协会和企业信用保险公库，增加企业的信用价值。企业向金融机构申请的贷款可以通过信用担保协会进行担保，然后由信用保险公库对该笔贷款进行保险。

（3）鼓励和帮助本地企业上市。运用资本市场提高直接融资比重，吸引各类产业投资基金入驻，积极争取中国证监会支持，对西双版纳具有资源优势和发展潜力的优质企业发行上市予以优先考虑。

7. 完善支持中小企业创业的金融服务体系

（1）设立担保基金。建议设立支持西双版纳中小企业“走出去”融资担保基金，为“走出去”企业提供融资服务的金融机构提供担保，启动商业性金融资金进行海外投资。建议各级政府共同出资支持边疆少数民族地区建立中小企业信用担保风险补偿基金和支持民生工程信贷风险补偿基金，鼓励银行业金融机构加大对中小企业、民生领域的信贷投入。

（2）发展保险市场。培育壮大西双版纳的保险市场，缓解银行业、担保业对中小企业支持中的金融风险。通过对贷款的担保及再保险，降低对本地企业贷款的风险，增加了中小企业获得贷款的可能性。

（3）拓展融资渠道。提高银行业金融机构和非银行业金融机构对西双版纳中小企业融资的扶持力度，尝试引进天使基金、风投、创投等创业型公司融资渠道，加大信用体系建立力度，健全和完善支持全州中小企业创业的金融服务体系，加强风险防范，维护金融安全。鼓励创新融资方式和贷款产品，引导金融机构加大支持中小企业力度。

（4）构建融资平台。通过平台的桥梁纽带作用连接银行和全州的中小企业。鼓励商业银行成立中小企业贷款中心，负责对小企业及小额贷款业务审批，简化手续，提高效率。完善创业公司和跨境投资公司风险评估和风险管理体系，为创业公司提供灵活便捷的融资平台。

（5）运用专项基金。充分运用国家支持中小企业发展的专项基金。对中小商务服务企业创业科技成果产业化、技术改造项目贴息等进行扶持。促进西双版纳的中小企业向专、精、特、新的方向发展，并努力形成与州内外大企业分工协作、专业互补的产业链和产业群。

8. 着力推动“三农”金融全面发展

（1）营建良好的金融生态环境。打破和消除农村金融垄断，建立基于竞争的农村金融服务体系，在西双版纳着力推进形成商业性、政策性、合作性和民间性金融等多元化的金融主体，银行、证券、保险和信托等多样化的金融产品，以及银、证、保、基等多层次的农村金融市场，形成多种金融机构并存、功能互补、协调运转的机制。努力改善农村信用环境，健全农村金融法制建设，构建面向西双版纳“三农”发展和城乡统筹的长效机制，包括加大投入力度，支持农民建立各种自己的经济组织或专业协会。采取“公司＋基地＋农户”的模式和农户代养方式，促进西双版纳小耳朵猪等特色农业产业化，以夯实农村金融发展的产业基础。

（2）创新农村金融体制。加大政策扶持力度，构建有利于金融支持西双版纳县域经济和兴边富民的配套政策环境。创新农村金融体制，在深化现有金融机构改革的同时着力新型金融机构的建设。通过金融、财政、产业资金、民间资本等的联合互动，建立起多元化、多样化、多层次、竞争性的农村金融市场，包括：放宽农村金融机构准入政策，适当降低农村金融机构准入门槛，鼓励支持发展民间金融，改革农业银行支农体制，展开邮政储蓄银行体制改革，优化农村信用社管理体制，建立全州完善的农业保险体制，加快推进资本市场建设步伐。积极推进农村信用体系建设，改善边疆地区农村金融生态环境。

（3）创新农村金融机制。引入竞争机制，建立多元化的农村金融服务体系，积极探索西双版纳“六位一体”（农村信用社＋担保机构＋保险机构＋财政＋农业龙头企业＋农户）的支农信贷服务模式，形成金融机构为桥梁、担保机构为辅助、保险机构为保障、政府为引导、农业企业为核心、农户为基础的联动机制。健全农业保险和信用担保机制。完善小企业贷款风险补偿机制，提高金融机构营销小企业和涉农信贷业务的积极性和主动性。建立银行与保险的协同机制，将贷款与保险有机结合起来。逐步改变当前农村信用社“一社支三农”的单一格局，大力培育新型农村金融机构，建立健全西双版纳农村金融组织体系。

（4）提高农村金融资源配置能力。从过去简单的政府主导的行政方式，逐渐向政府与市场共同主导，再向市场主导、市场主体广泛参与的、有序竞争的方向转变。加强以农业银行为主的商业银行在农村金融资源配置主体中的重要力量。进一步发挥农村信用社、合作银行等作为合作金融在农村金融中的主导和核心地位。州农行要积极拓宽业务范围，加大政策力度，并不断探索向商业性金融转型的新路子。村镇银行、贷款公司和资金互助机构等新型农村金融机构一级邮政储蓄银行要积极加入到农村金融的改革中来，为农村金融发展注入新的活力。

（5）完善财税支农的方向、重点和政策。财政支农是农村金融最重要的资金来源。要明确财政支农支出重点，建立“财政资金＋信贷资金”捆绑式投入机制，引导金融机构以项目为载体，加大对农业项目建设的信贷支持，加快推进西双版纳农村基础设施建设和少数民族地区科教文卫的发展。加强财政政策与货币政策的协调配合，健全以财政投资为引导的支农资金稳定增长机制，增强支持西双版纳少数民族地区发展的政策合力。

9. 积极展开金融人才培养与金融智力合作

（1）建立培训基地，展开多边交流学习。目前西双版纳金融系统内既懂国内金融，又懂国际金融；既了解周边国家金融，又会使用周边国家语言文字的特殊金融人才基本空白。建议实施“金融人才帮扶与合作培养行动计划”，建立银行业合作培训基地，在金融人才培养的政策和资金方面给予支持和倾斜。建议西双版纳辖内人民银行、商业银行在培养辖区特需金融人才方面先行先试，支持采用“走出去、引进来”等方式学习、培训周边国家金融法规政策、管理体制、汇率制度等相关知识，积极推动大湄公河次区域金融人才培养合作，促进边境地区双边或多边金融对话与交流。

（2）鼓励合作培养和委托培养。建议进一步完善生源地助学贷款政策，鼓励省内高校加强同境内外知名学校委托培养国际金融人才，推动双方金融智力合作。将云南省内高校输送到泰国等周边国家委培、留学的大学生，纳入生源地国家助学贷款范围。围绕“西双版纳金融资产商品交易所”的相关业务，展开金融后台业务外包培训。

二、聚焦总部经济，着力发展专业服务业

1. 推进载体建设，吸引地区总部集聚成长

（1）吸引国内外企业总部集聚西双版纳。以澜·湄生态商务区作为培育总部经济发展新的空间和载体，以主导产业为重点，做好载体建设，大力引进和培育国内外区域性总部、综合总部分支机构、投资型总部分支机构、销售总部等，发展多种形式的商务集聚区，积极发挥总部经济效应，将西双版纳建设成为辐射澜湄地区的区域性总部基地，培育总部运筹职能。

（2）培育一批本地优势产业的企业总部。面向傣药南药、汉麻、生物质能源、林产品加工、天然橡胶加工、绿色农产品加工、制糖、制茶、水电、建材等传统产业，支持一批符合西双版纳现代产业体系发展方向、具有品牌优势和规模优势的企业做大做强，引导其加快成长为总部企业，集聚澜·湄生态商务区及景洪创业创新科技苑。

（3）着力服务好西双版纳现有企业总部。以增强现有企业总部的根植性和归属感为主要目标，将服务好西双版纳普洱茶产业等目前的企业总部作为形成西双版纳总部经济核心竞争力的重点工作。加强政府与总部企业或地区总部的对话机制，推行对口联系服务制度，切实解决总部企业发展中的实际问题。提供更加人性化和符合总部企业需求的服务内容，提高服务效率，促进现有总部企业进一步发展壮大。

2. 完善和加强专业服务功能

西双版纳的专业服务业尚不完善，甚至有些专业服务还没有开展。大力发展专业服务业，要加大对专业服务业的招商引资力度，不断完善法律、会计、广告、咨询、财务管理、问卷调查、营销策划、包装设计、会务会展、人力资源（猎头）、工程管理与咨询、建筑规划、投资评估、项目管理、市场分析、国际贸易、翻译等多种专业服务功能（专栏 8-3）。努力吸引几家国内外知名的专业服务企业落户西双版纳，加大力度快速提升西双版纳的专业服务能力。

专栏 8-3：专业服务业[①]

所谓专业服务，是指某个组织或个人，应用某些方面的专业知识和专门知识，按照客户的需求和要求，为客户在某一领域内提供特殊服务，其知识含量和科技含量都很高，是已经获得和将要继续获得巨大发展的行业。

专业服务业可以分为生产者专业服务和消费者专业服务，具体包括：法律、会计（审计、簿记）、税收、咨询、管理、工程设计、城市规划、旅游机构、广告设计和媒体代理、人才猎头、市场调查等。

专业服务业的产业基础是第三产业。专业服务业从第三产业中分离出来是社会分工对多样化社会需求的适应结果。

3. 持续提升专业服务品质，加强专业服务业的招商引资

（1）提升整体质量，提高辐射能力。提高西双版纳专业服务的影响力，关键在于提升西双版纳专业服务的质量和品质。要不断提升西双版纳专业服务业的对外服务能力，使之逐步成为西双版纳一个重要的对外输出行业。加强对西双版纳州企业在周边国家投资的重点项目提供咨询、风险评估、风险控制及投资保险等境外投资风险保障服务，逐步实现专业服务从服务本地向辐射大湄公河次区域的转型升级。

（2）实施“请进来”战略，扩大商务服务机构规模。大力实施“请进来”战略，引进一批有实力的专业服务业企业到西双版纳投资设立分支机构，满足日益增长的国内和国际业务需求，提升专业服务的国际化水平。为本土企业开展业务提供示范，提高西双版纳专业服务业的专业化水平，促进商务服务的集聚发展。

（3）鼓励和培育本地商务服务企业发展壮大。鼓励本地商务服务企业拓宽业务范围，开展多项商务服务。鼓励外向型商务服务机构发展，通过联合重组、与国外大型商务服务机构合资合作等形式，相互协作和补充，加速与国际惯例和国际市场接轨。促进本地企业商务服务功能的内部剥离，提高服务效率和专业化水平。

4. 加快发展主导产业，强化商务服务的产业支撑

对西双版纳本地投资企业的融资、研发、培训、物流、销售等活动进行管理和协调，进一步强化生态商务区内企业的决策、经营、管理、研发等多种集中或分散的功能，为升级西双版纳产业结构、增强西双版纳企业的国际竞争力和“走出去”能力提供有力支撑。

强化品牌意识，不断提升商务服务品质。一是积极引进国内外知名商务服务企业入驻，带动西双版纳当地商务服务产业发展。二是鼓励本地企业发展成

① 资料来源：作者根据相关资料整理，见 http：//wiki. mbalib. com/wiki/专业服务

为具有较强竞争力的生产性服务企业做大做强。三是在企业管理、咨询、广告、会展等重点行业领域、鼓励有竞争优势的企业进行管理创新、服务创新和产品创新，更好的支撑西双版纳工商企业的发展。

5. 加强制度建设和组织管理

（1）完善商务服务的法律法规建设。在国家有关商务服务法律欠健全的情况下，根据西双版纳现阶段专业服务的实际状况，通过各种方式确定各类专业服务机构的性质、职能、权利义务、运营宗旨、服务内容等，使商务服务机构的活动有法可依、有章可循，推动商务服务有条不紊地进行。

（2）建立行业准入制度和市场竞争机制。各行业管理组织及主管部门在兼顾行业间专业差异的基础上，归类合并相关执业资格和行业管理组织，加强专业服务行业管理。健全专业服务行业市场竞争机制，促进西双版纳专业服务企业合理竞争，充分满足专业服务市场的需要，降低不必要的社会成本，并为总部企业提供支援服务。

（3）鼓励商务服务行业成立细分行业协会。行业协会可按照政会分开的原则，在机构、人员和财务等方面与政府部门脱钩，承担适宜于行业协会行使的行业管理职能，发挥协调作用，推进行业技术进步。制定行业标准，实施认证，开展行检行评；利用争端解决机制，维护行业和企业的利益。承担某些行业的管理职能，促进政府职能转变。向企业提供政策信息和咨询服务。

（4）完善专业服务城镇布局体系。根据西双版纳县域经济发展的需求，逐步引导会计、法律等专业服务企业在各县设立分支机构，满足边疆地方经济发展的服务需求，实现一般专业服务不出县，特殊专业服务不出州。澜·湄生态商务区、景洪创新创业科技园、磨憨经济开发区、勐海工业园区是全州专业服务的集聚区。

三、完善区域创新体系，融合发展科技服务业

1. 建设创新平台，统一管理研发和创新活动

依托西双版纳现有的科技基础，建设覆盖全州的一体化创新平台，对科技研发项目、科技企业生产、科技产业培育等研发创新活动进行统一管理，强化科技优先发展地位，大力推进开放条件下的自主创新，以快速提升边疆区域科技创新能力，稳步推动西双版纳经济的跨越式转型升级。

（1）统一创新管理主体。以各级政府机构为主体，牵头管理科技研发项目、科技产业扶持、科技企业培育等活动，协调政府相关部门、企业、高校等方面的资源，对研发和创新平台进行统一管理和支持，减少不必要的资源冲突和成本流失。在科技立项、研究开发、推广应用方面，制定成体系的资金、税收和

奖励的优惠，激励创新主体开展创新活动。

（2）统一创新体系建设。政府在科技载体建设、科技资源共享、科技配套服务等硬件、软件等方面进行体系化建设和管理，构建布局合理、功能齐全、开放高效、体系完备的物质和信息、资金和法律等保障服务系统，包括科技产业基地体系、科技融资体系、科技中介服务体系、科技人才引进和培养体系、技术创新联盟体系、科技成果转化体系、知识产权保护等标准体系，以及农村实用技术和职业技能的培训体系等。

（3）促进全方位“协同创新”。充分利用院校合作和国际科技合作的渠道，加快建立健全地方与驻州科研单位“双赢”的协同创新机制，加强与东南亚、南亚、老挝北部的科技合作，充分利用国际国内两种资源，提升科技对内对外合作的层次和水平，加快引进、消化、吸收和再创新，进一步促进创新型西双版纳行动计划的实施。

2. 引进和培养创新人才，构建次区域人才高地

充分利用西双版纳的地理与地缘优势，通过提升人才宜居环境水平，拓展人才发展空间，加大人才培养培训力度，引进管理型专业型和创新型人才。进一步加大人才招聘和引进的力度，切实引进与培养带项目、带技术、带资金的高层次人才。探索“猎头式”招才引智、顶尖人才定向推介等引才方式，加强科技创新与创业人才引进的针对性和有效性。依靠科技创新和提高人才素质，培育西双版纳经济新的增长点。

（1）以创新与创业团队为单位引进科技人才。紧紧围绕西双版纳州生物产业和行业的发展需要，举办海内外招聘和对接活动，建议启动“亿元科技创业领军人才计划”，并逐步建立更多有针对性的专项资金计划，吸引更多国家有突出贡献的专家和学术技术带头人等高端科技人才，实验室主任、重点科研机构学术带头人，以及其他高级科研岗位和拥有特殊技能的紧缺人才来西双版纳创业。鼓励和支持西双版纳人才申请省级、国家级高层次创新与创业人才。立足西双版纳优势资源和主导产业，借鉴东部沿海地区的做法，发挥“引进一个‘海归’，形成一个产业”运作模式的优势，以人才带动项目，促进西双版纳各类企业的进一步集聚。

（2）拓展人才发展空间，促进创新、创业人才落地生根。建设宜居自然环境，积极发展第二居所，实施高端人才导入计划，充分利用“三个好地方”的独特优势，建设丰富多彩的文化娱乐和商业设施，完善公共教育环境和社会保障制度。拓展人才发展空间，维护人才的合法权益，完善人才流动配置机制和人才有效激励机制。加大人才培训力度，大力加强企业经营管理人才和专业技术人才培训，开拓国际视野，提升能力水平，为西双版纳经济发展与经济社会转型提供国际化人才支撑。

(3) 促进校企、政企联合办学，加大科技人才培养力度。尝试借助国家“2011协同创新计划”，加强与高校院所牵线合作，促进企业与高等院校、科研机构合作培养创新人才队伍，引导企业建立有利于科技人才成长和发展的激励机制和管理模式，共同培养企业所需要的各类创新人才。政府与企业合作，发挥“订单式”培养人才的高效性和针对性，建设产业所急需的技术人才和管理人才培训基地。

(4) 持续实施科普惠农兴村计划。围绕西双版纳州新农村建设的目标任务，以成人技校、农技校、农函大、农技协及各类农村科普示范为载体，每年培养一定数量的新型农民，发展一批农村专业技术协会。

3. 鼓励企业自主创新精神，科技创新和技术引进并举

(1) 推动企业技术创新和改造。加大创新宣传，树立企业自主创新的意识。转变以政府、学校为主的创新体制，完善企业参与技术研发的条件和机制。加大对重点企业、关键技术的扶持力度，对满足条件的企业想办法给予资金、政策、土地等政策的优惠。设立主导产业、关键技术的创新发展基金，扶持一批有前瞻性、创新性、增值性的关键技术。大力推进企业进行技术改造，促进企业运用新技术改造传统生产，鼓励企业采用先进设备替代旧设备，不断提高企业的生产效率。积极推动建立一批国家级和省级技术中心，提高企业的自主创新能力。

(2) 创造创新和技术进步良好环境。建立完善的科技金融体系。加快种子基金、风投基金、担保机构等科技融资统一平台的搭建完善，建立健全有利于自主创新成果产业化的金融服务体系。建设业务全面的中介服务体系。支持管理咨询、创业辅导机构、技术咨询、工程咨询、律师事务所、专利、商标事务所等科技中介服务机构发展。进一步完善知识产权保护制度。切实维护企业的创新成果和技术优势，并激励企业进行不断进行创新和技术改进。促进产学研结合，为创新企业提供良好的智力支持。

(3) 打造研发创新型企业，鼓励中小企业创新意识。引导龙头企业充分利用品牌、技术等优势，开展兼并活动，推动企业的规模化发展，大力实施品牌带动战略，鼓励和引导企业自创品牌。引导和扶持企业积极参与行业标准、地方标准、国家标准及国际标准制定，采用国外先进标准组织生产，加快培育一批具有国际影响力的创新型龙头企业。积极鼓励中小企业建立创新研发机构，鼓励西双版纳建立企业技术中心，提供技术支持服务。鼓励中小企业培育创新的企业文化，以文化推动企业的技术创新。

4. 重点服务主导产业，鼓励发展创意产业

(1) 突破键技术，促进技术进步。紧紧围绕天然橡胶、傣药南药、生态食品、生态用品、文化旅游、电力等产业，集中科技资源和创新力量，加强消化

吸收和再创新，利用5～10年时间，全力突破和引进一批关键技术，提高产业科技含量。依靠科技进步提高全州农业综合生产力，围绕“一村一品”“一乡一业”展开科技服务与支撑，建立科技帮扶与组织示范。促进公益性技术创新与应用，提高社会服务领域的科技水平。

（2）加大西双版纳科技产业的开放力度。积极鼓励参与区域间重大科技合作项目，与老挝、缅甸、泰国等东南亚国家展开国际科技合作，并且吸纳国内外高层次科研人才参与西双版纳科技创新活动，不断开阔科技眼界、提高科技水平。建立广泛的、多层次的创新合作网络及机制，促进分工协作，建立企业、高校、科研机构之间进行合作研究与开发的协作机制，实现优势互补、利益共享。以石斛产业技术创新战略联盟为示范和试点，进一步完善产学研相结合的协作机制、企业创新联盟机制。

（3）打造品牌集聚产业园区。以天然橡胶基地、傣药南药基地、普洱茶基地、竹产业基地、生态食品基地、生物油基地、汉麻产业基地“七个基地”为基础，以澜·湄生态商务区、景洪创业与创新科技苑、勐海工业园区、磨憨经济开发区等为核心，开展集成创新、协同创新和引进消化吸收创新。在景洪、勐腊、勐海各自特色产业基地的基础上，打造一批科技产业集聚区品牌，形成基础设施共享、信息共享、人力资源库共享，知识溢出的集聚效应和品牌效应，更大力度的对相关产业产生吸附作用。

（4）积极发展创意设计，培育特色科技品牌。随着文化产业的地位和重要性不断上升，发展环境不断优化，积极引进创业团队，加大激励引导，探索发展创意设计、工业设计等新兴服务业。引进国内外高技术专业企业，采用高新技术提取和利用茶叶中茶多酚、茶色素、茶皂素、茶多糖等功能性成分，用于食品、制药、化妆品工业。以产品品牌带动精制茶生产，扩大有机茶、无公害茶的研发设计，形成袋泡茶、速溶茶、香味茶、泡沫茶、药茶、新型茶饮料等多种产品系列，提升茶产品的技术含量和档次，培育西双版纳知名茶叶品牌。

5. 着力创新科技金融，强化科技服务支撑

（1）对有发展潜力的科技企业提供补偿、补贴等优惠政策。发挥财政补偿激励杠杆作用，对技术含量高、市场前景广、信用记录好的企业，给予一定贷款贴息和中介费补贴，鼓励企业向银行融资。对科技贷款增长显著的银行，安排一定风险补偿和奖励，引导银行增加贷款支持。探索制定鼓励创投、担保行业发展的优惠政策，扩大创投资金和融资担保对企业的科技研发活动支持。

（2）加强科技企业信用体系建设，提高信贷审查效率。提高金融机构对科技型企业的信用评估与额度核定审批效率。鼓励银行等金融机构引进专业科技人才，加强对科技创新规律的把握，保证对具备成长潜力的科技企业和科技项目的信贷支持。支持人民银行进一步完善企业信用信息系统，协调相关部门参

与信用体系建设，完善充实企业非银行信用信息，健全科技型企业信用档案。

(3) 成立政府主导的专业化科技担保公司。为科技企业提供担保，便利科技企业融资。发展科技金融专业组织，发展具备创业投资、小额信贷、融资担保等多种服务功能的科技金融服务公司，形成对集团化服务优势。吸引民间资本，探索设立科技小额贷款公司，专业服务科技型企业。完善专业化服务机制，创新信贷融资模式，如贷投结合支持模式、动产权利质押融资、知识产权质押融资等，加强银险、银保合作，推动科技担保、再担保公司和保险公司加强与银行的合作。

(4) 搭建科技金融信息交流与共享平台。政府职能部门和金融系统应加强政策对接，建立信息交流与融资联动机制，及时沟通科技创新政策、货币信贷政策，形成企业、项目、人才等科技信息及科技金融产品信息库，为科技成果的转化创造融资条件。

四、建设智慧城市，加快发展信息服务业

1. 夯实信息服务基础：硬件设施和基础数据

(1) 完善信息化基础设施建设。提高西双版纳的信息化水平，首先要完善城市的信息基础设施建设。不断提高电话、有线电视和手机通信的普及率，加强电信网和广电网的建设，推进“三网合一”，发展无线宽带，增强西双版纳信息服务能力。在加强传统通信基础设施的基础上，不断推进新信息技术的推广和使用。加快移动通信网建设，推进第三代移动通信系统的应用。大力发展多媒体业务，推广数字电视、手机电视、网络电视、可视电话等先进通信技术，推动西双版纳在大湄公河次区域信息化领域处于领先地位。加强城市管理、旅游服务、商务支持的信息设施建设，加快城市交通监控、公安安全监控等设施建设。

(2) 加快西双版纳专业信息数据库建设。积极推进政府、企业、社会公众信息资源的开发和利用，重点抓好一批实用性强、应用范围广、信息量大、社会需求迫切的数据库建设，鼓励各类信息内容业的发展，形成完备的网络化、数字化信息资源体系。构建基础信息数据，要加大信息的收集、整理，要形成制度，形成电子档案，并不断保持信息数据的及时更新，加强信息数据的共享。

2. 实现办公和服务自动化、网络化和智能化

(1) 完善电子政务网，提升公共服务效能。电子政务网络系统是一个以“中国·西双版纳”网为平台，与上级政务网络系统、下级政务网络系统畅通链接的政府服务网络。电子政务网络要在现有政务专网的基础上，进一步加强信息基础设施、专业数据库建设，加强信息专业数据资源的整合与共享，加强上下级政府、政府与企业、政府与公众的信息沟通机制建设，全面实现政务公开、

网上办事、咨询服务、内部公务等内容的信息化和自动化，不断提高政府的办事效率、办事质量和良好的公共形象。

（2）完善电子商务网，提高商务运营效率。电子商务网络系统是以连接西双版纳企业为主的门户网络，通过电子商务网的整合，为西双版纳本地企业的生产经营活动提供一个共同的、便捷的平台。要重点加强电子商务网与政务网络、商务平台与各企业网络、本地商网与外地商网、商务网络与消费者的良性沟通机制建设，积极发展虚实网络相结合的电子商务，带动流通交易方式和服务方式的新革命。规划期内，基本实现大部分企业的企业与企业之间（B2B）的网上交易、企业与消费者之间（B2C）的网上交易、网上超市、网络客户管理、库存管理、财务管理等企业信息化功能。

（3）完善公共服务网，提高居民、游客与投资者的生活品质。公共服务网络是为了便利居民生活，把信息化推广到每一个西双版纳人的日常生活中去而建立的网络系统，切实提高人的信息化能力。满足居民数字地图查询、商业网点的地理系统查询、电话缴费、煤气缴费、手机查询、视频登记、电子邮箱、折扣信息等各项生活服务需求，真正使西双版纳人享受信息化带来的好处。实现“无线景洪”，使得每一位进入景洪的旅游者、投资者和创新者及本地居民都能够随时随地通过无线互联网与世界通讯和交流。

（4）营建西双版纳数字物流港，加强商贸流通能力。目前西双版纳的物流业尚处于起步阶段，拥有内部局域网、企业网页、数据库并使用 EDI 系统和进行物流软件开发的企业还不多。以景洪物流中心为基础，建立“数字物流港”服务平台，链接着政府信息、物流企业、消费客户、港口现场系统、场站、专业市场、交通信息、仓储管理信息等各种子网络。它的建立将大大减少信息流通的环节，缩短由于信息不畅带来的延迟，大大加快物流企业流转速度，加大了物流量，增强了物流企业的核心竞争力。

（5）试点推动景洪物联感知工程。充分借助物联网、传感网，加快建设覆盖城乡、超大容量、安全可靠的信息基础网络，积极推动电子信息产业向智能楼宇、智能家居、家庭护理、路网监控、智能医院、城市生命线管理、食品药品管理、个人健康与数字生活等诸多领域渗透，推动景洪市府决策、市政管理、公共服务和社会民生的信息化、网络化和智能化。

3. 提升信息化共享与应用水平

全面提升西双版纳信息化水平，确保信息服务工作的畅通有序进行，离不开信息化基础保障建设。一方面要加强信息化硬件基础设施建设，构筑政府、企业的信息网络、数据库和通讯基础设施；另一方面要不断重视信息人才的引进和培养，为西双版纳信息服务业的长远发展提供人才保障。具体来说，需要落实以下三项重点工程。

(1) 数据共享平台工程。目前，西双版纳州及景洪市各委办局的专业数据库有的已初步建立起来，但是各专业数据库的共享、共通，尤其是把专业数据转换为公众信息的工作还没有实现。为了更加有效地整合西双版纳的信息资源，发挥最大的经济效益，需要对各类基础和专业信息资源进行整合，构建一个数据共享平台，有些数据可以通过公共网络共享给企业和公众，重要的数据可以通过加密等方式共享到政府各个部门。这样可以加快信息资源的利用效率，也体现了服务型政府的公开性、公正性。

(2) 信息化提升工业化。为推动西双版纳企业信息化，进一步挑选信息化比较好的企业进行试点，制定优惠政策帮助和鼓励企业建立内部网路、电子商务网络、内部数据库、应用政务网络、采购系统、客户管理系统、售后服务系统等电子信息网络，逐步实现企业与政府、企业与企业、企业与消费者的快速连接。对于信息化优秀的企业授予“西双版纳信息化示范企业”称号，在信息化建设上给予一定政策优惠。每年进行一次“西双版纳十大信息化示范企业”评选活动，颁发一定奖金鼓励。

企业的信息化不仅在于管理的信息化，还要不断推动企业生产的信息化和自动化。积极推动传统工业企业利用信息技术改造自身的工艺流程、工艺装备、生产条件，提升产品核心技术，提高企业的自动化、智能化、数字化、网络化水平，推动传统产业结构调整和技术升级。

(3) 电子商务示范工程。主要以大型商贸企业为示范典型，重点抓好龙头商贸企业的商品采购平台、基于供应链管理的电子商务平台、面向客户的综合服务平台等电子商务网络的建设，积极发展网上采购、网上交易和网上服务、银行卡网上支付等，实现西双版纳电子商务的跨越式发展。不断提高商业企业的信息处理能力，推广单品管理、供应链管理、客户关系管理及网上采购、网上交易和网上服务等信息管理技术，实现西双版纳商贸业从传统转向现代经营方式。

(4) 提升少数民族的信息化能力。依托西双版纳傣文计算机操作系统，完善傣文数字化和网络化技术，向民众普及和推广计算机知识和信息网络知识，切实提高少数民族的信息化能力。

4. 加强信息安全建设与管理

针对西双版纳地质特征和地缘特征，根据国家有关政策和标准，研究制定信息安全标准规范和信息安全检测、评估认证体系。加快西双版纳信息安全产品产业化、规模化步伐，逐步形成完善的信息安全体系。信息网络建设项目要充分考虑安全建设，纳入项目总投资，同步规划、同步建设。项目实行政府采购招标，并对项目安全进行监理和验收。建立电子政务认证体系，建立应急支援中心和数据备份中心。探讨建立服务异地备份中心和信息安全支援中心。

第九章
战略实施的若干专题探讨

第一节　推动空间经济一体化

一、空间通达性与区域经济一体化

实现区域分工有利于提高各区域的经济效益和国民经济发展的总体效益，是提高地区发展效率的重要方向。但区域分工的程度受限于区域一体化的程度。现在西双版纳存在与区外的连通性不足的问题，使区域分工既受限于物质条件，也受政策制约。

一是物质条件制约，包括：①道路交通系统未完善。例如，铁路、高速公路未形成完善的道路交通网络。②直达航线缺乏。西双版纳的地理位置相对偏僻，远离市场中心，尤其是远离主要市场。弥补地理位置偏僻的缺陷的重要方法是增加直达航线，确保西双版纳的可进入性。目前直达航线的缺乏使这一缺陷得以放大。

二是政策制约，主要在出入境政策上：当前西双版纳的出入境政策相对死板，如限制非签证游客出入境必须乘坐同种交通工具等。

以上问题直接导致了西双版纳与外界的连通性不足，导致主要市场无法进入以景洪为中心的目的地系统，也使得旅游线路受到重要制约。因此，加强连通性，争取政策突破，是西双版纳需要长期关注的首要问题。针对以上制约，西双版纳可以做以下尝试。

1. 坚决开通三类直达航线

开通联系国内重要城市，如北京、上海、杭州、广州、哈尔滨、沈阳、香港、台北等地的直达航线；开通联系国际主要城市、区域中心城市，如东京、首尔等城市的直达航线；开通通往东南亚重要城市的线路。

2. 努力营建政策“特区”

政策的制约直接弱化了西双版纳桥头堡功能的发挥。西双版纳应努力争取政策优惠，推进边境旅游发展。响应2011年6月国务院办公厅印发的《兴边富民行动规划（2011～2015年）》，积极协调央地关系，力争在有效管理的前提下，实施落地签证政策，争取成为“旅游经济与社会融合发展的先行先试区”。

3. 完善道路交通网络

道路交通网络是制约区域一体化和区域分工的重要因素，西双版纳应积极完善道路交通网络，联通西双版纳内部各景区，改变西双版纳旅游空间结构，争取向点线式结构，进而向网络式结构转变；努力争取昆曼大通道向老挝方向的延伸，促进区域一体化，加强西双版纳与东南亚区域的连通性。

二、区划调整与空间管制问题

1. 实施土地战略储备

地区增长过程中，价值的溢出反应在土地价值上。城市化的发展造成了建设用地资源的缺乏，也就形成了建设用地指标的资源价值。一方面，西双版纳的“大推进”战略需要大量的土地；另一方面，也需要为西双版纳下一步的发展留出空间。对土地进行战略储备，事实上是在积累土地资本，使未来发展也能充分享受溢出效应。城市化的发展是必然的，未来景洪市的发展空间，必然将向临近的勐腊镇、勐海镇拓展。因此，对勐腊、勐海的土地资源进行整治和战略储备势在必行。

土地战略储备，应建立土地收储机制，并且借鉴安徽合肥等地经验，成立土地储备中心，专门负责全市土地的收购储备，并依据新土地法将全市的土地一级市场垄断起来，采用市场经济的方法来配置国土资源，努力实现国有土地资本化，使土地储备成为政府的“第二财政”；根据城镇发展规划，按照节约、集约用地的原则，将现有分散、零碎的建设用地进行整合后储备；积极挖掘闲置土地资源，提高土地资源利用率。

2. 展开行政区划调整

当前西双版纳的区划是西双版纳州下辖一市两县，其中在景洪市划出工业开发区和旅游度假区，管委会作为州政府派出机构，直接对相应的区进行管理，这也是全国普遍的设置方式。这种设置会造成西双版纳州政府和景洪市政府之间有一定的行政权力重叠，进而也会导致州政府的发展战略和景洪市政府的发展战略有一定的重叠，容易出现多头指挥的情况。因此，建议西双版纳进行行政区划调整，对景洪市进行“撤市设区”，使西双版纳州成为一个统一的整体，一是有利于推进各景区均衡发展，提高西双版纳景区的承载能力和服务水平；二是也有利于降低行政成本，提高行政效率；三是在全州的空间发展上更能贯彻州政府的发展战略，更能统一协调各级政府，打造全州的政治经济文化中心。

第二节 破除资源陷阱

破除资源陷阱的问题，需要实现产业的升级和调整，跳出在橡胶种植上的锁定和对资源低效不合理开发，资本大推动是可以借助的重要外力，在前面的章节中已经分析，在此基础上，人力资本的积累和引进、控制橡胶种植的不合理蔓延等都是必要的手段。

一、人力资本的积累和引进

1. 加大教育投入和提高教育质量

地方政府已经意识到人力资本在经济发展中所起的核心作用。西双版纳教育的“十二五”规划中提出，地区未来的发展，关键靠人才，基础在教育，必须始终坚持把教育摆在优先发展的战略地位。因此，应当加大基础教育投资力度，确保九年义务教育高质量实施和职业教育的投入力度。提供教育培养一条龙服务，抓好城乡学前教育、乡镇中心幼儿园和行政村幼儿园建设，确保义务教育普及和教育水平提高，扩大高中办学规模，大力发展职业教育，切实推进中等职业教育免费培训进程。

2. 高端人口的引入

实施大推进战略、产业转型升级需要有技术性人才和消费能力高的人群作为重要的支撑，因此非常有必要为西双版纳的发展引入一批高端人口。由于经济发展水平相对落后，产业发展阶段又处于相对低端的水平，西双版纳的地区形象被贴上了“原始”的标签。虽然其所蕴涵的自然环境质量水平高的隐形含义有一定的正面意义，然而西双版纳对高端人口尚不能形成较强的吸引力。对此，一方面，需要凭借大推进战略的数十亿上百亿的投资，提供相应的就业机会，吸引全国范围的人才；另一方面，需要通过不断改善居住、内外交通条件，提升西双版纳的形象和知名度，不断地吸引外来人口。

二、控制橡胶种植，推行必要的退胶还林

首先，从橡胶种植管理的角度，相关政策已纷纷出台，如设立禁止开发区，确保重点林地资源的安全。严禁在保护区、风景名胜区、景区进行橡胶种植，保护好国有林和公益林的安全。尤其是维护好州内的水源林的养护，保证用水安全，防止对生态系统造成严重影响。对受到破坏的水源林，严禁转卖和种植开发；对已经受到破坏的水源林，实施加强保护、强制退出、经济补偿、林地置换、交纳补偿等，要有计划地开展恢复工作。在胶林更新的过程中，逐步调整种植区域，减少胶农自发形成的不科学种植。将植胶控制在海拔 900 米、坡度 35°以下。高海拔和陡坡的已种橡胶不得更新再种橡胶，从而达到自然恢复生态功能的目的。

其次，虽然进一步砍伐原始森林的现象有所遏制，但退胶还林的举措实施难度很大。一方面，部分非适种区的产权是合法的，原因在于开发初期，人们的生态保护意识较弱，为了促进橡胶种植业的发展，对一批不适合种植的地区的土地开发给予了法律上的许可。另一方面，废除橡胶种植恢复雨林需要大额的财政支持，尽管依靠政府推行速度较慢，但是为了维护生态环境，在不适宜种植的地区应当克服困难坚定不移地推行退胶还林。

最后，化肥农药能大大提升橡胶产量，并且当前没有先进的技术进行更替，所以难以遏制其大量使用，但对生态影响重大，必须进行适度控制。

第三节　创新文化、治理与制度

一、企业家精神与地方创新文化培育

1. 加强招商引资力度

在本地欠缺创新与创业精神的环境下，招商引资是解决这一问题的最有效、最迅速的方法。招商引资不仅能短时间内引入创新与创业精神，而且会刺激到本地资本，进而培育出有地方特色的创新与创业。

加强招商引资力度，努力引入有实力的开发商和文化企业。在中小产业领域，如小型精品酒店市场、文化创业市场、餐饮市场等，尤其需要引进外资，以弥补其本地创新能力不足、创业能力缺乏的弱点。

2. 鼓励外省市人员创业与创新

外部创新与创业人员的进入，不仅为本地带来创新与创业的文化，同时还带来资本、技术和创新能力，从而推动地区创新与创业文化的发展。因此，为外省市人员在本地区进行创新与创业提供优惠政策，积极引入外部创新与创业人员势在必行。

鼓励外省市人员在本地区进行创新与创业，可尝试为外省市人员提供政策优惠，如一定比例的财政返还；简化相关手续，即政府部门之间实现协调，为外部创新与创业人员相关证件办理提供一条龙服务。针对不同规模的资本提供有针对性的服务，尤其注意小业主的权益保护与落实，有针对性地为小业主的创新与创业创造条件。政府为各类创新与创业人员提供技术培训等。

企业家精神的培育，不仅适用于普通民众，还适用于政府，尤其是基层政府。一个有企业家精神的政府，意味着要用企业家在经营中所追求的讲效率、重质量、善待消费者和力求完美服务的精神，以及企业中广泛运用的科学管理方法，改革和创新政府管理方式，使政府更有效率和活力。这不仅能够促进政府改革，还能通过地方政府推动企业发展，培育政府的亲商精神，最终促进地区经济发展。

以昆山为例，按照昆山的县乡财政分成制度，财政收入的70%归属乡镇，30%上交县里，这一分成比例大大激励了乡镇发展经济的积极性。昆山经济持续发展，创造了“昆山经验”。在激励机制上，昆山建立科学发展的考核评价机制，充分调动了干部的积极性。昆山政府的亲商精神值得学习与借鉴，因此西双版纳应大力培育政府的企业家精神。

二、财政分成与绩效考核制度创新

1. 建设财政分成试点

以傣族园所处的勐罕镇为例。对于勐罕镇政府而言，傣族园带来的仅仅是“事权”，而缺乏相应的经济利益。事权即勐罕镇作为地方政府需要承担属地管理的责任，直接对傣族园所在地的治安等负责，因此游客越多，人员越复杂，意味着勐罕镇政府的工作量越大。缺乏相应的经济利益是由于税收机制的设计问题，勐罕镇政府并没有从傣族园的税收中得到财政收益。归根到底，乡财县管的财政制度是造成这种事权和财权不匹配的根源所在，这导致勐罕镇政府对傣族园旅游公司持一定的负面态度。

针对这种情况，需要建立财政分成试点。按照“属地征收、属地管理、属地分成”的财政管理要求，在试点取消“乡财县管”的制度，县乡两级政府进行财政分成；对于“大牌”企业（如傣族园）的税收收入，建议让乡镇参与分成。从而进一步扩大乡镇政府财权，充实乡镇政府的财政实力，增强乡镇政府发展经济的积极性，提高全市基本服务均等化水平。

2. 完善政绩考核制度

参考和学习昆山先进经验，在干部实绩考核中更加注重发展质量、民生改善、环境保护和社会建设；设立创新奖，开展效能评估，鼓励大胆创新；实行末位淘汰、问责制和责任追究办法，严查行政不作为、乱作为。

第四节 再论地方营销

一、策划多样性节事活动

1. 凸显“普洱茶源”，大力发展“中国·国际茶文化节”

结合西双版纳特色文化，整合现有茶类文化节事活动，策划具有民族文化、茶文化气息的全球性的茶的盛会——“中国国际茶文化节”。同时，积极应对思茅等地对普洱茶品牌的争夺，以打造国际茶文化节为契机，积极搭建平台，适度建设普洱茶展销中心，策划各类茶展，推动西双版纳成为茶产业的全国定价中心，强化西双版纳在国内外茶产业中的枢纽地位。

2. 依托少数民族文化，做大做活民族文化节事活动

以“泼水节”为引领，进一步强化“西双版纳傣族泼水节”的宣传推广，锻造标志性民族节事活动品牌，全面提升西双版纳的旅游形象。依托哈尼族、拉祜族、布朗族、傣族等少数民族传统文化，深入挖掘地方特色，融合各类茶展活动、少数民族体育运动、民族文化交流等多元形式，不断丰富节事活动，做大做活民族文化节事活动。

二、构建地方营销平台

1. 建设城市门户网站和交流平台，大力推动城市形象传播

整合优势资源，深掘地方文化，打造西双版纳地方特色门户，搭建西双版纳城市宣传和营销平台。

2. 积极与网络媒体合作，强化城市形象宣传

积极与主流门户网站、网络社区等网络媒体合作，充分利用网络媒体强化城市形象宣传力度。利用不断涌现的新型网络媒体渠道，如微博、人人网、开心网等影响渠道，紧随潮流适时推广西双版纳城市形象。

三、推进普洱茶申报“世界文化自然双重遗产”

西双版纳州景洪市基诺山乡和勐腊县易武镇（含原曼腊乡）、象明乡境内的六大古茶山，是历史上最著名的优质普洱茶的发祥地和原产地，拥有大面积的野生茶树群落，数量众多的千年古茶树、古茶林，丰富的种植资源和显示人类使用驯化茶叶的古茶树资源，使其不仅是世界茶树的原产地，茶树驯化和规模化种植发源地的“活化石”，也是未来茶叶发展的资源库，为申报世界茶树原产地与古茶、山茶自然文化双重遗产提供了重要的依据和独特优势，符合世界遗产标准中的多项要求，具有在世界申报范围的竞争中获胜的多重有利条件。

1. 普洱茶申报双重遗产，打造西双版纳新形象

普洱茶申报世界遗产，将提升普洱茶的品牌价值和形象，同时也大大提升了西双版纳州的国际和国内知名度。通过申报工作，利用相关新闻传播机构的宣传推广，有力进行地方营销，打造国际品牌，树立西双版纳的国际新形象，创造与国际接轨的新平台，提高国际和国内知名度。

2. 普洱茶申报双重遗产，助推地方经济发展

西双版纳是少数民族聚居区，经济发展滞后，社会发展缓慢。通过申遗工作，有利于向上级政府机构争取有利资源乃至国际支持，有利于向上级政府获取更多政策、资金、技术、人才等方面的支持，获取良好的发展契机。茶产业是西双版纳重要支柱产业之一，申遗工作将为西双版纳茶产业的发展创造良好的机遇和条件。同时，申遗工作能够促进西双版纳旅游产业和文化产业的发展，形成新的特色文化旅游。

3. 普洱茶申报双重遗产，增强民族文化的保护

西双版纳是少数民族聚居地区，是世界茶树原产地，承载着丰厚的少数民族文化及普洱茶文化。申遗工作，对于少数民族文化及茶文化的恢复、抢救、保护及弘扬具有直接的促进作用。

参考文献

安尼瓦尔·阿木提，刘则渊．2004．东西部经济发展差距的地理空间格局不经济分析．西安交通大学学报（社会科学版），24（2）：49-52．

陈才．1991．区域经济地理学原理．北京：中国科学技术出版社．

陈亚颦，马黎．2007．西双版纳傣族民间舞在旅游中的消费与重构．经济问题探索，（10）：123-125．

杜杰，杨效东，张花，等．2008．西双版纳热带次生林和橡胶林蚯蚓数量分布及其与环境因子的关系．生态学杂志，27（11）：1941-1947．

段丽萍．2010．西双版纳州教育发展问题研究．中共云南省委党校学报，（02）：67-68．

高雷，沈有信，帅建国，等．2009．西双版纳山区贫困村寨经济发展的制约因素及致富途径初探．云南农业大学学报：社会科学版，3（4）：31-36．

顾乃华．2007．对现代服务业基本内涵与发展政策的几点思考．学习与探索，（3）：123-126．

江曼琦．2009．少数民族经济发展与城市化问题研究．北京：经济科学出版社．

金璟．2006．云南农垦橡胶企业经济改革定量分析．西南财经大学硕士学位论文．

理查德·奥蒂．2006．资源富足与经济发展．张效廉译．北京：首都经济贸易大学出版社．

李江帆，毕斗斗．2004．国外生产服务业研究述评．外国经济与管理，（11）16-19．

李亚飞，刘高焕，黄翀．2011．基于 HJ-1 CCD 数据的西双版纳地区橡胶林分布特征．中国科学：信息科学，41（增刊）：166-176．

刘玫芬．2003．北海道面对台湾市场之观光行销策略　台湾经济研究院．

刘重．2005．论现代服务业的理论内涵与发展环境．理论与现代化，（06）：47-50．

陆大道．1995．区域发展及其空间结构．北京：科学出版社．

马咏洪，张永强．2012．西双版纳州农垦改革金融支持问题研究．时代金融，（2）：32-33．

宁越敏．1995．从劳动分工到城市形态（二）．城市问题，（3）：14-16，20．

牛文元．2011．中国新型城市化报告 2011．北京：科学出版社．

任佳．2011．云南“十二五”时期经济发展面临的机遇，挑战与对策．云南社会科学，（6）：101-105．

邵帅，齐中英．2009．西部地区的能源开发与经济增长——基于“资源诅咒”假说的实证分析．经济研究，(4)：147-160.

托达罗·史密斯．2009. 发展经济学．余向华，陈雪娟译．北京：机械工业出版社，95.

李国平，薛领等．2008. 产业与空间：北京市产业用地分析、评价与集约利用研究．北京：中国经济出版社．

王高辉．2010. 从资源环境角度分析资源诅咒现象．能源环境保护，(4)：51-53.

王战．2005. 提升上海国际竞争力：2004/2005 年上海发展报告．上海：上海财经大学出版社．

王铮．1993. 地理科学导论．北京：高等教育出版社．

魏小安．2010. 新时期中国旅游发展战略研究．北京：中国旅游出版社．

翁瑾，李文亮，杨开忠．2004. 法国规制学派的理论及其在区域经济学上的应用．当代财经，(10)：75-77，80.

西双版纳州农业局．2006. 遏制我州橡胶面积盲目扩大高海拔种植已刻不容缓（13 号）. http：//www. xsbn. gov. cn/legalbill/overture/origin/yla/200610/3902. html [2012-02-04]．

夏杰长．2008. 高新技术与现代服务业融合发展研究．北京：经济管理出版社．

徐国祥，常宁．2004. 现代服务业统计标准的设计．统计研究，(12)：10-12.

徐康宁，韩剑．2006. 中国区域经济的"资源诅咒"效应：地区差距的另一种解释．经济学家，(6)：96-102.

杨开忠．1992. 二元区域结构理论的探讨．地理学报，47 (6)：499-506.

杨开忠．2003. 西部开发要克服空间格局不经济．科学咨询，(23)：38.

张继焦．2011. 中国东部与中西部之间的产业转移：影响因素分析．贵州社会科学，(01)：69-73.

赵奉军．2004-7-8. 资源诅咒、荷兰病与山西经济．经济学消息报，(2)．

赵俊臣．2006. 西双版纳傣族自治州第三产业发展研究．http：//www. comment-cn. net/economy/analysis/2006/1105/article _ 16920. html [2012-02-04]．

周宗，胡绍云，谭应中．2006. 西双版纳大面积橡胶种植与生态环境影响．云南环境科学，25 (B06)：67-69.

Amuzegar J. 1982. Oil wealth：a very mixed blessing. Foreign Affairs，(60)：814-835.

Andersen J J，Aslaksen S. 2008. Constitutions and the resource curse. Journal of Development Economics，87 (2)：227-246.

Auty R M. 2001. Resource Abundance and Economic Development. New York：Oxford University Press.

Auty R M. 1993. Sustaining Development in Mineral Economics：the Resource Curse Thesis. London：Routledge.

Birdsall N，Pinckney T，Sabot R. 1999. Natural resources，human capital，and growth. Carnegie Endowment for International Peace，9：22-24.

Bravo-Ortega C，De Gregorio J. 2007. The Relative Richness of the Poor? Natural Resources，Human Capital，and Economic Growth // Lederman D ，Maloney W F. eds. Natural Resources：neither Curse nor Destiny. Palo Alto：Stanford University Press.

Bulte E H，Damania R，Deacon R T. 2005. Resource intensity，institutions，and development. World Development，33（7）：1029-1044.

Collier P，Hoeffler A. 2004. Greed and grievance in civil war. Oxford Economic Papers，56（4）：563-595.

Corden W M，Neary J P. 1982. Booming sector and deindustrialization in a small open economy. Economic Journal，(92)：825-848.

Corden W M. 1984. Booming sector and Dutch disease economics：survey and consolidation. Oxford Economic Papers：359-380.

Gelb A. 1988. Oil Windfalls：Blessing or Curse? World Bank Research.

Gylfason T，Zoega G. 2003. Inequality and economic growth：do natural resources matter? //Theo S E，Stephen J V. Inequality and Growth：Theory and Policy Implications：255-292.

Gylfason T. 2001a. Nature，power and growth. Scottish Journal of Political Economy，48（5）：558-588.

Gylfason T. 2001b. Natural resources，education，and economic development. European Economic Review，45（4）：847-859.

Harris C D. 1954. The market as a factor in the localization of industry in the United States. Annals of the Association of American Geographers，44（4）：315-348.

Hodler R. 2006. The curse of natural resources in fractionalized countries. European Economic Review，50（6）：1367-1386.

Illeris S，Sholt P. 1995. The nordic countries：high quality service in a low density environment . Progress in Planning，43（3）：205-221.

Isham J，Woolcock M，Pritchett L，et al. 2005. The varieties of resource experience：natural resource export structures and the political economy of economic growth. The World Bank Economic Review，19（2）：141-174.

Krugman P. 1991. Increasing returns and economic geography. Journal of Political Economy，99（3）：483-499.

Larsen E R. 2006. Escaping the resource curse and the dutch disease? American Journal of Economics and Sociology，65（3）：605-640.

Lederman D，Maloney W F. 2007. Natural Resources，neither Curse nor Destiny. Palo Alto：Stanford University Press.

Levin J V. 1960. The Export Economics：Their Patten of Development in Historical Perspective . Cambridge：Harvard University Press.

Matsuyama K. 1992. Agricultural productivity，comparative advantage，and economic growth. Journal of Economic Theory，58（2）：317-334.

Mehlum H，Moene K，Torvik R，et al. 2008. Institutions and the resource curse. 40 Years of Research on Rent Seeking 2：Applications：Rent Seeking in Practice：245-264.

Mehlum H，Moene K，Torvik R. 2006. Institutions and the resource curse. The Economic Journal，116（508）：1-20.

Mehrara M. 2009. Reconsidering the resource curse in oil-exporting countries. Energy

Policy，37 (3)：1165-1169.

Murshed S M. 2004. When does Natural Resource Abundance Lead to a Resource Curse? International Institute for Environment and Development，Environmental Economics Programm.

Nurkse R. 1967. Problems of Capital Formation in Underdeveloped Countries：and Patterns of Trade and Development. Oxford，New York：Oxford University Press.

Polterovich V. 2008. Institutional trap. New Palgrave Dictionary of Economics，second edition.

Rodriguez F，Sachs J D. 1999. Why do resource-abundant economies grow more slowly?. Journal of Economic Growth，4 (3)：277-303.

Ross M. 2001. Does oil hinder democracy? World Politics，53：325-361.

Rostow W. 2002. The Stages of Economic Growth：a Non-Communist Manifesto. London：Cambridge University Press.

Sachs J D，Warner A M. 1995. Natural resource abundance and economic growth. NBER working paper，5398 (11)：1-47.

Sachs J D，Warner A M. 1997. Fundamental sources of long-run growth. The American Economic Review，(87)：184-188.

Sachs J D，Warner A M. 1999. The big push，natural resource booms and growth. Journal of Development Economics，(59)：43-76.

Scott A J. 1986. High-technology industry and territorial development：the rise of the Orange County Complex，1955--1984 . Urban Geography ，(7)：3-45.

Scott A J. 1988. New Industrial Spaces：Flexible Production Organization and Regional Development in North America and Western Europe . London：Pion.

Scott A J. 2000. Economic geography：the great half-century//Clark G L，Feldman M P，Gertler M S. The Oxford Handbook of Economic Geography . New York：Oxford University Press：18-44.

Singelmann J. 1978. From Agriculture to Services：the Transformation of Industrial Employment. California：Sage Publications.

Stevens P. 2003. Resource impact-curse or blessing? A literature survey. Journal of Energy Literature，9 (1)：3-42.

Storper M，Walker R. 1989. The Capitalist Imperative：Territory，Technology，and Industrial Growth. New York：Basil Blackwell .

Suarez F，Lanzolla G. 2005. Considerations for a stronger first mover advantage theory. Harvard Business Review，83 (4)：121-127.

Torvik R. 2002. Natural resources，rent seeking and welfare. Journal of Development Economics，67 (2)：455-470.